Valter brani Sarajevo

走进影像世界
——寻找"瓦尔特"精神之旅

主　　编　夏勇敏
执行主编　田　宇　王　智

中国国际广播出版社

图书在版编目（CIP）数据

走进影像世界：寻找"瓦尔特"精神之旅 / 夏勇敏主编. —北京：中国国际广播出版社，2022.5
ISBN 978-7-5078-5133-5

Ⅰ．①走… Ⅱ．①夏… Ⅲ．①文化传播－研究－世界 Ⅳ．①G112

中国版本图书馆CIP数据核字（2022）第083518号

走进影像世界——寻找"瓦尔特"精神之旅

主　　编	夏勇敏
执行主编	田　宇　王　智
出 版 人	张宇清　田利平
策　　划	祝　晔
责任编辑	王立华
校　　对	张　娜
版式设计	陈学兰
封面设计	赵冰波
制　　作	闫　磊

出版发行	中国国际广播出版社有限公司〔010-89508207（传真）〕
社　　址	北京市丰台区榴乡路88号石榴中心2号楼1701 邮编：100079
印　　刷	北京九天鸿程印刷有限责任公司

开　　本	710×1000　1/16
字　　数	380千字
印　　张	25.25
版　　次	2022年6月 北京第一版
印　　次	2022年6月 第一次印刷
定　　价	198.00元（含16G U盘）

版权所有　盗版必究

▶《寻找瓦尔特》摄制组采访学者邵滨鸿（右）

▶《寻找瓦尔特》摄制组导演王智（左一），总制片人田宇（中）、塞尔维亚文翻译赵芃（右一）

▶《寻找瓦尔特》摄制组导演王智（右）给山东艺术学院学生讲拍摄思路

▶《寻找瓦尔特》摄制组与成都大学部分师生座谈

▶《寻找瓦尔特》摄制组在成都大学

▶《寻找瓦尔特》摄制组在成都大学影视与动画学院拍摄

▶《寻找瓦尔特》摄制组在乐器店拍摄

▶《寻找瓦尔特》摄制组在内蒙古拍摄

▶《寻找瓦尔特》摄制组在山东省淄博市工人文化宫拍摄

▶《寻找瓦尔特》摄制组在山东艺术学院拍摄

▶《寻找瓦尔特》摄制组在中国电影资料馆采访

序一

把握规律　有的放矢　走好中国纪录片的国际化道路

王　智

2014年10月15日，习近平总书记在文艺工作座谈会上的讲话中明确指出："没有优秀作品，其他事情搞得再热闹、再花哨，那也只是表面文章，是不能真正深入人民精神世界的，是不能触及人的灵魂、引起人民思想共鸣的。文艺工作者应该牢记，创作是自己的中心任务，作品是自己的立身之本，要静下心来、精益求精搞创作，把最好的精神食粮奉献给人民。"纪录片作为"国家的相册""国家的金名片"在国际传播中的优势越来越凸显。新时代也要求广大纪录片创作者，以百倍的热情和忘我的斗志，投入火热的生活中去，用鲜活生动的影像和真实感人的故事，创作出能够触及人们灵魂、引起思想共鸣的优秀作品。

中新社2016年6月20日发自塞尔维亚首都贝尔格莱德的一篇消息。

中新社贝尔格莱德6月20日电　塞尔维亚总统尼科利奇于6月18日晚，为习近平主席举行隆重欢迎晚宴。宴会厅里，一位身着黑色套装的女士，坐在距离两国元首不远处的一张餐桌旁。

她是"瓦尔特"的遗孀朱莉雅娜。《瓦尔特保卫萨拉热窝》这部电影让上个世纪70年代很多中国人视瓦尔特为偶像,"空气在颤抖,仿佛天空在燃烧"这句电影台词一度是当时年轻人的口头禅。一个月前,因扮演"瓦尔特"等角色而享誉世界的塞尔维亚演员韦利米尔·巴塔·日沃伊诺维奇因病逝世。

朱莉雅娜听闻习近平主席来访,一定要来参加国宴,"因为巴塔喜欢中国,我们喜欢跟中国人在一起"。

宴会厅主桌上,尼科利奇总统向习近平主席介绍《瓦尔特保卫萨拉热窝》主题曲,习近平主席说:"我记得。""《瓦尔特保卫萨拉热窝》、《桥》等南斯拉夫电影曾在中国热映,激荡人们的爱国情怀,伴随着我们这一代的青年时期。"

晚宴接近尾声,两国元首来到朱莉雅娜面前。朱莉雅娜紧紧握住习近平主席的手。

习近平主席语气沉重地说,巴塔去世的消息传到中国,中国人民很怀念他。朱莉雅娜连声说:"我先生一直很热爱中国,热爱中国人民。"

作为中塞人文交流的一部分,这些影视作品已成为沟通中塞两国人民的"心灵之桥"。

此访前,习近平在塞尔维亚媒体发表的署名文章中写道:"我们不会忘记,《瓦尔特保卫萨拉热窝》、《桥》等著名影片曾经激发无数中国人的爱国热情,《啊,朋友再见》这首歌曲至今仍然在中国传唱。"尼科利奇总统也在习近平主席此次访塞期间多次表示,在中国,《瓦尔特保卫萨拉热窝》、《桥》等知名南斯拉夫电影深受中国人民喜爱,展现了塞尔维亚人民抵抗法西斯侵略者的英勇事迹。塞中双方的友谊是不能用贸易规模来衡量的。

众所周知,对中国观众而言,《瓦尔特保卫萨拉热窝》已经远远超出了一部电影的范畴,它是一个时代的精神坐标。从受众学和国际传播角度讲,它又是一部国际传播的最佳"教科书"。从大的方面说，影视不仅仅是一个文化产业的问题，也是文化主权问题，更是一个国家文化软实力的重要部分。研究成功经典案例，分析成功规律，总结成功经验，是媒体人、国际传播工作者和影视从业人员的必修课。

习近平总书记指出："提高国家文化软实力，要努力传播当代中国价值观念。""要加强提炼和阐释，拓展对外传播平台和载体，把当代中国价值观念贯穿于国际交流和传播方方面面。""要以理服人，以文服人，以德服人，提高对外文化交流水平，完善人文交流机制，创新人文交流方式，综合运用大众传播、群体传播、人际传播等多种方式展示中华文化魅力。"今天的国际形势错综复杂，你中有我、我中有你，人类命运共同体价值观深入人心，中国的朋友圈不断扩大，媒体合作不断加深。纪录片被誉为国家文化的"金名片"，是国与国之间最好的文化交流方式之一。中国需要纪录片来展现、介绍真实的国家形象，让世界正确、客观地了解中国、认识中国。

一、遵循规律　守正创新

当前外宣工作处在历史上最好时期，同时也面临最大压力。在新时代，国际传播工作者不仅要努力适应中国日益走近世界舞台中央的形势变化，更要以创新的理念和新媒体的思路开展工作，探索全媒体时代国际传播的方式方法，以"强起来"为目标，推动国际传播工作开创新局面、迈上新台阶、再上新水平。

习近平新时代中国特色社会主义思想的国际传播是一项重大的政治任务，牵涉面广，影响性大，作为国际传播工作者更需要讲究策略，把握节奏，更要注重实效，一环扣一环、脚踏实地、稳步推进。讲好中国故事，关键要通过各种方式，向外界宣传介绍习近平新时代中国特色社会主义思想，讲好中国共产党治国理政的故事及中国坚持和平发展、合作共赢的故事，让世界加深对中国共产党执政理念的了解，增强各国对当代中国改革发展的认识，用纪录片特有的方式，生动展现一个和平发展、多姿多彩、文明进步的中国。

2014年10月15日，习近平总书记在文艺工作座谈会上指出："人类文艺发展史表明，急功近利，竭泽而渔，粗制滥造，不仅是对文艺的一种伤害，也是对社会精神生活的一种伤害。低俗不是通俗，欲望不代表希望，单纯感官娱乐不等于精神快乐。文艺要赢得人民认可，花拳绣腿不行，投机取巧不行，沽名钓誉不行，自我炒作不行，'大花轿，人抬人'也不行。"讲好中国故事，既要有责任担当，也要遵循规律不断改革创新，提高专业化国际化精准化传播水平，把"我们想讲的"变成"观众想看的"，把"观众想看的"融进"我们想讲的"，让中国的纪录片更具创造力、感召力、影响力和国际化。

十几年前，我曾在一本刊物上看到这样一段话：几十年来，我们从"专题片"与"纪录片"的概念纠结开始，从"画面解说"到"纪实风潮"，从"重要人物"到"百姓故事"，从"新纪录片运动"到"故事化风格"，创作观念和风格不断更迭变化。中国纪录片走向世界，必然要跨越"世界性"这道门槛。在美学层面，我们反观以往，哲学和美学在经历了康德主义、实用主义、表现主义、形式主义之后，目前现实主义表现手法已成为艺术家的新宠并被观众所接受。我们开始推崇朴素、平静的电影精神，在国家、民族和文化差异中求得共性的镜头语言。

20世纪90年代初，中国中央电视台与日本东京广播公司合拍了《望长城》（日方片名定为《万里长城》），中日两国的纪录片制作人用当时比较新颖的方式对长城这一古老的主题进行了生动的诠释，让两国观众耳目一新。同时期还有许多类似的中外近距离的交流让中国纪录片制作人受益良多。纪录片的纪实热从此爆发。此片让电视人感受到了一缕清新怡人的空气，使得中国的纪录片从人为粉饰走向纪实风格。然而，随着纪实风格纪录片的风行，一些创作者开始走向另一个极端，他们一味追求所谓"纪实"，否定一切思维，否定一切参与，否定一切理念的流露，使得纪录片在走出说教式的低谷之后，又陷入自然主义的泥潭，从而出现了纪录片创作者主体意识的逃遁。

记得当时看过一篇报道，其中有这样一段话："四十年前，中央电视台播出了十四集纪录片《世界各地》，它是由美籍华裔制作人靳羽西拍摄制作的。这部片子在当时的中国反响强烈，收视率极高，就连随后出版的《世界各地》中英文解说词都热销一时。毋庸置疑，靳羽西的《世界各地》对中国电视节目制作的影响是深远的，当时《文汇报》发表了一篇题为《我们能否出一个靳羽西》的文章，那时回答这个问题是很难的。一方面凸显出当时中国电视国际制作人甚至专业电视主持人的极端匮乏，又显示了观众对国际题材纪录片的强烈需求。"

如今中国纪录片创作早已今非昔比。我们不仅成为纪录片生产大国，而且已经在向纪录片制作强国迈进。2018年8月27日，习近平总书记在推进"一带一路"建设工作5周年座谈会上指出："我们要具备战略眼光，树立全球视野，既要有风险忧患意识，又要有历史机遇意识，努力在这场百年未有之大变局中把握航向。"作为新时代的国际传播者和纪录片人，既有艰难挑战，又逢历史机遇。"国之交在于民相亲，民相亲在于心相通"，纪录片以其真实性的特质，最能直抵心底，是境外观众最容易接受的传播介质之一。我们要充分利用自身优势，按照"一国一策""一群一策""一把钥匙开一把锁"和有效传播的要求，把讲好中国故事、有效精准传播放在工作的首要位置，深入研究新形势下国际传播前沿理论，在传播效果上下大力气，把握规律、有的放矢，努力把传播效果最大化。

二、注重实效　永攀高峰

习近平总书记在2014年10月15日的文艺工作座谈会上指出："改革开放以来，我国文艺创作迎来了新的春天，产生了大量脍炙人口的优秀作品。同时，也不能否认，在文艺创作方面，也存在着有数量缺质量、有'高原'缺

'高峰'的现象，存在着抄袭模仿、千篇一律的问题，存在着机械化生产、快餐式消费的问题。"近年来，我们始终把创作优秀作品放在工作的首位，以提高创作人员的政治素质、业务素质为抓手，时刻牢记习近平总书记的指示精神，按照"小成本、正能量、大情怀"的创作原则，突出精品意识，狠抓内容建设，重实际，求实效，永攀创作新高峰，自主或联合拍摄具有国际传播影响力的纪录片作品，并在海外落地播出。

近年来，在中央广播电视总台欧洲拉美地区语言节目中心（简称"欧拉中心"）领导的大力支持和指导下，在相关语言部门的密切协同下，笔者导演兼摄影的多部纪录片在各小语种对象国开花结果，传播效果良好，品牌影响力有了很大提升。如塞尔维亚语部的《七十号》《萨瓦河上》《心弦》、罗马尼亚语部的《寻梦中国》《歌者伟华》、保加利亚语部的《花样·年华》、波兰语部的《夜幕冰城》等纪录片不仅在对象国的国家电视台黄金时间播出，还在阿斯特拉电影节、贝尔道克斯电影节、波罗乃茨电影节、加拿大金枫叶电影节、塞尔维亚中国优秀纪录片展映周等境外电影节及中国网络视听大会、中国金鸡百花电影节、中广联"纪录中国"创优评析活动、中国纪录片学术盛典、中国（广州）国际纪录片节等多个展映和比赛活动中获得诸多重要奖项。时任罗马尼亚总理蓬塔看过《寻梦中国》后，专门给摄制组写来贺信表示祝贺，给予了高度评价。罗马尼亚电影家协会主席达米安说："《寻梦中国》这部纪录片无论是导演手法还是摄影技巧都堪称一流。"该片不仅入围了第22届阿斯特拉电影节，还与德国、加拿大等制作的四部作品入选展映单元。这也是22年来中国纪录片第五次入围这个欧洲电影节，传播效果和作品的延展性得到了极大的释放。节目切实触达目标观众，展现了一个真实、立体、全面的中国，实现了好感传播。

这些年，我们积极参与国家重要的影视活动，让优秀的纪录片在更广泛、更有影响力的涉外平台上亮相，使具有国际化语言的纪录片作品筑高原、攀高峰。早在2016年，习近平主席访问塞尔维亚期间，国家新闻出版广电总局在塞尔维亚举办了"2016塞尔维亚中国电影周"，由塞尔维亚语部摄制、笔者导演兼摄影的纪录片《小城记忆》与在中国家喻户晓的优秀影片《美人鱼》《滚蛋吧！肿瘤君》《大唐玄奘》《西游记之孙悟空三打白骨精》《破风》等一起入选电影周，在塞尔维亚各大电影院线上映。这是中国国际广播电台摄制的影视作品第一次在"中国电影周"上亮相，实现了建台以来零的突破，意义重大。同年，在习近平主席和塞尔维亚总统的见证下，两国媒体签署了合作框架协议。为了贯彻协议精神，2017年夏天，欧拉中心组建了制片人、导演兼摄影、翻译三人小团队前往塞尔维亚，与塞尔维亚国家电视台组成团队联合拍摄纪录片《七十号》。在塞尔维亚首都贝尔格莱德新城有一座中国商城，建于20世纪60年代，大家习惯称其为"70号"。我们的镜头就对准了在这里工作生活的华人，讲述他们奋力打拼的故事。他们不仅把中国产品带到了中东欧，也把中国文化介绍给了那里的人民。纪录片《七十号》制作完成后，除了在塞尔维亚国家电视台黄金时间播出外，还在中外多个影视节上获奖或展映。

"联合摄制，以我为主，主创在我。"不仅是我们的口号，更是我们工作的真实写照。我们不搞"拿来主义"，不吃轻松饭，而是要自我磨炼、自我成长、自我进步，在搞好业务的同时带出一支能独立战斗的队伍，始终将核心创作团队紧紧地掌握在我们自己手中，打造属于自己的核心品牌。这些年，我们的纪录片团队克服种种困难，一步一个脚印地朝前走，在缺资金、短设备、少人手的情况下，完成了几十部（集）质量上乘、有传播效果、境外受众能接受、愿意看的纪录片影视作品，在国内外取得良好成绩，获得了业内的好评，品牌影响力有了很大提升。"有条件要上，没有条件创造条件也要上"已经成为纪录片团队每一位共产党员工作的箴言，我们用行动践行马克思主义新闻观。

三、精准传播　讲好故事

习近平总书记在2018年8月21—22日的全国宣传思想工作会议上强调：

"展形象,就是要推进国际传播能力建设,讲好中国故事、传播好中国声音,向世界展现真实、立体、全面的中国,提高国家文化软实力和中华文化影响力。"实施精准传播,针对不同国家的不同受众采取不同传播策略与传播方式,是提升国际传播效果的必然选择。

有人说:"只有民族的才是世界的。"一些电视人终于从零点出发,从自己耳熟能详的身边事说起。在对外传播的语境中,大家更多地考虑到了"中国故事,国际表达"。详细解读一下这句话,比如梁山伯与祝英台是中国故事,如果使用小提琴把它演奏出来就是国际表达。因为小提琴不是二胡,它更容易让境外受众听得明白、听得进去,更能让境外受众"入眼、入脑、入心"。中国纪录片要走向世界,这是必然要跨越的一道门槛。我们一定要在世界各民族间的巨大文化差异中寻找到人类共通的东西。无论什么人,都有对真善美的追求,对假丑恶的憎恨。所以,对人性和人类本质的探索,是纪录片人应该着力研究的问题。

习近平总书记在2014年10月15日的文艺工作座谈会上指出:"优秀文艺作品反映着一个国家、一个民族的文化创造能力和水平。吸引、引导、启迪人们必须有好的作品,推动中华文化走出去也必须有好的作品。"国际传播面对的是境外观众,他们的审美要求、欣赏习惯与国内观众有很大不同,所以我们拍摄的纪录片采用了国际上比较通用的观察式、非虚构纪录电影的方式进行拍摄,完全用镜头讲故事,把最真实的画面展示给观众,娓娓道来讲故事,含而不露出观点。用平民视角讲述社会发展与变迁,探索采用"纪实剧"的方式讲述大时代的小人物,切口虽小,却能小中见大,故事虽平,但能平中见奇。努力把大情怀嵌入到情节之中,厚重而不张扬。减少宏大叙事、华丽解说及特技特效,强化细节表现和同期声的运用,努力贴近境外观众对纪录片的理解和诉求。在节目策划之初,我们纪录片团队紧绷节目质量这根弦,紧扣国际传播这条线,不断提高纪录片艺术水准,做到不庸俗、不媚俗、不随波逐流、不放空炮、不喊口号,不在纷繁复杂的国际环境中迷失方向,始终把传播效果放在第一位。

序一 把握规律 有的放矢 走好中国纪录片的国际化道路

马克思主义新闻观认为,新闻的本源是事实,新闻的来源是实践,新闻的生命是真实。这些年,无论是《寻梦中国》《夜幕冰城》《七十号》,还是《萨瓦河上》《心弦》《花样·年华》,我们把镜头更多地对准普通人,表现他们的日常生活、讲述他们的喜怒哀乐、颂扬他们的奋斗追求,让这些平实、鲜活、真实的生命传递出生机和活力。

在新媒体迎面而来之后,我们连续两年联合北京市人民对外友好协会推出了适合在手机等移动端观看的系列纪录短片《我与北京》。该片以文化为切入口,以新媒体为展示平台,挑选了来自八个国家的友好人士做主角。该片分别从武术、胡同、传统艺术、文化古迹、创新创业等多个方面进行创作拍摄,用外国人的视角讲好北京故事、中国故事。好故事更需要精准策划、有效抵达和精品意识。这些年,中医针灸风靡欧洲,中医诊所在世界各国开花结果,受到国外病患的广泛赞誉,被誉为"东方神针"。根据这个情况,我们及时策划摄制了98分钟纪录片《针·传》,讲述了海峡两岸三代中医针灸传人的故事,把中国优秀文化介绍给世界。在"中俄头条"、央视频等APP(Application,应用程序)及相关网站上推出,广受好评,并获得多个奖项。

在2016年7月1日庆祝中国共产党成立95周年大会上,习近平总书记指出:"文化自信,是更基础、更广泛、更深厚的自信。在5000多年文明发展中孕育的中华优秀传统文化,在党和人民伟大斗争中孕育的革命文化和社会主义先进文化,积淀中华民族最深层的精神追求,代表着中华民族独特的精神标识。"习近平总书记真正抓住了文化的本质。向世界传播中国文化,要着眼于中华民族伟大复兴长远追求,充分体现中国人民的文化自信和精神追求,科学、辩证而实事求是地,系统、连贯而井然有序地把习近平新时代中国特色社会主义思想运用到国际传播工作,使新思想不断为国际社会所认知、所了解、所接受,从而让国际社会更好地知华友华,为实现中国梦营造良好的国际舆论环境。

国际传播是塑造国家形象、维护国家利益的重要手段。新中国成立70

多年来，特别是党的十八大以来，中国的对外传播呈现出了前所未有的新气象。在面对纪录片对外传播的语境时，我们充分考虑中国故事的国际表达。

当今世界越来越关注中国，越来越注意倾听中国的声音，中国政府在国际维和与反恐、世界经济秩序、全球变暖、资源生态、文化传承与保护、太空与海洋探索、卫生与健康、构建人类命运共同体等领域表现出的责任、担当和贡献，需要中央广播电视总台纪录片人去记录和展现。世界上发生过的、正在发生的和将要发生的许多重大事件，需要中央广播电视总台纪录片人用马克思主义新闻观，用中国的立场、世界的视角，去感染世界、影响世界，脚踏实地走好中国纪录片的国际化道路。

（作者王智系中央广播电视总台欧洲拉美地区语言节目中心导演）

序二

当"瓦尔特"成为一种精神的象征

——从《瓦尔特保卫萨拉热窝》到《寻找瓦尔特》

宋素丽

2020年10月底,中央广播电视总台王智导演联系我,说他们准备拍摄一部纪录片,片名暂定为《寻找瓦尔特》,希望我能够参加选题论证会,推进这部片子的拍摄。

听到这个消息,尤其是"瓦尔特"三个字,我脑海中调动起的图景想象和关联信息让我内心非常激动,甚至有一种说不上来的使命感。

那时,我刚结束三年援疆工作回京一个多月,还处在文化学者所说的"文化适应"期。加之持续了将近一年的新冠肺炎疫情防控,让我整个人的状态都有点调不准频道的感觉。

"寻找瓦尔特"似乎非常契合我内心深处的一种探寻和追寻的状态。

寻找什么呢?"瓦尔特"三个字激起我内心使命感的是怎样的一种力量呢?

是"英雄",没错,就是"英雄",以及由这两个字牵动着的源自内心深处的对我们称之为"英雄"的人的"自身生命力光源——质朴的真知灼见、人类和英雄的崇高性之熠熠光源"[1]的寻求与渴盼。

一、"寻找"：动作本身蕴含的精神力量

王智导演坚持不提前出脚本，坚持自己主导并参与摄影，坚持现场抓取，坚持要做成长片，坚持用"作者纪录片"的风格完成全片……所有的坚持中，都传递出导演对"寻找"这个动作蕴含的"对过程的探寻，以及面向未来和未知的勇气"。

为了这部片子的选题能够得到认可和批准，王智导演深入总结自己的纪录片理论学习和一线实践经验，对非虚构影片的创作方法进行了梳理，更推崇"直接电影"和"真实电影"这样更符合"纪录"品质、更富有真实感的创作方法，并认为在国际传播语境中，这样的表现形态也更符合欧洲、美洲地区观众的观影习惯。他希望《寻找瓦尔特》要用过程说话："尽量规避第三人称的旁白，最好不要使用解说词，不要掺杂过多的主观情绪，不要试图去引导观众的观看和思考过程。"

不论是纪录片理论研究，还是创作实践，寻找、探寻都不仅仅是一个动词，更代表着一种精神。"纪录片之父"弗拉哈迪的妻子弗朗西斯在录制回忆录时说："他把探险和发现思维带入电影，发现和观察是艺术家进行创作的方法……发现和探寻的是灵魂，是人类的灵魂。"中国纪录片界的前辈司徒兆敦先生在讲到纪录片"对过程的追寻"时说："纪录片强调真实，为了真实，既记录光明，也关注黑暗，正视黑暗就是追求光明的未来。纪录片创作者捕捉过程的能力常常决定了纪录片作品的成败，而纪录片关于过程的创造，通常是靠着寻找、沟通、发现等这样的动词来创造的。"[2]

如果说，摄影留住了瞬间，代表着人们对过往的记忆，而摄像、活动摄影，在记录当下的同时，不仅连接起过往、现在和未来，更指向未来。按照

---

[1] 卡莱尔.英雄和英雄崇拜[M].张峰，吕霞，译.上海：上海三联书店，1988：2.
[2] 参见司徒兆敦老师纪录片课程第五讲"对过程的追寻"课件。

序二 当"瓦尔特"成为一种精神的象征

王智导演创作阐述，纪录片《寻找瓦尔特》将在中国和塞尔维亚两国寻找和电影人物瓦尔特相关的人和物，重现影片放映当年轰动场景的同时，展现绵延近半个世纪的"瓦尔特"精神。正如前中国驻塞尔维亚大使李满长认为："片子定位在寻找瓦尔特，寻找的不是某个具体的人，是一种瓦尔特精神，这种精神可能是塞尔维亚的瓦尔特，也可能是马其顿的瓦尔特，也许还是波黑的瓦尔特，寻找的应该是一种集体记忆，是象征着英雄主义、爱国主义和奉献精神的集体记忆，这也恰恰是中国传统文化所强调的品质和精神。"[①]

二、瓦尔特：成为精神象征的丰富符号系统

和纪录片《寻找瓦尔特》同时启动的，还有一个对电影《瓦尔特保卫萨拉热窝》赏析评鉴的项目。当我组织十多位青年学者、硕士和本科生对这部半个世纪前引起轰动的老电影重新观看时，原本有些担心：90后、00后会喜欢这部影片吗？他们能读懂"瓦尔特"吗？

没想到，完成的影评文章让我看到了"瓦尔特"作为精神象征再次被解读时所赋予的时代内涵，看到了一个更加丰富立体、层次多元的"瓦尔特"精神符号系统。这些文章或者从影片的情节设置入手，或者从影片的人物塑造阐释，或者从影片的美学特征描述，或者从影片的音乐切入……让我更深刻地体会到英国历史学家卡莱尔所说的："英雄崇拜从没有死，并且也不可能死。"[②]

在任何时代、任何环境下，那些为了人类的普遍性难题和困境而真诚卓绝努力的人都会被冠以"英雄"之名，被永恒记忆与传颂。文化学者周泽雄认为："英雄是一种原欲。"[③] 学者李启军则认为："英雄是一种立足现实又指

[①] 参见2020年10月28日，纪录片《寻找瓦尔特》拍摄论证会纪要。
[②] 卡莱尔.英雄和英雄崇拜[M].张峰，吕霞，译.上海：上海三联书店，1988：208.
[③] 周泽雄.英雄与反英雄[J].读书，1998(9)：76-82.

向未来的愿望理想和行动力量的化身。所以英雄是推动历史不断前进、社会不断发展、人性不断丰盈的根本的力量源泉。真正的英雄永远活在人们的心中，人们心中永远葆有英雄崇拜的情怀……"[1]

20世纪70年代，《瓦尔特保卫萨拉热窝》《桥》《红色的土地》《在德瓦尔登陆》等南斯拉夫影片"在世界105个国家上映过，有些国家的人，是先知道瓦尔特，后知道南斯拉夫的……""据说，全世界只有4个国家没有上映过《桥》这部电影"，更有人戏称该电影的国际放映为"瓦尔特外交"[2]。1998—2000年间，因为中国驻南联盟大使馆被炸，这些充满爱国精神和民族灵魂的影片曾又在国内掀起一个小高潮，电影期刊杂志上也推出了一系列探讨南斯拉夫电影魅力的文章。2016年6月，习近平主席在与塞尔维亚总统尼科利奇会谈时说："《瓦尔特保卫萨拉热窝》、《桥》等南斯拉夫电影曾在中国热映，激荡人们的爱国情怀，伴随着我们这一代的青年时期。"

翻译了塞尔维亚著作《永远的"瓦尔特"——巴塔传》的北京外国语大学青年教师彭裕超认为："今年以来，新冠肺炎疫情在全球肆虐，世界各国面临着各种各样的困难，而中塞两国联手抗疫，出现了很多感人的事迹。《寻找瓦尔特》选题巧妙，符合文化发展的需要，瓦尔特不是一个单一民族、单一国家的形象，而是一个超越国家、泛民族的形象，生成于一个属于全人类、全世界的宏大叙事当中。"[3]

三、英雄：从"神"到"人"的嬗变

选题论证会召开半年后，王智导演开始约我进行一个采访，让我从影视心理学的视角聊一聊电影《瓦尔特保卫萨拉热窝》。2021年6月28日，在中

---

[1] 李启军.英雄崇拜与电影叙事中的"英雄情结"[J].北京电影学院学报，2004（3）：1-8，23-105.

[2] 斯坦科维奇.永远的"瓦尔特"：巴塔传[M].彭裕超，译.北京：人民出版社，2017：4.

[3] 参见2020年10月28日，纪录片《寻找瓦尔特》拍摄论证会纪要。

序二 当"瓦尔特"成为一种精神的象征

国传媒大学办公室,我第一次看到了王智导演纪录片摄制的工作状态:一种和日常聊天几乎完全一致的感觉。即使面对镜头,王智导演也有一种足够强大的气场让聊天就是聊天,不是面对镜头的"表演"。

我不知道哪段话会被导演使用,更不知道会用在哪里,对影片,我没有进行学术性的解读,只是说了重新观看影片的整体感受,即朴实、自然;对让自己内心特别震撼的场景——广场前认领亲人遗体,表达了由衷的感慨。

王智导演听了很久后开始提问:"老钟表匠是不是并不赞同女儿或者更多年轻人参与战斗?比如他曾对女儿说:'有的投降了敌人,有的在战斗,有的在等待,你是个姑娘,应该等待';再比如,当老钟表匠决定替瓦尔特到广场完成约定时,已经做好了送死的准备,他对钟表店的年轻徒弟说:'好好学手艺,一辈子用得着。'您有没有觉得老钟表匠的话和我们平时看到的一些国内战争片中的人的话语不一样?"

因为我个人不是特别喜欢集体概念下的比较,所以对王智导演的问题没有直接回应。后来在学生影评文章和相关文献阅读中,我逐渐理解了这个提问本身的意旨:《瓦尔特保卫萨拉热窝》中的"英雄"是"人"而不是"神"。这也是以《瓦尔特保卫萨拉热窝》《桥》为代表的南斯拉夫电影在塑造英雄形象时和"世界战争文化中具有共性的那种传统型的孤胆神奇英雄"[1]形象不同的地方,"瓦尔特并不是那种纯粹的西方式个人英雄,他一直以皮劳特的化名隐藏行为,这也是英雄的人民性的一种寓示。"[2]

在《瓦尔特保卫萨拉热窝》中,英雄的人民性首先体现在作为主角英雄形象的平实和朴素,瓦尔特只是一个代表,是并不好战却不得不顽强抵抗侵略、勇敢而渴望和平生活的南斯拉夫人民代表。其次体现在作为配角英雄形象的缺点和弱点上,比如谢德、吉斯等人物,个性鲜明,甚至有不同的价

---

[1] 柏青,国立.南斯拉夫战争影片的优秀之作:《瓦尔特保卫萨拉热窝》赏析[J].文化月刊,1999(6):6-7.
[2] 李启军.英雄崇拜与电影叙事中的"英雄情结"[J].北京电影学院学报,2004(3):1-8,23-105.

值观，但在侵略者面前，为了保卫祖国，他们一样可以付出自己的生命。再次，英雄的人民性更重要的体现在英雄群像的展示和塑造。在广场认领亲人遗体这一段落，瓦尔特叮嘱大家不能上前认领，因为德军会开枪打死认领遗体的人。但谢德看到女儿倒在血泊中，毅然决然走上前去。就在德军士兵举枪即发的瞬间，皮劳特等游击队员勇敢地跟了上去，广场上成千上万的群众集结起来走向躺着的遗体，德军退却了……所有的普通群众都成了英雄，英雄也在普通群众之中。

"瓦尔特就是这座城市！"

这是失败了的德军的慨叹，更是"瓦尔特"作为精神象征的意义所在。

当每个人心中拥有的"自己的、未被识别的、不成熟的、但蕴藏强大能量的梦中万神殿"[①]被激活时，人人可以成为英雄，成为具有生命能量、照亮人性黑暗、散发崇高人性之光源的英雄。

从《瓦尔特保卫萨拉热窝》到《寻找瓦尔特》，从故事片到纪录片，王智导演想探寻的或许是一种英雄品质的形成和传承，而观众的期待呢？或许依旧是穿越时空亘古不变的关于英雄的"原欲"？

（作者宋素丽系中国传媒大学教授）

---

① 坎贝尔.千面英雄[M].黄珏苹,译.杭州：浙江人民出版社,2016:2.

序三

在萨拉热窝寻找"瓦尔特"

——写于世界反法西斯战争胜利70周年

程曼丽

2015年7月底,我随教育部高等学校新闻传播学类专业教学指导委员会考察团出访土耳其,与当地一些新闻媒体及部分高校新闻院系的同行进行了愉快的交流。其间,我们两赴波斯尼亚-黑塞哥维那驻伊斯坦布尔领事馆办理落地签证——按照最初的设想,我们将取道伊斯坦布尔,在波黑首都萨拉热窝结束这段旅程。当然,对于我们而言,波黑是一个遥远又陌生的国家,能否顺利拿到签证,充满变数。结果我们如愿以偿,真是让人大喜过望!巧的是,我们一行数人都有英雄"瓦尔特"情结,更巧的是,那年恰逢世界反法西斯战争胜利70周年!几乎没有任何过渡,对奥斯曼帝国昔日辉煌的遐想和对伊斯坦布尔欧亚风情的迷恋立即被去萨拉热窝寻找"瓦尔特"的冲动所取代。

在伊斯坦布尔的最后一夜,我重温了《瓦尔特保卫萨拉热窝》这部南斯拉夫老电影(1977年在中国公映)。和许多中国人一样,我对萨拉热窝的最初印象就来自这部影片。虽然20世纪末期南斯拉夫经历了的历史剧变,令人惋惜,但是这部影片所带来的视觉震撼和新鲜感,却永远定格在一代人的记忆中。直到今天，影片中那一波三折的故事情节、扣人心弦的画面以及精彩的人物对白仍然让人心潮澎湃——

"空气在颤抖，仿佛天空在燃烧。"

"是啊，暴风雨就要来了。"

"哎，太有意思了，我来到萨拉热窝就寻找瓦尔特，可是找不到。现在我要离开了，总算知道了他。"

"你说瓦尔特是谁？请告诉我他的真姓名。"

"我会告诉你的。看，这座城市，它，就是瓦尔特！"

没有半点困倦和睡意，这部影片伴我度过了一个不眠之夜。

第二天一早，飞机降落在萨拉热窝国际机场。20世纪90年代波黑战争时期，该机场曾被联合国作为人道救援用途，1995年《代顿和平协议》签署后才开始作为民用。当我双脚踏上停机坪，一眼望见"Salajevo"这个单词时，竟有些恍然如梦了。萨拉热窝，我真的来了吗？！

萨拉热窝是一座历史名城，建于1263年，15世纪中期以后，在奥斯曼帝国的统治下，城市得以迅速发展，修建了供水系统、公共浴场、清真寺、大巴扎以及伊斯兰学校、图书馆等。奥斯曼帝国鼎盛时期，萨拉热窝成为巴尔干半岛上仅次于伊斯坦布尔的城市。由于所处地理位置十分重要，萨拉热窝历来是兵家必争之地。历史上，天主教与东正教、基督教与伊斯兰教，土耳其人、塞尔维亚人、意大利人、德国人，俄国人与苏联人都在这一带展开过殊死搏斗，这座城市也因连绵不绝的战争而闻名于世。

1914年6月28日，塞尔维亚族青年普林西普在萨拉热窝市内的拉丁桥附近开枪打死了奥匈帝国皇储斐迪南大公和他的夫人，由此引发了第一次世界大战。二战期间，德、意法西斯以23个师的兵力占领了南斯拉夫。国难当头，南斯拉夫共产党中央成立了以铁托为总司令的南斯拉夫人民游击司令部。在其后四年的时间里，铁托领导南斯拉夫人民与法西斯侵略者展开了激

序三　在萨拉热窝寻找"瓦尔特"

烈的斗争，经历了内雷特瓦河战役和苏捷斯卡战役，战胜了强大于自己几倍的力量，以小国之勇猛牵制着法西斯63万军队。《瓦尔特保卫萨拉热窝》就是根据那段历史创作的。

影片的故事并不复杂——二战后期，面临东西夹击的德军已经走到失败的边缘。为了挽救危局，柏林命令A军团20个师火速撤回。可是庞大的装甲部队的燃料仅供维持到维谢格拉德，于是德军秘密制订了"劳费尔计划"：将萨拉热窝油库的燃料运往维谢格拉德。令德军头疼的是，萨拉热窝抵抗组织的力量极其强大，领导人就是机智勇敢的游击队长瓦尔特。为了确保"劳费尔计划"成功，党卫军上尉康德尔奉命冒充瓦尔特潜入抵抗组织内部，采取破坏行动；真瓦尔特则率领游击队员反潜伏、锄奸细、炸毁装载燃料的军列，最终使德军的"劳费尔计划"失败，保卫了萨拉热窝。

影片中有不少生动的场景：真假瓦尔特的徒手格斗、列车顶上的拼杀、清真寺里的枪战、手术室内的"调包"等，但是感人至深、令人难忘的还是老游击队员、钟表匠谢德的"认尸"与"慷慨赴死"。

谢德的女儿和她的伙伴们被德军士兵枪杀后抛尸街头，纳粹军官示意亲属认领尸体，却叮嘱手下谁过来就打死谁。静默的人群中，钟表匠谢德再也无法忍受心爱的女儿躺在血泊中，开始迈出第一步，瓦尔特和他的战友们毫不犹豫地跟了上去，紧接着整个人群一齐向前移动。面对这样的人民，纳粹军官胆怯了，不得不宣布撤退。

有人冒充联络员来钟表店接头要见瓦尔特，联络暗号的准确无误使谢德信以为真。当他得知将瓦尔特约到清真寺见面是纳粹设下的圈套时，毅然决定替瓦尔特赴死。临行前，他用平静的语气告诉自己的徒弟：没有人欠我的钱，有个犹太人叫米尔维特马伊的，我欠他20克金子。到夜里我要是还不回来，就把钥匙交给我弟弟。徒弟问他能帮什么忙吗？他说，要好好学手艺，一辈子用得着。接着他取出手枪，走出家门，穿过街头，像往常一样和熟人打招呼。在清真寺，他举枪打死了等待瓦尔特上钩的假联络员，清真寺的塔楼上立即响起密集的枪声，谢德中弹倒在血泊中……

我在想，或许正是有感于瓦尔特和钟表匠谢德的视死如归以及迎着纳粹枪口静默向前的人群中深藏着的巨大力量，党卫军上校冯·迪特里希才发出了那番无奈而带有几分敬畏的感慨："看，这座城市，它，就是瓦尔特！"

寻找瓦尔特的行动从寻找清真寺开始，因为钟表匠谢德之死以及瓦尔特随后与德国士兵的枪战都发生在那里。虽然我心里明白，那个地方只是一部影片的外景拍摄地，不是真正的战场，但是影片本身所带来的心灵震撼以及它所依托的战争事实，让我觉得做不做这种区分已经不那么重要了。

萨拉热窝现有四个行政区：老城、中心城、新城和新萨拉热窝，清真寺就坐落在老城最繁华的商业区——巴什察尔希亚附近。今天的老城商业区依然保留着500年前的样貌：石块铺路，街巷纵横，各种店铺鳞次栉比，商品琳琅满目。这里的手工艺品已经有几百年的锻造历史，从土耳其式的咖啡具，手工制作的铜质花瓶、圆盘艺术品，到形形色色的木质烟柄、烟盒，各种各样的首饰、装饰品应有尽有。据说最初这里的每条街道都有自己的主打行当，久而久之，行当就成为街道的名称，比如铜匠街、锁匠街、鞋匠街、裁缝街，等等。其中铜匠街是历史最悠久、名气最大的一条街，这里汇集了制作、经营各种铜制品的店铺。据说巴尔干的女子有使用铜饰品的习惯，一般家庭也爱使用铜制器皿，奥斯曼帝国鼎盛时期，这里制作的铜制日用品多达几百种。走在铜匠街上，我的眼前不时回放着影片中的画面——当地人告诉我们，铜匠街就是钟表匠谢德牺牲前走过的那条街道。影片中谢德迈着稳健的步伐，他与熟人打招呼时的那份从容淡定，都给我留下了深刻的印象；在我看来，铜匠街也像极了瓦尔特与德军士兵交火后撤退出来的那条街道。影片中，当瓦尔特和他的战友们撤离清真寺时，德军一路追赶到这里，铺子里的伙计们仿佛约定好了一般，纷纷拿起榔头开始敲打手中的铜器，"叮叮当当"的敲击声此起彼伏，汇成巨大的声浪，搞得德国人晕头转向，瓦尔特和他的战友们得以成功脱身。当时的萨拉热窝处于德占区，百姓对侵略者深恶痛绝，铜匠街上的敲击声真实地传达出他们不愿做亡国奴、与德军抗战到底的心声。这些伙计和手艺人都是普通的萨拉热窝公民，可谁又能说他们不

序三 在萨拉热窝寻找"瓦尔特"

是冯·迪特里希上校口中的"瓦尔特"呢？直到今天，那"叮叮当当"的敲击声仿佛还在萨拉热窝的上空回响……

从巴什察尔希亚一路向西，就来到了清真寺——《瓦尔特保卫萨拉热窝》的主要外景拍摄地，钟表匠谢德牺牲的地方和瓦尔特与德军枪战的地方。来到萨拉热窝以后，我们很少遇见自己的同胞，可清真寺的院落里满眼都是中国人，仿佛萨拉热窝所有的中国旅行者都在这里聚齐了。他们也是追随着《瓦尔特保卫萨拉热窝》来到这里的吗？

清真寺全称格兹胡色雷·贝格清真寺，建于1531年，是波黑和巴尔干半岛最大的清真寺，设计者是奥斯曼帝国时期的著名建筑师希南。希南最初秉承伊斯坦布尔的宗教建筑风格，使用了很多装饰性元素。波黑战争期间，清真寺被炮弹击中。战后修复时，因为资金来自沙特，设计上也受瓦哈比派风格的影响，原有的色彩和装饰性元素被淡化；当地人不满意这种风格，2000年又进行了恢复性的装修。16世纪的清真寺由时任波斯尼亚州长的格兹·胡色雷·贝格主持兴建，他也是萨拉热窝历史上最伟大的慈善家，曾于1531年和1537年两次立下遗嘱，死后将自己的全部财产捐献给这座城市。如今，格兹·胡色雷·贝格的墓室——一座伊斯兰风格的八角形建筑就伫立在清真寺旁（近旁稍小一些的相同造型的建筑则是另一位受爱戴人士的墓室），他长眠于此，被人怀念。作为清真寺的附属部分，院内还有喷泉、餐厅、伊斯兰学校、图书馆、墓园等。夕阳西下，游人渐渐散去，我坐在院子一侧的长椅上，面对着古老的钟楼（准确地说叫"宣礼楼"），回溯着影片中"谢德之死"的画面。眼前的一切都是那么熟悉：就在前方右手边的喷泉旁，谢德打死了假联络员，遭遇了德军伏击，中弹牺牲。密集的枪声就来自对面高高的钟楼。记得影片中有一个慢镜头——谢德转身，像是要离开，枪声骤响，谢德缓缓倒下，院子里的鸽群飞起，在空中盘旋，仿佛是对英雄的礼赞……由教堂、枪战、鸽群构成的"三元素"，在后来的很多影视剧包括吴宇森的《喋血双雄》中出现过，但是它们都没能带给我钟表匠谢德牺牲时的那种震撼。

钟楼也是瓦尔特与德军交火的地方。德军伏击谢德时，走在附近的瓦尔特听见了枪声，他满怀复仇烈火冲上钟楼，打死了德军机枪手，随即端起机枪向不同方向的德军扫射，德军士兵纷纷倒下。影片中，瓦尔特就是从钟楼上的滑绳而下撤走的。40多年过去了，钟楼一如拍摄时的样子，秀美而挺拔。钟楼建于1667年，是萨拉热窝少数几个历经战火而幸存下来的奥斯曼地标性建筑之一，在很长一段时间里，它上面的大钟（产自意大利）是城里唯一的公共时钟。2012年6月，人们对大钟进行了调整，原来的机械装置被现在的电子装置所取代。据当地人介绍，钟楼是萨拉热窝人最钟爱的建筑，直到今天仍然在激励和鼓舞着人们。

走出清真寺，大家意犹未尽，继续谈论着谢德的牺牲和瓦尔特的神勇。不知谁起的头，我们下意识地哼唱起影片中的歌曲："……啊如果我在战斗中牺牲，啊朋友再见吧再见吧再见吧，如果我在战斗中牺牲，你一定把我来埋葬。请把我埋在高高的山岗，啊朋友再见吧再见吧再见吧，把我埋在高高的山岗，再插上一朵美丽的花……"这首歌曲把游击队员的英雄气概和浪漫情怀表现得淋漓尽致，每当它的优美旋律响起，都会让人不由自主地沉浸其中。直到有人指出这首歌不是《瓦尔特保卫萨拉热窝》的插曲，而是另一部南斯拉夫影片《桥》的插曲时，我们才恍然大悟，原来把两部影片混淆了。

不过说实在的，不搞混也难。因为两部影片都是二战题材，故事都是围绕德军的撤退展开，并且两部影片的主演是同一个人——南斯拉夫功勋演员韦利米尔·巴塔·日沃伊诺维奇。几乎不需要任何过渡，从瓦尔特到"老虎"（游击队少校）的角色转变，从《瓦尔特保卫萨拉热窝》到《桥》的故事转变，就在我们眼前瞬间完成。受《啊，朋友再见》这首意大利游击队歌的感染与牵引，我们的下一个目标已经确定——寻桥，寻找影片《桥》中被炸掉的那座桥。

关于《桥》的外景拍摄地普遍的说法是，它位于今天黑山共和国北部的塔拉河谷地区，名字就叫塔拉河谷大桥。此桥在二战中被炸毁，战后得以修复。原来这座桥在黑山共和国——另一个国家境内！正当我们为身不能至倍

序三 在萨拉热窝寻找"瓦尔特"

感遗憾时，当地的一位司机告诉我们：波黑南部的亚布拉尼察市境内有一条内雷特瓦河，二战期间，铁托领导的游击队为阻止德军进击炸毁了河上的一座铁桥，那里至今仍然保留着铁桥被炸时的原貌，被称为断桥遗址。这真是一个令人振奋的消息，坐上司机的车，我们迫不及待地奔向那里。

后来我们了解到，断桥遗址是一个很有纪念意义的地方，二战期间南斯拉夫那场著名的内雷特瓦河战役和"铁托炸桥"的故事就发生在这里。1943年2月，希特勒调集德军4个师、意军1个师、联合特种部队2个师以及南斯拉夫傀儡军队，集中围攻铁托领导的南斯拉夫西波斯尼亚、中波斯尼亚解放区。在敌军的追击下，包括大量伤员在内的2万名游击队员被数倍于己的敌人围堵在内雷特瓦河边。德军估计游击队会从内雷特瓦河上游的一座铁桥处突围，于是从四处调兵至内雷特瓦河畔，企图一举歼灭游击队。面对敌军的重兵把守，铁托临危布阵，一边命令游击队向大桥移动，一边下令炸毁大桥，同时派一部分游击队员向北面佯攻，摆出背水一战的架势。德军果然中计，慌忙把埋伏在对岸的兵力调走，赶去另一处围堵。待德军撤走之后，铁托利用夜色在已经炸毁的大桥处架起了吊桥，大队人马和伤员安然渡过内雷特瓦河。等敌人赶到河边时，铁托和他的游击队已了无踪影。据说影片《桥》就是根据铁托炸桥的故事改编的，以这场战役为原型的南斯拉夫电影还有《内雷特瓦河战役》（《铁托炸桥》）。

虽然一路上都在想象着那座桥的样子，想象着它周围的土地被战火熏染后的破败景象，但是想象与现实之间的落差还是令我感到惊讶。展现在眼前的分明是一幅美得令人目眩的风景画——蓝天、白云、草坪、阳光下熠熠生辉的红瓦屋顶，宁静祥和的气息，任谁也无法将这个地方与那场激战联系起来。在草坪的尽头，绿树掩映之下，有一道长长的峡谷，铁托和他的游击队员们炸断的铁桥就在那里——一部分桥体直立倚靠在山坡上，另一部分折断在激流中，任内雷特瓦河水拍打着它的身躯。转眼72年过去了，断桥就静静地躺在这里，以自己的残缺之躯向凭吊者们讲述着当年的故事，给他们带来别样的感动与启迪。在断桥上游约100米的地方，矗立着一座具有现代感的新桥，供两岸居民往来使用。此情此景让人感慨万千——老桥已经完成了它的历史使命，新桥却承载着新的生活、新的希望从昨天走向今天，并将继续走向明天。它不会止步于法西斯的铁蹄，也不会止步于民族间的杀戮。

波黑，一个历尽劫波的国家，一个百年内遭遇过三次大战的国家，一个被称为"巴尔干半岛火药桶"的国家……！这与它美丽绝伦的自然风光形成了巨大反差，叫人唏嘘不已。在寻找瓦尔特的过程中，我惊异于萨拉热窝城里那些布满弹孔的楼房，也惊异于城外那一片片雪白的墓地，这些都是20世纪90年代波黑战争留下的痕迹。令我印象深刻的一幕是，在一栋弹孔累累的居民楼上，从一个窄小的窗口向外伸出一支晾衣竿，上面挂着一件红色衬衫，在灿烂的阳光下显得格外耀眼。当我拿起相机拍照的一瞬间，我的眼睛湿润了。美好事物总是在残酷的衬托下才更显美好，残酷总是在美好事物的衬托下才更显残酷，眼前的景致是这样，钟表匠谢德中枪倒地时飞向天空的鸽群又何尝不是如此？这或许就是饱经沧桑的萨拉热窝人发自内心的呼唤：祈求和平，远离战争！

（作者程曼丽系北京大学新闻与传播学院教授）

目 录

国际化表达与跨文化传播

寻找瓦尔特的意义 | 苟强诗 ……………………………………………003

论战争片的跨文化传播对国产电影的启示 | 方田田
　　——以《瓦尔特保卫萨拉热窝》为例 …………………………009

城市游击战带来的现代感 | 卢　康
　　——《瓦尔特保卫萨拉热窝》在中国的异质新感性接受 ………017

探析《瓦尔特保卫萨拉热窝》的成功之处及对中国电影的启示 | 庄昊澜
　　…………………………………………………………………………026

从《瓦尔特保卫萨拉热窝》谈中国新主流电影创作 | 舒三友　李　翱
　　…………………………………………………………………………034

影像的当代文化使命 | 孟　婷
　　——再看《瓦尔特保卫萨拉热窝》………………………………043

负芒披苇的民族史诗谱写 | 包鸿明
　　——浅析《瓦尔特保卫萨拉热窝》在"他者"视域下的民族叙事…049

电影媒介的记忆建构 | 符　雪
　　——关于《瓦尔特保卫萨拉热窝》的共同体想象 ………………058

革命题材电影的跨域体验与情感敞视 | 张梦婷
　　——以《瓦尔特保卫萨拉热窝》为例 ……………………………066

"一带一路"语境下南斯拉夫电影《瓦尔特保卫萨拉热窝》在华传播的启示 | 赵艳明　张洁茹 ……074

文化认知与美学价值

《瓦尔特保卫萨拉热窝》的崇高美学特质及其影像修辞 | 李茂华 ……087
现实主义战争电影的美学路径探究 | 周雨晓
　　——以《瓦尔特保卫萨拉热窝》为例 ……095
音乐的活力与情绪 | 徐绍轩
　　——浅析电影《瓦尔特保卫萨拉热窝》中音乐蒙太奇的应用 ……103
口述史纪录片的记录手段以及传播特性优势比较 | 田　聪
　　——以纪录片《寻找瓦尔特》为例 ……108
战争与诗意 | 江　越
　　——电影《瓦尔特保卫萨拉热窝》中的诗意化表达 ……114
《瓦尔特保卫萨拉热窝》：诗意中的暴风雨 | 李　喆 ……121
"瓦尔特"中藏匿的艺术价值 | 李慧悦
　　——《瓦尔特保卫萨拉热窝》中的多重艺术 ……126
论南斯拉夫战争电影的艺术特色 | 黄　旭
　　——以《瓦尔特保卫萨拉热窝》为例 ……133
浅析战争题材电影的文化艺术性表达 | 王慧敏
　　——电影《瓦尔特保卫萨拉热窝》赏析 ……141
革命战争片中的内在真实性 | 朱静芸
　　——浅析《瓦尔特保卫萨拉热窝》……148
向英雄的"瓦尔特们"致敬 | 陈艳艳
　　——从接受美学角度看电影《瓦尔特保卫萨拉热窝》……156
《瓦尔特保卫萨拉热窝》：银幕内外的悬念和参与 | 程　迪 ……162

哈依鲁丁·克尔瓦瓦茨战争电影研究 | 吴殊贤 ……………………… 167
电影录音剪辑与特殊时期的艺术审美 | 李 姝
　——以《瓦尔特保卫萨拉热窝》为例 ……………………………… 174

叙事建构与受众研究

电影《瓦尔特保卫萨拉热窝》群像式英雄人物塑造的影像逻辑 | 刘 倩 周子渝
　………………………………………………………………………… 183
从《瓦尔特保卫萨拉热窝》看经典英雄故事架构和人物塑造 | 杨 明
　………………………………………………………………………… 191
游走在战争叙事边缘 | 齐梦若
　——关于游击队题材的集体记忆与文本想象 …………………… 199
英雄的诞生 | 秦 滢
　——《瓦尔特保卫萨拉热窝》英雄形象塑造分析 ……………… 206
谍战片中的类型元素、城市形象与影像符号 | 邓 瑶
　——以《瓦尔特保卫萨拉热窝》为例 …………………………… 215
浅析第二符号学视域中战争题材电影的典型形象塑造与观众的
　心理认同机制 | 李祈龙
　——以影片《瓦尔特保卫萨拉热窝》为例 ……………………… 222
浅析《瓦尔特保卫萨拉热窝》二元对立的人物形象符号意义 | 徐张成
　………………………………………………………………………… 229
我们因何而感动？| 张 杰
　——论电影《瓦尔特保卫萨拉热窝》的同一修辞与情感认同 …… 240
战争片的情感建构与影像书写 | 周 宝
　——以《瓦尔特保卫萨拉热窝》为例 …………………………… 250
战争片的历史重述与现实主义的建构 | 庞 钦
　——以《瓦尔特保卫萨拉热窝》为例 …………………………… 258

英雄群塑、文化记忆下《瓦尔特保卫萨拉热窝》的史观表达 | 李妍莹
....265

与时俱进的国产战争片艺术样式 | 张艺馨
——以《瓦尔特保卫萨拉热窝》为分析支点....................272

论电影《瓦尔特保卫萨拉热窝》的空间叙事构成 | 周　鑫........279

论南斯拉夫战争题材电影的叙事策略 | 孔令钰
——以《瓦尔特保卫萨拉热窝》和《桥》为例..................286

《瓦尔特保卫萨拉热窝》电影叙事风格浅析 | 张了凡..............294

经典电影《瓦尔特保卫萨拉热窝》的叙事分析 | 周孟楠..........301

热血洒满萨拉热窝 | 陈梦圆
——评电影《瓦尔特保卫萨拉热窝》................................308

游击战下的民族信仰 | 徐锦博
——浅谈电影《瓦尔特保卫萨拉热窝》的人物塑造与音乐隐喻........313

细节刻画的艺术之"真" | 马　钰
——浅析电影《瓦尔特保卫萨拉热窝》的人物塑造............322

论影片《瓦尔特保卫萨拉热窝》英雄人物的塑造 | 潘文英........329

现实主义战争片中的群像塑造 | 刘思宇
——以《瓦尔特保卫萨拉热窝》为例................................337

隐秘的伟大 | 赵　龙
——瓦尔特的身份解读..344

萨拉热窝的"瓦尔特" | 蒋　迅..349

浅谈《瓦尔特保卫萨拉热窝》的人物塑造和情节设计 | 张婷婷........354

纪录片《寻找瓦尔特》创作人员..359

后　记..361

国际化表达与跨文化传播

寻找瓦尔特的意义*

苟强诗

[摘要]面对"寻找瓦尔特"的主题，我们应该而且需要重审——瓦尔特是谁？如何寻找瓦尔特？寻找的意义何在？今日之寻找瓦尔特，其作为追求人类幸福生活之路的象征意涵，显然应成为各国共通的意义符号；今日如何寻找瓦尔特，显然亦是如何寻找多元视野下的民族国家的现代化道路；今日寻找瓦尔特之意义，显然亦是铭记历史，多元和平共行，实现人类幸福之命运共同。我们认为，电影告诫人类，电影即未来。如何寻找，对人类而言，始终是一个问题。

[关键词]《瓦尔特保卫萨拉热窝》；瓦尔特；电影；寻找；意义；现代化

一

《瓦尔特保卫萨拉热窝》是由南斯拉夫波斯纳电影制片厂出品的一部取材于第二次世界大战的战争片，该片由出生于萨拉热窝的南斯拉夫导演哈依鲁丁·克尔瓦瓦茨执导，韦利米尔·巴塔·日沃伊诺维奇、留比沙·萨马

---

* 本文系四川省哲学社会科学重点研究基地——美学与美育研究中心课题"传播美学视野下上海左翼电影研究"（15019）的阶段性成果。

季奇等主演。影片于1972年4月12日在南斯拉夫上映，1973年引入中国，被划为"内参片"，并完成配音翻译。但一直到1977年8月"文化大革命"结束后，《瓦尔特保卫萨拉热窝》和同样出自哈依鲁丁·克尔瓦瓦茨执导的《桥》才在中国首次上映。该片的上映在一定程度上而言，是为1977年8月底配合南斯拉夫总统铁托访华的一次交流预热。也就是说，两国领导人在正式政治外交之前，先来了一场"电影外交"，而这显然是作为活动影像艺术的电影所擅长的，也是在经历了"文化大革命"之后，中国观众所希望看到的作品。由此，这部电影顺应历史而成为中国与南斯拉夫两国情感与记忆的重要纽带。

对于一部距首次上映快五十年的电影而言，除了作为电影爱好者的个人鉴赏与研究的兴趣之外，我们会有怎样的理由再去关注它和讨论它，甚至影视工作者再次扛起摄像机通过镜头去寻找它？从而通过"老观众""新观众"去回忆它、讲述它？我想从电影本身看无外乎有以下几种可能：它是一部很有艺术特色的电影，从而在电影史上占有一席之地；它是一部取材于人类重大历史题材的电影，从而在人类社会发展中具有深刻意义；它是一部演员表演出色的电影，从而其塑造的人物形象在观众中深入人心；它是一部应和了某时期社会文化"消费"的内在需求的电影，从而成为一群人一个时代的共同记忆；它是一部有关一个民族国家或国际社会的共同历史、价值、情感与信念的电影，在时常的回忆与提起中，又增添了"仪式"的效果。《瓦尔特保卫萨拉热窝》正是这样一部电影。

今天，我们面对"寻找瓦尔特"的主题，面对一段刻骨铭心的历史，一个无法再次身临其境的过去，一段充满距离的时空阻隔。面对"寻找瓦尔特"，我们应该而且需要重审——瓦尔特是谁？如何寻找瓦尔特？寻找的意义何在？

二

瓦尔特是谁？瓦尔特本名弗拉基米尔·佩里奇，他出生那年，正是中国掀起"五四"爱国运动的1919年的冬天，一个位于塞尔维亚普里耶波列市的

寻找瓦尔特的意义

普通家庭迎来了一个男孩。佩里奇从小勤奋好学,大学毕业后,在1938年供职于贝尔格莱德一家银行,与此同时接受共产主义洗礼,1940年成为南斯拉夫共产党的一分子,后来到所供职银行的萨拉热窝分行工作。1941年德国联合意大利等轴心国武装侵略南斯拉夫,残杀平民,扶植傀儡政府。当时22岁的弗拉基米尔·佩里奇成为一名游击队员,并为自己起了一个代号——瓦尔特。自此,瓦尔特活跃于南斯拉夫抗击纳粹侵略的游击战中。1944年,瓦尔特成长为萨拉热窝游击队总指挥,在他的带领下,游击队给纳粹制造了层层重创。但令人扼腕的是,在1945年4月5日,来到城内检查的瓦尔特被一小队德军重伤,就在他牺牲当日,4月6日,萨拉热窝从纳粹占领之中解放,而后南斯拉夫游击队为瓦尔特举行了隆重葬礼。1949年,南斯拉夫为瓦尔特追授"人民英雄勋章",瓦尔特成为南斯拉夫家喻户晓的传奇游击队员,至今被不断纪念。2020年,瓦尔特故乡就举办了《瓦尔特:从普里耶波列到萨拉热窝》展,认为瓦尔特反法西斯的事迹具有永恒意义,值得传承下去。[①]

瓦尔特是谁?他是哈依鲁丁·克尔瓦瓦茨执导电影《瓦尔特保卫萨拉热窝》中萨拉热窝游击队员的典型人物形象,他是足智多谋、英勇果敢、抵抗侵略、保家卫国的游击队英雄。同时,也是一个隐藏身份的绝世高手。电影中除了几个亲密的游击队友外,可以说整部电影包括观众,一开始都不知道"瓦尔特是谁",大家都在找瓦尔特,在隐藏与寻找的对应关系中,在这个意义上,甚至整部电影可被命名为"寻找游击队员瓦尔特"。隐藏与寻找本身就是游击战术,也正是经历了"真假瓦尔特"的悬疑桥段与萨拉热窝游击队员的接连牺牲,在一次次击败纳粹德国的"以假乱真"的破坏与袭击之后,真瓦尔特一步步走向了观众,也正是经历了这个隐藏与寻找的博弈之后,瓦尔特的银幕形象深深镌刻进国际观众的内心。恰如瓦尔特的扮演者韦利米尔·巴塔·日沃伊诺维奇在一次面对记者"您的瓦尔特是一个什么样的

[①] 张修智.瓦尔特故乡举办《瓦尔特:从普里耶波列到萨拉热窝》展[EB/OL].(2020-12-05)[2021-12-12].https://baijiahao.baidu.com/s?id=16852327149808868 39&wfr=spider&for=pc.

人物？"提问之时，他说："随着时间的流逝，一切都被遗忘，只有瓦尔特仍然留下。国内外都如此。中国人与瓦尔特打成一片。1999年，当北约空军轰炸南斯拉夫的时候，中国电视台采访了我。这一采访在中国播放之后，这一电视台的记者跟我说，成百上千的中国人跟电视台的总部取得联系，他们都想要来塞尔维亚'保护瓦尔特'。"①

瓦尔特是谁？瓦尔特是保卫萨拉热窝的游击队员，是每一位用生命抗击纳粹德国的侵略，寻找瓦尔特，跟随瓦尔特，最终变成瓦尔特的游击队员。这样可爱可敬的游击队员在电影中很多，但典型的代表是留比沙·萨马季奇饰演的照相馆老板吉斯。导演运用他熟练的隐藏而具悬疑的叙事手法，给我们接连塑造了一个单纯的照相馆老板、令观众怀疑为纳粹德国盖世太保的奸细、颇为轻率又坚定勇敢的游击队员，一个最终在与瓦尔特并肩作战之后，知道瓦尔特是谁的游击队英雄。如果说纳粹党卫军上尉康德尔在寻找瓦尔特的过程中不断以假乱真实施破坏，自以为自己对假瓦尔特的扮演"天衣无缝"而走向真相被揭穿后的死亡，那么游击队员吉斯将抗击纳粹德国侵略和寻找瓦尔特融为一体，最终他抗击侵略的英勇之举让他成为新的瓦尔特。在这个意义上，吉斯的成长就是年轻的弗拉基米尔·佩里奇如何历经出生入死的革命斗争从而成为英雄瓦尔特的过程。这也是无数游击队员从平凡的个人成长为真正游击队员的英雄成长之路。

瓦尔特是谁？瓦尔特是无数游击队员隐藏的战衣，是电影镜头中岿然不动的远山，是清洗游击队员伤口的河流，是红瓦绿树间庄严肃穆的萨拉热窝城市。电影开场后，纳粹党卫军上尉比绍夫在与纳粹党卫军上校冯·迪特里希的对话中吐露心声，他认为瓦尔特"简直是个幽灵，我开始怀疑他是不是真的存在"。而冯·迪特里希说："我可不相信鬼，比绍夫，他确实存

---

① "Razgovor—Velimir Bata Živojinovič: Nisam ono što sam radio"（《对话：巴塔·日沃伊诺维奇》），http://www.lupiga.com/vijesti/razgovor-velimir-bata-zivojinovic-nisam-ono-sto-sam-radio。参见：路卡.别样的视角：《瓦尔特保卫萨拉热窝》与《桥》在中国的接受研究［J］.文艺理论与批评，2019（2）：98-111.

在。"一开始雄心勃勃的冯·迪特里希在"劳费尔计划"失败后,失落离开之时,终于知道了瓦尔特是谁,在面对纳粹德军的追问时,他说:"看,这座城市,它,就是瓦尔特!"电影一头一尾的对话相互呼应,结构严谨,颇有意味。实际上,比绍夫和冯·迪特里希说的都对。因为视而不见谓之"幽",不见而谓之"灵"。比绍夫只看见城而不见人——则将瓦尔特视为幽灵;而冯·迪特里希虽不见人但见城而为——则将城市视为瓦尔特。人即城,城即人,在这里,游击队员是萨拉热窝的构成元素之一,是游动的战士,而城市则是萨拉热窝的载体,是坚不可摧的城市之躯,是静止而不游动的战士,她不仅保护游击队员,同时也在保护自己——萨拉热窝。萨拉热窝就是瓦尔特!

三

瓦尔特是谁?是现实中的原型弗拉基米尔·佩里奇,是电影中典型的游击队英雄瓦尔特,是保卫萨拉热窝的每一位游击队员,是镜头中静穆庄严的城市——萨拉热窝……瓦尔特是谁?是人与城的结合体,是人-城合体构型了一种抗击纳粹以及任何侵略与残害行径,而团结一致,不畏牺牲,勇猛刚毅,追求民族自由生存,国家独立发展的道路。如果说人-城构成了瓦尔特可见之躯体,那么这种对民族自由生存、国家独立发展的道路追求则是瓦尔特深刻的精神内涵。瓦尔特是谁?是追求人类幸福生活之路。显然,从二战炮火走出来的瓦尔特,经过革命的洗礼,业已而且应该成为如此这般的精神象征。因此在当下,如何寻找瓦尔特?也就是如何寻找人类幸福生活之路。

从近代以来,那些饱受帝国主义侵略的民族与国家,无不经受政治的压迫、经济的封锁、精神的折磨、肉体的残害。因此,寻找瓦尔特,也就是与上述不幸的坚决抗争,也就是那些饱受帝国主义侵略的民族与国家争取民族独立、国家解放的民主自由之路、生存富强之路,也就是不断探索适合每个民族国家从传统走向现代的现代化发展之路。

中国是世界民族之林的重要力量。自1840年以来,中国在民族存亡之际,启蒙救亡，历经器物、政治、文化之不足的革新与革命，最终走上了无产阶级革命的道路。这在西方学者看来，中国的道路要么是费正清的"冲击-反应论"，要么是列文森单纯的"传统与现代"冲突，要么是柯文的"帝国主义论"和"中国中心观"。这些观点要么体现了优越的西方中心观念，要么在二元对立中从一端走向另一端。他们恰恰忽视了道路并非只有一条或者两条，有可能是多条，就如维特根斯坦所谓的家族相似性，现代化的道路可能有多条，虽然国家与国家间道路不一样，但这些道路都是现代化之路，都是通向现代化的发展之路，西风没必要压倒东风，北风也没必要不乐见南风。而只有在多元现代化的视野下，从各自的国家自身现实出发，实事求是，具体分析，以自身主体性为根基并能造福国民的道路，才是适合自己的现代化之路。

进而言之，各国在进行多元视野下的现代化之探索，要明确，现代化发展之路亦不是"老死不相往来"的久远社会，而是交通的、共同的，以各国的现代化之路共同构成全世界的现代化之路与发展方案。因此，全球的人类命运共同体意识在历经新型冠状病毒的肆虐之后，也让各国认清，国土有界而病毒无界。

因此，今日之寻找瓦尔特，其作为追求人类幸福生活之路的象征意涵，显然亦应成为各国共通的意义符号；今日如何寻找瓦尔特，显然亦是如何寻找多元视野下的民族国家的现代化道路；今日寻找瓦尔特之意义，显然亦是铭记历史，多元和平共行，实现人类幸福之命运共同。

《瓦尔特保卫萨拉热窝》是电影，是历史，是战争，是武器，是中南国际政治的一次"电影外交"，更是民族国家走向现代化道路的一种探索。当下寻找瓦尔特，便是寻找作为意义符号的瓦尔特人类精神在未来的延续。电影告诫我们，电影即未来，如何寻找，对人类而言，始终是一个问题。

（作者苟强诗系成都大学影视与动画学院、成都大学现代中国文化与电影研究中心副教授，硕士研究生导师）

论战争片的跨文化传播对国产电影的启示

——以《瓦尔特保卫萨拉热窝》为例

方田田

[摘要] 电影作为一种影视文学，兼顾娱乐和意识形态传达的双重作用。战争片作为一种极具意识形态传达功能的影片，在宣扬国内主流意识形态方面取得了一定的成就，而在跨文化传播方面还未有明显进展。《瓦尔特保卫萨拉热窝》是在20世纪70年代的中国引起大范围轰动的外国战争片，它将故事背景定于南斯拉夫二战期间，打破了传统战争片严肃僵化的表现手法，全片营造出一种悬念感，塑造出个人英雄与集体主义相弥合的人物群像，成功实现了在中国的广泛传播。鉴于此，本文立足于电影内容本身，从影片的表现手法、叙事背景及人物群像塑造等方面进行研究，探析国产影片在创作上如何取得突破。

[关键词] 跨文化传播；《瓦尔特保卫萨拉热窝》；战争片；意识形态

由于存在文化隔阂、话语权不平等等诸多问题，电影产业也囿于地域限制，难以跨越国际壁垒。国产电影的对外传播往往依靠猎奇的方式，而忽视了对于中华民族精神内涵的传播。战争片，即以战争为描写题材的故事影片，是表现国家权力意志的主旋律电影。近年来，我国对电影的意识形态传达功能积极探索,将主旋律电影与商业电影相结合,形成了一种新的电影类型,即"新主流电影",拓宽了国内传播的受众范围。在我国大力提倡全球化的背景下,中国电影也需立足于全球视野,积极创新内容,从根本上寻求一种对外传播的新路径。

《瓦尔特保卫萨拉热窝》正是一部成功建立民族文化与情感认同的跨国传播战争片,它在中国广受欢迎,与其跨文化传播策略的正确使用密不可分。

一、创新方式:欢乐氛围下的悬念感营造

中国的战争片一般都以战争喜剧片或是史诗片两种风格呈现,前者带有对战争中敌方的嘲讽意味,如冯小宁导演的《举起手来!》;后者追求对于宏大战争景观的完整呈现,如《血战台儿庄》《蘑菇云》等。近年来,新主流电影运用大量商业电影的元素,如:激烈的打斗、大牌的明星演员以及宏观场景等,将以往主旋律电影中的内涵由被动"说服"转为观众主动认可,大大拓宽了战争片在中国传播的深度和广度。1977年,南斯拉夫影片《瓦尔特保卫萨拉热窝》在中国正式公映,它不同于以往国产影片刻意地塑造战争的凝重感,而以一种相对轻松欢快的幽默色彩去描述历史的沉重,将动作感与悬念感贯穿全片。这种欢乐氛围下的悬念感营造方式,也是近年来一些商业电影吸引受众的常用方式,它能够引发观众的好奇心,提升观众的观影体验感。这类叙事手法对观众的观影感受影响是不论国界的,它打破了单一叙事的僵化性,消解了战争片较为固定的创作模式,促进了跨文化观众对影片内容及深层内涵的接受。

"若想使影片变得有生机,这就要改变主旋律电影的表现手法。平铺直叙的人物对话和剧情、单一的镜头、僵硬的画面,以及后期的粗糙制作等都不会让影片出彩。"[①] 影片《瓦尔特保卫萨拉热窝》讲述了二战期间以瓦尔特为首的游击队在极为艰难的条件下破除敌方所谓的"劳费尔计划",展开了

---

① 崔倩,苗新萍.中国主旋律电影在对外传播意图下应如何发展[J].戏剧之家,2020(2):72-73.

真假瓦尔特之间的较量斗争并最终获得胜利的故事，是一部观赏性及娱乐性极佳的影片。它取材于现实，在保持战争的某些必要元素的同时，将萨拉热窝的人民所具有的正义和自由、善良和勇气等特质一一展现。影片叙事一开头就以敌人的提问"谁是瓦尔特？"而展开，通过敌人口中的描述，瓦尔特神通广大，无所不能。在萨拉热窝一处高炮阵地上，比绍夫面对冯·迪特里希的询问时说："我已经尽了最大努力，我审问过100多个犯人，可是一无所获，没有人知道他是谁，没有，我可以发誓。瓦尔特简直是个幽灵，我开始怀疑他是不是真的存在。"随后故事一步步展开，由敌人扮演的假瓦尔特试图扰乱视听，想要里应外合找出瓦尔特真正的身份。萨拉热窝的人民同仇敌忾，不论是钟表店的老板、医院里的医护人员还是铜器店的师傅，大家都心照不宣地朝着反法西斯的目标守护着瓦尔特这个小队，谢德中弹倒在广场上白鸽纷飞的场面感人至深。直到最后谜底才揭开，被撤职的军官感叹道："看，这座城市，它，就是瓦尔特！"影片以瓦尔特的人物身份为谜团贯穿始末，在还原历史事件的基础上创新影片叙事手法，使我国受众在对战争片的观感上耳目一新，大大提升了此片在我国的广泛传播。

此外，影片中敌我力量悬殊，瓦尔特一行人处境艰难。而本片在塑造敌人的压迫性的同时，也伴随着展现聪明果敢的萨拉热窝人民的奋起反抗。《瓦尔特保卫萨拉热窝》中的人物对话简单幽默，没有血肉横飞的宏大场面，而以一种轻松欢快的气氛且富有变化的节奏叙述历史。"著名音乐家博·阿达米奇（Bojan Adamič）创作的节奏明快的主题曲，这些音乐使电影远离过度悲情，而表现出令人昂扬的欢乐氛围。"[①]在明快的主题曲渲染下，片中出现的各类动作镜头都更加富有动感与活力，塑造了萨拉热窝群众自由自在的英雄形象。这类以欢乐氛围叙述战争、以悬念引发观众深思的表现手法，规避了主旋律电影刻意强调意识形态的宣教色彩而用力过猛的现象，将战争片赋予娱乐及悬疑的特性，将叙事话语隐性地置于情节之中，为影片的跨文化

---

① 路卡.别样的视角：《瓦尔特保卫萨拉热窝》与《桥》在中国的接受研究［J］.文艺理论与批评，2019（2）：98-111.

传播提供了一种新颖的故事架构。

二、扩大背景：多元文化融合下的泛情化共鸣

战争是统治阶级为扩大领土或谋取利益而发起的，战争片作为一种电影类型，必然担负着反映社会现实、还原历史实况的伟大重任。由于战争元素的特殊性，它往往意味着一种秩序对另一种秩序的企图和颠覆，并且由政治产生，不可避免地与每个国家的意识形态挂钩。"意识形态是社会的思想上层建筑，是一定社会或一定社会阶级、集团基于自身根本利益对现存社会关系自觉反映而形成的理论体系。"[①]电影将本国的主流意识形态传达给受众，各国之间的文化差异必然导致国外受众在接受度上产生难以跨越的鸿沟。因此，针对国外的传播环境，要考虑国外观众的接受习惯和接受心理。

"每部影片的背后都有'故事'，包括复杂的人事关系、对物或对人的规章制度以及名利的分配等等，这呈现的是人类的历史。于是，从电影的角度解读历史或者从历史的角度解读电影，都能让我们看到影片背后的社会。"[②]南斯拉夫战争题材影片的一个突出特点是，以第二次世界大战反法西斯战争为基本内容，电影艺术家不断地从不同方面来揭示战争的本质，使观众对反法西斯战争的意义获得深刻认识。《瓦尔特保卫萨拉热窝》遵循这一特征，以二战为大的时代背景，以南斯拉夫的一座城市萨拉热窝中人民反法西斯、抵抗外来侵略为小的历史时期。在跨文化传播上兼顾了中南两国在大环境下的"普遍性"与本国民族文化的"特殊性"。这里的"普遍性"是指在二战期间，中南两国都将民族解放与国际共产主义两种社会运动形式相结合，形成了一种独特的斗争形式。这类"普遍性"也给影片赋予了一种追求民族解放、实现民族自由的价值观，跨文化传播其实就是使不同文化系统中的受众

---

① 列宁.列宁选集：第1—4卷［M］.中共中央马克思恩格斯列宁斯大林著作编译局，编译.北京：人民出版社，1995：14.

② 费罗.电影和历史［M］.彭姝伟，译.北京：北京大学出版社，2008：8-13.

在这类共同价值下产生最大意义上的共鸣。"引导国产电影走出跨文化传播中的消费误区，其关键就在于发掘出一批既立足于民族土壤又能糅合人类共通主题的影片。"①在影片《瓦尔特保卫萨拉热窝》中，有不少让大众难以忘却的经典片段，钟表店老板谢德英勇赴死，博物馆学生智救伊万，以及广场上群众冒死吊唁等情节，无一不在向我们传达着瓦尔特不仅仅是一位传奇英雄的名字，他是南斯拉夫英勇无畏人民的化身。这种"受压迫者"对抗压迫者的胜利使我们联想到自己的民族，并且两国的战争电影都包含着一种对创造"新"世界的渴望，容易引发共鸣。这种共鸣不仅仅存在于中南两国，它植根于每一个英勇抗争过的民族，这种文化之间的趋同性也为促进电影跨文化传播起到了重要作用。

"在国内市场反应较好的影片，往往是因为国内观众与影片的叙事处于相同文化视域，在生活方式和价值观念方面能相互应和。"②例如我国一直以来层出不穷的战争片都取材于中国共产党成立、抗日战争、国家统一等历史事件，立足于本国的历史，在国内获得了巨大的成功。而面对全球化的今天，我国的电影发展也要保持与时俱进的态势。近年来中国战争片扩大取材范围的趋向已经初显，例如《战狼》《红海行动》《长津湖》等都是扩展故事背景选择的代表，它们依旧根植于中国人民的革命精神以及中国优秀思想文化。唯有对电影内在的文化情感表示认同，才会获得跨国界、跨文化的广泛传播。

三、人物群像：个人英雄与集体主义的异质性弥合

战争片直观再现不同民族、不同文化之间的冲撞与激荡。好莱坞电影一直以来都受美国意识形态的影响，追求自由民主及个人主义等观念，因此影

---

① 方彦蕾.论全球化语境下国产战争片的跨文化传播策略：以《金陵十三钗》为例[J].新闻传播，2012(5)：206-207.
② 张舒.中国主旋律电影的跨文化叙事和传播[J].浙江工贸职业技术学院学报，2020，20(2)：92-96.

片中往往注重强调个人英雄主义。而中国人受儒家思想的熏陶,讲求修身齐家治国平天下,家国情怀是中国人永恒的追求。而这种具有家国情怀的集体主义、爱国主义、人道主义也表现在我们的国产电影之中。"受'团结就是力量'的中国革命历史的影响,中国更多的是集体英雄和革命英雄,单个人可能比不上美国的'个人英雄',但一旦以集体的形式走上战场,就能成就一个个英雄群体,如抗日英雄群体、抗美援朝英雄群体。"[1]《瓦尔特保卫萨拉热窝》对于人物群像的刻画是它成功的重要原因之一。影片在英雄的塑造上摒弃了美国的"个人英雄主义",打破了"集体主义"的镣铐,将美国意识形态的"个人英雄主义"与我国的"集体主义"融合。片中主角瓦尔特既是指代单个英雄人物瓦尔特本人,又是这座城市的广大群众所具有的民族精神的象征。这种异质文化的弥合拓宽了电影的传播范围,实现了拥有不同政治信仰领域的观众数量最大化。

影片解构了传统的塑造典型人物的方式,而采用群像化的处理方式,聚焦于每一位游击队员以及生活在萨拉热窝这座城市中的一些小人物,展现出正与邪之间的精彩较量。"群像化叙事这一概念最初来自'群像电影',是指在一部电影中,每一位演员演出的角色都具有自己的特色,在复杂多样的故事线索下共同组成一个多线式、全景式的风情画,而不是以单一的线索来表现一个简单的剧情。"[2]由于战争片本身所带有的展现战争历史的性质,往往容易以好莱坞类型影片的宏大场景叙事特点为主,在兵戈相向的残酷战争中缺乏对人物内心的细节描写,也容易牺牲对影片中人物的深入刻画。本片没有沿袭某些革命影片将革命者神化、将反派人物愚化的旧模式,塑造了三种群像式的"圆形人物"。第一种是以游击队员为主的正面人物群体,聪明果敢的瓦尔特、视死如归的钟表店老板谢德、爱憎分明的摄影师吉斯,都使人印象深刻。此处尤其要提到的是本片中的钟表匠谢德,他是一位无比坚定的游击队战士。他热爱生活,并且深爱着自己的女儿,但为祖国的解放可以义

---

[1] 王菲.电影《战狼2》的意识形态叙事策略研究[J].视听,2020(6):72-73.
[2] 赵斌艺,方毅华.《舌尖上的中国》叙事策略变化刍议[J].中国广播电视学刊,2014(9):85-88.

无反顾地牺牲。为了保护瓦尔特的真实身份，他临走前交代自己的徒弟要好好学会一门手艺，并像往常的每天清晨那样同街道上的每一位朋友打招呼，他没有任何激烈的外在动作，却可以让观众在他平静的外表下感到他内心涌动着的对祖国的爱和对法西斯的恨。谢德牺牲时，教堂的一群白鸽在天空中久久盘旋。通过这种表现手法，我们能够看到个体生命价值和个体间的差异被细致刻画，人的"个性"得到了更多的关注和尊重。此外，片中对萨拉热窝的人民群众以及反派角色的塑造也十分立体。第二种是影片中的反面角色群体，老谋深算的党卫军上校冯·迪特里希、自以为是的假瓦尔特康德尔以及拥有两副面孔的叛徒肖特，都真实又贴切地符合每个角色。第三种是生活在萨拉热窝默默帮助瓦尔特一行人的人民群众，英勇的照相馆老板、沉着应对的医院医生，以及在敌人的枪口下选择毫不畏惧地迈出步伐祭奠亲人的南斯拉夫群众，对于这一群像的人物展示成为影片主题隐含的体现。

正如《瓦尔特保卫萨拉热窝》中所搭建出的将个人形象与民族英雄完美结合的方式，"以平民化的叙述视点展现人物的人格精神和亲情伦理，改变那种完全把个人、家庭的幸福与国家、民族的利益截然对立起来的叙事模式，建构符合观众普遍接受心理的主流电影认同机制"[①]。情感化与思维性是一个人的基本特征，这种特性是跨越民族与国界的。这部影片满足了观众的心理需求，能够让受众获得内心的共鸣。它突破了文化障碍，减少了文化折扣带来的接受障碍，增进了不同国家之间的跨文化交流。

结　语

本文通过对南斯拉夫影片《瓦尔特保卫萨拉热窝》在叙事上的创新、故事背景选取以及影片中人物群像的解读，探讨这部经典影片在中国取得的跨

[①] 贾磊磊.中国主流电影的认同机制问题［C］//中国电影家协会.中国电影新百年：合作与发展——第十四届中国电影金鸡百花电影节学术研讨会论文集.北京：中国电影出版社，2006：145.

文化传播的成功之处。最终归结于片中所传达的共同价值观、强烈的民族精神以及全人类共有的情感认同，能够引起相应的共鸣，为我国战争片跨文化传播的发展提供了一些新的思路。从以前的《长征》《集结号》《厨子戏子痞子》等主旋律影片，再到近两年的《战狼》《红海行动》《八佰》《长津湖》，等等，我们看到了在中国电影人的不懈努力下，主旋律电影的长足进步。我们也期待国产电影能继续提升艺术质感、拓展艺术边界，继续挖掘本民族的精神内涵，越是民族的，越是世界的，只有这样，才能在国际影坛上发出中国电影的强音。

（作者方田田系成都大学影视与动画学院硕士研究生）

城市游击战带来的现代感

——《瓦尔特保卫萨拉热窝》在中国的异质新感性接受

卢 康

[摘要]《瓦尔特保卫萨拉热窝》承载着中国一代人难以磨灭的观影记忆,又因之后中国与南斯拉夫存在的各种政治联系而被时常提及,遂成为国人心中跨越时代的经典。从语境角度入手,对其在中国的接受情况进行回顾,可以发现该片上映时,中国观众是被建构为以"学习"的心态进行观影的,是该片表层的形象引发了中国观众的接受热潮。和中国同类影片相比,该片在类型拓展、视觉形象以及个体性的人物塑造方面,都以极富"现代感"的特征,给中国观众带来了异质化的新感性,在时空错位的背景下因缘际会地在中国观众中找到了知音。

[关键词] 现代感;《瓦尔特保卫萨拉热窝》;新感性;接受

《瓦尔特保卫萨拉热窝》(南斯拉夫,1972,简称《瓦尔特》)在1977年中国公映以来,一直是观众或最少是60后、70后观众津津乐道的对象。对于他们而言,初见电影之时契合了青春、战斗、保卫、牺牲的年少幻想,此后在一次次掀起对此片热议的时候,观影则沉淀为"一代人的记忆",青春在影片这个具体的"物件"中得以缅怀。为什么《瓦尔特》一片在中国观众中获得如此热烈的接受反响呢？"当代电影接受历史研究可分为文本激发（text-activated）、读者激发（reader-activated）、语境激发（context-activated）三种类型。"[①] 以往对《瓦尔特》一片接受情况的研究，除了基于观众回忆与采访，描述一种"盛况"外，主要是基于文本的角度探索该片艺术成就的经典性，以及引起中国观众的共鸣之处，如革命英雄主义、游击战、同时主演《桥》（南斯拉夫，1969，与《瓦尔特》一片同时在中国公映）的瓦尔特扮演者巴塔的人物形象、经典台词、悬念设计等。其语境因素的考量是不足的，尤其是这些文本是基于中国观众熟悉的，或以相似于中国电影为前提进行接受阐释的。笔者认为，《瓦尔特》一片就文本而言，不论是从历时性的电影发展史来看，还是从横向上世界同类影片的艺术技术成就来说，都并非公认的经典，只是"在中国观众眼中堪称经典"[②]，成为跨越时代的存在。这恰恰说明，此片的经典性并非源自文本，而是由中国当时独特的电影接受语境造成的，尤其其对于中国观众而言的异质性现代感，为一代人提供了难以磨灭的艺术新感性体验。因此，有必要在着重考量接受语境的前提下，以文本相似性为基础，着重对其存在的异质新感性是如何引发中国观众接受热潮的这一问题进行阐释与分析。

一、观众是以"学习"的心态看电影的

20世纪70年代中国的观影语境，与当时的政治、经济、文化背景有密切的关系。当时的人们对新的电影，尤其是与"样板戏"不同表达样式电影的渴求，如同即将呼之欲出的改革新风，激荡着每一个求新求变的心灵。《瓦尔特》和南斯拉夫的另一部电影《桥》，伴随着铁托访华而得以公映，"普

---

① 斯塔姆.电影理论解读[M].陈儒修，郭幼龙，译.北京：北京大学出版社，2017：279-280.
② 路卡.别样的视角：《瓦尔特保卫萨拉热窝》与《桥》在中国的接受研究[J].文艺理论与批评，2019（2）：98-111.

通民众从这些不无扭曲的镜像中窥视外部世界,从中发现了与自身'红色经典电影'相类似或者是完全相同的表现模式,更察觉到与自身大约相似或大有区别的物质生活条件,进而形成互文效应"[1]。这是大的接受背景,是《瓦尔特》等影片在中国获得接受热潮的基础,也是许多观众多年后回忆当时观影盛况时,和当下物质、精神生活的丰富程度相比,都不免唏嘘与印象深刻之处。

大的时代背景,往往会不经意间给个体标注一个易于辨识的标签,成为集体的无意识表述,但个体细微的心理差异与真实反应,却往往被这种集体无意识所遮蔽与重塑。因此,探讨《瓦尔特》在中国的接受,需要考虑时代背景,但更要在大的政治、经济、文化等时代背景中,探寻细微处电影对于观众究竟意味着什么。比如在20世纪五六十年代就有评论认为"苏联电影是中国广大电影观众最亲密的朋友和最好的老师"[2]。许多电影中的经典人物形象都影响了中国观众的价值观和人生观。再加上当时电视等更新的媒体还没有进入中国家庭,电影正片前的政治新闻以及涉及先进知识与经验的科教片,成为中国观众"重要的精神食粮和形象化的教科书"[3]。

学习什么呢?我们具有的或者存在的并不需要学习,而不存在的、不具有的才是学习的对象。不论是国产影片中学习新的政治思想、提法,还是对外国电影中价值观选择,甚至言谈举止、衣着发型,都是我们学习的对象。如果说《瓦尔特》一片的"游击队叙事""英雄主义""武装革命""由个体而引发群体的反抗暴政"等与中国电影有相同或相似因素,是引起中国观众共鸣基础的话,那么电影所呈现出的不同于中国现实的视觉形象,才更应该是在中国引起观众巨大反响的直接刺激物。因此,要一窥《瓦尔特》为什么在中国引起如此大的反响,需要基于此"学习"的观众语境,研判电影的视

---

[1] 袁庆丰.阿尔巴尼亚与中国大陆电影模式的异同及世俗读解:以1967年译制的《海岸风雷》为例[J].玉溪师范学院学报,2015,31(6):1-7.
[2] 沙浪.苏联电影与中国观众[J].电影艺术,1957(Z1):81-83.
[3] 赵克.值得重视的"影院与观众"[J].电影艺术,1960(5):58-59.

觉形象与中国现实环境之间的差异性张力。

二、差异化形象带来的现代感震撼

在艺术或哲学领域，形式比内容更值得玩味。目的不是目的，手段才是目的。其中，电影又与小说等文字想象性的艺术形式不同，电影是形象化展示的。电影对观众的影响可以是"深远"的，但对观众的吸引一定是"表层"的。值得反复咀嚼的具有深度的作品，很难短时间内引起大众的共鸣，而能引起短期内大众追捧的，往往是契合了时代语境下年轻人情感、观念宣泄口的"新"形象。如同20世纪90年代，"古惑仔"系列电影被中学生追捧，周星驰的"大话西游"系列电影被大学生追捧。这种追捧并非源自影片"深远"的意义，而恰恰是"表层"形象化展示的帅、酷、富有个性又直击年轻人心灵的台词、动作，以及幽默化解人生遭遇及尴尬的事物的情节，至于其深邃的文化意义，那是理论家以及"经典化"之后才被赋予的。由此来看，《瓦尔特》一片在当时语境下被观众追捧，也主要在"表层"。可以说正是电影与中国观众所熟悉的红色经典形象层面的差异性，包括类型拓展、视觉冲击以及个体性选择等在内的形象，给当时观众带来了深受震撼的现代感。

首先，《瓦尔特》是以城市为背景的"游击队电影"[1]，这与中国观众所熟悉的以农村为背景的游击队电影相比，是一种类型的拓展。从源头上来看，游击队电影可以追溯到20世纪40年代表现二战时欧洲地下反抗活动的电影，比如罗西里尼导演的《游击队》。可以说，一开始游击队电影就是以城市为背景展开故事情节的电影类型，但对于中国观众而言，当时全国依然能够公映的电影如《地雷战》《地道战》均是以农村为背景的。这也符合中国共产党"农村包围城市"的革命道路，城市一般都是侵华日军占领或国

---

[1] 郝赫赫.另类影像文本："游击队电影"[J].电影评介，2016(14): 41-43.

民党反动派盘踞之地，而大量的人民反抗武装——游击队，都隐藏于偏远农村。游击战类型的电影自然以农村为背景，以小见大地展现侵华日军或国民党反动派如何在"人民战争"的汪洋大海中倾覆。久而久之，观众便形成了一种刻板印象，将"游击队"和"农村"进行对应化联系，"城市"则对应的是"反特片"，书写的是1949年中华人民共和国成立之后，中国共产党在取得城市政权后，如何与国民党反动派遗留的特务进行斗争，从而建立、巩固政权的历史史诗。当《瓦尔特》一片以"城市游击战"的类型特征出现在中国观众眼前时，着实是一种类型拓展型的震撼。游击队成员不再是徒步或驾驶牛马车，穿梭于玉米地、高粱地、农村土路和树林中，用简陋的自制轻武器和装备精良的敌人战斗，而是满银幕汽车、火车，与德军周旋于商铺、保龄球馆、街道和高楼大厦之间。"城市"是"现代"的符号，是由农业社会走向工业社会的形象化符号。在《瓦尔特》公映的1977年，中国正值社会转型改革探索时期，社会中蕴含着对发展生产改善民生，从而实现物质、精神都较为富足的"现代化"生活的向往，自然和电影产生了某种契合性的共鸣。

其次，正面人物的时髦装扮对中国观众全民土布灰蓝的视觉冲击。城市游击队的类型扩展，本身就是一种视觉冲击，《瓦尔特》更表层但更大的冲击应该是片中演员的服饰与妆容。在那个火红的革命年代，盛行朴素的观念，"在生活方式上批判封资修，爱美之心被斥之为'剥削阶级思想'，'西装革履'成为'资产阶级'服饰的代名词"[1]。往往在反特片中的特务、反面人物才标配的西装、领带、皮鞋、风衣，以及反面女性形象才会有的卷发、口红、丝袜，在《瓦尔特》一片的正面人物身上却群体性地出现了。即使在最荒乱的年代里，年轻人也依然向往着与自己年龄相匹配的各种绚烂色彩，如同姜文《阳光灿烂的日子》里所表现的那样。《瓦尔特》刚好向在朴素观念里的年轻人展现了革命也可以衣着光鲜、五彩斑斓。从电影艺术的角度而

---

[1] 朱高林.中国城镇居民衣着消费的基本趋势：1957—2004[J].东北财经大学学报，2007(3)：48-52.

言，演员的服饰、妆容等电影美术未必对《瓦尔特》一片的叙事起到根本性的作用，但对于中国观众而言，鉴于时代语境的因素，这种表层的视觉冲击可能是使其广泛传播最重要的因素之一。在以"学习"心态观看外国电影的基本观念中，模仿影片中的人物形象是时髦而又前卫的。这一点，我们也可以从1978年的日本电影《追捕》在中国上映后男孩们青睐的高仓健同款竖起衣领的风衣，以及观众津津乐道于1980年中国电影《庐山恋》中女主角到底换了多少套衣服等中佐证，看到那个时期具有"现代""时髦"意味的服装，对朴素经年之后的国人的视觉冲击。

  再次，在类型拓展、视觉冲击等较为表层冲击的基础上，更深的震撼是影片角色的"个体性"选择，以及不同于中国"仇恨叙事"的"青春叙事"。在中国游击队电影，乃至于所有红色经典的表述体系中，集体主义是制胜的法宝，《瓦尔特》一片却向中国观众展示了个体选择如何在革命行为中被尊重，甚至由人伦决定的个体选择违背集体利益时集体如何面对。在集体主义的观念中，追求的是舍小家保大家，牺牲个人，顾全大局，但影片中老钟表匠的个体化选择，并不是基于此类观念，而是基于作为父亲的人伦。老钟表匠违背领导劝说和集体利益的个人选择，并没有在事后受到"秋后算账"式的惩罚，甚至最终个体的意愿汇聚成了集体的洪流，从而在无声中凭着坚定的脚步战胜了敌人。这无疑是告诉当时的中国观众，在集体主义的革命事业之中，也是有个体性的，恰如老钟表匠不让自己的女儿革命，要等待，因为每个人选择不一样，有的投降，有的战斗，有的等待。老钟表匠的女儿选择参加革命而最终赴死，这种桥段在中国红色经典电影中也屡见不鲜，但表现手法大异其趣。与一般战争片不同的是，《瓦尔特》所展现的是"青春"的激情与躁动。老钟表匠的女儿身上并未展现出仇恨使得她如何奋起反抗，而是年轻人在父辈的影响下渴望战斗进而慷慨激昂的冲动内心，这一点在照相馆老板吉斯身上也有所表现。因此，就如同影片中那句经典台词"谁活着谁就看得见"一样，影片充斥的并不是仇恨的压抑感和愤怒感，而是乐观主义的青春奋进与无畏拼搏，是不同于中国同类电影的"青春叙事"。

三、时空错位的新感性呈现与接受

艺术是基于时代的语境,"去重现或创造新的感知结构,为观众带来主流感知方式之外的观照这个世界的感受与体悟、情绪与情感"[①]。艺术作品之所以能够带给观众震撼,便是基于其所展现出的此类新感性。但观众新感性的获得,并不一定是在着重考量艺术家、艺术精品的纵向艺术史参照中实现的,也有可能是因为接受语境的时空错位,给横向的特定时空中的观众造成了相对性的新感性。尤其是当时的中国受特定历史时段的影响,对外的正常文化交流活动几乎中断,从而形成了不同于现代艺术频繁交流特征的"艺术真空"[②]。于是,突然接受外来艺术与文化,便形成了这种时空错位型的新感性冲击。

《瓦尔特》一片于1977年在中国的公映引起的反响当属此列,这种冲击与震撼性并非源自从纵向世界电影史的角度出发对该片艺术、技术成就的肯定,而是源自东西方正常文化交流中断的情况下,该片恰逢其时地闯入了中国这个"艺术真空"之中,以中国观众所熟悉的游击战为接受基础,在视觉形象、人物设定、价值观等方面突出异质性的"现代化"特征,成为冲击当时中国观众的新感性。这种时空错位类似于刘慈欣科幻小说中描述外星人对地球发起攻击时使用的词汇——"降维打击"。影片展现的在西方可能是"习以为常"的"普遍"形象与电影艺术手法,对于中国观众而言,则是"新"的、"另类的"、值得学习的个性文本。这种由交流中断而引起的文化接受"热"现象,在20世纪八九十年代的中国比比皆是。比如中国现代电影的发端,第五代、第六代导演当时学习的西方电影的"新浪潮"手法,并

---

① 卢康.艺术片的感知结构:基于雅各布森诗性功能理论的探讨[J].天府新论,2017(6):104-111.
② 王其钧,谭平.当代潮流:新手法的比拼[M].重庆:重庆出版社,2010:249-250.

不"新",而是西方20世纪五六十年代盛行的,早已偃旗息鼓20年了。20世纪八九十年代大量涌入的所谓西方理论的"新方法",也并不"新",比如20世纪80年代在中国一度成为社会风潮的存在主义,在西方作为热潮流传是20世纪四五十年代,却在几十年后的中国又一次契合了当时国人对人之存在的思考。类似的还有90年代引进的"大片"(Blockbuster),从投资额度、制作水准方面来看,并不是所有引进的电影都是"大片",如1994年引进的第一部"大片"《亡命天涯》,在好莱坞只能算作中等投资规模的常规影片,但到了中国不论是从票房成绩、观影热潮,还是观众接受的震撼性效果而言,无疑都是绝对的"大片"。

从某种意义上来讲,这种由于现代化进程不同与文化交流隔绝造成的新感性问题,涉及"世界艺术"的概念。应该说,不同文明之间以及现代化不同发展阶段的国家之间,相互之间都有可能形成这种错位的新感觉、新感性。"世界艺术"是发现的,而不是创造的。西方文化承载着现代感的事物,对东方现代化文明造成了新感性;东方或者未浸染西方现代文明的文化,对西方文化艺术同样产生了这种"新"的震撼力,如"野兽派"对于东方艺术的借鉴等。但就当时中国电影观众的接受语境而言,则主要是以乡土社会、欠发达的局面对西方电影文化的全面地、不加反思地接收。这是闭塞之后的强力反弹,直至近年来社会主义开启了新时代征程,才得以以对话的姿态,反思性地考量中国文化与西方文化的关系问题。

结　语

观众不是一个恒定的实体,而是因缘际会临时会聚起来的一群共同看电影的人。《瓦尔特》在中国公映,从观众的角度来讲是因缘际会形成的一个群体被现代化的新感性击中;从艺术品的传播角度来说,则是该影片在时空旅行中觅得了中国观众作为"知音"。在此后的时间长河中,南斯拉夫与中国总有着或多或少的交集,比如20世纪的波黑战争,中国驻南联盟大使馆被炸，2019年新冠肺炎疫情后中国与塞尔维亚政府之间的互动，以及习近平总书记访问塞尔维亚，专门提到《瓦尔特》《桥》等经典电影给自己年轻时留下的深刻印象等。这些都重新勾起了人们对《瓦尔特》一片的观影记忆，遂使得该片在中国观众心目中成为跨越时代的经典。综上分析，可见《瓦尔特》一片在中国的经典化，并非源自其影片文本的经典性，而是由于中国的接受语境，以及此后不断被忆及的政治事件，使其成为一代人的永恒记忆。

（作者卢康系成都大学影视与动画学院副教授，硕士生导师，艺术学博士，主要研究领域为电影理论与批评）

探析《瓦尔特保卫萨拉热窝》的成功之处及对中国电影的启示

庄昊澜

[摘要]随着全球经济的迅猛发展,文化交流成为国家之间对话的题中应有之义,电影是向世界展示国家形象,表现民族精神的最为直观的传播载体,对文化理念和民族精神的对外表达起着至关重要的作用。电影在国际传播以及文化输出中必须发挥自身独特优势,承担展现时代特征和民族形象的历史使命,从电影中塑造文化形象、构建国家与民族形象。本文从跨文化传播的理论视角对影片《瓦尔特保卫萨拉热窝》进行研究,并探讨电影在国际传播以及文化输出中的重要作用。

[关键词]民族精神;现实主义影片;国际传播;群像刻画

一、影片《瓦尔特保卫萨拉热窝》在中国所产生的影响

《瓦尔特保卫萨拉热窝》是由南斯拉夫波斯纳电影制片厂出品的一部战争片,该片由哈依鲁丁·克尔瓦瓦茨执导,韦利米尔·巴塔·日沃伊诺维奇、留比沙·萨马季奇等主演,1972年在南斯拉夫上映,1973年由北京电影制片厂译制在我国放映。

探析《瓦尔特保卫萨拉热窝》的成功之处及对中国电影的启示

该片讲述了反法西斯战争背景下，以瓦尔特为首的萨拉热窝当地游击队与德国盖世太保奋力斗争的故事，智慧果敢的瓦尔特在众多爱国、勇敢、正义的游击队员的帮助下让德国间谍现出原形，成功破解了敌人抢占燃料的阴谋。

影片《瓦尔特保卫萨拉热窝》兼具人文精神与国际视野，1977年在中国公映后引发了巨大的反响，时隔40多年后的今天，仍然有成百上千的中国人去遥远的萨拉热窝寻找"瓦尔特"[1]。影片在中国观众心里堪称经典，在中国电影市场相对匮乏的年代，对当时的民众来说，无疑是一道"硬菜"。影片对于民族精神的传达和民族英雄形象的塑造，也是十分独特的，与我国在"文化大革命"时期以及之后的电影创作模式区别较大，因此给观众带来了陌生又新奇的观影体验，超出了观众的审美期待。同时，这部影片也极大地促进了中国观众对于欧洲文化的了解，甚至改变了中国观众的审美习惯和英雄观。而直到今天，这部流传了40多年的影片仍值得我们去细细品味、不断回味，影片所传达出的真理和精神影响了一代又一代的人们。

《瓦尔特保卫萨拉热窝》作为一部南斯拉夫现实主义战争题材影片，在中国产生了广泛而深刻的影响。不仅仅有很多外部原因，更多的还是导演的优秀创造力使得影片具有很高的艺术价值。接下来笔者将从人物形象塑造、现实主义风格等方面，简要分析该影片为何具有如此大的影响力。

二、基于民族精神的群像刻画

《瓦尔特保卫萨拉热窝》是一部战争题材的影片，与以往国内外的战争片相比有很多独特之处。最值得一提的应当是影片对二战大背景下普通的萨拉热窝人民的群像刻画。与以往战争片常见的"个人英雄主义"不同的是，影片《瓦尔特保卫萨拉热窝》中强调的是个人与集体的关系。影片展现的是集体的胜利，而非能力超凡的英雄克服困难取得胜利的故事。这样强调集体性的表达方式更贴近现实，也更易于被观众接受并引起共鸣。除瓦尔特外，英勇果敢的照相馆老板吉斯、大义献身的钟表店老板谢德、瓦尔特的搭档苏里等都是深入人心的经典形象。还有影片开头默默帮助游击队的铁路工人、发生枪战时在房间内发出敲击声掩护瓦尔特和游击小队的老人们，类似的群像刻画在影片中多次出现。那些对用生命去保卫瓦尔特的萨拉热窝人民的细致描写，引发观影者情感共鸣，具有情感力量。这无疑是影片成功的一个重要原因，它展现出了萨拉热窝人民，甚至整个民族的不屈不挠、不畏强权、勇于牺牲的革命精神，同时运用具有民族特色的文化符号，展现了当地的地域文化和风俗习惯[2]。

除此之外，作为一部现实主义影片，《瓦尔特保卫萨拉热窝》还保持了艺术风格的真实性[3]。影片没有将作为反派的德国纳粹妖魔化，也并没有将以瓦尔特为首的游击小队神圣化，而是以生活真实为基础，这是非常难得的，同时也促进了影片的成功。游击小队的成员并不是时刻保持机智的，也会被纳粹蒙骗和算计，正义也会受到邪恶的侵袭。同时作为邪恶势力的德国军官中也有被利用的可怜的伤兵以及持反对意见但也无可奈何的将军。这样真实的刻画是贴近现实的，是展现人性的。现实生活中也常常如此，在战争中非正义的一方或许也有无奈的士兵，正义的力量也并非无坚不摧。这样的创作手法不仅使得影片保持了艺术风格的真实性，符合现实主义电影的特征，同时很好地反映了现实的问题，具有强烈的反战意义。

三、现实主义手法下的战争题材的戏剧性表现

如同上面所提到的群像刻画，这是在当时甚至现在的很多战争片中都比较少有的手法。例如《拯救大兵瑞恩》《爱国者》《肖申克的救赎》等美国的战争题材影片大多宣扬的是个人英雄主义。而个人英雄主义以个人主义为原则，夸大或强调个人在社会生活和历史活动中的作用，否认人民群众的力量和智慧，在战争中，重点刻画某一个优秀的英雄人物，甚至将战争的胜利归

探析《瓦尔特保卫萨拉热窝》的成功之处及对中国电影的启示

功于一个人的行动。相比大多数战争影片中脸谱化英雄人物的描绘，本片以人民群众的智慧和情感为切入点，强调人民的巨大力量，采用群像刻画的方式激发观众共鸣。其次，影片作为一部现实主义电影，注重对情节的戏剧性把控，使得它既能够承载深刻的现实意义，又富有审美趣味。《瓦尔特保卫萨拉热窝》中紧张刺激的追逐戏、隐藏瓦尔特身份的悬念设置以及误导间谍的抓叛徒行动等富有张力和戏剧性的情节设计，在传达出影片主题的同时也为实现情感传递和欣赏者的期待与热忱提供了保障。

同时影片着重体现的是一种共同的情感，一种民族精神，并不完全依托于国家的意识形态和历史背景，而是将影像叙事置于现实语境中，构建了真实的语态与情感基调。回顾那些经典影片，我们可以看出，那些具有共同情感内核的影片更能够唤起观众的共同感受。在影片中，钟表店老板谢德这个典型人物就很好地体现出了他的勇敢和善良，他在来不及通知瓦尔特躲避敌人的陷阱的情况下，毅然决然地选择顶替瓦尔特英勇献身。临走之前，对店里的学徒给予真挚的人生建议，在路上像往常一样跟邻居们打招呼。看到这样善良正义的谢德平静地走向死亡，观众难以不为之动容。还有他与女儿之间的亲情同样也感人至深。谢德不想让女儿有生命危险，默默地保护女儿，阻止她参与游击队。当女儿参与游击队惨死街头的时候，面对凶恶的盖世太保，谢德悲痛地走上前，明知道去认领死去的亲人会被枪击，他还是毅然决然地走向女儿的尸体。身后跟着的是正义又勇敢的萨拉热窝人民[4]。这样的场面感人至深，这样的情节既能让观众感受到谢德善良、正义、勇敢的个人精神，也能够展现出萨拉热窝人民的不屈不挠、勇于抗争的民族精神。

影片最后德国军官的台词"看，这座城市，它，就是瓦尔特！"，既呼应了影片开头寻找瓦尔特的军官说对寻找瓦尔特毫无线索，形成了一种首尾呼应的结构，同时也总结和表达了影片的主题内涵，"瓦尔特"代表的并不只是一名出色的游击队领导人，更代表着那些不畏强权、敢于牺牲的游击队员们，代表着众多深爱着自己民族和国家的人民，代表着一种不屈不挠、团结一致、勇于斗争的民族精神。

四、《瓦尔特保卫萨拉热窝》对中国电影创作的启示

《瓦尔特保卫萨拉热窝》这部影片无疑具有很高的艺术价值,并在中国取得了极大的成功。同时这部影片对于中南两国外交关系的改变与发展有着重要意义,1970年中南两国重建了大使级外交关系,同年南斯拉夫在联合国提案的会议上也主动要求恢复中华人民共和国在联合国的合法权利。中南两国之间的正式交流活动在1972—1975年间不断增加。但仅从外交政策来看,中南两国关系表面的正常化并不意味着两国在各个方面都已经达成共识,变成"同一性质"的盟友国家。直到1976年之后,南斯拉夫的社会制度及其意识形态特征才逐渐获得了"合法性"[1],《瓦尔特保卫萨拉热窝》《桥》等一批优秀的南斯拉夫影片才得以引进国内,进行公映。正如莱纳斯·亚伯拉罕[①]提出,当今社会冲突不断,电影产业应充分认识到自身在公共外交上的微妙角色,正确认识其影响及其责任,从而有效地促进跨文化产品的生产与传播,进而在全球范围内促进世界和平与和谐。

相关的历史记载这样写道:"1977年8月10日为配合南斯拉夫总统铁托8月底访华,中影公司通知全国各地8月20日起南斯拉夫彩色故事片《瓦尔特保卫萨拉热窝》在中国公映。"随着铁托访华以及该片在国内的公映,中国对这位国家领袖以及南斯拉夫共和国进行了重新评价。通过影片,南斯拉夫人民也给中国人留下了深刻的印象。上升到历史的角度来讲,该影片在中国不仅仅是被观众接受,在标志着两国关系改变的同时也有意无意地参与到"新时期"中国的意识形态构建过程中去了[1]。

《瓦尔特保卫萨拉热窝》和《桥》成为20世纪70年代末红极一时的外国影片,据记载,这两部电影是"文化大革命"后最早的两部"引起轰动效应的外国片",这一点从观影次数来看便可得知。与此同时,由于影片本身具

---

① 莱纳斯·亚伯拉罕:加纳大学传播学院、加纳国家电影电视研究院教授。

探析《瓦尔特保卫萨拉热窝》的成功之处及对中国电影的启示

有极高的艺术价值,在首次公映至今的40多年中,该片经常以不同的方式和路径再现在观众的视野中。

显然《瓦尔特保卫萨拉热窝》这部影片在中南国际交往中产生了深远的影响。其中,该影片对国家和民族形象的建构具有重要意义,并通过影片在外国的公映充分发挥了电影对本民族文化的传播作用。由于历史因素,国家之间的文化交流较少,急需通过电影等文化传播方式来增进交流和认同,《瓦尔特保卫萨拉热窝》注重塑造民族形象、传递共同价值,是不同文化对话与发展的积极探索,是促进国际文化交流的典范。电影的国际交流除了建立完善的电影传播机制,也要注重受众的文化认同是否实现,文化期待是否得到满足。好莱坞电影实现了在中国跨文化传播的良好效果,以市场为导向,以个人英雄主义和美国梦为精神文化载体,传播美国主流文化价值,但并不是所有的好莱坞电影都取得了成功。优秀的电影能在国际交流与传播方面起到积极作用,首先必然是在内容上取胜,在影片内涵的表达上实现民族性与世界性、个性与共性、特殊性与普遍性的多重诉求,从而最大限度地降低中国电影向外传播时的"文化折扣"。

反观中国电影自身发展,越来越多的本土电影在国内大获成功,然而走出国门却反响平平,没有达到预期的效果。在20世纪90年代末,霍斯金斯等人在前人基础上做了进一步讨论和延展,完成了《全球电视和电影:产业经济学导论》这一著作。书中提出了"扎根于一种文化的特定的电视节目、电影或录像,在国内市场具有一定的吸引力,但在其他地方这种吸引力就会有所减退"[5]的论述。在内地创造近13亿元票房的《人在囧途之泰囧》在海外却惨遭"滑铁卢",其总票房仅收获了与国内票房数字落差巨大的5.7万美元。在国内受到观众喜爱的电影中的"中国式幽默"在海外却无法引起共鸣。另外,中国电影海外市场定位存在一定程度的不合理现象。"走出去"的中国电影产品大致呈现一种菱形结构:菱形的顶端为少量通过合拍方式成功走向世界主流市场的商业大片,菱形的底端为另外的少量通过国际电影节销往海外的艺术小片,位于菱形中部的则是作为中国电影主体却无法得其门而出的大量中低成本影片[6]。

因此，中国电影要想站稳海外市场，必定要经历"国际化转型"之路。2021年5月31日，习近平总书记在主持十九届中央政治局第三十次集体学习时强调："讲好中国故事，传播好中国声音，展示真实、立体、全面的中国，是加强我国国际传播能力建设的重要任务。要深刻认识新形势下加强和改进国际传播工作的重要性和必要性，下大气力加强国际传播能力建设，形成同我国综合国力和国际地位相匹配的国际话语权，为我国改革发展稳定营造有利外部舆论环境，为推动构建人类命运共同体作出积极贡献。"

结　语

文化全球化给各国带来的挑战与风险并存，电影作为文化传播的直接载体，在国际文化交流中起着重要作用，向世界各国观众树立国家形象，展现民族精神，以共同情感给予观影者审美享受与精神动力。中国电影近年来佳片不断，但要想在国际上扩大传播仍需深刻反思与进步。现实主义电影最重要的是扎根现实，在作品中浸透对时代的观照和对人民的关切，同时树立文化自信，确立我国电影的主流文化传播价值观，提高中国电影"走出去"能力，助力中国文化走向世界。

参考文献：

［1］路卡.别样的视角：《瓦尔特保卫萨拉热窝》与《桥》在中国的接受研究［J］.文艺理论与批评，2019（2）：98-111.

［2］辛元."看，这座城市，它，就是瓦尔特！"：前南斯拉夫影片《瓦尔特保卫萨拉热窝》［J］.家庭影院技术，1999（7）：72-73.

［3］沈义贞.战争片与现实主义：关于《瓦尔特保卫萨拉热窝》的美学随想［J］.艺术百家，2007（5）：51-54.

［4］谷立恒.萨拉热窝：巴尔干的"绳结"［J］.看世界，2020（12）：66-70.

［5］霍斯金斯，迈克法蒂耶，费恩.全球电视和电影：产业经济学导论［M］.刘丰海，张慧宇，译.北京：新华出版社，2004：45.

［6］周铁东.电影的价值取向［J］.大众电影，2009（15）：61.

（作者庄昊澜系成都大学影视与动画学院硕士研究生）

从《瓦尔特保卫萨拉热窝》谈中国新主流电影创作

舒三友　李　翱

[摘要]《瓦尔特保卫萨拉热窝》于1977年8月在中国公映,此时的中国观众刚刚告别八个样板戏的年代,于是作为20世纪80年代中国"类型片""动作片"的窗口,《瓦尔特保卫萨拉热窝》一经放映便获得巨大成功,成为一代中国人的文化记忆,甚至在放映44年后仍能带给观众震撼。《瓦尔特保卫萨拉热窝》作为一部"经典译制片"的重要价值,在于它不仅恰当传递了主流价值观,而且成功塑造了一批性格饱满、真实可信的电影人物,为宏大的革命故事增添了"真实的力量"。这对我国如今的新主流电影的创作具有重要借鉴意义。

[关键词]《瓦尔特保卫萨拉热窝》;意识形态;电影人物;新主流电影

作为南斯拉夫电影界"红色潮流"的代表作品,《瓦尔特保卫萨拉热窝》主要讲述了游击队长瓦尔特带领多位游击队员挫败内部间谍、粉碎敌人阴谋的故事。尽管《瓦尔特保卫萨拉热窝》的事件、人物、情节、场景在现在看来均谈不上复杂,但它凭借其独特魅力获得了中国观众的喜爱和赞扬。本文尝试从电影意识形态和人物刻画两方面分析《瓦尔特保卫萨拉热窝》的叙事特点,以此为我国当今新主流电影的创作提供借鉴。

一、电影意识形态的表达

（一）集体主义与个人英雄主义的交织

一般而言，战争题材的影片会凸显英雄主义，这种功能由对英雄人物的刻画来实现。但是由于战争叙事的宏大以及人物构成的庞杂，创作者往往会在叙述战争过程中压缩电影人物的塑造空间，采用群像式的手法来凸显集体英雄主义。

《瓦尔特保卫萨拉热窝》作为南斯拉夫"红色潮流"的代表作品也凸显了英雄主义，但更多的是在宏大题材下对个人英雄主义的强调，并且这种个人英雄主义仍然是在集体主义的框架之内，换句话说，在《瓦尔特保卫萨拉热窝》中集体主义和个人英雄主义相互交织。在具体分析之前，我们不妨简单探究一下造成电影自身独特的意识形态表现手法的原因。20世纪70年代的南斯拉夫国家繁荣强大，国民安居乐业。彼时已对外开放20余年的南斯拉夫文化传媒事业也相当进步，连年引进各种欧美电影大片与文学作品，西方世界的个人英雄主义影响着南斯拉夫的影视文化创造。但与此同时，在铁托的强势领导下，南斯拉夫并没有背离社会主义道路，集体主义的影响力依然强大。两种看似不相容的意识形态在南斯拉夫这个"异类"般的国家找到了共存的空间。

回到影片本身，正如影片结尾德国党卫军上校冯·迪特里希感叹："看，这座城市，它，就是瓦尔特！"整部影片中，人人都是瓦尔特，游击队与萨拉热窝市民作为一个整体共同反抗德军的入侵，共同保卫萨拉热窝，两者之间并不存在引领与被引领、创造与被创造的权利关系。比如，当游击队员被德军特务跟踪面临险境时，一群学生故意冲进博物馆制造了混乱的局面帮助游击队员成功脱身；一个被德国士兵追赶的游击队员逃进了市集里的铜器店，店里的老人依然不动声色地敲打铜器，他们一边混淆德军听觉，一边帮助游击队员逃跑。影片表面上是围绕瓦尔特等人的行动展开，但是不难看出,此时主人公已经不再局限于瓦尔特等人,所有的普通市民都成为这场战斗的主角,游击队的组织性的力量和萨拉热窝市民自发的组织力量早已融合在一起。这种集体主义精神的缩影让观众感受到了萨拉热窝市民万众一心反对侵略,争取民族独立的决心和勇气,也凸显了南斯拉夫人民的民族气节。

在这样一种集体主义的框架下,个人英雄主义也得到了表达。电影的前半段是以大众的视角来展现"反法西斯"战斗是整个萨拉热窝的战斗,但是随着故事情节的展开,可以明显感受到,这场保卫萨拉热窝战斗的主角是以瓦尔特为代表的非凡人物,只有这些非凡人物才能最终完成粉碎敌军的"劳费尔计划"这一不可能完成的任务,夺取战斗的胜利。另外,《瓦尔特保卫萨拉热窝》在聚焦群像之中的个体时,也赋予了这些个体不同的叙事任务,在表现个人英雄主义的基础上又进一步将英雄人物类型化。诸如,游击队领袖瓦尔特凭借出色的谋略与组织能力,带领队员识破假瓦尔特真实面目、粉碎"劳费尔计划"的过程,体现了英雄崇拜,肯定了杰出人物在社会历史中的作用。阿兹拉等年轻游击队员的牺牲,可看成是在整个反法西斯战争中牺牲的170万南斯拉夫英雄儿女的真实写照。老钟表匠谢德一方面作为父亲拒绝女儿参加游击队的抗争,另一方面作为游击队员为了示警瓦尔特而选择牺牲。从他身上可以读出创作者对战争与人性、和平与牺牲的思考。影片中非凡的游击队员们极富个人英雄主义的色彩,在集体性的萨拉热窝保卫战中更加凸显其身手不凡、智慧超群、胆识突出。至此,我们可以看出,整部影片由集体主义和个人英雄主义共同推进。集体主体得到了个性化的表达,个人英雄主义也在集体主义中得以升华。

(二)弱化意识形态的"询唤"功能

《瓦尔特保卫萨拉热窝》除了在集体主义框架下阐释个人英雄主义之外,其独特的意识形态表现手法还体现在把握主流价值取向的同时弱化意识形态的"询唤"功能。马克思主义将意识形态视为一种观念和表象的体系,它对个人以及社会集团的心理具有支配作用。法国哲学家阿尔都塞认为意识形态把个体

"询唤"为主体。在他看来，主体是不存在的，主体是意识形态的产物，意识形态对主体的建构是通过对个体的"询唤"实现的，个体对社会身份产生认同的过程，就是意识形态将个人"询唤"为主体的过程。对此，他提出了经典例证，警察或者其他人呼叫"喂"，而我们会立刻转身，确认"他在呼叫我"这一事实并予以应答。在这个过程中我们便经由询唤从个体变成了主体。同样，《瓦尔特保卫萨拉热窝》作为"意识形态国家机器"，也在询唤着个体成为主体。从电影本身显在的形式来看，邪与正、黑与白，对立的人物划分模式，以瓦尔特为代表的正义力量几经波折斗败了德国法西斯军队。反抗侵略争取民族独立的电影主题宣扬了主流价值观，其本身也具有意识形态的"询唤"功能。

值得注意的是，《瓦尔特保卫萨拉热窝》并没有放大意识形态的"询唤"功能，这主要表现在电影人物对战争的认同并非来自外在真理而是源于内在真理。比如萨拉热窝市民面对德国党卫军枪口的威胁，冒着生命危险为牺牲的游击队员收尸。他们知道党卫军可能会开枪但依然勇敢地走上前。其动机与其说是因为对红色革命的强大信仰，不如说是因为内心的纯良、疾恶如仇的人性和对生命的重视。影片自始至终都没有刻意歌颂红色革命，都没着力刻画无条件忠诚。瓦尔特一行人保卫萨拉热窝更多是出于对这片土地的热爱和对城市居民的道德使命感，这种由内至外的真理感使得电影人物的形象更加富有个性。随着铁托访华，中国确定两党关系的逐渐恢复，《瓦尔特保卫萨拉热窝》作为南斯拉夫"红色潮流"代表作品打破了20世纪70年代中国观众僵化的电影审美模式和思维定式，产生了震撼人心的力量，甚至在中国当代意识形态浓厚的影视文化环境中，这部具有丰富个人英雄主义色彩和道德使命感的电影也能为观众带来独特的审美体验。

二、电影的人物形象设计

同时电影作为意识形态国家机器，无可避免地隐藏着某种价值体系。正如美国电影理论家路易斯·贾内梯所认为的，每部电影都会给予我们角色示范、行为模式、负面特征以及电影人因立场左右而夹带的道德立场。简言之，每部电影都偏向某种意识立场，因此褒扬某些角色、组织、行为以及动机为正面的，反之也贬低相反的价值为负面。[1]但在《瓦尔特保卫萨拉热窝》这部主题明确的电影中，虽然采用了黑与白的人物划分模式，但是正面的特质并不局限在正派人物身上，相反，无论是正面人物还是反面人物，都同样被塑造得立体而真实，极具艺术魅力。

影片中，游击队员一出场便会吸引观众的目光，引起他们的观影震撼，这是因为这些游击队员形象与中国传统战争片中的游击队员形象截然不同。在《瓦尔特保卫萨拉热窝》中观众看到的游击队员们都很体面，他们穿着笔挺的毛呢西装，住在宽敞明亮的公寓里。虽然也是冒着生命危险穿梭在枪林弹雨中，但他们只是冷冷的、不苟言笑地去执行任务。

正派人物的代表瓦尔特由韦利米尔·巴塔·日沃伊诺维奇扮演，由于他扮演的大多数角色带有鲜明的意识形态，所以当他一出场，观众自然联想到一套价值观，可以说他是英雄中的英雄。也正是这位游击队长与中国观众心目中的英雄人物形象并不相符合。譬如影片中的瓦尔特穿着得体、阳刚冷峻，就算是在作战时也从容不迫、气度不凡，颇有中国武侠小说中的大侠风范。他并不慷慨激昂地陈词说教，没有好斗地摩拳擦掌，且因为他平日行踪隐蔽，很少与组织直接联系，就连萨拉热窝的游击队员也鲜有人知道他的真实身份，从而为假瓦尔特混进游击队内部创造了可行条件。这不免让观众暗自吃惊，这样一个形单影只的游击队长究竟如何赢得队员乃至群众的支持？随着故事情节的展开，瓦尔特个人出色的谋略、高超的作战技巧、卓越的组织能力一一得到表现，也回答了观众心中的疑问。比如，为了揭开假瓦尔特的真实面目，真瓦尔特假装被德军追击，用苦肉计赢得了吉斯的信任，同时向德军女特务米尔娜传递吉斯是间谍的假情报，和吉斯一起假戏真做让米尔娜信以为真。就在米尔娜向德军传递假情报时成功识破了她的身份，最后真瓦尔特把米尔娜当作"诱饵"成功钓出了假瓦尔特这条"大鱼"。另外，瓦尔特高超的作战技巧和超人的胆识在清真寺战斗中体现得淋漓尽致。比如，瓦尔特在敌人的追击之下冷静地登上钟楼扫击敌人，掩护队友撤离，之后利用麻绳徒手从35米高的钟楼上顺绳而下，逃出生天。作为一个英雄人物，瓦尔特的表现虽然一时难以与中国观众的接受心理相对接，但也正因如此，瓦尔特的人物形象更真实丰满，极具艺术魅力。

瓦尔特带领的游击队员们虽然只是配角，但被刻画得十分立体。他们与瓦尔特一起为观众呈现了深入人心的电影人物群像。首先是老钟表匠谢德。如果说导演借由瓦尔特来表达反对侵略、争取民族独立的热血精神，那么谢德这个人物则是导演表达对人性、牺牲和未来思考的载体。谢德是城里生活条件优越的中高阶层代表，他本可以凭借自己的手艺关上门过小日子，但他却清醒地认识到战斗的意义："人和人是不一样的，人的行为也不一样，有的投降了敌人，有的在战斗，有的在等待。"谢德选择了战斗直至牺牲。谢德的牺牲是整部电影的点睛之笔。当谢德知道了清真寺前的约会是德国人诱捕瓦尔特的陷阱时，他以自己的牺牲戳破了敌人的圈套。影片中最经典的台词"空气在颤抖，仿佛天空在燃烧。""是啊，暴风雨就要来了！"出自谢德之口，这样的安排一方面是为了暗示接下来暴风雨一样的剧情，另一方面也是对谢德个人命运的预言。谢德简单叮嘱了徒弟之后，从容不迫地前往清真寺，路上他亲切地与邻居寒暄，安详得像是赴一场朋友的宴会。谢德穿过平常而忙碌的市集的场景引起了观众的共鸣，平凡场景下英雄赴死比狂轰滥炸、枪林弹雨的战场更能凸显英雄的非凡伟大。纵观谢德在本片中出现的镜头，没有口号和煽情，没有惊险的枪战和打斗，但他身上散发的人性光辉却是本片最浓墨重彩的一笔。

其次是年轻的照相馆馆主吉斯。他热情单纯又疾恶如仇，他追随着瓦尔特深入敌营粉碎敌人的"劳费尔计划"，即使在执行如此危险的任务时，他也率真地随时保持微笑，甚至插科打诨，也正是这个看似不正经的游击队员给予了瓦尔特莫大的帮助。在他识破女特务米尔娜的真实面目后，噙着泪替牺牲的队友抽打她时，每一位观众都能强烈地感受到他的失望和愤恨。影片结尾，当吉斯知道皮劳特就是瓦尔特时，他既惊喜又兴奋，至此影片已经成功地将吉斯的人物形象刻画得立体而真实，在观众眼中吉斯似乎就是自己身边的某个年轻小伙，他爱憎分明，直率而单纯。

值得称赞的是，《瓦尔特保卫萨拉热窝》在刻画反派人物的形象时摆脱了对反面角色的刻板印象，没有故意将德军愚化、丑恶化，影片中的反派人物并非都面目可憎、凶神恶煞。诸如，萨拉热窝市民前往广场认领尸体时，德国党卫军上尉比绍夫命令德军全部撤出了广场，没有向市民和混在市民队伍中的游击队员们开枪，这一情节设计既体现了真实人性，也让反面人物的形象更为立体。除此之外，影片中主要的反面人物，比如党卫军上校冯·迪特里希，诡计多端但又温文尔雅，他是个才华横溢的人，头脑灵活，制订作战计划周密，行事果断；假瓦尔特也同样风度翩翩，沉着老练；女特务米尔娜狡猾却又故作镇静。

三、守正与创新的借鉴意义

《瓦尔特保卫萨拉热窝》在反对侵略争取民族独立这一宏大主题下将"集体主义"和"英雄主义"结合，通过对英雄人物的刻画来凸显个人英雄主义，同时让观众在观看《瓦尔特保卫萨拉热窝》时能够感受到各色人物独特又富有层次的性格，电影不落窠臼地为观众呈现了立体而丰富的人物群像，这也是该影片能够常青的重要原因。另外，《瓦尔特保卫萨拉热窝》弱化了电影的政治宣传功能，电影人物本身并没有承载显而易见的"询唤"功能，和平与牺牲、人性与战争的思考在更宏观的层面引起观众共鸣。

《瓦尔特保卫萨拉热窝》作为南斯拉夫"红色潮流"代表作品无疑具有极高的艺术价值和主流价值。以时代的眼光评价这部电影时，不妨忽略电影的技术局限和意识形态分歧，用更包容的态度来探讨其对中国新主流电影创作的借鉴意义。

（一）奏响主旋律，类型化表达

学者陈旭光、陈玮玮认为，新主流电影是在主旋律电影的基础上，对其文化内容和思想内涵的一种承袭和演变，旨在塑造打动人心、凝聚民族意识的人物形象、中国形象，正面或侧面弘扬社会主义核心价值观，凸显中国气派和中国风度。[2]可以说新主流电影的精神内核就是主流文化价值，奏响主旋律是其文化和历史使命，我们需要坚持这一原则不动摇。同时，由于我国电影行业市场化程度不断加深，创作者也能够在主旋律内容创作中融入类型创作的元素，正如《瓦尔特保卫萨拉热窝》虽然借鉴了西方战争类型电影的叙述模式，凸显了个人英雄主义，但电影采用了大众视角，使我们仍能感受到"看，这座城市，它，就是瓦尔特！"的东方集体主义的缩影，"战争类型＋主流价值"的叙事手法极具开创性意义。因此，创作者在把握好主流价值的同时，需要思考如何将其进行类型化表达，实现主流价值、商业、美学、工业诸多因素的完美统一。

（二）深化人物，再现人性

前文提到，战争题材的电影往往会通过压缩电影人物的塑造空间来扩展战争过程的叙述空间，导致电影人物"千人一面"。然而电影人物需要承担电影价值建构的任务，人物形象的丰满程度对电影主题的表达具有关键作用。在技术美学和好莱坞电影美学盛行的文化环境里，中国当前部分新主流电影也存在战争叙述大于人物刻画的问题，创作者们注重用炮火连天、战火纷飞的场景来刺激观众的肾上腺素，然而这样做除了表现战争的残酷与和平的来之不易，无法引起观众对人性更深层次的思考。《瓦尔特保卫萨拉热窝》中谢德的牺牲无疑是影片对人性刻画最浓墨重彩的一笔，谢德的牺牲并不仅仅是对法西斯的控诉，也超越了意识形态，体现了全人类追求和平的共识。因此，当我们在关注地理、文化、信仰等的差异时，去寻找全人类内心深处的共识也应成为内容创作的题中应有之义。相信随着"人类命运共同体"的不断建构，我们能够创造的"共同意义空间"也会越来越多。

（三）回归生活，主题后行

作为意识形态国家机器的主旋律电影，都较注重电影意识形态的"询唤"功能，容易导致主题先行。即在电影创作前首先设定某一意识形态理念，然后将人物刻画、叙事情节、环境设计等创作部分限制于此。但是近年来，我国观众对于单一强调政治宣传功能的影视作品产生了审美疲劳。中国新主流电影创作者可以借鉴《瓦尔特保卫萨拉热窝》的创作手法，将主题后置去弱化意识形态的"询唤"功能，从生活中挖掘更多灵感，贴近现实生活，以小切口来讲大故事。

参考文献：

[1] 贾内梯.认识电影[M].焦雄屏，译.杭州：浙江文艺出版社，2021：474.

[2] 陈旭光，刘祎祎.论中国电影从"主旋律"到"新主流"的内在理路[J].编辑之友，2021（9）：10.

（作者舒三友系成都理工大学传播科学与艺术学院讲师，硕士研究生导师，新闻学博士，研究方向为创意传播；作者李翱系成都理工大学传播学硕士研究生，研究方向为影视文化）

影像的当代文化使命

——再看《瓦尔特保卫萨拉热窝》

孟 婷

[摘要] 40多年前,一部《瓦尔特保卫萨拉热窝》在国内热映,成为几代中国人的文化记忆,"瓦尔特"也成为一个重要的文化符号,成为中国和塞尔维亚文化交流的桥梁和纽带,这部电影也为两国的社会政治和文化对话提供了一个公共话语空间。本文对《瓦尔特保卫萨拉热窝》的电影文本进行了再解读,认为跌宕起伏的情节、伟大的英雄与游击队群像塑造以及个人为民族和国家存亡而战的主题表达,是这部电影能在中国获得认可并产生广泛而深远影响的主要原因。

[关键词] 文化记忆;文化符号;文化交流

"看,这座城市,它,就是瓦尔特!"这句台词对于很多中国人来说耳熟能详,是电影《瓦尔特保卫萨拉热窝》中的经典台词。《瓦尔特保卫萨拉热窝》是20世纪七八十年代中国最受欢迎的外国影片之一,成为一代人心中的文化记忆,时至今日,很多中国人依然对这部电影赞赏有加,在视频平台上,观众一次次重刷这部经典电影。

但很多人不知道的是,这部影片当时在中国的公映承载着非常重要的政治使命。"1977年8月10日，为配合南斯拉夫总统铁托8月底访华，中影公司通知全国各地8月20日起南斯拉夫彩色故事片《瓦尔特保卫萨拉热窝》在中国公映。"[①] 所以这部影片在中国的政治生活以及社会文化中都担任了重要角色。习近平总书记在2016年访问塞尔维亚前夕，在塞尔维亚媒体发表署名文章中写道："我们不会忘记，《瓦尔特保卫萨拉热窝》《桥》等著名影片曾经激发无数中国人的爱国热情，《啊，朋友再见》这首歌曲至今仍然在中国传唱。"

这部影片在中国如此受欢迎，产生的影响如此之大，时至今日，在两国高层的政治交往中《瓦尔特保卫萨拉热窝》依然会被提及，"瓦尔特"已经不仅仅是一位英雄的名字，它已经成为一个文化符号，成为中国和塞尔维亚文化交流的桥梁和纽带，《瓦尔特保卫萨拉热窝》在新的时代有了新的文化使命。究其原因，恐怕不仅仅是因为那个年代中国的电影资源稀少，这个简单逻辑无法解释其影响在几十年后依然存在。比如，1999年北约轰炸中国驻南联盟大使馆时，成千上万的中国人要去塞尔维亚保护"瓦尔特"。《瓦尔特保卫萨拉热窝》如何在无意识中承担起了这个使命？对于这个问题，我们还是应该回到影片本身去寻找答案。跌宕起伏的情节、伟大的英雄与游击队群像以及个人为民族、国家存亡而战的主题表达，这些都是影片获得认可的重要元素。

一、跌宕起伏的情节

电影讲述的是1944年二战接近尾声之时，纳粹德国欲将集结在巴尔干半岛的军团北调以阻挡苏联红军南下，与此同时推出"劳费尔计划"，试图将萨拉热窝的燃油运走供应装甲部队。而萨拉热窝的游击队在瓦尔特的领导下非常活跃，这使得德军的"劳费尔计划"执行起来难度非常大，于是德军将

---

① 陈播.中国电影编年纪事发行放映卷：上［M］.北京：中央文献出版社，2005：75.

其党卫军上校冯·迪特里希从挪威派往萨拉热窝全力消灭瓦尔特领导的游击队。冯·迪特里希命间谍假冒瓦尔特打入游击队内部，得到了游击队员名单，诱杀了众多游击队员，而后真正的瓦尔特凭借出色的谋略，与其他游击队员一起让间谍现出了原形，阻止了"劳费尔计划"，揭穿了敌人的阴谋。

《瓦尔特保卫萨拉热窝》故事情节跌宕起伏，悬念安排扣人心弦，可以说是"敌入我中，我入敌中，魔高一尺，道高一丈"，影片具有好莱坞类型片的特质。开头做氛围铺垫，德国国防军开会，交代了影片的主角萨拉热窝的游击队，随着那句"上校冯·迪特里希已经到了！"镜头上出现了"瓦尔特保卫萨拉热窝"几个大字，把观众带入了影片情境之中。影片小高潮不断，伊万被捕，伊万被成功营救，大学生们喋血街头，破砖窑的反间谍行动，以及最后的高潮——炸火车……影片中的动作镜头、枪战镜头，给中国观众带来了很强的视觉冲击和感官体验。对中国观众来说，反法西斯战争也具有强烈的情境感和代入感，不需要任何先前的观影准备即可进入电影场景中，完成解码。

二、人物塑造：英雄与游击队群像

在《瓦尔特保卫萨拉热窝》中，英雄便是主角瓦尔特。瓦尔特的原型是南斯拉夫英雄弗拉基米尔·佩里奇，瓦尔特有勇有谋，最终带领游击队挫败了敌人的阴谋取得了胜利。在中国，人民在抗击日本法西斯的战争中，老百姓也组成了大量敌后抗日游击队同日本侵略者展开顽强斗争，并且取得了巨大胜利，配合了正面战场的抗日战斗，瓦解了敌人的有生力量，抗日英雄们通过银幕也被观众所熟知，所以在中国观众眼中瓦尔特和他的游击队就像身边的英雄一样熟悉。来自异域的猎奇感与熟悉的英雄人物，使得观众在一种既熟悉又陌生的状态下观影。

值得注意的是，影片在成功塑造了瓦尔特这一英雄形象之外，还塑造了吉斯、谢德等光辉而伟大的人物形象，每一个人物都是立体的、丰满的，非常深入人心，以鲜明的个体形象完成了对集体形象的塑造。比如谢德，看着挚爱的女儿躺在广场上，他心如刀绞。他从人群中第一个走出，目光坚定地走向自己的女儿；当他意识到自己的大意和疏忽可能给组织带来灾难时，他慷慨赴死，大义凛然。谢德也是许多中国观众非常赞赏的角色之一。瓦尔特足智多谋，谢德沉着冷静，吉斯爱憎分明，而且他们之间的对话充满幽默感，可以说《瓦尔特保卫萨拉热窝》这部电影塑造的是瓦尔特和他的萨拉热窝游击队英雄群像。而这些英雄形象与当时国内银幕上的英雄形象不同，他们没有被神化和公式化、脸谱化，所以他们既有英雄的光环，又是凡人，他们既在群众当中，又充满了神秘感，这些都深深吸引着中国观众。

三、主题：为民族、国家而战

要理解这一深层次的原因，还需要回到那个年代。那时中国电影急于摆脱以"阶级斗争"为主要表现对象的文艺作品，转而关注人性、民族、国家等主题。影片中的情节、人物，最终都是为价值观的表达而服务的，《瓦尔特保卫萨拉热窝》以没有阶级意识的方式来处理情节和人物，表现民族、家国主题，对中国观众来说是一种强烈的心理震撼，通过情节和视听语言展示了反法西斯战争是整个萨拉热窝的战争，影片最后冯·迪特里希的那句"看，这座城市，它，就是瓦尔特！"更好地点出了这一主题。中国观众在看这部影片时，看到的情节是萨拉热窝人民抗击德国侵略者，但却能够加深对本民族的集体认同与归属意识。

在那个年代，虽然中国与当时的南斯拉夫在意识形态上存在分歧，但对于反法西斯战争，为国家、民族独立而战却是有着强烈共情的。中国的抗日题材电影中，不乏为了战友、为了革命胜利而牺牲的英雄。两个同样经历过战争和灾难的民族，在观影时能够产生强烈的情感共鸣，这才是影片能够在中国大获成功的关键因素，也是瓦尔特及其游击队员深入人心的原因，所以他的影响在此后的几十年里依然存在，经久不息。

几十年来，国际风云变幻，中国电影观众的媒介素养、审美素质、文化观念、价值取向等都发生了很大的变化，但是《瓦尔特保卫萨拉热窝》依然被中国观众所赞赏，一部优秀电影的影响是超越时代的。在全球传媒环境不断变化的今天，尤其是随着社交媒体的发展，影像的视听特性优势、情感征服功能以及传播便捷性，使得它在国际传播中有着其他形式无可比拟的优势，影像的文化使命在于，它为社会的政治和文化对话提供了一个公共话语空间。《瓦尔特保卫萨拉热窝》是中南之间的一次对话和文化交流，这种交流超越了意识形态和文化壁垒，这部影像也为中国影像"如何讲好中国故事"或者"如何承担其文化使命"，提供了参考和借鉴。

首先，记录现实、反映现实、见证时代。中国正经历着深刻的社会变革，我们实现了脱贫攻坚的伟大胜利，有效遏制了肆虐的新冠肺炎疫情，在全球经济下滑的大环境下逆势增长，作为承担当代文化使命的影像，应该深入社会现实当中，记录生活百态，反映社会变迁，将中国正在发生的变化记录下来，将中国的故事传播出去。

其次，传承历史文化，保存文化记忆。中国拥有五千年的古老历史文化，为影像制作提供了丰富的素材，电影、纪录片等影像在记录和传承中华优秀传统文化时，要注意文化的当代性，以现代意识重审历史文化，取其精华、去其糟粕，让文化保持其活力与魅力。

文化"和而不同"，任何影像的制作都无法脱离其"母题"，所谓"母题"是指那些在各民族、各国家与地域的绵长历史里，无论何时何地都普遍存在着的精神现象，它是在一个民族、一个国家的历史绵延中，由无数文学艺术作品积淀出的那些具有原型性、稳定性、群体性、衍生性的集体人格的基本结构性单元。文化差异自然存在，影像制作不必刻意"求同"也不必刻意"存异"，最后还是应落脚到具体主题表达上。如今传播渐次进入社交媒体的时代，传播渠道已经变得多元化，受众也日益多元化，YouTube（优兔）、Facebook（脸书）、抖音、TikTok（抖音国际版）等社交媒体的影响力日益增大，为适应传播环境的变化，影像制作必须以多元视角切入，从普通人视角、异族视角等切入，以应对我们所面对的新的传播环境。后疫情时代，有更多的中国故事需要用影像讲述给世界，影像如何更好地承担当代文化使命，讲述中国故事，值得我们持续探讨。

（作者孟婷系山东理工大学文学与新闻传播学院讲师）

负芒披苇的民族史诗谱写

——浅析《瓦尔特保卫萨拉热窝》在"他者"视域下的民族叙事

包鸿明

[摘要]1973年,北京电影制片厂放映了《瓦尔特保卫萨拉热窝》的译制片,引起热烈反响,"瓦尔特"英勇的形象深入人心,伴随了那一代中国青年的成长。冷战时期的南斯拉夫极力倡导"不结盟运动",联合第三世界国家,维护民族独立、捍卫国家主权以及发展民族经济和文化的斗争。面对欧美文化霸权主义,南斯拉夫电影人坚守初心、潜心创作,以边缘化的"文化他者"身份叙述自身的"民族记忆",创作了很多优秀电影,抒写了南斯拉夫专属的民族记忆,谱写了一曲壮美的民族史诗。本文以"他者"视域为研究视角,从压迫中迸发的"民族觉醒"、镜像中映现的"民族英雄"、悲剧中流宕的"民族狂欢"三个方面对《瓦尔特保卫萨拉热窝》的民族叙事进行分析。

[关键词]民族叙事;文化他者;镜像;性别角色;狂欢

萨义德《东方主义》的出版标志着后殖民主义理论的成熟,为无数学者树立了鲜明的旗帜。"本土"与"他者"作为后殖民主义研究的中心范畴，源于黑格尔的《精神现象学》，用"主仆对抗"进行类比，表明"本土"与"他者"都必须以对方为中介确证自己的存在，任何一方都试图压制和消灭对方。弗·杰克逊认为，以"本土"自居的西方世界掌握着文化输出的主导权，通过文化传媒将自身的意识形态强制灌输给非西方的"他者"，导致"第三世界"面临意识渗透、文化贬值、母语流失等文化霸权的威胁。南斯拉夫地处兵家必争之地的巴尔干半岛，历来冲突不断，被称作欧洲的"火药桶"。二战后，面对两级对立的世界格局，南斯拉夫作为"不结盟运动"的发起国之一，主动与"第三世界"国家联合，维护民族独立、捍卫国家主权以及发展民族经济和文化。面对欧美霸权文化的侵蚀，南斯拉夫电影人坚守初心、潜心创作，以边缘化的"文化他者"身份叙述自身的"民族记忆"，创作了举世闻名的"萨格勒布学派动画"以及诸如《瓦尔特保卫萨拉热窝》《桥》等众多优秀电影，谱写了属于南斯拉夫独有且辉煌的民族史诗。

1973年，北京电影制片厂放映了《瓦尔特保卫萨拉热窝》的译制片，一时之间引得众人追捧、万人空巷，"瓦尔特"的英勇形象深入人心，国人在沉醉"南斯拉夫民族史诗"之余，更是萌发了高涨的爱国情怀。《瓦尔特保卫萨拉热窝》的故事背景置于1944年二战结束前夕的巴尔干半岛，德国纳粹北调A军团企图阻挡苏联红军南下，同时推出"劳费尔计划"，掠夺萨拉热窝的燃油资源以供应装甲部队，全力剿灭瓦尔特领导的游击队。冯·迪特里希令间谍假冒瓦尔特，在叛徒的里应外合下，假瓦尔特与几名真正的游击队员组成抵抗委员会，并得到游击队员名单，诱杀了众多抵抗组织成员。真正的瓦尔特由于作战需要无法公开身份，但凭借个人出色的谋略与众多英勇的游击队员的配合终于让间谍现出了原形。为了阻止"劳费尔计划"，清除了内奸的游击队员们再次出击。作为一部表现反抗纳粹侵略的"游击队史诗"电影，《瓦尔特保卫萨拉热窝》勾起了南斯拉夫人对于抗战历史的共同记忆，高涨的爱国情怀驱散了文化渗透的阴霾，营造起高度的国家认同感。

一、压迫中迸发的"民族觉醒"

拉康将欲望归结为人的本能,其"需要—要求—欲望"三元说借助索绪尔的结构主义语言学理论,深刻分析了欲望归根结底是对"无"的欲求,因此欲望作为一种"欠缺"明确地指向他者,我们总是会从他者身上寻找更好的东西。[1] 20世纪的人类史布满了战争的疮痍,无论是两次世界大战还是美苏争霸,一整个世纪里全球多个区域总是战乱不断,罪恶的战争源自人类对于财富积累的欲望和有限资源的掠夺,以中国、南斯拉夫为代表的第三世界国家由于体制和国防的落后,成为欧美殖民者长期压迫的对象,以"他者"身份始终被排挤在以欧美为中心的西欧文化圈之外。但是"王侯将相宁有种乎",面对敌人的威胁,南斯拉夫人握紧手中的猎枪英勇杀敌,取得了宝贵的胜利,二战后,南斯拉夫又积极倡导"不结盟运动",联合第三世界国家的力量,维护国家安全和发展经济贸易。

身处"欧洲火药桶"——巴尔干半岛的南斯拉夫由于占据欧亚大陆的战略要塞,因此历来纷争不断,南斯拉夫人民饱受战火的摧残,多灾多难的现实困境造就了南斯拉夫人坚忍刚毅的民族性格。面对纳粹强烈的炮火攻击,萨拉热窝城早已是千疮百孔,战争阴霾笼罩下的南斯拉夫民众苦不堪言,但是敌人的炮火难以摧毁南斯拉夫人必胜的决心,"鸡蛋由内向外破裂,诞生的是生命",在纳粹的殖民压迫中,南斯拉夫民众迸发了强烈的"民族觉醒","瓦尔特"等人的游击行动绝非以卵击石,而是绝妙的抗敌战术,在这场全民保卫萨拉热窝的战役中起到决定性作用。纳粹党的阴谋诡计无法击垮游击队员战斗的决心,德国军人的暴行不能压垮萨拉热窝人的脊梁,觉醒的南斯拉夫人犹如"丛林之王"雄狮一般战无不胜。

在战火中重建起家园的南斯拉夫人深知"弱肉强食"的丛林法则,保全

---

[1] 陈蓉蓉.拉康的欲望理论及其当代价值[J].重庆理工大学学报(社会科学), 2020,34(12):149-155.

自身最优的办法就是使自己足够强大。二战后丘吉尔的"铁幕演说"拉开了冷战的序幕,"美苏争霸"的两极格局使世界各国再次被战争阴霾所笼罩,时任南斯拉夫领导人的铁托拒绝依附"北约"和"华约"任何一方,而是积极倡导"不结盟运动",同第三世界国家联合在一起,在美苏威胁下坚定维护自身国家安全和民族独立,不论政治、经济,还是文化,南斯拉夫始终坚持独立自主,以二战中抵御纳粹的民族决心对抗欧美列强的霸权主义。《瓦尔特保卫萨拉热窝》《桥》等影片便诞生于这一时代背景之下,以南斯拉夫人坚定的民族信念抵抗外来的文化霸权,唤醒了南斯拉夫人骨子里流淌着的"民族觉醒","苟利国家生死以,岂因祸福避趋之"。

二、镜像中映现的"民族英雄"

拉康通过对儿童"自我意识"的研究,提出了著名的"镜像理论",他认为婴儿首次看到镜中之像便会摆脱对自己支离破碎的认知,在视觉引导下完成最初的自我认识和身份寻找。每个人自出生起就开始借助镜像去"他者"身上寻找自我,完成对"自我"的认知,因此,"他者"在人自我意识的确立中起重要作用,自我的认同总是借助于他者,自我是在与他者的关系中被建构的,自我即"他者"。拉康进一步细分"大他者"与"小他者","大他者"包括社会规范、法律等,"小他者"则指自身及周围亲近者和环境。[1]男性与女性具有与生俱来的差别,无论男性或女性皆以对方为"他者",在异性身上寻找自我,从而加深对自我的认同,在世界各地的历朝历代的社会当中,男性、女性都各司其职,从而维持着稳定的社会关系。20世纪30年代,"角色"被应用于性别研究中,形成了"性别角色理论",明显区分了男性气质与女性气质。《瓦尔特保卫萨拉热窝》作为一部肩负国家意志宣传重任的主旋律影片,其中塑造的"瓦尔特"一行游击队员出生在战火

---

[1] 王华华.《黑暗面》:他者视域下自我建构的悲剧性——基于拉康镜像理论[J].视听,2021(9):129-130.

纷飞的年代，无论男女老少，面对纳粹侵略的家国仇恨，自我意识开始确立，民族意识、家国情怀逐步觉醒，促使他们主动投入保卫家的英勇斗争当中。

（一）男性气质的建构

男性气质是指特定历史时期对男性特征或专属男性的行为表现的社会期待。男性气质具备情境性，是在特定社会语境中的性别实践。[①]二战结束前夕的萨拉热窝作为军事要地，是德国纳粹扭转不良局面必须占领的一座城市。纷飞的炮火搅乱了萨拉热窝民众原本安定的生活，面对亡国的危急局面，"瓦尔特"等游击队员必然要挺身而出，肩负起保家卫国的历史重任。

康奈尔在《男性气质》中按等级秩序将男性气质分为支配性、从属性、共谋性、边缘性四种。瓦尔特作为萨拉热窝当地游击运动的领导者，身上具备"支配性男性气质"，他积极领导萨拉热窝人开展游击战抵御纳粹侵略，受到了广泛民众的拥护与爱戴，也使得敌人闻风丧胆。"男性会从自己所属社会群体气质相关的自我概念，表现出与其他成员一致的行为。"[②]影片中诸如谢德、吉斯、苏里一行游击队员甘愿效力于瓦尔特，在枪林弹雨中负重前行，只为守卫他们心中的圣土——萨拉热窝。影片在塑造人物时巧妙地避免了主旋律电影人物脸谱化的通病，而是将瓦尔特刻画成一位有血有肉的民族英雄。面对"假瓦尔特"对游击运动造成巨大破坏的危急局面，彼时以"皮劳特"身份示人的真瓦尔特常常扮演德国军官，深入敌人内部从事危险的任务，与队员合力施计擒获了试图混入解放区的德国特工团伙，并铲除了叛徒肖特和假瓦尔特，粉碎了"劳费尔计划"。片尾德军上校贡献了本片最经典的台词："看，这座城市，它，就是瓦尔特！"，直接将两者等同，足以见得瓦尔特已是萨拉热窝城市的象征，承载着全城人民对于解放的期待，因此

---

① 方刚.做全参与型好男人：男性气质与男性参与[M].北京：中国社会科学出版社，2015.

② 康奈尔.男性气质[M].北京：北京大学出版社，2007：122.

有无数的游击队员愿意无条件听命于他,甚至铁路工人在不知情的情况下也甘愿默默地掩护假瓦尔特逃避德军的追捕。正是瓦尔特常年浴血奋战换来的"支配性男性气质",唤起了萨拉热窝民众对民族解放的无言支持,凝聚了南斯拉夫民族抵御外敌的决心。

钟表店老板谢德是一名战斗经验极其丰富的老游击队员,他的钟表店是游击队员互相通信的"驿站"。谢德所表现的男性气质是共谋性的,在游击队中他具有较高的地位,与瓦尔特之间保持一种对等的同谋关系。谢德具备精湛的修表技艺,家境殷实的他大可做个普通的老百姓,但是谢德不甘于平庸,他选择投身战斗,为了民族解放事业时刻准备牺牲自我,但他无比珍视生命,绝不轻言牺牲。谢德虽然强势嘱咐女儿:"有的投降了敌人,有的在战斗,有的在等待,你是个姑娘,应该等待。"他内心异常痛苦与煎熬,他明白解放民族的斗争道路有多么艰险,他不想女儿受苦受难,但实在拗不过阿兹拉的坚持,只能无奈默许女儿参与游击斗争。在纳粹召集民众认领家属尸体时,谢德一眼就认出了躺在血泊中的女儿,他顶着敌人的枪口默默向前,他并不确定纳粹军人是否会开枪,无论前面有多危险,此刻他只想去认领女儿的遗体,担负起他作为父亲应尽的职责。谢德坚忍刚毅的形象鼓舞了民众,在他的带领下所有人勇敢向前,胆怯的纳粹军人只能撤退。

米哈尔·伊利亚德在《神圣与世俗》中提出"准英雄"到"英雄"的转变主要通过三种渠道:神圣启示、死亡启示和性启示。[①]面对女儿的死亡,谢德内心失去了牵挂,对于革命的决心更加坚定。当谢德得知自己中了敌人的圈套,传递了诱骗瓦尔特前往清真寺赴约的间谍信息时,由于情况紧急,他实在无法及时通知瓦尔特,便毅然决然地选择以自己的牺牲来破坏敌人的诡计。谢德揣上手枪,告诫弟子:好好学习手艺,莫要虚度光阴。然后坚定地奔赴战场,他神情淡定,如同奔赴宴会一般平静,银幕上谢德的"男性气质"令人动容,他身上所流露的民族气节让人敬佩。

---

① 伊利亚德.神圣与世俗[M].王建光,译.北京:华夏出版社,2002:77.

（二）女性意识的觉醒

戴锦华曾说："女性的生存常是一种镜式的生存：那不是一种自恋式的迷惑，也不是一种悲剧式的心灵历险，而是一种胁迫，一种挤压，一种将女性的血肉之躯变为钉死的蝴蝶的文明暴行。"在大多数的文明中，男权始终处于统治地位，女性只能沦为男性的附庸，甚至在影像出现后的很长时间里，银幕上的女性形象一直是男性幻想的投射。直到20世纪60年代女权运动高涨，促使女性意识逐渐觉醒，独立自主的女性形象开始受众人追捧。

面对晚唐昏庸荒淫的当权者，杜牧不禁发出"商女不知亡国恨，隔江犹唱后庭花"的悲叹，虽抨击的是贪图享乐的权贵者，但也被后人曲解为"商女"等同"亡国"，过分地污名化女性。《瓦尔特保卫萨拉热窝》中的阿兹拉是新时代女性的代表，面对父亲"应该等待"的告诫，她仍然选择投身革命事业，以自己的方式参与游击工作。她知晓父亲的担忧，但革命的熊熊圣火已在阿兹拉的心中点燃，她渴望战斗，也必须战斗。阿兹拉是影片中"白月光"般的存在，美丽知性的她不似外表那般娇弱，面对敌人她镇定自若，以护士身份的便利为男友传递消息，最终虽因男友的暴露牺牲在敌人的枪口之下，但她英勇的形象却永远停留在历史长河之中，"皮之不存，毛将焉附"，面对家国仇恨的威胁，只有投身战斗，驱逐侵略者，才能换来家和万事兴。

三、悲剧中流宕的"民族狂欢"

亚里士多德认为："悲剧是对于一个严肃、完整、有一定长度的行动的模仿，通过引发怜悯和恐惧来使情感得到疏泄。"[1]鲁迅先生也曾在《再论雷峰塔的倒掉》一文中提出了"悲剧将人生有价值的东西毁灭给人看"的观

---

[1] 亚里士多德.诗学[M].罗念生，译.北京：人民文学出版社，1982.

点[①]。悲剧作为一个具有丰富内涵的美学范畴，其用意绝非单纯地塑造凄苦悲凉的叙事以博取观众的同情，而是借助悲情沉痛的情节赢得观众的共情。巴赫金的狂欢化诗学理论以类似酒神崇拜为核心的"狂欢节"为研究，指出人们在文化狂欢中实现了如释重负的心理宣泄和理想重构。[②]"艺术来源于生活，更高于生活"，影片带动人们透过艺术反观自身，思索社会现实中的悲剧，让人们徜徉在艺术洋流中寻求灵魂的救赎，受剧中人物坚强不屈的抗争精神鼓舞，从而燃起热爱生活的斗志。《瓦尔特保卫萨拉热窝》唤醒了南斯拉夫人对于二战血泪史的痛苦回忆，以充满悲剧色彩的文本叙事来构建民众对于国家的认同，警醒世人对战争的反思，渲染爱国主义情怀，激励南斯拉夫人砥砺前行。

叔本华的意志悲剧理论认为，意志是一种单一、无理由、没有止境的欲求，是一种盲目无意识的冲动。在意志的驱使下，人类在欲望的旋涡中痛苦挣扎，只为满足天然的欲求，阶段性的欲求得到满足后，我们又会感到无聊空虚以追求新的欲求，人生便是一场如此循环往复的悲剧，永无止境。人作为肉体上的存在承受着欲求和生存的双重折磨，并不得不接受死亡是唯一真实的悲剧性结局。[③]20世纪上半叶，由于人类对资源掠夺和领土扩张的欲求不断增强，从而发动了两次世界大战，在全球范围内造成无法磨灭的悲剧。《瓦尔特保卫萨拉热窝》将人物命运与时代背景紧密相连，展现了被战争裹挟的个体，仍心系国家与民族的安危，在枪林弹雨的危险中浴血奋战，尽管会牺牲自我，但萨拉热窝城所有游击队员都坚信革命斗争终究会换来父老乡亲的安定生活，他们的战斗意义非凡。

影片中以瓦尔特、谢德、吉斯、阿兹拉为代表的游击队员，是二战时南斯拉夫民族战士的真实写照，正如瓦尔特代表萨拉热窝城一样，萨拉热窝城同样是南斯拉夫抵御纳粹、争取民族解放的化身。影片的叙事视角聚焦于每

---

① 再论雷峰塔的倒掉［M］//鲁迅.鲁迅全集：卷1.北京：人民文学出版社，1981：192-193.
② 朱立元.当代西方文艺理论［M］.3版.上海：华东师范大学出版社，2014：195-199.
③ 顾传婧.叔本华悲剧理论研究［D］.大连：大连理工大学，2017.

个抗战个体身上，尽管瓦尔特、谢德等人都是民族英雄，但他们同样是普通的个体，也会胆怯害怕，但被历史赋予崇高使命的他们，把民族的命运置于个人安危之上，随时做好牺牲自我，保全民族的准备。人的一生隐藏了太多的挫折困境、苦难不幸，每个人都是生活在社会时代中的普通个体，我们的命运是与时代背景紧密捆绑在一起的。人的存在无外乎两种选择，接受命运或反抗命运，尽管个体的力量弱小有限，但"众人拾柴火焰高"，正是瓦尔特一行游击队员对"天命有定端，守分绝所欲"的坚决抵抗，才换来了战争的胜利、民族的解放。影片重新演绎了南斯拉夫民族解放斗争的历史悲剧，尽管勾起了南斯拉夫人痛苦的回忆，但同时也激起了南斯拉夫人振兴民族的斗志，悲剧的意义绝不是消磨人的意志，而是使人化悲痛为力量，吸取经验教训，谨记"落后就要挨打"，绝不允许悲剧重新上演。

《瓦尔特保卫萨拉热窝》作为一部现实主义题材的战争片，还原了二战中南斯拉夫民族抵御外敌的英勇历史，对20世纪70年代的南斯拉夫具有重要战略意义，使生存在美苏争霸阴影笼罩之下的东欧人民增强了民族自信，也成为南斯拉夫领导人铁托进行政治宣传的重要武器，极大程度上增强了南斯拉夫国民的国家认同感，巩固了其统治地位。南斯拉夫作为西欧文化圈中的"他者"，在两极格局下并未妥协，而是积极地在国际政治舞台上发声。《瓦尔特保卫萨拉热窝》的热映，通过大银幕强大的传播功能，塑造了机智英勇的瓦尔特、独立自主的阿兹拉等民族英雄，歌颂了游击队员们在战火中浴血奋战的光辉事迹，谱写了一曲震古烁今的民族史诗，极大鼓舞了生活在冷战恐惧中的南斯拉夫人砥砺前行的勇气，在悲剧宣泄中重拾民族振兴的决心。"瓦尔特"不仅在南斯拉夫国内受到追捧，更是在多个第三世界国家产生了强烈的反响，尤其对20世纪70年代的中国青年产生了巨大的影响，成为那个年代激励中国人前进的重要榜样，同时也使世界各地的人民感受到了南斯拉夫民族史诗的宏伟魅力。

（作者包鸿明系成都大学影视与动画学院硕士研究生）

电影媒介的记忆建构

——关于《瓦尔特保卫萨拉热窝》的共同体想象

符 雪

[摘要]《瓦尔特保卫萨拉热窝》(简称《瓦尔特》)这部南斯拉夫电影在20世纪七八十年代的中国获得了巨大成功,形成了很多中国人的一段重要文化记忆。可以发现,电影媒介在特定历史条件下的记忆书写,形成了召唤一代人的情感机制,电影的"经典性"通常由此而来。《瓦尔特》昭示了电影媒介的记忆建构功能,文章着眼于进一步深化这一路径,发现在电影媒介情感机制的召唤作用下,《瓦尔特》形成了一个特定的媒介话语空间,表征为中国人心中的"瓦尔特记忆"情怀,深层意义是中南两国在特定历史时期下一种基于"共同情感"的共同体想象,这种想象性构建的基础在于全球人类实践活动和现实背景,而电影媒介则提供了想象载体。

[关键词] 电影媒介;记忆建构;《瓦尔特保卫萨拉热窝》;共同体想象

1977年《瓦尔特》在全国公映,讲述的是1944年的故事,瓦尔特这个名字在20世纪70年代的中国几乎家喻户晓,这部南斯拉夫电影把民族英雄瓦尔特的形象深深印刻在了一代中国人心里,瓦尔特象征着勇气和坚强的意志,并且成为萨拉热窝这座城市最主要的名片之一。可以发现作为传播媒介的电影,特别是战争类型电影，彰显着特定历史阶段的记忆，给予历史以文化价值，这部电影在社群记忆的不断架构中形成记忆空间，塑造着共通的情感认同。

一、电影媒介的记忆书写

人们在想象中构筑了群体性的认同和记忆，而在这个过程中，媒介起到了举足轻重的作用。记忆书写展现的是一种与自身生活密切相关的现实，而书写过程是同时将历史时间和记忆艺术化。借助电影媒介的记忆书写，我们不仅可以重新演绎个人记忆，更可以在电影中找寻群体记忆，成功捕捉群体记忆也正是很多历史叙事电影得以成功的关键。同时记忆认同并不是一成不变的，而是随着历史演进在不断进行解构和重构，电影正是一种完美穿梭的框架，可以记录历史的同时书写一代又一代的记忆。《瓦尔特》的记忆书写过程离不开特定历史条件提供的便利，也在于电影给予了观众一种易于保存的记忆符码，情感常常伴随记忆而生并且不断延续，协助着记忆的书写。

（一）内容的仪式感给予记忆符码

克里斯蒂安·麦茨在《想象的能指》中曾提出"电影机构"的概念，即把"电影"作为一种社会运作系统来解读。通过电影媒介多重、复杂、整合的意义编码方式，构建一个封闭、独立、自足的观影机制，规训和满足作为观影主体的观众，展现出广阔而繁复的社会文化现象，成为一种"总体性社会事实"。[①]这种"总体性社会事实"不是社会现实的复刻，而是影片以社会现实为基础建构的总体事实，与影片的叙事机理吻合，可以在一定程度上归结为一种群体记忆，《瓦尔特》这一群体记忆的形成来自电影的编码，编码方式离不开记忆符码这一形式的存在，即电影的记忆能指需要所指符码的存在才能运作。而《瓦尔特》这部影片由内容的仪式感给予了这种记忆符码，仪式感即受

---

① 陶赋雯.被编码的历史记忆：透析二战电影的影像继承论［J］.文学与文化，2020（4）：46-55.

众的情感与剧中人物实现了同频共振，跟随着剧中人物的经历和心路历程参与进了影片的仪式化场景中，仪式感的背后是群体身份的认同和集体的情感转化，因此想要形成"公认"的能指和记忆书写符码离不开内容的仪式感。

仪式感的增强通常需要对电影特定部分进行强调，可以是剧中人的强调和大量笔墨的渲染，也可以来自观众自发地对特定象征物和话语的重复。对特定象征物的强调可以增加仪式感，国家、民族、战争对于个体而言是大而抽象的概念，抽象的概念表达的过程中需要转化为具象的符号，特别是对于群体记忆而言，标志性的符号就是能够唤醒群体记忆的象征物。在影片《瓦尔特》中，主角道出的接头暗号"空气在颤抖，仿佛天空在燃烧"，在老一代革命电影熏陶下成长起来的父辈之中，这应该是他们耳熟能详的一句话。在电影中，这句话起到了极大的渲染情绪的作用，暗示着暴风雨来临前的宁静，这是地下工作者的发声，是不多言的抗争，当时的战争已成为过去，但这句台词遗留下了战争情感的激愤和鲜活，已经成为《瓦尔特》的标志性符号。再比如，"我要放大一张我表妹的照片"这句台词作为影片中的接头暗号，似乎与电影中其他剧情没有丝毫关联度，但也正是这种与影片本身的疏离与异化感，更延伸出乐趣与神秘，使得这句话成为电影的代表性台词。对这些具有象征性的话语不断重复，使得这些台词成为带给影片《瓦尔特》内在仪式感的重要内容。

（二）电影媒介的情感机制召唤记忆

媒介传播过程中合理发掘和运用情感机制将在传播对象认知与接纳过程中生成促进效应，利于其传播效果的达成。[①]情感通常被放置在与理性相对立的位置，甚至在一些理论思辨研究中被忽视，但传播的认知向度告诉我们，情感不仅会参与到认知过程，甚至起着基础性的作用。《瓦尔特》的情感向度根源于反侵略、求解放的抗战之情，由影片的视听美感和叙事美感引

---

① 徐明华，李丹妮.情感畛域的消解与融通："中国故事"跨文化传播的沟通介质和认同路径［J］.现代传播（中国传媒大学学报），2019，41（3）：38-42.

发，影片常常在情感最为激烈饱满之时，用浪漫的场景化情感为美感，让情感饱满而不外放，不经意间令观众收获难以说清的审美认识。例如，钟表匠知道清真寺的约会是阴谋时，决定以赴死来破坏敌人的计划，动人心魄的时刻使用像日常生活一样的视听语言，他从容地走向敌人的埋伏，平静得仿佛是去赴一场朋友的聚会。钟表匠中枪的那一刻，白鸽飞起，唯美式暴力美学，把残忍的击杀进行了艺术化处理，情感在暴力和美感交织中达到高潮，经典的视听镜头动人心魄。

因此，一方面电影媒介利用情感机制可以促进传播效果的实现，电影媒介的特殊情感一定程度上超越了国别和意识形态，中国和南斯拉夫和而不同的文化空间形成观众审美的创新期待，给电影带来了流行机缘，两国反侵略、求解放、歌颂英雄的基础情感耦合，使得电影公映时引起轰动效应。另一方面该影片在成为历史影像后，电影媒介的情感机制使被建构的记忆被不断重复召唤，使观众对电影的特殊情感延续为一个长期的过程，甚至跨越多年后，当1999年南斯拉夫面临分裂危机时，有些国人甚至想要自发去保卫瓦尔特和萨拉热窝。在跨文化传播中实现情感机制的独特优势与运作形式，为电影媒介的记忆书写提供召唤，多年以后《瓦尔特》仍然不断从群体记忆深处被唤醒。情感机制不断召唤记忆、延续情感，情感机制的延续生发出观众自主搭建与其他国家、城市、民族英雄的共情勾连，共享情感意义。

二、基于记忆建构的共同体想象

共同体（community）这一概念最早可以追溯至古希腊时期，哲学家亚里士多德指出，"所有城邦都是某种共同体，所有共同体都是为了某种共同的善而建立的"。[①] 大概率正因为这种概念的延续，"共同体"一词常常被许多社会学家理解为社群或者社区，齐格蒙特·鲍曼对于共同体的定义相对宽

---

① 苗力田.亚里士多德全集：第9卷［M］.北京：中国人民大学出版社，1994：3.

泛，更有普遍性，他认为共同体是指社会中存在的、基于主观上或客观上的共同体特征而组成的各层次团体或组织，既可指有形的共同体，也可指无形的共同体。①因此"共同体"不应被狭隘地、简单地理解为民族或者国家共同体，而需要因时因地作全面的和广义的理解。而这种宽泛意义上的共同体建构的基础是有别于动物思想的人类的想象，任何的书写都是想象，因此共同体建构的过程也叫共同体想象。

在中南两国的电影媒介反复再现的革命历史，往往是以游击战为其主要表现对象。《瓦尔特》的游击战叙事中包含了两层关于共同体想象的讲述，一方面是由地缘政治所决定的反抗外来侵略的受压迫的共同体想象，另一方面是基于更广泛层面的全人类受压迫群体的超地域共同体想象。而这种想象是建立在思想有关的共同记忆之上的，通过媒介的传播仪式，我们不断构建着跨越国别的认同和记忆，共享的情绪将我们跨地域联结在一起，《瓦尔特》的传播不仅构建记忆，还基于此加强中南"想象的共同体"的认同，搭建起了共同体的边界，在不断强化的民族解放运动的群体认同中形成共同体内部的情感和凝聚力。

（一）从《瓦尔特》的"共同情感"到"共同体形态"

找寻中南两国的情感联系，是电影《瓦尔特》运作情感机制的基础。首先，在二战中，中南两党都将民族解放与国际共产主义这两个看似相互冲突的社会运动结合在一起，形成了一种独特的革命斗争形式；其次，中南两党的政治理念和革命行动，与"游击战"这样一种特殊的作战方式息息相关。②相似的斗争形式和作战方式，为情感叙事提供了话语空间，抗击外来侵略，实现民族解放的情感在全球语境下实现了中南两国的意义共享范围的圈定，最终实现沟通理解和认同，这种情感基础是情感机制的来源，即"共同情

---

① 鲍曼.共同体[M].欧阳景根，译.南京：江苏人民出版社，2003：1.
② 路卡.别样的视角：《瓦尔特保卫萨拉热窝》与《桥》在中国的接受研究[J].文艺理论与批评，2019(2)：98-111.

感","共同情感"是人们基于相似的情感体验，感受他人情感意义而唤起的具有共通性特质的情感，使得更具深度及广度的互动活动成为可能。[1]无论是《瓦尔特》记忆的建构还是其电影情感机制的运作，都需要以共同情感作为基础，共同情感可以把人类联结和凝聚起来，为人类群体建构超越政治和民族的共同体形态提供了潜在的情感动力基础。

各种类型的情感、情绪或传统为共同体关系提供基础，反侵略战争想要取得胜利，个体力量有限，通过沟通与交往，可以弥补某段时期有限的力量和心灵上的弱势，这是人们一直以来的努力和尝试，也是情感的需要，共同情感促进人们的交往和联系不再受到传统血缘和地域的限制，而是向往一种超国别认同的人类命运共同体，中南两国共同的红色源泉，在电影《瓦尔特》中想象性"融合"，共同情感实现了共通，"共同体形态"由此而来。

在社会交往和活动中，人们倾向于构建各种共同体形态，不同共同体之间存在的差异通常是想象的方式，从早期的血缘、地缘共同体到宗教、政权再到民族国家。[2]不同的共同体划分地域、超越时空，勾连情感形成的共同体并不意味着进入了一个可以获得或享受的世界，而是一个给予热切希望的心灵栖息的世界。不仅仅是二战的"残酷的现实"，也不仅仅是其他共同体的仇视和挤压，原本就存在的温馨想象的共同体具备激励感和吸引力，使《瓦尔特》构筑的这一共同体形态得到滋养并茁壮成长。因此，随着传播媒介的发展，电影漂洋过海，南斯拉夫电影带着共同情感进入中国，在国人的记忆构建中塑造着共同体形态，地域边界相对模糊，情感和心理边界逐渐清晰地穿插其中。

（二）关于《瓦尔特》的想象图景——"共同体想象"

与静态的视觉符号相比，电影媒介的影像的能指外延更大，既有诉诸视听感知的图像与声音，同时又具备时间和空间的记忆建构，电影媒介运用蒙

---

[1] 徐明华，李丹妮.情感畛域的消解与融通："中国故事"跨文化传播的沟通介质和认同路径[J].现代传播（中国传媒大学学报），2019，41（3）：38-42.
[2] 杜思怡.新媒体环境下共同体想象的重构[J].中国报业，2021（16）：24-25.

太奇镜头的自由组合能够完成一段完整的意指，利用视觉和听觉的冲击力形成记忆，使其以独一无二的方式让观众卷入想象界。因此电影媒介的共同体的构建是一种根植于实践的想象图景，想象性构建的基础在于全球人类实践活动和现实背景，而电影媒介提供想象载体。《瓦尔特》取材于世界范围的"反法西斯战争"，除了具备近现代战争电影与生俱来的真实感，电影人物原型也是真实存在的，因此观众通常希望他们所看到的人物和场景是真实存在的，影像的形象性和直观性使得"能指"和"所指"太过相似，例如饰演瓦尔特的南斯拉夫演员韦利米尔·巴塔·日沃伊诺维奇锐利的目光、魁梧的身材、坚毅的形象仿佛就是瓦尔特本人，观众在毫无察觉的情况下被这些具象能指深深地打动和自然化。具体表现战争故事的特定镜头组合完成一个明确的意指，通过选取反法西斯战争的典型场景和人物让图景特性得以凸显，使影片《瓦尔特》的想象图景自然而然地被观众接受和认可。

还需要指出的是，想象性共同体构建内含着一种人类共同追求的价值目标。各个国家、民族和地区对一种共同价值目标的追求，是人类命运共同体的想象性构建的题中应有之义，它引领着整个世界社会想象的发展。[①]《瓦尔特》所构建的中南共同体想象是"人类命运共同体"理念萌芽的表征显现，影片体现了一种不同民族、国别在特殊历史背景下共同的价值追求，首先，中南两国早期的革命都是受苏联的启发建立自己的共产党，并且在各自的领土上启动与发展共产主义革命运动；其次，当被外来武装力量侵略时，中南两国共产党都是从薄弱的地下组织逐渐发展成强势的社会力量，广泛动员人民群众，成为民族解放运动的领头羊。这种相似的革命形式和战争际遇，在两国的二战电影中虽然有着不同的叙述方式，但是一定程度上都是基于一种共同的期盼和价值追求，它们在某种程度上融为一体，是人类面对自己和解放共同的追求，这种共同体想象背后的价值总和作为人

---

① 刘玉军.社会想象视阈下人类命运共同体的构建［J］.智库时代，2019（2）：7-8.

类命运共同体的某一萌芽火花延续至今，与南斯拉夫这个国家遥相呼应的各种想象并未终结。

结　语

电影媒介可以使用鲜明的修辞囊括错综复杂的历史现实图景、稀释抽象概念，书写群体记忆的同时作用于人的心理和情感，让观众在记忆形成与情感认同中实现跨越时空的情感共通。《瓦尔特》借助电影媒介的功能实现了共同体想象，我们"人类命运共同体"理念是对于全球化过程中人类共同实践的意识自觉和想象图景，它指向一种人类美好的共同目标，其与电影媒介的建构功能是否能得到进一步的结合，或许可以在对电影《瓦尔特》的探究中得到更多的启示。

（作者符雪系成都大学影视与动画学院硕士研究生）

革命题材电影的跨域体验与情感敞视

——以《瓦尔特保卫萨拉热窝》为例

张梦婷

[摘要]"红色电影"所书写的中国共产党带领中华民族独立自强的革命历史，成为左翼、"十七年"时期乃至新时期中国民众情感和意识接受的民族特色影像"范式"。在相近时期的南斯拉夫，也将共产主义精神指引下的民族独立革命运动写入了影像，成就了以《瓦尔特保卫萨拉热窝》为代表的一大批"跨域"红色电影，在20世纪70年代中后期引入中国，唤起了我国民众"他者"视角下的红色记忆和情感体验。《瓦尔特保卫萨拉热窝》在中国的热映，离不开中国红色电影接受认同下的历史和民族语境，将《瓦尔特保卫萨拉热窝》放置于"十七年"时期中国红色电影在新时期"跨域"体验下的再传播分析框架，从历史情境、叙事结构和情感体验三方面分析其接受特征，以期为《瓦尔特保卫萨拉热窝》电影提供一种新的认知视角，丰富红色革命历史的电影跨域传授历史。

[关键词] 跨域呈现；革命题材电影；叙事结构；情感敞视

1973年引入中国的南斯拉夫影片《瓦尔特保卫萨拉热窝》在经过译制之后，于1977年在中国正式公映。电影一经公映就受到了观众的热烈欢迎，几乎可以说是家喻户晓，时至今日，电影男主角高大英勇的形象仍然令人印象深刻，电影的主题曲依旧余音绕梁。可以说它对中国观众的影响是巨大的，它所传递的精神和文化影响了一代人。

一、红色经典叙事的跨域呈现

在《瓦尔特保卫萨拉热窝》公映之前，中国国内影视作品的创作受社会大环境的影响，内容和形式都受到了一定程度的限制。观众观影体验呈单一、固化状态。在这种情况下播出的《瓦尔特保卫萨拉热窝》使观众长期固化的审美体验得到了改善。虽说此部电影给那个年代的观众带来了新奇的审美体验，但如果它所呈现给观众的内容仅仅是为了求新而创新，让内容完全超出观众以往的审美体验的话，作品也不会获得如此大的成功。因此它一定是在某些方面符合了中国观众的审美期待，又在某些方面有所不同才会获得如此大的成功。正如著名文艺理论家姚斯"期待视野"理论中所指出的："读者的期待视野与新作品之间，应当有一个适度的审美距离，一方面使读者出乎意料，超出他原有的期待视野，使读者感到振奋，因为新的体验大大丰富和拓展了新的期待视野，这就是为什么艺术作品需要创新；另一方面，作品又不能过分超前，不能让读者的期待视野处于绝对的陌生状态，这会使读者感到索然无味，难以接受。"[1]

分析《瓦尔特保卫萨拉热窝》这部影片的内容就不难得出，它的故事情节是在二战反法西斯的基础上展开的。二战中，南斯拉夫和中国都深受法西斯的迫害。如同中国人民反抗日本法西斯一样，南斯拉夫人民也在其领导人铁托的带领下进行了艰苦卓绝的反抗德国法西斯的斗争。这为《瓦尔特保卫萨拉热窝》这样一部跨文化电影被中国观众接受提供了语境。其次，在第二次世界大战之后，世界的政治格局分为以美国为首的资本主义阵营和以苏联为首的社会主义阵营。南斯拉夫和中国都处于社会主义阵营当中，因此，影片所要建构的意识形态，"与影片所隐含的社会政治倾向"[2]都与中国无太大不同。另外，1977年《瓦尔特保卫萨拉热窝》公映之前，南斯拉夫总统铁托应中国政府之邀，来华进行正式友好的访问。而据相关历史记载描述："1977年8月10日为配合南斯拉夫总统铁托8月底访华，中影公司通知全国各地8月20日起南斯拉夫彩色故事片《瓦尔特保卫萨拉热窝》在中国公映。"[3]这也是《瓦尔特保卫萨拉热窝》自1973年被引入中国后首次面向中国观众放映。众所周知，文艺作品在社会意识形态的建构当中起着非常大的作用，《瓦尔特保卫萨拉热窝》的公映，也意味着当时中南两国在政治、文化、经济等方面的基本发展方向上不具备本质上的差别。这就为中国观众接受这部影片打下了坚实的基础。在此基础上影片中所讲的故事，所展现的空间、时间和人物等又不同于中国观众之前的观影体验，而这些又会使观众有新奇感。那么影片究竟是如何在跨文化的背景下呈现的呢？

二、叙事结构："十七年"时期红色电影的跨域再现

《瓦尔特保卫萨拉热窝》同我国"十七年"时期拍摄的许多影片一样，有非常明显的红色基因，这种红色基因源自南斯拉夫这个国家反侵略的历史，南斯拉夫人民和中国人民一样也是一群饱经磨难、有着顽强生命力和不屈不挠意志的人。同时，这部表现革命战争时期地下游击斗争的影片对我国观众来说并不陌生，而且影片所展现的曲折的故事情节和丰富的悬念还能抓住观众的观赏心理。

（一）叙事情节

本片有曲折的故事情节和非常多的悬念。整个故事立足于二战的大背景下，与我国红色经典电影《铁道游击队》的故事情节有诸多相似性。《瓦尔特保卫萨拉热窝》讲述了德国法西斯在二战结束之际从南斯拉夫撤离时，"A军团"装甲部队由于燃料不够被困于维谢格拉德，德国法西斯计划从萨拉热窝运送燃料到维谢格拉德供装甲部队撤离，而英雄的萨拉热窝人民在机智

老练、有勇有谋的游击队长瓦尔特的带领下破坏德国法西斯计划的故事。其中穿插德国法西斯在间谍的帮助下扮演瓦尔特深入游击队员内部寻找真瓦尔特，瓦尔特发现此事后寻找间谍等情节。敌中有我，我中有敌，真真假假相互交错，故事情节十分精彩，有力地调动着观众的关注力。我国电影《铁道游击队》讲述的是抗日战争时期，山东临城枣庄一带的铁路线上活跃着一支铁道游击队，他们专门在交通线上打击敌人，牵制敌人兵力。其中还穿插着日本侵略者勾结国民党反动派、围攻游击队等曲折的故事情节。因此，《瓦尔特保卫萨拉热窝》对于中国观众来说实际上是红色经典电影的跨域再现。

（二）叙事视角

叙事视角分为全知视角、内视角以及外视角三种。本片采用的是全知视角加内视角的叙事方式，这种方式既能让观众综观全局，使影片完整地展现事件，又能够借助某个人的感觉，从他的视觉、听觉等角度去传达一切，让观众和剧中人物心灵合一，行动一致，产生身临其境的亲切感和参与感。这与我国"十七年"时期电影的叙事视角基本相同。如电影《地道战》"在高传宝识别特务这场戏中，展现了刚开始大康迎接包着头巾、装扮朴素自称是武工队的一行人，随后兴高采烈地去找高传宝来接见盼望已久的武工队，当大康出屋后，导演让我们看见了一群人贼眉鼠眼的举动，这里的叙述显然是在全知视角下进行的，而主人公对于他们的举动全然不知，当高传宝来到屋里时，导演借助他的主观视点镜头，将浪费粮食、纪律散漫的特务分子的本性展现出来，此时主观镜头的运用达到了观众与高传宝感同身受的目的。"[4]《瓦尔特保卫萨拉热窝》中的很多故事情节也是采用全知叙事加内叙事相叠加的方式，让观众在"知"与"不知"当中对影片产生更浓厚的兴趣。

（三）叙事人物

人物是叙事的主体，是故事展开的核心，也是电影创作的核心。优秀的影视作品，离不开鲜活的人物形象，人物塑造的成功，会让观众铭记于心，这对于影视作品的传播非常有益。

1. 主角叙事

电影男主的塑造方法与中国"十七年"时期电影中革命英雄人物的塑造方法在本质上有相似性。中国"十七年"时期电影中英雄人物都具有相似的特征，如电影《南征北战》中强调生动地刻画影片人物，重点塑造典型环境中的典型人物，点面结合，规模塑造人物群像的同时，强化人物个性。在《瓦尔特保卫萨拉热窝》中，导演也在着力塑造瓦尔特的典型人物形象。瓦尔特的出场就带有神秘性。影片一开始盖世太保与党卫军上校对话中表示他已经追捕瓦尔特一年多了，但是并没有进展，可以说是一无所获，并且表示没有人知道谁是瓦尔特。随着故事情节的展开，瓦尔特利用假身份与游击队员接触，影片中的游击队员，如钟表匠、吉斯都表示他们不知道谁是瓦尔特，甚至特别想与瓦尔特见面，又加深了人物的神秘感。真假瓦尔特的情节，更是将这种神秘感推到了顶峰，无论是戏中的德军还是戏外的观众，都对瓦尔特是谁充满了好奇。这种英雄人物的塑造方法与《平原游击队》当中跃马双枪的游击队长李向阳的塑造方法有异曲同工之妙。在影片中，李向阳神出鬼没，让敌人闻风丧胆，作为游击队长的他还精于指挥，善于作战。影片中这种相似的英雄人物塑造法，能够让受众在观影的过程中由一个英雄人物想起某个具有相似特征的英雄人物，从而唤醒受众的时代记忆与怀旧情结。

2. 人物群像叙事

当然，在一部电影当中主角的表演是至关重要的，但如果仅仅是主角刻画得好，其他人物刻画得不好，影片的最终效果也会不尽如人意。所以人物群像在一部影片当中也起着决定性作用。在《瓦尔特保卫萨拉热窝》中，导演对游击队员的塑造极其成功。比如照相馆老板吉斯，他在影片当中的形象具有反转性与立体性，在影片一开始时，他被假瓦尔特迷惑，还以自己的照相馆作为场地供假瓦尔特和游击队员们见面，这时的他在观众心中是愚钝的。而随着情节的发展他又变得幽默和勇敢无畏，当他发现假游击队员真间谍肖特之前自己非常信任的人时，他又是悔恨与痛恨的。老游击队员钟表匠，他是游击队员同时也是一位父亲，他长期从事游击工作，但却劝阻自己的女儿不要成为一名游击队员。这就说明他知道成为游击队员的不确定性与危险性。他冷静果敢，敢于奉献出自己的生命，但当女儿被德军杀害后他的丧女之痛也真真切切地感染了银幕前的观众。再如影片当中德军追击瓦尔特时跑过了一个市场，当瓦尔特一跑过，市场当中的商贩们就开始敲手中的铜盘，以迷惑德军。虽说这些演员都只出现了一个镜头，但将萨拉热窝人民在艰难困苦的反法西斯战争中的团结和无畏毫无保留地展现出来了。这些人物以及人物的表现都会使有相同革命经历的中国观众在观影过程当中回忆起自己或者父辈所经历的，所以即使电影是在中国这样一个跨文化的社会呈现，但影片所具有的红色内核也能引起观众的认同感与怀旧情结。

三、情感的敞视

一部好的影视作品，给观众带来的不应该只有炫酷的特效，更应该带来心灵上的触动。此前就有学者说过："影片的情感越浓烈，越尖锐，越能给观众留下很深的印象，越能带来深层次的思考。"[5]影视作品创作出来，面向的受众是人，只要有人就会有情感，而情感的共鸣又恰恰是艺术鉴赏者鉴赏艺术家创造出来的作品的关键。因此影视作品的创作者如果想要更好地表达作品的思想主题，除了要处理好画面、声音、镜头、景别等基本的视听语言外，也应该重视影视作品当中情感的表达，真实细腻的情感会使观众投入更多的注意力到作品当中。

《瓦尔特保卫萨拉热窝》上映之前，中国经历了一段特殊的历史时期，在那段特殊年代当中，人民的情感比较压抑，1977年《瓦尔特保卫萨拉热窝》在中国正式公映，这部影片当中情感的表达与运用，使观众对影片主题有了一个更加深刻的认识，也让观众对红色电影中的情感有了更丰富的感受。

首先，影片中亲情的表达，体现在钟表匠谢德和女儿的表演当中。谢德是一个老练的游击队员，当他得知女儿也参加了抵抗组织时，他劝阻女儿："昨天又枪毙了17个人，其中有一个女孩儿，和你差不多大。"当女儿回应他，她知道他在干什么时，他说："有的投降了敌人，有的在战斗，有的在等待，你是个姑娘，应该等待。"他知道游击队员所面临的风险，想尽全力阻止女儿以保女儿平安。当女儿没有听从父亲劝阻，参加游击队的活动失败被杀后，尸体堆放在广场上时，当盖世太保一遍遍要求家人上前认领尸体想借机杀害这些上前认领尸体的人时，这位父亲坚定地向前走去。这段表演将这位父亲对于女儿的爱以及失去女儿的痛毫无保留地展现给了银幕前的观众，而亲情对于重视血缘关系和家庭的中国人来说是一个永远绕不开的话题，亲情类的影片更易引起观众的共鸣。事实也论证了这个观点，如2021年大火的电影《你好，李焕英》讲述的就是母女之情，影片上座率极高。再对比中国之前类似的革命片，如《地道战》当中对于亲情这种家庭情感的刻画几乎没有，影片更多的是对人民和英雄人物的家国之情的刻画，展现出当时那个年代的人民保家卫国、不屈不挠的爱国之情。因此电影《瓦尔特保卫萨拉热窝》在中国的上映，让中国观众在这种革命题材的影片当中体验到了以往没有过的情感，丰富了中国观众在影视作品中的情感体验。

其次，影片当中的游击队员对于萨拉热窝这个城市毫无保留的爱，又与中国革命题材电影当中表达的爱国之情极其相似。这种情感的表现，一是体现在英雄人物身上，如游击队长瓦尔特，有着非凡的体格、聪慧的大脑，能够带领人民群众与和自己力量悬殊的德军进行对抗。二是体现在钟表匠谢德和吉斯这种人民英雄身上，虽说他们只是游击队员，但他们其实代表了这座城市人民的斗争精神，他们是那些不知姓名的群众的代表，正是他们，组成了萨拉热窝这个英雄的城市、南斯拉夫这个英雄的国家。最后，影片当中还有游击队员之间友情的表达，如游击队员吉斯，当他得知自己深信的同伴是德军间谍时，他一改往日幽默性格，将自己对于敌人深恶痛绝之情完全地展示出来，而这种痛恨是来自他对于那些因为肖特这位女间谍的里应外合而失去生命的游击队员的友情。这种游击队员之间的友情与中国红色电影当中的战友情又极其相似。

总的来说，在《瓦尔特保卫萨拉热窝》这部电影当中，爱国之情和友情的表达与中国革命题材电影当中此类情感的表达有着异曲同工之妙，但影片当中的亲情相较于中国同时期革命题材电影来说，是一种新鲜的情感元素。这种情感的加入，对于中国观众来说其实是一种更为开放的情感体验。

参考文献：

［1］彭吉象.艺术学概论［M］.5版.北京：北京大学出版社，2019：403-404.

［2］路卡.别样的视角：《瓦尔特保卫萨拉热窝》与《桥》在中国的接受研究［J］.文艺理论与批评，2019（2）：98-111.

［3］陈播.中国电影编年纪事发行放映卷：上［M］.北京：中央文献出版社，2005：79.

［4］李珊珊.新中国十七年"红色经典"电影的叙事策略研究［D］.济南：山东师范大学，2020：52.

［5］陈文耀.论影视作品中情感的重要性［J］.文艺生活，2014（2）：147.

（作者张梦婷系成都大学影视与动画学院硕士研究生）

"一带一路"语境下南斯拉夫电影《瓦尔特保卫萨拉热窝》在华传播的启示

赵艳明　张洁茹

[摘要] 南斯拉夫电影《瓦尔特保卫萨拉热窝》在华传播是一次成功的跨文化传播实践,电影通过文化共性拉近中国观众,又以其异质性吸引着中国观众,形成中国人的"瓦尔特情结"和一段集体文化记忆。"瓦尔特"作为中国和南斯拉夫(塞尔维亚)两国人民共享的文化符号,使得中塞民众的情感得以连接,促进了中塞两国"去政治化"的民心相通,推动了中塞友好邦交民意基础的建立,成为两国进行"一带一路"合作的重要社会基础。作为中外文化交流的经典案例,其经验仍启示着我们思考新时代中外电影文化传播的使命与实践。

[关键词] 跨文化传播;集体记忆;"一带一路";民心相通

1977年8月,南斯拉夫波斯纳电影制片厂制作的电影《瓦尔特保卫萨拉热窝》(简称《瓦尔特》)被引进中国影院公映,上映时一票难求,引起了巨大的轰动,影片所传达的英雄主义、爱国主义和民族精神影响了一代中国人,构成了中国人民一段重要的集体文化记忆。2016年,习近平主席在对塞尔维亚进行国事访问时,表示《瓦尔特保卫萨拉热窝》《桥》等南斯拉夫电影伴随了他们那一代的青年时期。《瓦尔特》在华引起的轰动

"一带一路"语境下南斯拉夫电影《瓦尔特保卫萨拉热窝》在华传播的启示

效应是一次成功的跨文化传播实践,作为中外文化交流的经典案例,它使得中塞普通民众的情感得以连接,推动了中南(中塞)友好邦交民意基础的建立,对于"一带一路"语境下如何以电影艺术形式构建民心相通具有重要启示。

一、跨文化传播的成功案例

《瓦尔特》讲述了二战接近尾声时,德国法西斯军队推出"劳费尔计划",企图掠夺萨拉热窝丰富的燃油资源供应装甲部队,英勇无畏的萨拉热窝地下游击队长瓦尔特和一众游击队员们与德国军队及间谍斗智斗勇,并最终挫败敌人阴谋的故事。不同于好莱坞类型化战争片,《瓦尔特》作为一部欧洲现实主义战争片,为何如此深入广大中国观众内心,甚至已经过去40多年,该片的魅力仍经久不衰?[①] 这无疑是一次成功的跨文化传播实践。中南两国文化之间存在着较大的异质性,但也具有一定的共性。跨文化传播意味着要在不同的群体之间进行信息共享,通过沟通与交流,了解并理解对方的文化理念,寻找文化共性的最大公约数,使不同文化群体之间形成良性互动。电影则成为最佳的跨文化传播载体。

《瓦尔特》通过文化共性拉近中国观众,又以其异质性吸引着中国观众。在共性方面,中国和南斯拉夫都有着共同的二战创伤和相似的革命历史背景。中南两国在二战期间均遭受了惨无人道的法西斯侵略,也同样为反法西斯进行了艰苦卓绝的战斗,有着相似的集体记忆。《瓦尔特》虽讲述的是二战期间欧洲巴尔干地区的反侵略战争,中国观众却可以透过相同的二战历史记忆实现情感上的共振,反法西斯国际主义以超越民族、跨越地域的形式存在。跟好莱坞战争片中所表现的英美等国的二战经历不同的是,《瓦尔特》展现了游击战的作战方式,这种不同于常规的军事组织和策略,在我国以及

---

① 2020年以来,中央电视台电影频道多次重播《瓦尔特保卫萨拉热窝》。

南斯拉夫为争取国家合法政权的革命行动中发挥着举足轻重的作用，而支撑游击战的精神内核实际上根植于民族对国家的内在认同。在20世纪中南两国在苏联的革命实践和马克思主义理论的启发与指导下，通过系列革命运动逐步建立起自己的共产党，也成为国际共产主义事业的重要组成部分。在中南两国相关主题的艺术创作中，游击队和游击战争往往是银幕上反复再现的革命历史，如我国的《地道战》《铁道游击队》等题材电影。中国观众对该题材具有相似的媒介经验和天然的亲切感，《瓦尔特》中南斯拉夫游击队员英勇奋战的身影跟中国共产党领导的游击队在抗日战争中的银幕形象是相似的，都有保家卫国的民族革命精神。这种精神跨越不同国别和文化，摆脱了"想象的共同体"在地缘政治上的局限。片尾经典台词"看，这座城市，它，就是瓦尔特！"，深刻揭示了"革命的胜利是全民族的努力，反法西斯的斗争是全民族的斗争"并重新诠释了人民英雄的主题。不管是从集体记忆还是媒介记忆方面，《瓦尔特》对于中国观众来说都具有很高的文化共性。

在异质性方面，《瓦尔特》展现了具有民族特色的巴尔干风土人情，塑造了一个个有血有肉、真实可信的角色，区别于当时国产片中宣教色彩浓郁的脸谱化、公式化人物形象。同时期，在"样板戏"美学影响下，中国的文学艺术变得模式化和肤浅化。而电影《瓦尔特》的一些情节完全突破了当时国人的观影认知：主人公瓦尔特跟国人当时普遍接受的"李向阳"式革命者形象大相径庭，他相貌英俊、身材魁梧、穿着讲究、举止优雅又足智多谋，是个有点接近"007"式的英雄人物，这种英雄形象对当时中国观众的英雄审美带来了极大冲击。而其他英雄角色也都并非"高大全"。老游击队员谢德叮嘱自己的女儿不要参与革命，要"等待"，她希望女儿追求自己平凡的生活，这跟国产传统抗战片中"革命薪火永流传"的叙事很不一样。当谢德目睹法西斯侵略者杀害了女儿又以此引诱革命者现身的时候，他的英雄性与父性光辉同时闪现，他义无反顾地走向自己的女儿，成为影片中最"高光"的经典场面。谢德决定大义赴死时，他交代钟表店的徒弟要把欠账还清，嘱

"一带一路"语境下南斯拉夫电影《瓦尔特保卫萨拉热窝》在华传播的启示

咐他要"好好干,好好学手艺,一辈子都用得着的,不要虚度自己的一生"。影片始终没有试图让革命者变得过分高大,他们的思维和言语没有超越生活本身。而反派人物也都刻画得恰如其人、真实不虚,毫无做作的脸谱化痕迹,如大反派德国军官冯·迪特里希上校,他是日耳曼贵族,富有才华且思维缜密,即便面临失败也始终保持军人的尊严感,并没有浅陋粗鲁、愚蠢至极的嘴脸化形象。其潜台词是——瓦尔特的敌人不是无能之辈。这些极富真实感的人物交织成的复杂情节,既有戏剧性又富有历史真实感,成为影片能够经久不衰、广泛引发人们共鸣的主要原因,启迪了20世纪七八十年代相交处于思想解放中的人们。正因如此,这部影片才得到如此大的反响,成为20世纪80年代思想解放潮流中的一部分。

《瓦尔特》在华传播现象跟当时中国的政治气候和文化背景密切相关。作为20世纪70年代末以来最早的"引起轰动效应的外国片",《瓦尔特》是在中国与南斯拉夫建立友好外交关系的基础上实现公映的。1955年1月2日,中国和南斯拉夫正式建交。然而自建交后,两国关系的发展一波三折。在很长一段时间内,中南关系的变化受制于中苏关系的变化及中国共产党对于社会主义的认知。[1]直到20世纪60年代末,中南关系开始缓和,1970年双方互派大使,从而关系回归正轨。1973年《瓦尔特》以及《桥》被引入中国,由北京电影制片厂对其进行译制,翻译配音工作完成之后,并没有马上公映。究其原因,是因为在这一历史时期,中南两国在意识形态等方面仍旧有分歧,"外交关系的重建并不意味着两国在各个方面已经达成共识"[2]。20世纪70年代初中国外交所发生的一系列事件客观上促进了南斯拉夫积极推动与中国的关系发展,两国关系不断升温,外交人员互相访问的频率不断增加,会谈和访问的规格不断升级,最终在1977年和1978年实现

---

[1] 项佐涛,向康祺.中南关系正常化的过程:基于南斯拉夫解密档案的分析[J].国际政治研究,2021,42(2):118-133,8.

[2] 路卡.别样的视角:《瓦尔特保卫萨拉热窝》与《桥》在中国的接受研究[J].文艺理论与批评,2019(2):98-111.

领导人互访。1977年8月30日—9月8日，南斯拉夫总统铁托应邀访华，为配合铁托访华，中影公司通知全国各地1977年8月20日起南斯拉夫彩色故事片《瓦尔特保卫萨拉热窝》在中国公映。①铁托访华取得了巨大的成功和历史性影响。

二、中国观众的"瓦尔特"情结与集体记忆的形成

《瓦尔特》1977年上映后引起巨大轰动，当时中国观众对于这部影片的空前热情是有据可查的，"各大影院的门前排起了长龙，电影票空前紧张""空气在颤抖，仿佛天空在燃烧""是啊，暴风雨就要来了""看，这座城市，它，就是瓦尔特！"——电影里的经典台词在20世纪七八十年代的中国广泛传诵，该电影成为很多中国人关于这一历史时段的重要文化记忆。甚至在电影在中国首映40年之后，仍有许多喜爱者，成为人们集体记忆中的经典之作。从近年来的一些文章依然可以看出中国观众对于《瓦尔特》的热情和喜爱：

> 南斯拉夫影片《瓦尔特保卫萨拉热窝》，当年我看了28遍，其实比我看的次数更多的还大有人在，这是当今的年轻人很难想象的。可那些年里，又有多少人不是这样呢？神出鬼没、机智勇敢的游击队长瓦尔特在这部电影风靡了全国以后，成了亿万观众心目中的超级英雄。至今，我还记得这部电影里的经典台词："空气在颤抖，仿佛天空在燃烧。"②

如果在身边做个小调查的话，可能会得到这样的结果：一些年轻朋友不知道这是座城市；历史课不错的同学会想到一战导火索；年龄稍长的则对萨拉热窝围城印象尤深；父母辈则会激动地聊起一部上世纪的电

---

① 陈播.中国电影编年纪事发行放映卷：上［M］.北京：中央文献出版社，2005：75.
② 陈慰.我为译制片狂［J］.文史博览，2017（12）：58-59.

"一带一路"语境下南斯拉夫电影《瓦尔特保卫萨拉热窝》在华传播的启示

影《瓦尔特保卫萨拉热窝》,对剧中人物如数家珍。"非常怀念曾经中国最铁的哥们,南斯拉夫。"一位长辈对我说。①

从上面的描述中可以看出,时至今日,中国人民对萨拉热窝仍然饱含感情,认为这是一座"英雄的城市"。萨拉热窝城市与英雄瓦尔特的名字联系在一起,如果没有瓦尔特,萨拉热窝便只是一个充满神秘和陌生感的名称,对于中国人民来说不会产生任何温度。甚至于,到萨拉热窝旅行的中国人大抵都抱着寻找瓦尔特的初心。②

在20世纪七八十年代的中国,电影主人公"瓦尔特"几乎是中国观众家喻户晓的名字。瓦尔特的原型是二战期间萨拉热窝游击队的队长。在1945年4月6日萨拉热窝解放的当天,瓦尔特在保卫烟草厂的战斗中被手榴弹击中,牺牲在胜利前的最后一刻。从此,瓦尔特被誉为萨拉热窝的灵魂。③电影《瓦尔特》将真实历史人物与银幕形象交缠在一起,缔造了巴尔干英雄传说。对中国观众来说,瓦尔特未曾牺牲过,他如同传奇,穿越了萨拉热窝,成为巴尔干英雄和70年代末80年代初的社会文化符号。有中国厂商甚至用"瓦尔特"作为啤酒商标,足见这一角色的深入人心。中国人民的"瓦尔特"情结由此而来。

瓦尔特的扮演者韦利米尔·巴塔·日沃伊诺维奇号称"南斯拉夫银幕上的虎将",他不仅是南斯拉夫的国宝级演员,也深受中国人民的喜爱,在两国文化交往中起到了重要的推动作用。1979年11月26日—12月10日巴塔率领电影代表团参加中国举行的"南斯拉夫电影周"活动,并先后到北京、上海、杭州、广州等地参观访问,受到中国广大观众的热烈欢迎,还出现了被疯狂影迷围追堵截、群众高喊"瓦尔特"的热烈场面。④巴塔先后十多次访

---

① 谷立恒.萨拉热窝:巴尔干的"绳结"[J].看世界,2020(12):66-70.
② 卢桢.瓦尔特到底是谁?[J].世界文化,2019(6):44-47.
③ 卢桢.瓦尔特到底是谁?[J].世界文化,2019(6):44-47.
④ 高立志.访"瓦尔特":再寄边陲的"影迷"朋友[J].电影评介,1980(1):24-25.

问中国，他说："那儿有个大家庭在等着我呢！"他也曾在采访中说："我很喜欢中国，中国有个城市叫作保定，而我是保定市的荣誉市民。如果可能的话，我还想入中国国籍。"① 1999年中国驻南联盟大使馆被北约轰炸，巴塔以塞尔维亚社会党副主席的身份到医院看望中国伤员，强烈谴责了北约的暴行。2016年2月第38届塞尔维亚国际旅游展开幕时，巴塔为旅游局特别录制了一段时长30秒的中文视频，欢迎中国旅游者到塞尔维亚旅游，这是巴塔最后一次参加拍摄活动。2016年5月22日，巴塔先生去世，享年83岁。《北京青年报》用整版篇幅报道巴塔的生平，文章称：

> 巴塔是中国和塞尔维亚两国文化交流的桥梁，瓦尔特作为一种文化形象，他们都把我们指向同一种回忆，同一种向往。那也许是一种不朽的为了家园而不惜牺牲的战斗精神，一种纯粹的不可动摇的爱国主义。如今，巴塔尽管离开了我们，但"瓦尔特"作为一种精神，将继续陪伴我们，激励我们。②

2016年，巴塔去世一个月后，习近平主席出访塞尔维亚，在欢迎晚宴上他握着巴塔的遗孀劳拉的手说："我和中国人民都很怀念巴塔先生！"习近平主席的话让劳拉倍感亲切和安慰。③习近平主席在塞尔维亚媒体发表署名文章中写道："我们不会忘记，《瓦尔特保卫萨拉热窝》《桥》等著名影片曾经激发无数中国人的爱国热情，《啊，朋友再见》这首歌曲至今仍然在中国传唱。"

可以说，《瓦尔特保卫萨拉热窝》这部电影在改革开放之初的中国所引发的轰动效应以及影响一代人的集体记忆，成为成功的中外文化交流经典案例，它加深了中国人民对巴尔干地区的文化认可和民族感情，作为中塞两国

---

① 彭裕超.巴塔走了，瓦尔特永存［N］.北京青年报，2016-05-25.
② 彭裕超.巴塔走了，瓦尔特永存［N］.北京青年报，2016-05-25.
③ 沈健."瓦尔特"走了，他的事业还在继续［J］.世界知识，2019(18): 75.

"一带一路"语境下南斯拉夫电影《瓦尔特保卫萨拉热窝》在华传播的启示

人民共享的文化符号，使得中塞普通民众的情感得以连接，影响着曾经中南两国和如今中塞两国之间的友好合作伙伴关系。

三、"一带一路"语境下实现民心相通

塞尔维亚是中国"一带一路"倡议重要合作伙伴，中国和塞尔维亚在争取各自民族独立和实现国家发展的历程中，结下跨越时空的深厚友谊，具有全面战略伙伴关系。近年来，中国和塞尔维亚在"一带一路"倡议以及中国-中东欧国家合作框架下取得的合作成果颇丰。塞尔维亚总统武契奇说："对两国合作取得的成绩和成就，我感到很自豪，在塞尔维亚，无论走到哪里，都能看到中国企业承建的桥梁、隧道、高速公路、公路和铁路。"[1]

2020年新冠肺炎疫情暴发以来，中国与塞尔维亚守望相助，真正诠释了什么是"患难之交""铁杆兄弟"。中国是第一时间向塞尔维亚进行医疗救援的国家。2020年3月15日塞尔维亚总统武契奇在宣布国家进入紧急状态的记者会上愁容满面，激动地说："团结的欧洲不存在，我们唯一的希望就是中国。"[2]中国网友在看到武契奇的求援视频后，纷纷表达了对塞尔维亚支持的声音，并表达了赴塞尔维亚旅游、购买商品还有捐款的意愿。3月19日晚，中央电视台电影频道还放映了《瓦尔特》，激起中国民众对于中国与南斯拉夫友谊的回忆，塞尔维亚30多家媒体也对此事进行了报道。此后央视电影频道又多次重播该片。电影《瓦尔特》在央视的重映，有效激活了媒介记忆，并将其转化为当下民众的集体记忆，重新凝集了民族感情。3月21日中国抗疫医疗专家组抵达塞尔维亚，武契奇总统带领塞尔维亚国防、财经、卫生等部门部长亲自到机场欢迎。在跟中国医疗队成员一一碰肘表示

---

[1] 石中玉.中塞是患难与共的真正朋友：访塞尔维亚总统武契奇［EB/OL］.（2021-02-10）.https://baijiahao.baidu.com/s?id=1691296416263062560&wfr=spider&for=pc.

[2] 塞尔维亚总统：欧洲团结是不存在的，唯一的希望是中国［EB/OL］.（2020-03-16）.https://www.guancha.cn/internation/2020_03_16_541995.shtml.

欢迎之后，他捧起五星红旗深情一吻，以示对中国帮助的谢意。这一幕在中塞两国的互联网上瞬间刷屏，成千上万人为之激动不已。[1]此后塞尔维亚驻中国大使馆及武契奇总统开通中国社交媒体账号，并经常跟中国网友进行互动。武契奇发帖说：

我们为我们的友谊感到骄傲，我们将永远不会忘记中国朋友的帮助。[2]

中国网友则纷纷留言：

南斯拉夫，那是我曾经为之流泪的兄弟国家，当时我才十几岁。（网友：利子丹AJ）

塞尔维亚是我唯一关注的一个国家大使馆微博！（网友：猪宝4977）

因为一部电影认识你们，因为一件事情记住你们，因为有一位爱人民的总统喜欢上你们，支持你们！（网友：我不是追星族r2SU4）[3]

从上述留言中能够看出电影《瓦尔特》带给中国网友的文化记忆和情感连接，构成了中塞友谊的巨大民意基础。作家王跃文在读一封"抗疫家书"后写道：

……（《瓦尔特》）那是我儿时看过的电影，至今还是我最热爱的电影之一。神秘英勇的瓦尔特，钟表匠谢德和他的女儿阿兹拉，医生米斯科维奇，警察斯特里，照相馆老板吉斯。他们都是那座城市的普通人，

---

[1] 赵嘉政.万里驰援 风雨同心：中国携手塞尔维亚共同抗疫［N］.光明日报，2020-03-24（12）.

[2] 陆雨聆.塞尔维亚总统发推：我们永远不会忘记中国朋友的帮助［EB/OL］.（2020-03-18）.https://www.guancha.cn/politics/2020_03_18_542292.shtml.

[3] 选自观察者网《塞尔维亚总统发推：我们永远不会忘记中国朋友的帮助》的网友评价.

"一带一路"语境下南斯拉夫电影《瓦尔特保卫萨拉热窝》在华传播的启示

做着普通的工作,过着普通人的生活,有着普通人的欢乐和忧伤。但是当德国法西斯的铁蹄践踏这座城市的时候,这些普通人都悄悄拿起了武器去战斗。他们成为萨拉热窝的英雄,萨拉热窝也因他们而成为英雄的城市。这次抗击新冠病毒战争中,冲在一线的医护人员都是英雄。他们平时不都是你我身边的普通人吗?……我读这封家书之所以会想起《瓦尔特保卫萨拉热窝》,是因为抗疫英雄们亲人间的互相守望,同那部电影的某些人物关系相似。钟表匠谢德忧心忡忡,并不希望女儿阿兹拉参加地下抵抗组织,却并不去阻止;而勇敢倔强的阿兹拉并不知道她父亲就是老游击队员,落地钟的箱子里暗藏着杀敌的左轮手枪。抗疫英雄的父母、儿女,都为自己上前线的亲人深深担忧,却都理解支持亲人们走向生死搏斗的前线。……英雄主义和民族大义,一直深深扎根于华夏大地,这是我们民族生生不息、百折不挠的力量。[①]

可见来自"遥远的"巴尔干地区瓦尔特的故事历久弥新,作为集体文化记忆,《瓦尔特》塑造的人民英雄形象至今仍然感召着中国人民。

2013年,习近平主席面对新时期世界大发展、大调整、大变革的诸多问题与挑战,提出"丝绸之路经济带"和"21世纪海上丝绸之路"倡议,其核心是促进国家基础设施建设的互联互通,传承弘扬丝绸之路友好合作精神与协调发展。共建"一带一路"倡议提出的"五通",其中"民心相通"被确立为"一带一路"建设的社会根基。"民心相通"的概念要素蕴含着中国哲学的丰富内涵:"民"——人的"去政治化","心"——至善、天理与良知;"相"——主体间性和以"心"为媒,"通"——我心与他心的同情共感和相知相融。[②] 民心相通为"一带一路"建设铺就了民意与社会基础的理论框架,而各国文化艺术交流与互通正是促进民心相通的重要桥梁。其中电影是各国文化艺术交流最

[①] 王跃文.彰显普通人的高贵与伟大:读《你信大爱我信你——潇湘家书·抗疫篇》[N].光明日报,2020-04-01(14).

[②] 张勇锋.民心相通析论[J].现代传播(中国传媒大学学报),2021,43(9):44-48.

受欢迎的形式和载体。电影《瓦尔特》在华传播，促进了中塞两国"去政治化"的民心相通，实现了不同文化民族的同情共感，成为中塞两国进行"一带一路"合作的重要社会基础。《瓦尔特》现象尽管是在中外文化艺术交流还并不十分丰富的特殊历史时期跨文化传播的案例，但也绝非难以复制，其经验仍然启示着我们思考新时代中外电影文化传播的使命与实践。

（作者赵艳明、张洁茹系北京市习近平新时代中国特色社会主义思想研究中心特约研究员）

文化认知与美学价值

《瓦尔特保卫萨拉热窝》的崇高美学特质及其影像修辞

李茂华

[摘要] 南斯拉夫战争电影《瓦尔特保卫萨拉热窝》上映至今余热不息，盖因全片洋溢着"崇高"的美学特质。"崇高"概念由古罗马哲学家朗吉弩斯最早提出，后经博克、康德、利奥塔等人阐发，逐渐成为与"美"相对立而又相联系的概念。《瓦尔特保卫萨拉热窝》的"崇高"美学特质表现在敌我力量悬殊赋予观众"力量感"、"英雄"群像召唤观众敬仰心、胜利结局解构观众恐惧感等方面，并通过"密针线、设悬念"等情节修辞、"引导情绪、建构沉稳厚重的影像风格"等镜头修辞来实现其美学理想。

[关键词]《瓦尔特保卫萨拉热窝》；战争电影；崇高；影像修辞

20世纪70年代末，南斯拉夫战争电影《瓦尔特保卫萨拉热窝》在中国上映，引起轰动，至今余热不息。这部影片以二战为背景，以萨拉热窝这座城市的人民与德军斗智斗勇为情节，塑造了一群英勇顽强的游击队战士形象，歌颂了这座城市里的英雄人民及其精神，全片洋溢着"崇高"的美学特质。本文试图以"崇高"理论为支点，对《瓦尔特保卫萨拉热窝》的"崇高"美学特质进行探析，以探究这部战争片引发观影热潮的原因。

一、"崇高"概念及其美学内涵

"崇高"概念是古罗马哲学家朗吉弩斯最早提出的概念。朗吉弩斯推崇古希腊艺术,认为其遵循"整一""合式"的美学原则,由此从诗学和修辞学的角度提出"崇高"这一美学概念:"所谓崇高,不论它在何处出现,总是体现于一种措辞的高妙之中,而最伟大的诗人和散文家之得以高出侪辈并获享不朽的盛誉,总是因为有这一点,而且也只是因为有这一点。崇高的语言对听众的效果不是说服,而是狂喜。"[①]在朗吉弩斯看来,"崇高"来源于五个方面:"庄严伟大的思想、强烈激动的感情、藻饰的技术、高雅的措辞、结构的堂皇卓越。"[②]朗吉弩斯"崇高"概念的内涵,更多指向由修辞而激发出的人的心理的一种强烈感受,而在此基础上,后世多位美学家和艺术理论家在试图找到"崇高"本身。博克(Edmund Burke)在《关于崇高与美的观念的哲学探讨》(*A Philosophical Enquiry into the Origin of Our Ideas of the Sublime and Beautiful*, 1757)中提出:"崇高的对象在它们的体积方面是巨大的,而伟大的东西则是凹凸不平和奔放不羁的;美必须避开直线条,然而又必须缓慢地偏离直线,而伟大的东西则在许多情况下喜欢采用直线条,而当它偏离直线时也往往作强烈的偏离;美必须不是朦胧模糊的,而伟大的东西则必须是阴暗朦胧的;美必须是轻巧而娇柔的,而伟大的东西则必须是坚实的,甚至是笨重的。……后者以痛感为基础,而前者则以快感为基础。"[③]博克对"崇高"与"美"的关系的探讨,提出了"崇高"的外显特质——体积的巨大。与"崇高"有关的特质必定与"大"有关,既有外形的"大",也有思想(或精神)的"大(伟大)"。

---

① 王确.西方文论选读[M].长春:东北师范大学出版社,2004:56.
② 王确.西方文论选读[M].长春:东北师范大学出版社,2004:57.
③ 高建平."崇高"概念的来源及其当代意义[J].浙江社会科学,2020(8):113-117,159.

德国哲学家康德于1790年在《判断力批判》中谈到了美与崇高的区别，他认为："美与崇高的区别在于：前者与对象物的有限性形式相关，而后者与一种无限性经验有关。前者依赖于对象的目的性，而后者则开始于对想象力的侵犯。"由此，他进一步区分了数学的崇高和力量的崇高："数学的崇高指对象的绝对的巨大。""力量的崇高指压倒性的力量对身处安全环境下的个体带来的压力，如电闪雷鸣、火山爆发、海啸等。但如果这些现象对人身安全构成真正的威胁，那也就不是崇高，也不能成为对象。崇高的对象要像关在笼子里的老虎那样，使人'恐而不惧'。"[①] 而后现代主义哲学家利奥塔则将现代及后现代艺术所蕴含的"创新"归结为"崇高"的表达，拓展了"崇高"的外延。

不管是朗吉弩斯、博克、康德还是利奥塔，以及其他对"崇高"概念进行探源的哲学家与艺术家，在他们对"崇高"特质进行追问的过程中，都无一例外地将"崇高"与"大""力量"等元素连接起来：大自然的壮美、超然的宏大气势、令人高山仰止般的道德品行……都会激发出人内心深处的某种强烈情绪，这种情绪的来源被归结为"崇高"。而"崇高"情绪的产生，也要借助于修辞。

二、"崇高"：《瓦尔特保卫萨拉热窝》的美学特质

战争，具有令人恐惧的特质，"恐而不惧"，则会激发"崇高"的感情。作为南斯拉夫的经典战争片，《瓦尔特保卫萨拉热窝》以惊险的情节、敢于抗争的勇气与智慧，以及悬念的铺设等，塑造并歌颂了萨拉热窝这座城市里英雄的人民，建立起一座英雄城市的形象，全片由此具有了"崇高"的美学特质。

（一）敌我力量悬殊赋予观众"力量感"

二战爆发前，南斯拉夫国内各民族势力争夺自治权，矛盾重重。1941

[①] 高建平."崇高"概念的来源及其当代意义[J].浙江社会科学，2020（8）：113-117，159.

年，德军入侵南斯拉夫并迅速占领全境，凭借具备优势的兵力成为南斯拉夫事实上的统治者，南斯拉夫国王逃往国外。在此期间，铁托领导的南斯拉夫共产党和南斯拉夫人民解放军坚持抵抗战斗，渐渐获得了民众的支持。1942年，南斯拉夫人民解放军在西波斯尼亚的比哈奇建立了南斯拉夫反法西斯人民解放委员会（AVNOJ），以"民主、保障少数民族权利、保护私有财产和各民族自立经济"为四大纲领，迅速得到南斯拉夫各民族人民的支持。1944年，苏联和同盟国军队在与德军的战斗中节节胜利，战火开始向德国纵深蔓延。《瓦尔特保卫萨拉热窝》的故事就在这样的背景下展开，故事的主人公"瓦尔特"即以南斯拉夫游击队英雄弗拉基米尔·佩里奇为原型塑造。

影片将德军放置在明处，将游击队隐藏在暗处，以德军安插间谍在游击队内部致使游击队蒙受巨大损失为前半部分主要情节，将德军装备精良的军队、力图歼灭游击队的决心以及精深的计谋一一展现在观众面前，给观众造成心理上的"力量感"。随着游击队员一个个遇害，间谍"康德尔"一步步胜利，观众不由得对游击队的命运捏一把汗。当影片最后，游击队识破了敌军的计谋，揪出了间谍和叛徒，并破坏了敌军的"劳费尔计划"，真正的"瓦尔特"浮出水面之时，正义终于战胜邪恶，人民取得了胜利，观众由此豁然开朗，并生发出对英雄的崇敬之情。

（二）"英雄"群像召唤观众敬仰心

罗兰·巴尔特在《符号学原理》中提出索绪尔语言学中的两个概念"语言结构"和"言语"，并对之进行了分析。"语言结构是语言的社会性部分。""言语本质上是一种个别性的选择行为和实现行为……由于组合作用，说话的主体可以运用语言结构的代码来表示个人思想。"[1]作为一套观念系统，电影借助符码及其组合关系进行"言说"。《瓦尔特保卫萨拉热窝》以传统的

---

[1] 巴尔特.符号学原理［M］.李幼蒸，译.北京：中国人民大学出版社，2008：5.

敌（德军）-我（游击队）二元对立模式为基本叙事模式，德军以狡黠、凶狠为特征，但游击队员却展现出性格各异的特质，构成一组"英雄"的群像。影片以德军间谍康德尔假冒游击队长瓦尔特打入游击队内部起始，康德尔的身份没有引起游击队员怀疑，由此获知了游击队内部最真实的情报，并随之对游击队员进行了逮捕、枪杀。游击队员布兰克被打死、17位游击队员牺牲、伊万受重伤，情急之下，布尔基无意中暴露了游击队的活动，参加活动的队员遭德军射杀……这组游击队员勇敢却缺乏斗争经验，尤其是布尔基，在知晓队内有间谍的情况下仍然不注意保密，导致游击队损失惨重；钟表匠谢德是一位冷静、智慧、有担当的老一辈游击队员的代表，他为了救瓦尔特不惜牺牲自己，在与敌人的枪战中牺牲；谢德的徒弟是年轻一代的代表，谢德的牺牲激发了他战斗的勇气，他继承了谢德的遗志继续战斗；皮劳特是智慧、勇敢、有战斗力的游击队员的代表，他引领队员最终铲除了间谍并破坏了德军的"劳费尔计划"。这些游击队员，是父亲、是恋人、是同事……是我们身边那一个个普通人，真实可信，触手可及，他们在明知危险的情况下，不顾个人安危，与敌人周旋战斗，令人感佩。影片最后，电影创作者借德国军官冯·迪特里希之口，说出："看，这座城市，它，就是瓦尔特！"升华了影片的主题，也召唤出观众对英雄人民的敬仰之心。

（三）胜利结局解构观众恐惧感

二战时，德军凭借强大的军事实力迅速占领了丹麦、挪威、比利时、卢森堡等国，令人生畏。《瓦尔特保卫萨拉热窝》在情节的安排上将德军置于明处，展现了其人数众多、装备精良、训练有素、狡猾凶狠的特征，随着游击队员一个个被逮捕或枪杀，观众心中充满了对敌人的恐惧和愤恨。随着皮劳特的出场，游击队开始设计展开调查，叛徒被揪出，间谍露出真面目，最后，皮劳特和队员铲除了间谍，识破了德军的"劳费尔计划"，并混进德军破坏了"劳费尔计划"。随着剧情的一步步展开，观众的心理由开始的恐惧和担忧，到中途的期盼，再到最后的豁然开朗，结局的胜利使全片达到高潮，观众恐惧感得到释放，油然升起的是对英雄的崇敬。在敌我力量悬殊之下，英雄的人民不畏强权、勇于战斗、善于战斗的品质得到很好的塑造，激起观众对他们的崇高敬仰。

三、修辞：影像的"崇高"美学建构

艺术作品崇高美学特质的形成有赖于修辞。修辞是加强言辞或文句效果的艺术手法。电影作为一门语言，有自己的修辞和技巧。"一种情景用不同的角度、不同的景别和不同的光线拍摄，就会获得不同的修辞效果。"①而实际上电影语言的修辞手法包含情节、镜头特点、蒙太奇等。

（一）情节修辞：密针线、设悬念

李渔在《闲情偶寄》中说："编戏有如缝衣，其初则以完全者剪碎，其后又以剪碎者凑成。剪碎易，凑成难，凑成之工，全在针线紧密。一节偶疏，全篇之破绽出矣。"②《瓦尔特保卫萨拉热窝》在情节的编排上特别注重细密的安排。影片起始即安排下两条线索：一是"劳费尔计划"，二是寻找瓦尔特，双线并行，交叉推进。"寻找瓦尔特"为明线，顺着这条线索，创作者在其上密密地缝上了一系列事件：康德尔假装瓦尔特打入游击队内部，由之导致多名游击队员被枪杀，整个队伍遭受重大损失。布兰克牺牲、伊万受伤、17名游击队员被捕、阿兹拉遭射杀、谢德牺牲、吉斯被怀疑，等等，一个事件紧扣一个事件，中间伴随着游击队救伤员、认领亲人尸体、调查间谍等行为，使得全片内容丰富，节奏紧凑，充满吸引力。"劳费尔计划"是暗线，作为辅助线索，"劳费尔计划"精密的设计与最终失败的情节起到了非常重要的升华主题的作用。影片以"设悬念"的方式展开"劳费尔计划"的

---

① 李恒基，杨远婴.外国电影理论文选[M].北京：生活·读书·新知三联书店，1995：101.
② 李渔，孙敏强.闲情偶寄译注[M].上海：上海古籍出版社，2019：25-26.

讲述。影片开头告知观众德军拟定了一个"劳费尔计划",但并未讲明什么是"劳费尔计划"。在"寻找瓦尔特"的过程中,影片刻意穿插了火车站的情节,但直到影片结尾才真正公布"劳费尔计划"是什么,并以皮劳特(瓦尔特)破坏了"劳费尔计划"为结局,既塑造了狡猾奸诈的德军形象,又凸显了游击队员的勇敢智慧。在双方的较量中,德军越是狡猾奸诈,越能反衬出游击队员的勇敢智慧,由此影片主题得到升华。

(二)镜头修辞:引导情绪、建构沉稳厚重的风格

尽管《瓦尔特保卫萨拉热窝》拍摄于20世纪70年代,其视听效果无法与数字时代的奇观化相比,但本片的镜头运用却很好地引导了观众的情绪,并建构了全片沉稳厚重的影像风格。影片较多采用固定镜头,以中近景为多,均衡式构图,少用大全景,视觉上具有稳定感。影调整体偏暗,以黄、蓝调为主,色彩不多,使全片显得沉稳厚重。但在部分情绪情节上,影片刻意采用了运动镜头或大全景来引导观众情绪。如认领尸体这场戏,德军让牺牲的游击队员的亲人上前认领尸体,其意在认领之时连同其亲人一起杀害。摄影师先给了德军一个镜头,展示其高高在上的权力,接下来一个大全景,交代环境和人物位置,然后对现场的群众以运动镜头从左至右缓慢交代,营造紧张的情绪氛围,接下来,再用几个人物特写表现他们想上前而又犹豫的心理斗争,接着以阿兹拉为起点拉镜头展示地上牺牲的一群游击队员,再特写阿兹拉父亲谢德饱含眼泪的双眼,然后,谢德缓慢而坚定地走上前,带动周围的群众也一步一步地走上前去认领自己亲人的尸体,德军见此状况,不由得退却,没有执行枪杀而选择了离开。这一幕,导演以超于现实时间的屏幕时间浓墨重彩地进行了描绘,不少观众被深深地感染。

时隔近50年,《瓦尔特保卫萨拉热窝》仍然被许多观众所惦记、所怀念,其影片所塑造的具有崇高精神品质的英雄人物,令人佩服。在那样一个严酷的战争年代,在敌我力量悬殊的情形下,英雄们以其智慧和勇气,取得了战争的胜利,这是多么不容易。导演以其高超的电影技巧,将崇高的精

走进影像世界

神品质影像化，使得影片自始至终洋溢着崇高的美学特质，激荡着观众的胸怀。

（作者李茂华系成都大学影视与动画学院副教授，成都大学传媒研究院研究员、北京大学艺术学院访问学者，广播影视文艺学专业博士，研究方向为广播影视文艺与文化、影视认知传播）

现实主义战争电影的美学路径探究

——以《瓦尔特保卫萨拉热窝》为例

周雨晓

[摘要] 20世纪70年代《瓦尔特保卫萨拉热窝》引进中国，一时间，瓦尔特的人物形象深入人心，更是成为那个年代人们的文化记忆。本文通过界定现实主义战争电影的含义和美学特征，从而分析《瓦尔特保卫萨拉热窝》的内容创新点，进而提出中国当代现实主义战争电影的发展路径。

[关键词] 战争片；现实主义；美学

1973年由北京电影制片厂译制的《瓦尔特保卫萨拉热窝》（简称《瓦尔特》）距离今天已经过去了将近50年的时间，可是时至今日，这部影片所刻画的人物、所传达的精神，仍然使观众久久不能忘却。战争电影曾在世界电影史上留下了浓墨重彩的一笔，如今却在商业电影盛行的今天日渐衰落，中国的电影市场中战争片所占的份额不可小觑，我们应利用现实主义与战争电影的特征，使现实主义战争电影在中国市场长远发展。

一、现实主义战争电影的概况及美学特征

（一）现实主义战争电影的界定

战争电影指在战争史上以重大军事行动为题材的影片，常见的战争电影一般分为两类，一类是以塑造战争中的突出人物为主，另一类则是以反映战争事件为主。在《电影艺术辞典》中，关于"战争电影"的解释为："以描绘一场战争为主要内容的故事片，多着重于表现人在战争中的命运，有时也对战略战术及巨大战争场面进行描绘。影片主人公通常是军事将领或英雄人物，艺术上常以战争紧张气氛的渲染和存亡攸关的巨大悬念吸引观众。"[1]

战争电影作为民族电影的重要分支，对于各个国家都有举足轻重的影响力，而不同时代背景下的电影人对战争电影有着不同的解读。以八一电影制片厂为例，20世纪50年代在毛主席"百花齐放、百家争鸣"的双百文艺方针的重要影响下，极大地提高了创作热情，制作出了一批如《狼牙山五壮士》《永不消逝的电波》《战上海》等观众耳熟能详的优秀爱国主义战争影片。在这个时期，人们对于战争电影关注点在于通过通俗易懂的语言符号和简单明了的故事结构去塑造人民群众喜闻乐见的具有乐观顽强精神、骁勇善战的英雄人物形象。1966—1976年，中国电影事业发展较慢，八一电影制片厂在这一时期内创作了6部战争电影作品，"大多数的影片都是以表现阶级斗争和路线斗争为主，着力塑造高大全的英雄人物，丑化阶级敌人。其中《红色娘子军》是八大样板戏之一，成为政治宣传的工具，影响遍及各个领域，深入人心"[2]。这个时期的电影创作者主要突出了战争电影中的政治色彩。改革开放后，随着国内电影体制的改革以及外国先进电影理论和国外优秀战争大片的引入，电影创作者们更加聚焦于观念的创新和题材的拓展，关注战争的

---

[1] 许南明, 富澜, 崔君衍. 电影艺术辞典 [M]. 北京：中国电影出版社，2005.
[2] 高慧. 八一电影制片厂战争片研究 [D]. 长沙：湖南大学，2008.

本质以及对人性的探寻,"在这一时期的创新浪潮中,八一电影制片厂共出品战争影片39部,这些作品普遍受到意大利新现实主义或法国新浪潮运动的影响,在这两种优秀电影理论的影响下,加之国内更为自由灵活的创作环境"[①],中国战争电影飞速发展。

现实主义战争电影重视刻画特殊时代背景下平凡而又真实的人物形象,相较于类型化的战争电影,现实主义战争电影的故事主题会更加复杂,根据日常生活的模式去建构影片的节奏,情节设置突出逻辑化和层次感,在主人公的塑造上会减弱人物的成长历程,更多地去描述主人公的英雄事迹以及在面对困难时的大无畏精神。现实主义战争电影的重心在于揭露战争进程中产生的深刻含义,结局更加偏向开放化,引人深思。在影片《瓦尔特》中,整部电影都在着力塑造瓦尔特英勇无畏的人物形象,而较少去刻画他的成长经历,情节设置上环环相扣,由于第二次世界大战结束前夕德国人身处弱势,所以才会去保护输油线路,敌人占上风导致游击队员被捕,瓦尔特历经艰难查出叛徒,最后顺利完成任务,每一个环节都是按逻辑展开。此外,在影片的结尾处,镜头结束在俯瞰萨拉热窝画面中,开放性的结局充满了深意。

(二)现实主义战争电影的美学特征

1.展现人性的光辉

一部优秀的现实主义战争电影,必然会从绝望的战争环境中去挖掘人性的闪光点。钟表匠这个角色的刻画,导演颇具巧思:面对自己的女儿,他是慈祥的父亲;面对热爱的工作,他是敬业的钟表匠;面对南斯拉夫的解放事业,他是不畏牺牲的勇士。他曾对女儿说道:"有的投降了敌人,有的在战斗,有的在等待,你是个姑娘,应该等待。"他明知道假的联络员让他传话给瓦尔特是一个圈套,可他没告诉瓦尔特,仍旧选择自己一个人带了一把枪去赴约。他矛盾、善良、勇敢,他对生命的价值、人生的意义都有着超乎寻

---

① 高慧.八一电影制片厂战争片研究[D].长沙:湖南大学,2008.

常的理解，钟表匠这一形象深刻揭示了人性的光辉。

2. 刻画现实的场面

现实主义战争电影，顾名思义要遵循"刻画现实"的前提条件，注重对特殊时代背景下的真实性和观众生活的现实性的描绘。《瓦尔特》极力还原了二战时期萨拉热窝的社会环境，无论是事件本身抑或是主人公瓦尔特，都是有原型可考的。在故事内容的设置和编排上，南斯拉夫在当时受到了苏联电影的影响，影片的各个片段中均可以看到当时社会的发展情况，观众可以从瓦尔特等人的日常生活中去观察他们"不日常"的生活。

3. 弘扬社会的正能量

现实主义战争电影对于社会最大的影响力便在于可以通过对战争事件的回顾，使人们铭记历史，习近平总书记在2014年10月15日文艺工作座谈会上曾经说道："文艺深深融入人民生活，事业和生活、顺境和逆境、梦想和期望、爱和恨、存在和死亡，人类生活的一切方面，都可以在文艺作品中找到启迪。"[1]战争电影作为文艺作品的一个代表，影片中传达的深刻价值对于弘扬社会正能量的作用不言而喻。

二、以"现实主义战争电影"的美学特征分析《瓦尔特》的具体呈现

《瓦尔特》的故事发生在萨拉热窝，这是欧洲中部的一座偏远城市，也是南斯拉夫的一座英雄城市。全片情节曲折，通过巧妙的谍中谍、计中计来不断地反转，是一部利用丰富的悬念抓住观众内心的现实主义战争片。其实对于中国观众来说，表现革命时期的战争影片在中国电影史上不胜枚举，不过这部影片却利用独特的故事构成和饱满的人物形象，深深地打动了中国观众。

---

[1] 习近平：在文艺工作座谈会上的讲话［EB/OL］.（2015-10-14）. http://www.xinhuanet.com/politics/2015-10/14/c_1116825558.htm.

在故事内容的设置上，利用大量的篇幅详细交代了时代背景以及当时的政治、经济、文化、军事等情况，内容详尽、各色人物众多。影片一开头便极力刻画了一个双方对峙的阵营，一方是指挥官、战士等象征着权力与力量，另一方则是由游击队员和普通百姓构成，象征着自由与反抗。影片中有一个典型的阐释性情节：几十名游击队员夜晚袭击德国军队的卡车，遭到了伏击，大多数人牺牲了。第二天，德国军队企图打死前来认领尸体的人，进一步威慑民众。这个片段的第一个画面是双方对峙的场面，气氛紧张，紧接着下一个画面特写了躺在血泊中的钟表匠女儿的脸部，平静的脸庞、长长的睫毛动也不动，让人感到怜惜与心疼，镜头接着又转向双方对峙的场面，气氛更加焦灼，随着钟表匠、瓦尔特等人走出来认领尸体，气氛由紧张转为悲痛，所有在场的人都明白，"认领尸体"是敌人的阴谋，谁出头必杀之。失去唯一支柱的钟表匠悲痛万分，在与同志没有任何沟通的情况下，义无反顾地挺身走出，这个举动既表达出了对世界生无可恋的态度，更是表达了对敌人的蔑视，瓦尔特等众人也毅然决然地一块走向敌人的枪口，成百上千的群众默默地坚定地走向牺牲者的尸体，德军退却了。这一部分的情节设置，使影片进一步到达高潮，深刻地传达出了以钟表匠等为代表的普通人抗敌的态度，更好地表现出影片中所刻画的团结、勇敢、无畏等人物精神。更重要的是，这个群众场面表明英雄就在普通人中，英雄也是普通人，英雄来自人民，人民就是英雄，"瓦尔特"从不只是一个人，他更是一个群体，是一个民族，是一个城市，瓦尔特是英雄的人民的一个缩影。

《瓦尔特》这部影片中的人物形象塑造在改革开放前夕的中国现实主义战争电影中，颇具借鉴意义。不同于脸谱化的国内战争题材的影片，在好人和坏人的分辨上，单靠面相已经不管用了，"坏人"不一定贼眉鼠眼，"好人"也可以诙谐、出现失误，电影在这一时刻才真正实现了它的初衷：回到故事本身。影片的主人公瓦尔特是一位足智多谋、骁勇善战的游击队领导，他在面对各种危险时几乎无所不能，不论是单枪匹马地与敌人打斗，还是深入敌人后方劫持火车，他是整部影片的关键性存在。影片中除了瓦尔特，还有无数生动鲜明的正面小人物,如钟表匠和他的女儿、照相馆老板、铁路护路工、医生,等等,这些人为了消灭德国军队,不顾个人安危,不怕牺牲,义无反顾投身于抗战事业。在这些人物中,形象刻画得最为成功的就是钟表匠,这个人物真实得就像是我们身边的某位老人,他既是表面沉稳内心炽热的游击队员,也是一个平凡的老父亲。"南斯拉夫战争电影同样注重人物群像的刻画、紧张激烈的情绪节奏和逼真宏大的战斗场景呈现。在这些影片中,凸显的都不是一个核心人物,而是一组性格具有差异性的人物群像,注重领导者与基层战士、老兵与新兵、女性与男性群体的配比。"① 众多的角色登场,并没有使整部影片杂乱无章,相反却呈现出了一个真实的战争年代。

三、中国当代现实主义战争电影的启示

(一)关注战争中的小人物

《瓦尔特》中令人印象最深刻的除了主人公瓦尔特以外,必然是钟表匠,在影片中钟表匠为了保护瓦尔特,决定牺牲自己亲自赶到接头地点清真寺,当他与假联络员拔枪对射,英勇就义中弹倒地、群鸽纷飞的画面,让人动容。《高山下的花环》也是国产电影中深刻反映这一主题的典型例子,《高山下的花环》以20世纪七八十年代对越自卫反击战为背景,展现了对越自卫反击战中战士们艰苦奋战,一心保卫国家和人民的高尚品质。电影重点刻画了最平凡的战士和老百姓,表现出了他们崇高而伟大的心灵。靳开来、梁大娘、金小柱等都是普普通通的小人物,尽管他们生活并不富裕,但是一直将国家放在第一位,为了国家义无反顾地奉献自己的一切。编剧大胆地表现了特定社会环境中部队生活的复杂性乃至阴暗面。赵蒙生在战争号角吹响前的种种行为就是最好的例子。这种对复杂性与阴暗面的揭露一方面使得人物更

---

① 王国威.现实主义战争电影表现方式之比较:以前南斯拉夫战争电影与中国"十七年"战争电影为例[J].电影评介,2013(Z1):95-96.

加丰满，内容更加丰富，另一方面也反衬出梁家人和雷军长的崇高品质。在战争影片中，高大的英雄人物确是关键所在，但没有小人物的配合与牺牲，也不可能取得最后的胜利。

（二）善用商业化的运作机制

近年来，在国内外资本市场的推动下，国内每年不乏上映几部战争场面宏大的电影作品，如《长津湖》《八佰》《红海行动》等，在资本的加持下，电影创作团队的整体制作水平都得到了比较大的飞跃，并在题材选择和影像风格上也呈现出多元化的特征。在《长津湖》中长津湖一战实景微缩沙盘，是团队成员历时5个月的作品，为了力求达到完美的效果，将浩荡磅礴的战争场景体现出来，他们不仅从制作风格上有所改变，也从微小的细节上将陈旧、残破、萧瑟的战争痕迹做出来；为了拍摄《八佰》，制作团队在苏州阳澄湖旁一块200亩地上1∶1进行实景搭建，耗时良久，只为深度还原历史场景；《红海行动》中为了还原动用军舰撤侨这一历史细节，军舰第一次真实参与拍摄电影，其次影片中还将我国海军最神秘的四栖特种作战部队"蛟龙突击队"呈现在观众眼前，观众可通过电影认知本国强大的军事作战能力。

资本的介入对于现实主义战争电影来说最大的优势便在于可以真实还原许多历史场景，利用更精尖的技术实现更加逼真的效果，不过战争电影与商业化的结合，必须注重内容价值和思想价值的传达，若一味追求感官的刺激，而遗忘了现实主义战争电影的内涵，也就将战争电影等同于商业片了。

（三）用影像还原历史本身

阿诺德·汤因比曾经说过，"我们生活在一条思想的河流当中，我们在不断地记忆着过去，同时又怀着希望或恐惧的心情展望未来"[1]。现实主义战争影片满足观众窥探过去的好奇心，同时，战争电影还可以展示战争的残暴

---

[1] 汤因比.历史研究［M］.刘北成，郭小凌，译.上海：上海人民出版社，2002：1.

性、极端性，强有力地将观众带入战争中，深刻地揭示人性丑恶与光辉截然不同的两面。比较可惜的是，当代中国的现实主义战争电影在对历史故事的讲述上虽有发展可还是缺乏直面的勇气，在很多战争电影中观点不够明确，叙事整体杂乱，感染性不强的问题依旧存在，《南京！南京！》刻画了太多的角色，且每一角色都有自己单独的一条故事线，几条线索穿插跳跃，反而导致观众观影时感觉故事内容错杂，太多的故事线索也不利于人物形象的塑造，感染力大大降低。

结　语

《瓦尔特》不仅在20世纪70年代给中国观众留下了独特的回忆，几十年后的今天，对于解读现实主义电影的特点、路径等仍有着重要的参考价值和意义。现实主义战争电影作为民族电影的重要分支，无论何时都是各个国家重要的电影类型之一，身处21世纪的电影创作者们，不能再仅仅满足于那种英雄主义的感召和冲动，沉迷于特效带来的感官刺激，在涉及战争历史背景的电影创作中，必须时刻怀有对历史的敬畏之心。过去不等于遗忘，现实主义战争电影正好使受众拥有了重新认识已流逝的时代的机会，这是历史赐予的礼物，因此，理应用这类优质电影来带领观众走进更多被遗忘的空白。

（作者周雨晓系成都大学影视与动画学院硕士研究生）

音乐的活力与情绪

——浅析电影《瓦尔特保卫萨拉热窝》中音乐蒙太奇的应用

徐绍轩

[摘要]蒙太奇的表现手法和思维方式不仅仅体现在画面和镜头组接，在影视音乐中同样存在。音乐蒙太奇在影视作品中发挥着构建叙事线索，辅助人物情感抒发，强化特定场景表意功能的作用。本文以南斯拉夫电影《瓦尔特保卫萨拉热窝》中的音乐呈现为例进行了阐释。

[关键词]音乐蒙太奇；叙事线索；情感抒发；表意强化

在世界电影史上，当聚焦到二战题材电影时，南斯拉夫电影的独特景观跃然眼前。伴随着一系列鲜活生动、震撼心灵的英雄形象出现的，还有在战争残酷背景中充满坚定革命激情、顽强抗争精神和积极生活力量的电影音乐。电影《桥》中，"啊朋友，再见"的歌声和长笛小号欢快轻松的奏鸣曲，让几个游击队员"从容地完成一个九死一生的任务"[①]的情节催人泪下，充满别样的悲伤；电影《瓦尔特保卫萨拉热窝》中，主题音乐的磅礴气势和雄浑旋律经数十年魅力不减，总能激荡起人们积极向上的活力和顽强振奋的

---

① 王咏琴，谈列兵.南斯拉夫电影的魅力[J].电影通讯，1999（8）：60.

情绪。

法国电影理论家莫里斯·梅洛-庞蒂说:"电影的声音不是对白和音响的总和,而同样也是一种形式。电影中既有画面的节奏,也有声音的节奏。电影中存在着音响和其他声音的蒙太奇。"①用这样的视角分析《瓦尔特保卫萨拉热窝》中的音乐,不难看出,不论是主题曲及其变奏还是主旋律及其元素拆分使用,在配合剧情推进和人物呈现的过程中,均展示出音乐自身的蒙太奇特征。而从音乐蒙太奇在电影中实现的功能上看,主要有叙事、抒情和表意三种功能。

首先是贯穿始终的叙事性线索。

从19世纪30年代声音进入电影开始,同期声、音响、音效和音乐就参与到影片叙事中,辅助或推进情节演进。很多电影的音乐原声自成一体,看过电影的观众可以只听音乐就还原剧情;更有一些影片,特别是一些纪录片,还有"音乐先行"的做法。

在《瓦尔特保卫萨拉热窝》中,音乐成为叙事线索是靠主题音乐的变奏、拆分、组合等多种方式来实现的。记录音乐在影片中出现的时间点,连缀起来就是一个"谋划、试探、博弈、追逐、跟踪和战斗"的完整故事。这首曲子在全影片中真的是"随处可见",开头、结尾乃至大部分剧情的高潮部分都能找到它的身影。清脆的铃声,深厚沉重的管弦乐,可以毫无违和感地在故事的任何一个地方出现。当它出现时,人们就会不由自主地想着"又有什么故事要发生了呢?"抑或是"这段故事就要这么完结了吗?"无论哪种,都很好地对氛围进行了烘托,并为观者带来了更多的遐想。

影片开始,伴随着战车的行进,浑厚的铜管乐缓缓出现,此时进行曲式的音乐拓展了镜头的厚度和层次,让战车的行进更加立体化,也让我们更能体会到战车队行进时带来的压迫感,整部影片的基调由此奠定,"山雨欲来风满楼"的紧张感也扑面而来。随着战车的远去,铜管乐器渐渐弱下来,当

---

① 梅洛-庞蒂.电影与新心理学[M].方尔平,译.北京:商务印书馆,2019:18.

战车消失，曲子也停止了，人物登场，故事正式开始。影片进行到18分钟时，养路工人没有给出正确的暗号，皮劳特与苏里决定去一探究竟，此时突然出现了阵阵提琴的揉弦声，气氛开始诡异起来，让观众不由得猜测：在看似如同往常一般的车站背后，究竟有什么暗流在涌动？影片的34分半到36分，主要展现发生在医院的一个场景，伴随着救援的进行，背景不断响起"嘀嘀嘀"的声音，短促而有力的笛声如同拨片一般，触动着我们的心弦，让我们也不由得紧张起来。紧跟着这"嘀嘀嘀"的音效声，上演了用灯光明灭当作暗号的好戏。影片48分钟左右，皮劳特和吉斯所在的杂货铺被德军搜查，皮劳特随身携带的手枪和吉斯藏在管道中的冲锋枪被翻出来，两人被德军押走，此时的氛围已经极其紧张，但出现的背景音乐却是轻快的进行曲，如此紧张的氛围怎么会出现这么欢快的背景音乐？下一秒吉斯和皮劳特展开了戏剧性的逃脱——原来抓人的德军士兵是游击队的人，此处的音乐虽然破坏了原有的紧张氛围，不过它为之后"假德军士兵"的出现做出了铺垫，使得观众更好地去接受这个情节上的突然转折。

可以试想，如果只是听《瓦尔特保卫萨拉热窝》的音轨，仅凭主题曲的变奏，我们也可以脑补出来生动形象的画面，完成故事的想象。

其次是主要人物的情感性抒发。

音乐一直被认为是最能表现人类丰富情感的艺术，我们所能够体验到的一切深浅程度不同的情感都可以经由音乐表达。在影视作品中，伴随着不同人物角色的，也是不同情感色彩的音乐。并且，音乐不仅仅表达人物的基本情感，还可以实现情感的升华和深化。

在《瓦尔特保卫萨拉热窝》中，群众在广场认领亲人遗体的场景是非常重要的一个场景。德军要求萨拉热窝人去认领被害者的遗体，按照观众的一般性认知，这样的场面总是伴随着悲伤的乐曲，而事实并非如此，片子在使用主题曲变奏时，选取了"沉稳而神圣"的情感基调，将原本属于生命个体的"失去亲人的悲伤"转换为"为革命事业献出生命的伟大情感"。10分钟后，也就是影片进行到67分钟时，钟表匠决定以"瓦尔特"的身份去替真正的瓦尔特，这一定是一次"送死"的选择，此时的背景音乐中，铜匠铺传出的轻微的打击声既是钟表匠心理活动的表露，也是人物内心意志逐步坚定的过程。当真正的瓦尔特逃出包围圈时，打击声哗然大作，德军完全无法判断瓦尔特的去向，让瓦尔特取得了一线生机。影片临近结尾，吉斯知道了他的偶像"瓦尔特"的真实身份，音乐应和着吉斯从困惑到欣喜的心情，在风铃的清脆敲击声中逐渐明亮起来，亦如吉斯的心情，温暖、明亮而激动。

再次是特定场景的表意性强化和推进。

"蒙太奇"来源于法语中的建筑学术语，指"装配、组接"，在影视领域中使用这个词，不仅仅是因为19世纪40年代的"蒙太奇学派"，更因为其代表的思维方式已经成为影视剪辑或者说是视听语言的主要语法结构和思维方式。在影视作品中，音乐蒙太奇作用的发挥总是要和具体场景、镜头和画面结合在一起，渲染、烘托、强化或者推进特定场景的表意性，不论是在特定时空中奠定影片情感基调，还是调控影片叙事节奏，甚至是直接进入叙事空间，都是必不可少的元素，音乐的"装配、组接"都是极具意味的。

对比《瓦尔特保卫萨拉热窝》开场和结尾音乐，两个场景的相似度很高，还有一个共同的主角：德国军官冯·迪特里希。开场时主题曲营造出的压迫紧张和坚定感与他的心境和他所处的时空幻境是非常契合的，音乐让特定的场景有了更多的意味和想象空间。结尾时，作为"战败者"，冯·迪特里希将带着盖世太保动身前往柏林，20个师团的"损失"，想必他不会有什么好下场。这时响起了若隐若现的钟声，"丧钟，为谁而鸣"？仿佛是知道，或者在预示他们的命运。此时，冯·迪特里希突然慨叹自己知道了"瓦尔特"的真面目，伴随着他和盖世太保的对话，主题曲逐渐"冒"出头来，先是如同铃铛般清脆，随后便加入了管乐的和弦演奏，就像是在展示冯·迪特里希的思考过程一般：先是灵光一闪，随后便是头脑风暴，将所有线索联系到一起，最终得出了自己的答案，也就是影片最经典，最广为传颂的一段对话：

冯·迪特里希："我一到萨拉热窝就开始寻找瓦尔特，当我要走时才知道瓦尔特是谁。"

盖世太保："是谁？请说出他的名字。"

冯·迪特里希："看，这座城市，它，就是瓦尔特！"

随着镜头摇向城市萨拉热窝，主题曲推向全片的高潮，伴随着熟悉的音乐，"瓦尔特"的"真身"也就是那座萨拉热窝城从画面底部"升起"，仿佛日出的太阳。此时此刻的观众，视线中是一座城，心中升腾起的，却是"崇高的、不屈不挠的民族之魂"[①]。

《瓦尔特保卫萨拉热窝》在中国公映是1977年，"瓦尔特"抗击侵略、保卫祖国的反法西斯战斗英雄的形象，成为那一代中国观众的共同记忆，激发了无数中国人的爱国热情。

"空气在颤抖，仿佛天空在燃烧。"

即便是在放映将近半个世纪后，再来观看影片，再次聆听音乐，一种源自生命深处的活力，对家国无限热爱，对侵略者顽强抵抗的英雄之气依然浩荡心田，鼓舞当下，振奋未来。

（作者徐绍轩系中国传媒大学摄影专业学生）

[①] 斯坦科维奇.永远的"瓦尔特"：巴塔传[M].彭裕超，译.北京：人民出版社，2017：6.

口述史纪录片的记录手段以及传播特性优势比较

——以纪录片《寻找瓦尔特》为例

田 聪

[摘要]1977年8月南斯拉夫电影《瓦尔特保卫萨拉热窝》在中国上映，远在欧洲的游击队保卫家园的故事一经上映立刻引起轰动，重映不计其数，为中国观众津津乐道数十年。到了2021年，纪录片《寻找瓦尔特》寻访了这横跨40余年的电影情缘。不同于传统纪录片，影片全片没有利用解说词来帮助叙事，而采集了大量的中塞两国不同身份、不同年龄段国民对这部电影的共同记忆，尝试了用个体记忆构建集体记忆来完成影片的主旨表达。本文通过梳理几十年间不同影像形式对这段历史的叙事方式，以探究口述历史的影像表达传播优势。

[关键词]口述史；瓦尔特；传播特性

在当下，口述历史借助影像之力，正在成为重要的历史记录传播手段。不同于传统历史偏重的文献研究方法，在以口述历史影像为主要手段的口述史纪录片里，普通人作为见证者参与完成这段历史记录。

一、个体记忆具备独特的历史价值

在漫长的封建社会,历史只由少数人书写。他们身居庙堂,有着明确的立场。对于传统的历史资料来讲,角度缺乏、素材缺失也是此类记录的缺陷。

在我国,口述历史也源远流长。马克思唯物史观认为,人民群众是历史的创造者。而口述历史正是搜集和使用口头史料来研究历史的方法。[①]采集的范围可以来自田野乡间。从《诗经》中我们可以看到更为丰富的内容,"劳动与爱情、战争与徭役、压迫与反抗、风俗与婚姻、祭祖与宴会,甚至天象、地貌、动物、植物等方方面面",这些内容通过口耳世代相传,而后才经过文字整理。

相比传统历史的叙述,口述史调查的样本更多,且信源的信息量维度更多,更为丰富详尽。这些来源各异的信息不是价值立场确定且角度单一的,却都存在于共同的社会语境当中。20 世纪 20 年代,莫里斯·哈布瓦赫提出了"集体记忆"这个概念,并下了定义:"集体记忆不是一个既定的概念,而是一个由社会所建构的概念。存在着一个所谓的集体记忆和记忆的社会框架,从而,我们的个体思想将自身置于这些框架内,并汇入到能够进行回忆的记忆中去。"[②]

在口述史纪录片中,这些来源不同、细节各异的信息相互注释,汇集成独特的"集体记忆"。"集体记忆"不能脱离它存在的社会语境,它的构成不仅是信息的汇集,同时也需要和时代背景、社会价值相印证。

其中,个体记忆具有强主观性。传统的历史记录是相对客观的史实,而口述史则是汇集个体的记忆。记忆不可避免地有着主观性。"人们会注意消

---

① 徐鸿琳.口述历史的意义和价值:以《荷马史诗》为例[J].知识经济,2009(13):166.
② 李亚星.介入与填充:非虚构影像建构社会记忆[J].现代视听,2018(9):57-60.

息中那些不违背他们坚定的态度、信仰或行为的部分（选择性注意），而不注意那些违背自己坚定的立场且会导致心里不舒服或不和谐感觉的部分"，"人们倾向于记得那些符合他们'主导参考结构'或态度、信仰、行为的材料，而忘记那些与他们意见不符的材料（选择性记忆，selective retention）"[1]。大众普遍的选择性心理现象包括选择性注意、选择性理解和选择性记忆三个环节。正因如此，被采访对象的记忆的确可能会不自知地"被篡改"，口述史的真实性似乎存疑。

但口述史的主观性却有着独特的价值。"如果回忆被作为历史分析的目标来看待，口述史学将是发掘、探索和评价历史回忆过程性质的强有力工具——人们怎样理解过去，他们怎样将个人经历和社会背景相连，过去怎样成为现实的一部分，人们怎样用过去解释他们现在的生活和周围世界。"[2] 广义上讲，口述者也是历史的一部分，口述者的情感也是历史的一部分。

纪录片《寻找瓦尔特》中，"瓦尔特"是青年学生教科书上的知识，也是老电影放映员的情怀，是外交官口中的国际电影交流活动，也是学者游学经历的一次"冒险"，是中国话剧演员二次创作的"蓝本"，也是萨拉热窝纪念品店老板遇到的"神奇的缘分"。全因为他是中塞人民心中的保家卫国的游击队英雄。这些不同身份的人们共同构建了一个只属于中塞人们心中的、那个来自电影《瓦尔特保卫萨拉热窝》的英雄形象"瓦尔特"。虽然电影人物是虚构的，却因为那个特殊的年代两国人民有着相似的苦难，共同的认同，才有了这只属于两国人民的特殊的电影记忆。

当时的情境会随时间褪色，事件的细节会被忽略，但观点和情绪不会遗忘。产生于当时历史背景下的观点和情绪，才是历史本身对个体带来的具体影响。它反映的是只存在于彼时时空中的社会—事件—人物之间的具体关系。

---

[1] SEVERIN W J, TANKARD J W, Jr. 传播理论：起源、方法与应用[M]. 郭镇之，徐培喜，等译. 北京：中国传媒大学出版社，2006.

[2] 蒋国安. 口述史和传统史学的比较研究[J]. 智库时代，2018(40)：225，234.

纪录片中头发花白的电影放映员，在闲置的库房里整理着20世纪70年代放映《瓦尔特保卫萨拉热窝》时使用的旧电影放映机和配件、电影拷贝和票样。老人口中熟练地述说着这些老物件的故事，脸上洋溢着的分明是对往昔的追忆：70年代看电影的火爆场面、民众对文化生活的渴望、文化宫人头攒动的景象。但对老人而言文化宫展映的辉煌景象不仅是时代的印记，更是那个特殊时期带给自己的幸福感。

二、集体记忆对个体碎片的拼接与回归

相比史料中历史事实的客观记录，口述史带有更多的主观性，是个人或群体对于历史事件带来的感知理解。并且在表达的过程中，历史被再次评价描述，历史事件以那样的面貌和观众形成了新互动，这个过程实际上是为历史赋予了更多层次的现实意义。

除了丰富的信息来源，口述史的单个信息来源的内容也包含着更多的维度。它是一段历史，同时也是被采访者的一段记忆，凝固了时间、空间、人、物、情绪等讯息。这些讯息相互绑定，在采访时共同释放。还原的不仅仅是历史事实的线性叙述，而变成了时空情境的还原，更为丰满。

纪录片《寻找瓦尔特》中，一位在萨拉热窝的电影拍摄地铜匠街开纪念品店的老板讲述，因为店址在电影《瓦尔特保卫萨拉热窝》的拍摄地旁，吸引了众多因电影慕名而来的中国游客，小店生意也因此好了起来。"我从没见过那样的景象，最近四五年，中国的游客激增。这么多人对这部电影痴迷。'瓦尔特，萨拉热窝'他们带着电影中场景的照片，就好像回到当时参与了这部电影。他们在城市中漫游，拍下了电影中各个场景的照片。"

横跨着亚欧大陆，和塞尔维亚并没有过多交集的中国人民，因为一部电影对一个陌生的地方和人民有了深厚的阶级感情。这个人情味十足的故事不会记载在中塞外交或电影文化交流历史中，却见证了中国人民对这部电影的

偏爱，爱屋及乌对萨拉热窝的向往。也因为这段电影情缘促进了两国政治、经济、文化等一系列的密切交流。

三、独特手法呈现艺术与社会价值

前文已经论述，口述史本质是众多被采访者回忆的汇集。相比文字记录的历史资料，回忆本身包含着更多维度的讯息。历史的亲历者在叙述时流露出的真实可感的情绪，这些讯息与影像表达的能力不谋而合。而他所描述的年代特征、场景情境、人物面貌、物件细节也可追溯。而这些讯息，在用不同的载体记录时，便可形成不同的结构。

在影片《寻找瓦尔特》中，众多元素形成了独特的套层结构。我们把南斯拉夫的那段历史作为第一层，那么电影《瓦尔特保卫萨拉热窝》是第二层。当电影中凝聚的民族精神和向往自由的微光照亮了中塞两国观众，那么他们的记忆包含着对电影的深刻印象，以及对这部历史电影主题精神的高度认同，成了第三层。

而影片《寻找瓦尔特》是第四层，影片记录了前三层内容，既有对第一层史实的还原，也有对第二层电影的解读，更有对第三层代表人物记忆的收集记录。当被记录个体的记忆"微光"跨越了时空，与宏大的历史背景相融、相印证，便形成了一种"带有强大情感的客观"。这种冲击力更为丰富动人。

当四层的内容在影片中交相呼应，往回看历史堆叠、情感交织，往前看以古鉴今、继往开来。形成了独特的基于真实又"百感交集"的复杂套层结构。电影《瓦尔特保卫萨拉热窝》的影响力对于年长观众的意义自不必说，而对于年轻中国观众而言，《瓦尔特保卫萨拉热窝》成了"遗珠"。

往昔南斯拉夫电影独树一帜、风靡一时，近年来塞尔维亚电影却已经鲜少进入我国大众视野。中国观众也很少能从大银幕上了解塞尔维亚。纪录片《寻找瓦尔特》的导演把这段独特的中塞电影情缘搬到银幕，在回顾了一段珍贵历史后,不是一部电影让中塞两国友好紧密,而是因为中塞两国有共同的文化、追求,才能使电影风靡两国。

结　语

可以看出在历史纪录片实践中,个体记忆作为口述历史的核心元素,使得这类纪录片不同于传统历史纪录片,展现了个体记忆在纪录片叙事中的独特价值。在影片上映40余年后,为什么中国观众仍然对电影《瓦尔特保卫萨拉热窝》津津乐道,中塞两国为什么友谊长存,似乎都能从《寻找瓦尔特》中找到答案。

（作者田聪系中国健康传媒集团视频工作室导演）

战争与诗意

——电影《瓦尔特保卫萨拉热窝》中的诗意化表达

江 越

[摘要] 在现实主义战争题材的电影故事中，基本情绪氛围大都以表现普通民众在战争中遭受迫害、民不聊生为主，但是在电影《瓦尔特保卫萨拉热窝》的故事中，却通过情节设计、人物塑造、台词设定等艺术手段，诗意地表达了南斯拉夫人民在残酷的法西斯统治下，万众一心、顽强不屈的民族精神。

[关键词]《瓦尔特保卫萨拉热窝》；现实主义战争片；诗意表达

诗意化表达是对生命的表达，是对现实世界所认定的那种人生之外、存在于我们思想、情感中的无法被言说也无法被理解的事物以诗意化地直观表达。诗意化的电影表达便是对那些无法被有限形式诸如文字、语言、音乐等表述的部分，通过影像的创造给予直观的、贴近的、多样的表达。[1]电影《瓦尔特保卫萨拉热窝》是1972年在南斯拉夫上映的一部现实主义战争片，讲述了在第二次世界大战进入尾声的时候，纳粹为抢夺燃油资源供应装甲部队推出了"劳费尔计划"，游击队长瓦尔特领导当地的游击队员与党卫军斗智斗勇，最终阻止了"劳费尔计划"的故事。该片于1977年在中国公映，由于其片中所表现的南斯拉夫人民顽强不屈的民族精神与中华民族的抗日精神有着微妙的共通之处，曾引起巨大的轰动，成为当时中国家喻户晓的影片。本文将从情节设计、人物塑造和台词设定三个方面浅析在现实主义战争片中的诗意化表达。

一、情节设计上的诗意化表达

电影《瓦尔特保卫萨拉热窝》在中国取得如此热烈的反响，不仅是由于在当时的时代背景下中国观众对外来的译制片的猎奇心理，根本原因还在于电影本身所具有的思想性和艺术性。这部影片围绕着游击队和党卫军斗智斗勇的故事线展开，整部影片的基调是紧张危急的，但在几个片段中设计了柔情万种的情节，诗意化地表达了在革命激情背后所蕴含的细腻温情，使影片的氛围更有层次感。在钟表匠谢德和独生女阿兹拉在家的那场戏中，父女俩都知道对方的地下党身份，心照不宣的同时又相互担心，谢德告诉女儿昨天党卫军枪毙了17个人，其中有1个和她差不多大的年轻女孩，出于对女儿的疼爱和关心，他对女儿说，在战争里人和人的行为是不一样的，有的投降了敌人，有的在战斗，有的在等待，而他的女儿作为一个姑娘是应该等待的。谢德并没有直接劝告女儿不要参加抵抗组织，而是通过委婉的方式表达自己的希望，他作为一位坚忍勇敢的老游击队员，也有自己的软肋。但是事与愿违，独生女阿兹拉还是牺牲在德军的枪口之下，广场上躺着游击队员们的尸体，德军在喇叭里一遍又一遍地催促着游击队员的家属去认领尸体，实际上谁敢上去认尸谁就将被打死，但是谢德眼噙着泪水坚定地向前走去。片刻之间，广场上的南斯拉夫人民都迎着德军的枪口义无反顾地走向前去，他们沉默着，但内心却咆哮着，撕裂着，他们一起踏出的每一步都迸发出无穷的精神力量，形成强大的压迫感，迫使凶残的德军撤退。在这个情节里没有激烈的枪战，没有高明的计谋，唯有撼动一切的真挚情感，让观众感受南斯拉夫人民的力量。

在谢德接到瓦尔特即将被党卫军埋伏围捕的这场戏中,老游击队员谢德沉着冷静地应对了这一切,他心里很清楚自己即将赴死,但是仍然平静地告知前来报信的同志,自己会处理好这些事。他关掉工作的台灯,整理好西服的领带,然后从挂钟后面取出一把手枪。他用很平静的语气告诉他的徒弟,没有人欠他钱,他还欠某某20克金子,如果天黑之前还没有回来就把钥匙交给他弟弟。徒弟问他能够帮他干点什么,他只是说,不用了孩子,你好好地干吧,要好好学手艺,一辈子都用得着,不要虚度自己的人生。在环顾自己工作了大半辈子的钟表店后,他走到门口停顿片刻,轻轻地关上了门,似乎和平常一样只是短暂地出去一下,去赴一个普通的约会,只是这次多半是有去无回。穿过熟悉的街道,谢德和往常一样,一路都在和他的熟人点头招呼,他镇定自若面对即将到来的死亡,表现得格外坦然。最终,谢德以自己的牺牲换得瓦尔特的全身而退。在之前的情节中谢德更多的是作为一名父亲出场,在他和独生女阿兹拉的晚饭谈话、去广场认领女儿尸体的两场戏中,更多的是表现一名父亲对于女儿深沉无畏的爱。而在为保护瓦尔特赴死的这一场戏中,谢德表现出了作为一名老游击队员所具备的沉着冷静、英勇顽强的特性,在得知因为自己的原因导致瓦尔特被埋伏的线报后,他没有慌神,而是立刻想到了应对措施,明知自己是要去赴死,却没有矫情做作的告别,而是很自然地面对,此时才真正地表现出老游击队员的素质和情操。[2]谢德的死将整部影片推向高潮,为后面瓦尔特查出假瓦尔特并粉碎德军"劳费尔计划"起到了铺垫作用,暗示革命道路的艰难,以及革命家的无畏精神。

二、人物塑造上的诗意化表达

电影《瓦尔特保卫萨拉热窝》塑造了一批栩栩如生的人物形象,不管是正面人物还是反面人物、主要人物还是次要人物,都给观众留下了深刻的印象。这些人物形象都不是性格单一的扁形人物,而是拥有复杂性格的圆形人物,并通过诗意化表达逐步完整地呈现,使这些人物形象更具人格魅力。[3]

影片塑造了两种类型的英雄人物形象，第一类就是以瓦尔特为代表的传统型英雄，具有传奇性和神秘色彩。作为游击队长，他的形象是英勇善战、足智多谋、极具凝聚力的，为了调查假瓦尔特的身份，他领导游击队员展开了智勇的比拼，最终用计谋除掉了假瓦尔特，并且成功地阻止了德军的"劳费尔计划"。这是传统意义上的个人英雄主义的表现，凸显了瓦尔特个人的英雄魅力，他是南斯拉夫游击队的队长，是所有人的精神领袖，他必须具有非凡的体格特质和精神特质，有着神圣感召力和道德感召力，瓦尔特作为这部影片的核心人物，在某种程度上他必须是完美的。

第二类就是以谢德、吉斯为代表的普通人型英雄，他们不仅有自己独特的个性，还有各种缺点和弱点，这些不完美的特点能让这类英雄更具真实感，也更容易触动观众内心。钟表匠谢德在影片中的人物形象是最为丰满生动的，在家里他是一位父亲，疼爱自己唯一的女儿，在这个充满战争的年代，他希望自己的女儿做一个"等待"的人，以避免陷入危险之中；在钟表店里他是一位认真负责的匠人，热爱自己的工作，在影片中曾出现了两次他将还没有维修的钟表指针拨到了正确的位置的镜头，这个细节反映了他的敬业精神；为了南斯拉夫的解放事业，他还是一位地下的共产党员，不畏牺牲，坚持战斗在第一线，在因为自己的失误而暴露瓦尔特后，他沉着冷静，决定以自己的牺牲去保护瓦尔特，视死如归的精神将他的人物形象升华。他没有任何激烈的外在动作，却可以让观众感受到他内心涌动着的对祖国的爱意和对法西斯的恨意。吉斯在影片中是一位热情单纯、爱憎分明的摄影师，大大咧咧的吉斯不知道米尔娜是叛徒，他带瓦尔特假扮的皮劳特到米尔娜家吃饭，当吉斯发现米尔娜是叛徒之后，一记又一记的耳光打得米尔娜灰头土脸，狠狠地释放了压抑在观众心底的一口恶气；德军巡逻队在照相馆的烟筒里搜出来一把冲锋枪，在这紧张的时刻，吉斯仍然一本正经地强调那是放大机，在他试图阻止翻箱倒柜的德国巡逻队时，他称洒落在地上的相片是艺术品，观众看到这里时，都禁不住笑出声，天生带有喜感的吉斯，为这部残酷严肃的现实主义战争片平添了几分谐趣幽默，中和了整部影片的紧张基调。

影片中的人物形象个个有血有肉、真实可信，没有把革命者的形象神化，也没有把敌对者的形象愚化，正因如此，才能引发观众的共鸣，正如那个年代的中国人民总是说"我的南斯拉夫老朋友瓦尔特"，可见塑造成功的虚拟人物可以走进我们的真实生活。无论是足智多谋粉碎德军"劳费尔计划"的游击队长瓦尔特，还是面对死亡英勇无惧的钟表匠谢德，还是善良天真爱憎分明的摄影师吉斯，这些诗意的典型人物无一不反映出南斯拉夫人民在反抗纳粹统治时的精神面貌。

三、台词设定上的诗意化表达

　　台词与动作是演员在表演时的两大支柱，演员需要通过台词语言或肢体行为塑造人物和表情达意。台词是演员在表演中所说的话，演员以台词交代表演情景，展现人物关系，产生矛盾冲突，从而推动情节发展。在电影《瓦尔特保卫萨拉热窝》中，台词是精练的、内在的、诗意的，是对故事背景的高度概括，是揭示作品哲理内涵的诗化想象。钟表匠谢德告诉女儿："人和人是不一样的，人的行为也不一样。有的投降了敌人，有的在战斗，有的在等待，你是个姑娘，应该等待。"这句台词诗意地表达了谢德对女儿的希望，也反映了在战争年代的三种人的表现，有人投降，有人战斗，有人等待。而这里的等待具有双重意义，第一层即不要冒险参加被德军追杀的抵抗组织，第二层含义就是作为南斯拉夫人民应该在保存自身的情况下给予革命运动以支持。谢德希望自己的女儿不要像自己一样战斗在危险的第一线，既表现了谢德对女儿的父爱，也侧面暗示出谢德不希望女儿投降于德军。在谢德赴死之前，曾对徒弟说："要好好学手艺，一辈子都用得着啊！不要虚度自己的人生。"这句台词是谢德对徒弟最后的嘱咐，但也反映了谢德作为职业钟表匠和职业革命家两种属性的有机结合，一方面他热爱自己的钟表事业，对这门手艺表现了自己的认可之情，另一方面他作为一名老练的游击队员，即将把自己的生命献身于伟大的革命事业，就不是虚度人生。影片最后也出现了徒弟加入反抗组织的暗示画面,这也是一种继承。

"空气在颤抖,仿佛天空在燃烧""是啊,暴风雨就要来了!"这两句非常具有诗意的对白是游击队的接头暗号,就连德军也由衷地感慨这个暗号的意味。在影片中这两句话起到了极大的渲染情绪的作用,暴风雨暗示着一场大规模的行动即将上演,也就是那个德军想要执行的"劳费尔计划",也就是游击队想要阻止的"劳费尔计划",这个"暴风雨"对于双方来说都是一个巨大的挑战,在对暗号时,两位同志所表现出来的镇定,也恰好印证了暴风雨来临前的平静。最终结局是瓦尔特和他的游击队员成功地破坏了德军的"劳费尔计划",党卫军上校冯·迪特里希最终还是败在了如幽灵般的瓦尔特手下,就在要离开这座城市的时候,他停下了脚步,若有所思地望向迷雾中的萨拉热窝,说出了影片中最有深意的一句台词:"看,这座城市,它,就是瓦尔特!"这句话从一个曾经高傲自大的德军领导人嘴中说出,意味着最终这些德军将会明白,他们可以屠杀掉千千万万个游击队员、千千万万个"瓦尔特",但他们将永远无法战胜的是南斯拉夫人民。那个善良单纯的摄影师吉斯是瓦尔特,那个为了革命牺牲的钟表匠谢德是瓦尔特,那些在纳粹枪口下走向亲人的民众也是瓦尔特。瓦尔特不是南斯拉夫人民的代表,瓦尔特就是南斯拉夫人民,他们都在用自己的方式守护着自己的国家。

结　语

电影《瓦尔特保卫萨拉热窝》作为一部情节设计跌宕起伏、人物塑造丰满鲜明的现实主义战争片,极具感染力的人物交织形成的复杂情节,令观众沉浸在影片所营造的环境氛围里,与剧中人物产生了同呼吸共命运的深刻感受,所以这部影片不但是南斯拉夫电影史上的一座里程碑,更是世界电影史上的一部佳作,通过诗意化的表达充分地展现了南斯拉夫人民在反抗纳粹统治中,英勇无畏、不屈不挠的民族精神。整部影片不仅具有反抗法西斯的革命性,也具有革命浪漫主义的诗意情怀,可以说革命热情本身就带有诗意,这种诗意表现为婉约的、克制的、理想化的呈现，诗意化的创作成为银幕上不可缺少的一抹温情，现实主义战争片和诗意化的温情表达相结合是最能够打动观众的。当不回避现实又能充满诗意的银幕视听被塑造时，电影才能真正发挥其自身的特性为目标服务。

参考文献：

［1］吴蔚.不同文化形态中国主旋律电影的诗意表达［J］.电影文学，2017（9）：29-31.

［2］沈义贞.战争片与现实主义：关于《瓦尔特保卫萨拉热窝》的美学随想［J］.艺术百家，2007（5）：51-54.

［3］辛元."看，这座城市，它，就是瓦尔特！"：前南斯拉夫影片《瓦尔特保卫萨拉热窝》［J］.家庭影院技术，1999（7）：72-73.

（作者江越系成都大学影视与动画学院硕士研究生）

《瓦尔特保卫萨拉热窝》：诗意中的暴风雨

李 喆

[摘要]《瓦尔特保卫萨拉热窝》作为南斯拉夫经典电影，一度被认为是南斯拉夫民族精神的映像，更创造过一票难求、万人空巷的壮举。我们醉心于这部电影经典叙事的同时，也倾心于他诗意般的表现风格。其中平稳淡雅的画面呈现，古典质朴的民族音乐和简短深刻充满寓意的台词对白，将这部战争片描绘成了一幅表面清新淡雅实则暗潮涌动充满反抗精神的历史画卷，让观众在一饱眼福的同时领略南斯拉夫人民顽强的反抗精神和普通大众的团结智慧。

[关键词]诗意；意境；视听；民族精神

"一座很美的城市，比绍夫，是啊，可是并不平静"，德国军人的视角，把萨拉热窝这座安静、整齐的城市带到银幕中央。清新、平稳的画面，让城市像极了画家笔下的油画，除非台词在介绍，否则谁能想到，如此静谧祥和的城市，却隐藏着随时可以战火连天的力量呢？

《瓦尔特保卫萨拉热窝》讲述了二战结束前德国纳粹兵在萨拉热窝执行"劳费尔计划"，南斯拉夫游击队与之斗智斗勇的战争故事。该片于1972年上映，其中曲折生动的故事情节、鲜活激烈的音乐展现、平稳清晰的画面呈现，让观众看到了静谧中的伟大，平静下的波涛以及平凡中的震撼。

走进影像世界

不同于观众常见的战火连天、一片狼藉的战争片,《瓦尔特保卫萨拉热窝》整片之中,撕心裂肺、血流成河、硝烟漫天的场面并没有出现,而是在平缓、紧致的叙事节奏之下,将游击队员反抗纳粹侵略的故事缓缓揭开。其中以寻找瓦尔特为全片主线、真假瓦尔特的辨别为立足点、德国纳粹的阴谋与游击队员的反抗为两翼,向我们展现出一幅表面"风平浪静、诗情画意",实则"暗礁丛生、一触即发"的两重影像,我们可称其为"诗意中的暴风雨"。

平稳淡雅的画面、古典深刻的声音与质朴感人的情节营造出一幅"诗意"影像。虽然整部影片的开端是以紧张封闭的战略会议呈现的,但却丝毫不影响影片冷静、平稳的基调。直至萨拉热窝这座城市全貌展现在观众面前,我们可以看到整齐的房屋、干净宽敞的街道、远处的群山、弥漫的雾气以及画面中时不时出现的枯树枝,这些影像配以青绿色的冷色调展现,像极了在回忆一段过往的老故事,而不是以此展开对战争的描述。甚至包括之后出现的在街道巷子里的追击,也没有热烈出血的火拼,似乎更像是对追击过程的委婉记录,包括湿漉漉的路面,隐隐浮现的远山,路边整齐的石头楼房和偶尔飞过的林鸟,构建了一幅类似"江南小镇"的镜像。这也许和萨拉热窝的地理环境有关,也许和导演处心积虑的选景调度有关,但仅从画面呈现和色调的角度来看,带给观众的是最直接的"诗意"。我们也可将之大胆地看作电影的第一层诗意——"枯藤老树昏鸦",景物到了,意象也就到了。

随着电影的进行,辨别真假瓦尔特的情节进入叙事中心,开展了一些行动,这个过程中,让人留下深刻印象的是剧中台词,简短明了却意蕴深长。如果说画面营造了一幅静谧的感觉,那么简短的台词则把感觉延伸,使之形成一个广阔、充满联想的空间。剧中接头暗号唯美而真实"你家里曾经有人得过肺结核病吗?""有,我叔叔得过。""什么时候?""两年以前,也是这个季节。""空气在颤抖,仿佛天空在燃烧。""是啊,暴风雨就要来了。"语言本身充满诗情画意,像极了莎翁戏剧的对白范式,如果进一步联系到萨拉热窝危险的社会环境,这些语言就成了对现实叙事空间的弥补,使内容更加

《瓦尔特保卫萨拉热窝》：诗意中的暴风雨

丰富立体。其中经典的对白，如"你好好地干吧，要好好地学手艺，一辈子都用得着啊，不要虚度自己的一生""有的投降了敌人，有的在战斗，有的在等待，你是个姑娘，应该等待"，虽然直白却充满人生智慧和古典文艺美，让人过目不忘，从声音层面为影片塑造了遐想的空间和期待的愿景。

不仅仅是简短冷静的台词，经典配乐更是让影片看起来从容和庄严。包括钟表匠从容奔赴清真寺时的合奏乐、瓦尔特藏匿钟表街道时的打击乐、在街上和女叛徒接头的交响乐都让故事充满舞台剧的精致和典雅。那么，片中声音的加入，再配合画面则构建出了电影的第二层诗意——"嘈嘈切切错杂弹，大珠小珠落玉盘"，声画的完美结合，让观众浮想联翩。

最后是"晓来谁染霜林醉，总是离人泪"，这是影片营造的最高意境，也是"诗情"的最高境界，表现的是人的精神和人的情愫。阿兹拉倒地时，闪亮的灯光，照射全身，她像舞者一样的倒下，灯光下人的举动被聚焦在观众眼前，被描绘的庄重而伟大，这是创作者带情感的创作。年轻美丽的生命为信仰和感情而亡，这本身就是一首美丽的诗句，也没有比这更伟大的了，可以看出创作者在努力为观众营造一个朝美好方面联想的空间，所以会把死亡的镜头拍摄的唯美和高尚。

让观众动容的还有随之而来的认领尸体的场景。这里可以充分表现出萨拉热窝人民的团结与勇敢，即使冒着被射杀的危险，也不能阻挡同胞之爱与亲人之情。其中父亲眼中的泪水与坚定，大家齐齐向前的步伐，让观众看到的是将生死置之度外的普通市民，是在一个小广场之内亲情、友情的集中爆发，此处没有伤心欲绝的哭喊，没有悲痛万分的嘶叫，却最能震撼人心，最能让观众明白，真正的呐喊和悲伤都是无声的，能够战胜生死的是真情，一种同胞之爱的情和亲子之间的情。经过认领尸体这一极度悲伤的环节，也就不难理解后面钟表匠父亲赴死时的从容与优雅了。

整部电影在平稳清新的画面中进行，表面看上去如同涓涓细流，尽量把故事讲得清新、生动，实则清新的镜像下面有着强大的精神支柱，诗情画意的形式之下涌动着呼之欲来的暴风雨。

这股暴风雨就是萨拉热窝人民的力量。如果不是剧中安排肖特为女叛徒，那么仅就电影而言，全部萨拉热窝的人民都将是反抗敌人的力量，从铁路工人到医生护士、从个体商人到职业游击队员，全部都在为萨拉热窝的解放贡献着自己的力量。包括电影中最经典的街头掩护，仿佛游击队员们但凡遇到困难，总能在街头某个小店铺门前被不知名的老百姓所救，然后化险为夷。包括最为复杂的手术中换人，在图书馆中大量人群拥入，掩护游击队员逃走，在德军交响乐团眼皮子底下传递情报，在报摊中、药店里、大街上、墓地里传递情报，但凡是有市民存在的地方，都可以成为游击队员们从容作战的场所。所以影片中称瓦尔特为幽灵一般，神出鬼没，看完影片便会知道，瓦尔特的神通广大除了本人智慧，更多的是民众的支持和帮助，所以在影片结尾才会有这样的对话："看，这座城市，它，就是瓦尔特！"所以瓦尔特是萨拉热窝民众的代名词，每一名反战百姓的代名词。那么，现在再回忆整部影片，作者极力营造清新、平缓甚至带有欢快的影片基调，从一开始也就预示了萨拉热窝人民必胜的结局。

其次，我们除了应该看懂全民抗战的通力合作和团结力量，更应该看出影片所要表现的萨拉热窝人民甚至是南斯拉夫的民族特性和民族精神。这包括战争中萨拉热窝城市所表现出的整洁与优雅，萨拉热窝普通人所表现出的独立与冷静，游击队员所表现出来的智慧与英勇……这些影像皆塑造了南斯拉夫这一民族的优雅精神与从容气度。所以这部影片用"诗意"的形式展开对战争的讲述，终极意义不是单纯表现游击队员的英勇无畏，也不是表现群体人民的保家卫国，而是在赞美一个民族在生死存亡之际表现出的从容、优雅、无惧与智慧。

那么回到电影本身，第二次世界大战带给人类文明不可估算的伤害，更多充满严肃、残酷和热血浪漫的二战电影在各国都层出不穷，如《细细的红线》《这里的黎明静悄悄》《斯大林格勒战役》《启示录》《血战钢锯岭》《辛德勒的名单》等，但是无论怎样表现都逃脱不了热战的惨烈和血色恐怖，更多的电影都会以直观壮烈的影像故事带给观众强烈的心灵冲击，但是在《瓦尔特保卫萨拉热窝》之中，仿佛平静中的反抗、沉默中的爆发最有震撼力。所以，用清晰冷静的基调讲述残酷无情的战争，本身就是一种艺术。

当然，我们不能否认，无论影片展现得如何巧妙和令人津津乐道，其中英雄式主人公的模板还是十分明显的，瓦尔特在片中就像是"神"一样的存在，对敌人任何麻烦的制造和困难的破解都是十分轻松和顺理成章，这显然是英雄主人公视角在引领，所以此影片也是在为南斯拉夫人民塑造了一个英雄梦。但作为为数不多的可以在"平静"中讲述战争、在"清新"中讲述反抗、在"诗意"中展现民族气节的影片，是十分值得肯定的。

（作者李喆系泰山科技学院电影评论中心教师）

"瓦尔特"中藏匿的艺术价值

——《瓦尔特保卫萨拉热窝》中的多重艺术

李慧悦

[摘要] 1972年《瓦尔特保卫萨拉热窝》作为一部战争题材的影视电影出现在大众的视野中，整部影片具有跌宕起伏的剧情，同样也拥有极高的美学艺术价值。这样一部反映第二次世界大战反法西斯战争题材的热血影片，在尊重历史的同时将多种美学元素含括在影片当中，从而呈现出具有哲学意味的视觉画面。除此之外具有一定时代背景的《瓦尔特》其自身也蕴藏着丰富的历史和艺术价值，该文将从影片的视听语言角度去探讨隐匿在其中的各种值得现在战争片学习和借鉴的镜头、声音和用光观念。

[关键词] 战争题材；艺术价值；视听语言

《瓦尔特保卫萨拉热窝》（简称《瓦尔特》）于1972年先后在南斯拉夫和匈牙利上映，全片共2个多小时，讲述了萨拉热窝的游击队领袖瓦尔特与德国纳粹斗智斗勇，最终成功地找出潜伏在游击队里的间谍和叛徒，并且击破德国军官冯·迪特里希的"劳费尔计划"，保卫了萨拉热窝的故事。影片对于情节矛盾的精心设计无疑是该片获得成功的关键之一，除此之外，具有战争内核的本片摒弃了宏大的打斗场面和血腥的屠杀，而是改用了更加诗意化的电影语言来叙事和表达情感，并且将各种艺术价值囊括其中，更加符合观众想要在影片中去做梦，而不是去影片中感受沉重心理的心态，这也是影片令观众拍手叫好的原因之一。影片中创作者是怎样运用电影语言表现出富有哲学、美学的影片风格的，也是笔者想要探讨的问题。

一、时代背景所产生的历史价值

影片中的故事发生在二战时期的尾声，整个剧情发生在波斯尼亚和黑塞哥维那（简称"波黑"）的首都萨拉热窝，它位于当时的南斯拉夫王国境内，德国法西斯攻入南斯拉夫境内对萨拉热窝进行大轰炸，引起萨拉热窝人民的共同抵制热情。在这个历史背景的依托下，创作者即导演根据当时的民族英雄组织游击队奋力抗战，保卫萨拉热窝和南斯拉夫为原型拍摄出《瓦尔特保卫萨拉热窝》。在此基础上，该片作为可为后世人提供一定的历史依据的时代性影片，具有塑造一代历史英雄人物的影视作用，其历史艺术价值一目了然。

作为一部反映二战时期德国法西斯与南斯拉夫人民之间的战争的影片，从导演的视角去解读当时发生的事件，具有客观性，不过分贬低德国纳粹军官，也不用渲染烘托的手法去拍摄瓦尔特一行游击队员的"高大全"形象，只是单纯地表现出影片的内核与当时事件的映射。即使它只是通过英雄人物来进行改编的影视作品，也因为所反映时代的真实存在而具有了历史价值，并且通过导演的视角去拍摄，再通过观众的感官去思考，当时的法西斯侵略战争就不再作为一件可耻的侵略活动留在历史的长河之中，而是转换成一种以故事输出为目标的历史事件来感化如今的人。通过影片可以更多学习到的是战争中英雄人物的机智勇敢、甘于奉献，而并非对历史的谩骂和某侵略国的不可饶恕。故此，导演、观众通过对影片的拍摄和解读也对那个时代有了一定程度的了解和认知，通过观看此影片，观众可以更多地关注历史，在现当代看来其艺术价值之一在于教会人民铭记历史，追求和平。

此外,《瓦尔特保卫萨拉热窝》于1977年在中国公映,对于那个时期的中国来说,战争题材的影片大多还停留在宣扬爱国主义,刻画敌人的残酷与无情。甚至今时今日的战争题材影视作品中都大量地使用了血腥、残暴的画面来张扬戏剧的张力。该片背景是德国陷入四面楚歌的危险处境,必须要撤退出被游击队包围的南斯拉夫,但是运送士兵的燃料已经所剩无几,只有将萨拉热窝燃油基地的油运送到维谢格拉德才能确保德国纳粹的装甲部队安全脱身,这就是影片中所说的"劳费尔计划"。影片围绕这样的戏剧化剧情来展开,弱化了德国纳粹对于萨拉热窝的强烈攻占和血腥场面,以寻找瓦尔特为影片叙事的主线,整部影片虽然披上了战争片的外壳,本质却更像是一部悬疑片。同时中国人民站在和萨拉热窝人民统一战线上,对法西斯侵略的批判感更强,更加能够感同身受,引起共鸣,也因此这部影片给当时中国的人民留下了深刻的时代烙印。

对于20世纪六七十年代的中国来说,同类型影片的缺失,使得该片在当时的时代背景下获得了国人的一致好评,甚至到今时今日这部影片在影史上都能占有一席之地。原因就在于,它是在那个历史背景下应运而生的真正的影视类艺术作品。它背负的是一个民族和反法西斯阵营国家对历史的铭记和记录,它身为一部影视艺术的同时也具有了一定的历史价值。

二、镜头语言中的美学价值

前文提到,《瓦尔特》不同于其他战争片充斥着血腥、暴力和残酷,更多的是呈现出一种悬疑的紧张、牺牲的悲壮和画面的美感。影片中大量使用镜头调度,来达到画面的充盈和突出强调,从而将一些富有哲学性的东西也蕴藏其中,成为体现影片艺术价值的部分,并且影片的镜头中还包含着另一层寓意,这也就是影片的象征意味。因此,这部既具有战争元素,又赋予了现实主义诗意化的影片,真正值得去挖掘和借鉴。

首先是创作者对于运动镜头的使用在影片中呈现出来的美学价值。纵观已有的战争片、主旋律影片，大量的运动镜头早已司空见惯，但是这仅仅运用于正面战场上的拍摄，而在《瓦尔特》中创作者运用运动镜头则更多的是为了凸显人物、升华情感和赋予影片美感。推拉镜头是导演在影片中大量运用到的镜头运动方式，利用推镜头可以将人物的内心世界放大，使观众的关注点聚焦在人和话语上，例如在影片的开始，德国军官开会讲话时，本是一个全景框下的镜头，展示了开会时所有军官位置的分布，随着主位的军官开始讲话，镜头开始慢慢推向正在讲话的军官，使画面呈现出近景景别，由小到大的景别变换，可以使观众一目了然地看到这位纳粹军官，并且更加代入到剧情之中，认真聆听接下来他所说的事情，以及引出"劳费尔计划"。反观导演对于拉镜头的使用，则更多地聚焦在对人物的刻画和暗示之上，例如影片中假瓦尔特第一次在照相馆与游击队员们碰头时，创作者将镜头从近景的米尔娜身上拉出，直至展现出整个房间人物的全景，这个镜头初看可能认为是导演无意为之，但是看到最后，才明白这是导演利用拉镜头埋下伏笔，也提醒了观众米尔娜具有一定的身份，与影片后面反转后表明她才是游击队的叛徒相呼应。同时影片中也大量充斥着摇镜头，在笔者看来摇镜头的大量使用，一方面是创作者想要利用摇镜头来进行场景调度，从而使影片富有动感，另一方面则是导演对于影片情绪、情感升华所使用的镜头语言技巧，在瓦尔特和照相机老板、米尔娜一起吃饭的那一幕最后，导演将镜头从三个人摇到瓦尔特的单人身上，随着瓦尔特眼神凝固也可以看出他情感和思想的某些变化。影片中还有一组跟镜头是钟表店老板在前去敌人为抓捕瓦尔特设下的陷阱时隔着栅栏走过街道的镜头，摄像机随着钟表店老板的走路节奏一直跟着他，隔着一排砖墙上的铁栅栏，整个过程没有一丝悲伤的气氛，取而代之的是画面在隔景下所呈现出来的美感和钟表店老板神色淡然的状态，显现出整个影片的风格和基调具有一定的现实主义色彩。

其次，镜头的组接在一定程度上可以使影片达到哲学的深度和高度，也可以渲染和烘托出影片想要强调的氛围感。例如在钟表店老板独自一人去到为瓦尔特布置的陷阱，最后遭到枪击死亡的一幕中，钟表店老板在中枪倒地之时，导

走进影像世界

演先用中近景拍摄钟表店老板的后背呈现出他中枪的姿态，再组接远景的景别，在画面中展现出老人慢慢旋转着倒地和齐飞的白鸽，紧接着开始推镜头，随着镜头慢慢推向钟表店老板倒在地上，白鸽再次飞过，接下来的镜头就是瓦尔特通过隔景的铁栅栏看到老人倒下的尸体。通过这一部分的镜头组接，两次白鸽飞过，在影视符号学中，笔者更认为飞过的白鸽象征着钟表店老板与其女儿两人灵魂的释放。在瓦尔特成功逃脱之后，影片又切换到钟表店老板的尸体这个画面上，紧接着就是一个拉镜头，将画面从老人拉到萨拉热窝这个城市的一部分空镜头，以此来与前片呼应，也象征着钟表店老板的使命已经完成，即使身死，他的精神也活在这个城市的某个角落里。影片创作者将前后呼应、情感升华都在镜头的组接处表现出来，运用这几组镜头，加之老人黑色的衣服和白色的鸽群相互对比，使影片更加呈现出一种具有哲理化的诗意来。

再次，镜头语言中画面的不同景别剪辑也成为影片具有美学价值的贡献者。在当时影视技术还没有如今这么发达的时候，影视特效和剪辑技术还停留在相对滞后的年代，对于影片中人物和场景的刻画更多地还需要通过镜头语言来传达。影片中的构图和影像中人物的布局大都采用对称的方式，并且除了一些空镜头，其余的镜头画面都并非静止的，要么是镜头在运动，要么是镜头中的人物在运动。整部影片虽然没有现代科学技术的特效加持，但是由于导演巧妙地运用镜头间的运动结合，使得影片看起来具有现当代动作片的节奏感和冲击感。例如影片中即使是镜头中不需要人物走动，也不需要动用运动镜头，导演依旧喜欢运用推拉镜头让画面不显呆板。在影片的结束部分，瓦尔特和另外两名游击队员在火车上抵抗向他们袭来的德国士兵时，导演也基本是用大量的固定镜头，但保持镜头中的人物始终处于运动的状态，并且通过多个视角的不停切换最终达到影片的高潮部分，当火车头后退撞向装有燃油的火车尾，也仅仅是用了一个全景镜头交代火车爆炸，然后运用大量的特写镜头局部地拍摄火车不同部位引燃的过程，多个特写镜头组接在一起才能达到如此震撼的效果。而在影片的末尾照相馆老板询问苏里真正的瓦尔特是谁，苏里说就在眼前，这时导演通过一个带着瓦尔特的远景画面，在人物之外是整个萨拉热窝，简单的构图加之创作者在画面中的暗喻使得这个镜头具有影视符号学的意义，瓦尔特究竟是指一个人还是指整座城，在观众的心中已经不重要，更重要的是观众对于瓦尔特精神的了解和感叹。

三、恰到好处的声音价值

《瓦尔特》现目前留存下来的版本，在中国市场上更多的是"译制片"，即由国人将原剧中的对话配音成汉语的版本，改变了原有对话语言的影片在一定程度上会削弱其代入感，并且在观看和解析影片时也会存在国人对其的过度解读和翻译带来的不准确性。声音作为影视艺术中的一个环节，它在大众认知影片时起着重要的解释、理解作用，因此本文将根据影片中的背景音乐来进行解读，该片所拥有的声音艺术价值。由于影片的背景音乐大多为纯音乐，没有翻译成不同版本的歌词，其正确性和民族性没有太大的偏差，使观众和学者可以真实、可靠、有针对性地进行分析和解读。并且从视听语言的角度来看，音乐应当具备渲染和烘托气氛、表达剧中角色的内心情感、推进剧情发展的功能，因此分析《瓦尔特》中的背景音乐将会挖掘到它的又一种艺术价值。

在影片中每当有特别的事情要发生时，创作者习惯于在影片的某个段落增加略带悬疑色彩的背景音乐，但是这个音乐不会喧宾夺主，总是短暂的一小节，意在强调和提示接下来影片中将会有大事发生，又或者暗示着接下来将会有人死亡。这种乐器组合的声音，将影片的节奏和紧张的情绪推上高潮，在游击队员被假瓦尔特击杀的那一段，导演就使用了这样的音乐，整部影片的气氛瞬间进入了战争片的状态。

在钟表店老板的女儿和其男友想要偷袭德军的段落中，导演为影片匹配的音乐是激昂的，其中还穿插着小号、大号的吹响，虽然这次行动是失败的，但是在创作者的内心中大小号的吹响，是为了赞颂游击队员们敢于斗争、勇敢无畏的精神，整个音乐的奠基也说明了瓦尔特的活动最终会取得胜利。在钟表店老板看到女儿躺在德军设置的包围圈中，义无反顾地走向她，带动着整个萨拉热窝的民众一起走向他们，无视德军可能会开枪打死他们的举动，这一幕导演选择配以慷慨激昂，且带有胜利意味的音乐，而不是使用一种悲伤沉重的伤感背景音乐来表现一大批萨拉热窝人死亡的悲哀，创作者想要表达的无外乎是塑造出一群有血有肉、敢于斗争，将民族精神放在第一位的南斯拉夫人民，并且运用这样的音乐在一定程度上可以感染观众，使剧外人与剧中人共情，以此达到渲染和烘托气氛的目的。有了音乐的加持，即使是简单的画面，也在音律的氛围中显得格外气势磅礴，耐人寻味，因此也可以说音乐赋予了该片哲理的艺术价值。影片中真假瓦尔特打斗的一幕中，导演同样使用大小号吹起的战歌，像是预示着真正的瓦尔特一定会赢，也预示着假瓦尔特在这里就会丧命，在此处导演对于音乐的把控，在一定程度上起到了暗示和推动剧情向前发展的作用，为影片后面剧情的发展提供了依据。

结　语

笔者从该片的历史价值、美学价值、声音价值出发，加以影视视听语言的知识对影片进行赏析，对影片之所以能够在中外战争片影史上占有一席之地做出详细的解读，并且深挖影片中由三种价值构成的总的艺术价值，在此基础上可以看出，想要制作出一部优秀的影片，不能仅仅停留在影视创作之上，而更应该聚焦到如何将更多元化的艺术价值注入影视作品之中。同时作为历史题材的影视作品应当是更加公正、直观地评价某一历史事件，正如《瓦尔特》影片中对人物的刻画一样，既不贬低，也不抬高历史中涉及的人物，将思考和对历史的记忆客观地留给观众，才是影视艺术家应该达到的境界。

（作者李慧悦系成都大学影视与动画学院硕士研究生）

论南斯拉夫战争电影的艺术特色

——以《瓦尔特保卫萨拉热窝》为例*

黄 旭

[摘要] 战争电影除了具备承载国家意识形态的功能外，不同国家的战争电影在人物、场景、符号和视角等方面的呈现上也形成了不同的艺术特色。南斯拉夫战争电影就凭借独特的艺术特色，深受20世纪70年代中国观众的追捧与喜爱。本文通过分析《瓦尔特保卫萨拉热窝》的叙事范式和人物塑造、符号意指和空间认同以及历史语境与时代表征，探析南斯拉夫战争电影的艺术特色。

[关键词] 南斯拉夫电影；《瓦尔特保卫萨拉热窝》；战争电影

人类文明史，在某种程度上讲也是一部战争史。根据相关历史学家的统计：人类有记载以来，80%的时间是在战争中度过的。人类战争史上经历过两次大浩劫。第一次世界大战的导火索是1914年的斐迪南大公萨拉热窝遇刺

---

* 本文系2020年度成都大中小学思想政治工作研究基地项目（DZX202028）、2021年成都大学校级线下一流课程"中国电影与中国文化"（CDYLKC2021088）、2021年成都市社科规划项目（YY0120210441）、2021年四川省社科规划思想政治理论课研究专项课题（SC21SZ001）的成果。

事件，随之进行了长达4年的战争。从1939年起至1945年止的第二次世界大战，更是一场史无前例大规模的反法西斯战争。人们一次次地在战争中毁灭，又在战争中进步。作为人类文明产物之一的电影艺术，也会将镜头对准战争事件。正如意大利作家普里莫·莱维曾言："二战结束后，不管是侵略国还是被侵略国的文艺表述领域，尤其是作为大众文化的电影领域，战争都成为一个不可多得的题材。"[1]

范志忠在《当代电影思潮》一书中将战争电影界定为：是以描绘战争为主要内容的类型影片，多着重于表现战争事件和宏大战争场面的描绘，或聚焦于战争中英雄形象的刻画和人物命运的描摹。战争片往往带有宏伟的史诗风格和浓烈的悲剧色彩，成为承载国家意识形态的重要艺术类型。电影自1895年诞生以来，作为"现实的渐近线"记录下了人类政治生活、经济发展、科技进步中重大的事件。而战争电影则在尊重历史事件的基础上，聚焦于集体记忆和民族观念的表现。以二战题材电影为例，尽管故事背景相同，但在战场选择、题材内容等方面上的侧重却有所不同。从战场选择上看，有讲述东线战场的《这里的黎明静悄悄》、讲述西线战场的《拯救大兵瑞恩》，还有讲述中国战场的《血战台儿庄》；从题材内容上看，有关于集中营与暴行的《辛德勒的名单》，关于爱情题材的《雁南飞》，关于儿童题材的《伊万的童年》。不同国家对于二战题材电影的描述，都在不同程度上表明了本国的政治立场与意识形态，体现出各国的审美倾向和艺术特色。

1945年南斯拉夫社会主义联邦共和国在领导人铁托的带领下建立，到1992年因为内战而解体，仅在世界版图上完整地存在了47年，但在此期间却出现了一批艺术与思想并重、具有南斯拉夫特点的影片。20世纪80年代，译制片深受中国人民的喜爱。在2016年6月18日，塞尔维亚总统尼科利奇为到访的习近平主席举行隆重的欢迎晚宴，习近平主席发言："《瓦尔特保卫萨拉热窝》、《桥》等南斯拉夫电影曾在中国热映，激荡人们的爱国情怀，伴随着我们这一代的青年时期。"1973年由北京电影制片厂译制在我国上映的《瓦尔特保卫萨拉热窝》，主要讲述了在二战尾声期间，德军为了保护A军团的20

个师从希腊和南斯拉夫迅速撤退回国,需要在萨拉热窝开展"劳费尔计划"。瓦尔特领导地下游击队,与假瓦尔特斗智斗勇,粉碎了敌军的计划。《瓦尔特保卫萨拉热窝》作为南斯拉夫电影中的代表作,无论在艺术层面的表现还是内在深层的展露都十分出彩。

一、叙事范式与人物塑造

电影的叙事角度大致分为三种。一是第三人称全知全能叙事。叙述视野无所不知、无所不晓,几乎不受任何限制。二是第一人称限制叙事。叙述视野有所限制,内容需要随着故事的展开而逐渐知晓,能够带给观影者一种更强烈的参与感和代入感。三是纯客观叙事(第三人称或无人称)。《瓦尔特保卫萨拉热窝》作为一部成功的谍战片,叙事角度采取了第一人称限制视角,观众无从知晓瓦尔特的体貌特征和踪迹。影片开头,德军冯·迪特里希和比绍夫上尉谈话的过程中,追捕瓦尔特长达一年时间的比绍夫上尉认为瓦尔特是如幽灵一般的存在,并怀疑瓦尔特是否真正存在。甚至观众也会怀疑是否真的有瓦尔特这号人物,让人联想到希区柯克在他的悬疑片中最爱用的一种表现手法——麦格芬(一种并不存在的人或事物,却产生了悬念和怀疑,由此成为故事发展的重要线索)。

党卫军上尉康德尔为了找到真正的瓦尔特,在游击队叛徒肖特的帮助与带领下,成功地以瓦尔特的身份打入了游击队的内部。在观影过程中当"真"瓦尔特以抵抗运动员皮劳特的身份出现时,观影者并不会惊奇地发觉这就是瓦尔特,反而通过"真"瓦尔特一系列的机智行为,引导观影者随着影片情节的开展和故事的推进去发现瓦尔特的蛛丝马迹。影片中德军妄想通过游击队员获得瓦尔特的踪迹,而游击队员们同样也无从知晓。因此,该片以第一人称限制叙事展开,始终能让观众获得的信息与剧中人物一样多。通过这种悬而未决的悬念叙事,吸引观影者的注意力,保持观影者的注意力,满足观影者的好奇心,增强电影叙事的趣味性。

英国作家E.M.福斯特在《小说面面观》中提出将人物类型分为扁平人物和圆形人物两种。扁平人物又被称作类型人物，人物身上通常只有极少的特质，呈现为一种脸谱化的性格人物。与之相对的圆形人物，人物性格复杂、有较高的审美价值、给人充满生气的印象。南斯拉夫战争题材电影在创作上深受苏联电影的影响，十分注重战争群像的生动刻画、故事情节的悬念起伏和战斗场面的真实激烈。在《瓦尔特保卫萨拉热窝》中，无论是正面英雄还是反面人物，都是有血有肉的。人物塑造上没有采用完全类型化的表现手法，剧中人物大致可以分为三类：一是誓死保卫萨拉热窝的游击队英雄；二是为了自保而出卖游击队的叛徒；三是企图渗透萨拉热窝游击队的德军特务。影片中没有因为国家立场和意识形态而刻意将革命者神圣化，也没有将敌人脸谱化、丑化。

其中，瓦尔特通过一系列行为粉碎了德军的阴谋，成功塑造出了一位有勇有谋、机智沉着的游击队英雄形象，这个人物形象成为萨拉热窝的城市象征。影片中除了瓦尔特的形象深入人心外，一批平民英雄的形象同样令人印象深刻。钟表匠谢德这一角色给影片留下了浓墨重彩的一笔。在女儿面前，他是慈祥、善良的父亲。当女儿看到钟表匠将游击队员留在家中时，询问道："为什么要我想的和您做的不一样呢？"钟表匠谢德的回答很真实："因为我想你活下去，这是你妈妈的愿望，如果她还活着。"钟表匠还叮嘱自己的女儿："有的投降了敌人，有的在战斗，有的在等待，你是个姑娘，应该等待。"这一段简短的对话，将钟表匠谢德这一人物的形象和性格描写地十分深刻，谢德既有着游击队员的赤胆忠心，又有着作为父亲的细腻偏爱。当谢德发现德军给瓦尔特设下陷阱后，他英勇前往清真寺赴死，用自己的牺牲警醒了瓦尔特。谢德的身上既有着儿女情长，又有着家国大爱。除此之外，影片刻画了为了自保而出卖游击队员的女叛徒米尔娜。当瓦尔特和吉斯识破她后，设局借助米尔娜抓住假瓦尔特。当"假瓦尔特"康德尔中了真瓦尔特的埋伏后，米尔娜在紧急关头喊"别过来"，康德尔马上听懂了含义迅速逃跑，并将枪口瞄准了米尔娜。自私的米尔娜背叛了游击队，又背叛了康德尔，这是为了活下去的人性使然。在对于敌军德国士兵的人物塑造中，没有因为政治原因而刻意去丑化。其中，"比真瓦尔特还瓦尔特"的康德尔奸诈却沉稳，党卫军上校冯·迪特里希狡猾却儒雅，比绍夫上尉阴险却知趣。

二、符号意指与空间认同

弗·杰姆逊在《后现代主义与文化理论》一书中提出隐喻性的概念，即事物的背后有可能含有另一个更加深层的意味。在《圣经·旧约》的《创世纪》"诺亚方舟"的后续故事中，鸽子成为和平的象征。在16世纪兴起于德国的欧洲宗教改革运动中，鸽子成为圣灵的化身。在人们的印象中，鸽子象征着和平、友谊、团结、圣洁。当老游击队员谢德为了保护真瓦尔特牺牲自我，在清真寺的广场上被德军枪杀后，一阵激烈的枪声惊动了一群鸽子，画面中是倒地流血的谢德与躁动的雪白鸽群，正如片中的游击队暗号"空气在颤抖，仿佛天空在燃烧"。这是杀戮与和平、死亡与生命的交织，这个片段也是对发起这次世界大战的德国的讽刺，因为德军不切实际的幻想，为了称霸全球而发动了人类历史上规模最大的战争。通过鸽子的符号性表达唤起人们对于和平的渴望。这短短的几个画面既隐喻出了政治的冲突，也暗示了宗教的矛盾。正如苏珊·朗格曾提出的：战争的本质是政治斗争、经济斗争与宗教冲突的延续。

陶家俊在《身份认同导论》中提出：身份认同主要指某一文化主体在强势与弱势文化之间进行的集体身份选择。南斯拉夫社会主义联邦共和国是二战的产物，在二战结束后在铁托领导下，南斯拉夫联邦建立。南斯拉夫在人类历史上是备受关注的地方。这里，既成为一战的导火索，也见证了二战的结束。大家耳熟能详的南斯拉夫战争题材影片《桥》《战略大作战》《你好，出租车》等影片都是讲述了关于第二次世界大战反法西斯战争的故事。当时出现了一批反映铁托领导反纳粹抵抗运动的"游击队史诗"（Partisan Epic）电影，这类影片一开始就具有三重性：展现抗击侵略者的正义战争过程；将抵抗运动书写为社会主义建国运动；战争性质是"人民解放战争"[2]。在《瓦尔特保卫萨拉热窝》影片的开头部分德军的对话"一座很美丽的城市，可是并不平静"，便将萨拉热窝的历史形势清晰地展现了出来。影片结尾，党卫军上校冯·迪特里希因为"劳费尔计划"的失败而被押回柏林，当再次站在能够俯瞰萨拉热窝城市的山上时，和接任他的军官说了一句："看，这座城市，它，就是瓦尔特！"影片全程围绕着寻找真瓦尔特而展开，德军在行动开展前便怀疑瓦尔特是否存在，但随着故事情节的开展，谁是瓦尔特已经并不重要了。影片的结尾德军的对话又与开头呼应，并且间接给了一个答案，瓦尔特是存在的，"瓦尔特"不只是一个人，也是一种精神，他是每个为革命壮烈牺牲的烈士，每个为这场革命行动默默奉献的百姓都是瓦尔特。这句"看，这座城市，它，就是瓦尔特！"，也将空间与个体、小我与大我的核心主题连接在了一起。影片中瓦尔特的人物形象刻画地入木三分，这既是爱国主义的凝练，也是民族气节的体现，更成为其他国家了解和认识南斯拉夫国家形象的载体。

三、历史语境与时代表征

历史上的巴尔干半岛长期处于战争中，萨拉热窝城市也由于其地理位置的优势，经常成为兵家必争之地，这座城市见证了历史的变迁。人民长期处于战争的恐惧中，也需要电影这一大众艺术去消解人们的忧伤与不安。对于南斯拉夫联邦共和国来说，战争题材电影更多承担的是一种记录和宣传的功能，将战争的场景和事件通过影视化的方式呈现出来，成功地建构起了南斯拉夫人民对于战争、民族、国家的认知。阿尔都塞在《意识形态和意识形态国家机器》中提到，意识形态国家机器依赖于意识形态而运作，电影作为传播媒介意识形态或文化意识形态国家机器的一部分，它的运作也依赖意识形态。南斯拉夫作为社会主义阵营的国家，同样作为第二次世界大战的战胜国。在其电影中更多秉持的态度是一种积极向上的、人民充满希望的价值取向。在第二次世界大战中，弱小无助的南斯拉夫社会主义联邦共和国凭借顽强的战斗和不屈的精神，在没有外援的情况下，赢得了反法西斯战争的胜利。

《瓦尔特保卫萨拉热窝》中的故事发生在二战尾声，德军为了顺利撤退，所以需要渗透萨拉热窝，使其成为中转站。吉加·维尔托夫曾提出思想蒙太奇，借助新闻影片中的文献资料将其编排进电影中，重新获得并表达一个思想。影片的开头部分，真实的黑白影像播放着当时实际发生的战争场面，让观众更能真切地感受到特定的战争岁月。影片中，对于服化道的把控也是十分精细的。德军行军场面中出现的T34型的坦克、德国特务与游击队员斗智斗勇追逐过程中的专用奔驰车、藏在人体模特衣架内的手枪、藏在钟表内的手枪等，将当时的战争场景高度还原的同时增强了可看性。

南斯拉夫作为社会主义阵营的国家，在电影制作与发行上也深受苏联电影的影响。在反映反法西斯的战争电影中，更多地呈现为一种"全景式"战争电影。在价值取向及英雄塑造上，没有将重点单纯地放在个体英雄上，同时也展现了平民力量。在《瓦尔特保卫萨拉热窝》中，可以看到战斗的成功一定是要依靠人民、依靠信仰、依靠团结的。其中，当发现游击队员被人跟踪时，药店的医生通过药盒里的纸条告知他前往博物馆。一群学生涌进了博物馆刻意制造喧闹的声响，成功地帮助游击队员伊万脱身。当一个身受重伤的游击队员被送到医院时，德军为了从游击队员口中打听到瓦尔特的消息，命令医生务必救活他。一群医生可以制造停电事故，在齐心合力的配合下"狸猫换太子"将伤员成功转移。当真瓦尔特与游击队员在与德军枪战之后跑到了铜匠街中，铜匠们默契地用铁锤敲打铜器，可以制造出喧闹的杂声让德军无法追踪游击队员。夜晚的游击活动被敌军发现后，一群英勇的游击队员惨遭枪击、壮烈牺牲。第二天的人民广场上，广播重复地催促着"萨拉热窝的公民们，死者父母或亲友快来认定尸体"。这是比绍夫上尉的阴谋，为了借机找到烈士亲属并斩草除根。百姓们都不敢上前，一位烈士的母亲想上前去，却被旁边的男子劝住"别过去，会打死你的"。钟表匠谢德看到自己女儿的尸体后，毅然决然地走向前，萨拉热窝的百姓们见状也跟了上去，比绍夫上尉不得不无奈地撤走。

约瑟普·布罗兹·铁托曾经说过,"我们没有耗费汽油,我们付出的是自己的鲜血"。在第二次世界大战中,南斯拉夫的贡献远远超出其国家的体量。在众多南斯拉夫战争电影中,可以发现南斯拉夫人在战争中的智慧与精神。在1967年上映的《夜袭机场》中,讲述了游击队员突破重重封锁,夜晚偷袭德军机场的故事;1969年上映的《桥》,讲述了游击队炸毁了德军撤退时必经之桥的故事;1978年上映的《南方铁路之战》中,讲述了游击队员破坏了德军一条提供补给、十分重要的铁路的故事。根据相关资料统计,在1941年至1945年,南斯拉夫游击队牵制了德、意、保加利亚等轴心国军队及塞尔维亚、克罗地亚伪军共计51万余人,南斯拉夫游击队以及南斯拉夫人民在这场战争中展现出了不凡的民族气节。

尽管南斯拉夫战争电影在数量上有限,但在整个电影史上却留下了浓墨重彩的一笔。南斯拉夫电影在20世纪70年代的中国广获好评,《瓦尔特保卫萨拉热窝》《桥》以及《开往克拉列沃的列车》等一系列影片深入人心,这与南斯拉夫电影中表现出来的艺术特性密不可分。在《瓦尔特保卫萨拉热窝》中,通过描绘"全景式"的战争场面、刻画生动形象的人物面孔以及借助符号性的表意,用影像编码定格战争场景。不仅将社会主义意识形态以具象生动的形式传达给观众,也建构起了国民的历史记忆及家国认同。

参考文献:

[1] 陶赋雯.影像化的战争与被重构的国族记忆:新世纪日本战争电影生成机制考察[J].电影艺术,2017(6):40-46.

[2] 罗军,达科维奇,米洛瓦诺维奇,等.从南斯拉夫到塞尔维亚:电影与国家认同[J].北京电影学院学报,2019(3):88-99.

(作者黄旭系成都大学影视与动画学院硕士研究生)

浅析战争题材电影的文化艺术性表达

——电影《瓦尔特保卫萨拉热窝》赏析

王慧敏

[摘要] 战争题材电影除了宏大的历史叙述和无限贴近历史现实，还需要多种文化意象和艺术空间来传达，人性的深层次挖掘、诗化的影像以及现实主题的思考是战争题材电影中文化艺术性表达可借鉴的重要方面。

[关键词] 战争题材电影；艺术性；人性；诗化影像；现实思考

战争片是电影艺术中的一个重要的表现题材。战争本应属于历史学的范畴，但当它作为电影这种视觉艺术呈现出来时，某种程度上，它们已经远远超越了对这场战争本身的叙述，其目的已不在于表现所谓的科学的人类史观，而是试图通过将战争元素纳入限定视域来表现人与世界的关系，赋予历史人类行为和感情世界以审美的思维方式。它所表现的不再是一个简单的历史事件，而是情感的表达和意识形态的诉求。因此，战争题材电影除了宏大的历史叙述和无限贴近历史现实，还需要多种文化意象和艺术空间来传达。

一、人性的深度挖掘

战争无疑是残酷血腥的，人们要遭受突如其来的生命和尊严被肆意践踏，有的人保家卫国、坚贞不屈、视死如归，同时有的人丧心病狂、惨绝人寰、灭绝人性。在牺牲和死亡面前，人性便会显示出最真实的样子。在战争题材的电影中，人性的集中体现是发挥文化空间的重要方面。

1944年，德国集结巴尔干半岛的A军团北调，推出了"劳费尔计划"，掠夺萨拉热窝丰富的燃油资源供应装甲部队。党卫军上校冯·迪特里希被派往萨拉热窝，他令间谍假冒瓦尔特，诱杀了众多抵抗组织成员。真正的游击队领导人瓦尔特，凭借个人出色的谋略和众多英勇的游击队员，终于让间谍现出了原形，成功地挫败了敌人的阴谋。面临敌方派遣特务康德尔假冒瓦尔特打入游击队内部时，瓦尔特不得不开始反侦察。最后查出叛徒就是米尔娜时，吉斯狠狠地抽打着米尔娜，米尔娜哭诉着自己没有选择，她被德军抓捕后折磨得要死，却又死不了。虽然只是短短几句话却可以感受到战争背后的残酷，使得曾经坚定的游击队员变得自私，为了自己牺牲了无数的战友，在瓦尔特给出选择让米尔娜协助一起对付假瓦尔特时，米尔娜干脆地接受。然而在执行任务即将成功的最后一刻，米尔娜突然惊呼，让谨慎的德军立刻驱车逃离，于是导致行动失败，现场陷入混乱，造成了不必要的牺牲。德军非人性的残暴手段，令米尔娜的心理已经被扭曲而异化，也失去了原本所拥有的正义与良知，仅仅只是变成了德军用来对付瓦尔特一群人的杀人工具。

有的人面对死亡，胆小畏缩，而有的人面对死亡却视死如归。与米尔娜不同的是钟表匠谢德，虽然劝说女儿阿兹拉不要参加抗战组织，做需要等待的人，然而阿兹拉仍旧追随爱人布尔基夜袭德军卡车，不幸陷入假瓦尔特的圈套，已经逃出火力网的她返回拯救受伤的爱人，被GM42机枪打中弃之街头。第二天，盖世太保一遍一遍地要求家属认领广场上的尸体，谢德深知这是党卫军上尉比绍夫设下的圈套，他要借机消灭烈士的亲人。尽管瓦尔特和其他游击队员阻止其上前认领，但眼噙泪水的谢德仍然坚定地上前。再有就是当假瓦尔特获悉游击队接头暗号，党卫军上校冯·迪特里希设下埋伏，围捕瓦尔特。时间紧迫，接到线报的谢德已经来不及预警，危急关头，谢德决定牺牲自己给同志们报信。最终，谢德打死特务，自己也被架在高处的机枪射杀，正是因为听到枪声作为警报，瓦尔特和战友才得以全身而退。

影片中的假瓦尔特本也是英勇、果敢、机智，然而却站在了非正义一方的立场，多次设计杀死不少为正义而战的战士，最后在与瓦尔特肉搏时被击败，死亡时倒在泥坑污水之中，一身肮脏。影片在结尾对于德军"劳费尔计划"的失败没有做过多的渲染，但是历史的洪流轰隆隆向前，等待着人民意志的审判。

《瓦尔特保卫萨拉热窝》不仅描写了人性丑恶、残暴、兽性的一面，也描写人性中美好、善良的一面。电影在战争这种特殊的状态下表现复杂多样的人性。这是一种特殊的文化现象，也是战争题材不可回避的需要思考和表现的方面。当然，在这种特殊的战争状态下，生死已不是简单意义的选择，它渗透着尊严、责任以及信仰的因素。追随与否、投降与否，这其中的种种选择已转变为人格、国格的选择。也正是因为这种人生的选择、人性的拷问成为电影最为深刻的内涵。

二、诗化的影像

《瓦尔特保卫萨拉热窝》中部分段落影像不仅起着叙事的重要作用，更多的是被视作用来表意的载体与背景。影片中多次出现诗化的影像，表现出为保卫城市、为正义而战的"瓦尔特们"面对敌人袭击时的无畏与奋勇抗争。首先是影片中间部分，阿兹拉等人夜袭德军卡车失败被枪杀，尸体被堆放在广场上时，群众站立在包围圈外，广播一遍一遍播放着："萨拉热窝公民们，最后一次向你们宣读公告，死者父母……"音乐逐渐响起，谢德站在人群中看着躺在地上的女儿，如此美丽却又如此静默，镜头特写谢德饱含泪水的双眼，观众不仅能体会到这位父亲对于女儿深深的爱，更能感受到战争的残酷。谢德不顾游击队员的阻止，仍然从人群中走出，坚定缓慢地向女儿走过去。此时德军枪已上膛准备扣动扳机，没有迟疑，片刻之间，萨拉热窝人迎着枪口，义无反顾地走上前去，黑压压铺天盖地，所有人都沉默着，沉默中蕴含的巨大力量，逼退了凶残的敌人。长达48秒的俯拍全景镜头展示着这个悲情的城市，如泣如诉无限悲伤的音乐旋律由弱到强，响彻天宇，生动地表达了为正义而战的勇士们难以言说的哀思和控诉。

再一次是以修理钟表为掩护身份的老游击队员谢德到清真寺以自己的牺牲为瓦尔特等人预警时的场景，当他被德军的子弹击中后，影片采用大全景、俯拍方式，画面中是倒卧在地上的谢德，同时出现了象征和平的鸽子在上空飞翔，一种格外的壮烈感油然而生。在这里，就像是一首庄严的诗一样，给人震撼，直击心灵深处，并且意味深长地表现了对英雄战士的崇敬、凭吊和悼念。这种诗意化的处理创作方式，在审美观念上完全摒弃了传统战争电影中那种血腥、嚎叫的"典型环境"描写。作为一种艺术层面上的思考，影片避免刻意营造战争环境的残酷气氛，把美好的自然环境与战争本身的血腥残酷作为对照，从而反衬出人类的互相残杀与和平美好的极端矛盾，不失为一种艺术智慧。

最后是影片结尾同影片开始形成照应的场景。影片开始，为了顺利执行"劳费尔计划"，老牌特工、党卫军上校冯·迪特里希被派到萨拉热窝，他的助手上尉比绍夫向他介绍情况时说："这座城市游击队的力量非常强大，领导人叫瓦尔特，但始终没有抓到。瓦尔特简直是个幽灵，我甚至怀疑他是否存在。"冯·迪特里希指着周围微笑着说："我可不相信鬼，他确实存在，就在这一带活动。"影片结尾，柏林方面派人来接替冯·迪特里希的职务，并将他押回受审。当被撤职的冯·迪特里希走出办公室，与押送他的特务走在可以纵观萨拉热窝全景的大路上时，面对脚下的城市他忽然清醒了，自语道："太有意思了，我来到萨拉热窝就寻找瓦尔特，可是找不到。现在，我要离开了，总算知道了他……"一名押解特务急忙问他："你知道瓦尔特是谁？马上告诉我他的真实姓名！"冯·迪特里希突然有点激动地说："我会告诉你的。看，这座城市，它，就是瓦尔特！"而影片开始，他也曾指着这座城市对比绍夫说："他（瓦尔特）确实存在，就在这一带活动。"如果说开始他所说的话是在暗指他的特工计划，而在客观上起到串联情节和某种模糊表意的作用。那么，这一次他无可奈何说出的心里话，则是创作者有意在这句大实话中注入耐人寻味的深意。接着影片将冯·迪特里希的主观镜头转换为客观群体镜头，音乐响起，萨拉热窝这座古老城市的全貌缓缓地在观众面前展示出来，实际上这仍是一种主观镜头运用——它引导我们都来"主动"审视深深蕴藏于这座城市中的人民的力量。这座城市其实就是瓦尔特！这也就是瓦尔特保卫的萨拉热窝！她被围困、侵犯，却从来没有真正屈服，一切都是原来的样子。

三、现实的思考

意大利电影导演弗朗西斯科·罗西说："电影无力改变现实，但是有能力促发人们进行思考。"[①]对于战争的反省和现实的思考应是战争题材电影可发挥的重要文化空间。这种反省和思考渗透在电影表现的各个层面。《瓦尔特保卫萨拉热窝》虽然也是对于南斯拉夫游击队成功抵抗纳粹德国的占领事件的真实反映，但是这无疑是经过编剧和导演选择的历史，是一种视角和叙述选择，更是一种思考和观点的选择。对战争历史事件的思考其实决定了电影的整体表述，数观《瓦尔特保卫萨拉热窝》，影片的现实意义非常强烈。这种"为时而作"的电影社会功能特征极其鲜明。认识战争的残酷血腥，思考和平对人类的意义，以及人民为了捍卫正义，可以不惜付出一切代价，是该影片强烈的主观诉求。

例如在影片中，米尔娜被揭穿身份，吉斯得知她是游击队叛徒狠狠扇倒

---

① 罗西，王昶，吴冠平.生活就是一场战争与下一场战争之间的休战［J］.电影艺术，1999(4)：73-77.

她时，她为自己的悲惨遭遇解释道："我没有办法，只能这样，他们把我折磨得要死，可我又死不了，就是男人也受不了的。"战争的残酷造成了人性的扭曲以及无数生命的牺牲。这也很自然让我们想起抨击西方人权观的那句名言：当生存权利受到威胁时，根本就谈不上其他的权利。影片结尾处德军上校看着眼前的坦克和士兵时说："我们停在这儿，就像射击场上的靶子一样，如果现在敌人的飞机来袭击，我们这支光荣的部队就会变成废铁。"同样在片中瓦尔特等人最后和敌人周旋时，瓦尔特等人占领火车车头后，让火车与车头脱钩，再使用妙计让车头车身相撞，敌人全部在装着油料的爆炸中死亡。通过对牺牲和死亡的真实描写，深刻地揭示出战争没有真正意义上的胜利者。

在影片描写的死亡中，既有战争的受害者一方，又有战争的发动者一方。德军在侵略萨拉热窝人民的同时自己也伤亡惨重，萨拉热窝军民在顽强英勇的抵抗中也死伤累累。这种对死亡的血腥描写，客观真实地反映了战争对人类生命的残害。巨大的死亡在某种意义上喻示：战争没有胜利者，只有受害者。影片创作者站在了一定的历史高度，把自己的战争认识观通过影像艺术表达出来。[1]对生活在今天和平环境下的电影观众来说，反思曾经发生过的人类战争，体味其中的悲剧意义，从而珍惜和平与关注未来，这大概也是这部影片创作的一个初衷吧。

结　语

一部文学作品既要有生活真实，又要求达到艺术真实，缺少任何一种真实都将使文学作品失去审美价值。在这种认识上，电影也应该如此。[2]《瓦尔

---

[1] 荣京之.诗意的美丽与血腥的残酷：浅论冯小宁战争电影的人性化表述[J].北京电影学院报，2002（5）：1-9.

[2] 荣京之.诗意的美丽与血腥的残酷：浅论冯小宁战争电影的人性化表述[J].北京电影学院报，2002（5）：1-9.

特保卫萨拉热窝》讲述了一个比较完整的故事，格调轻松，叙事明快，充满乐观的必胜信念。在这一过程中，展示了友情、亲情、爱情、正义和牺牲。人物的命运随着事件的展开而跌宕起伏，悬念丛生。该部影片没有过剩与过激的民族主义、爱国主义渲染，而是通过多种文化意象和艺术空间对战争状态下复杂的人性进行了一定的深度挖掘，以及通过诗化的影像表达出南斯拉夫人民的不屈，最后反思了战争的残酷和血腥，表达了对于和平的向往。而当下中国的民族意志与大众情感在类似《金刚川》《八佰》《长津湖》等影片中也有所体现，同时这不仅是我国人民的意愿和愿望，更是全世界人民共同的心声。

（作者王慧敏系成都大学影视与动画学院硕士研究生）

革命战争片中的内在真实性

——浅析《瓦尔特保卫萨拉热窝》

朱静芸

[摘要]电影艺术的真实在于导演用自己的眼睛对生活进行观察、发现，用头脑进行思考、认识，使用艺术的手法对其进行加工、概括、改造、提炼。在二维银幕上展现的对外部真实的描写中囊括、浓缩了更普遍的生活真实的内涵。电影艺术的内在真实性包括题材来源、人物塑造、主题内涵等。《瓦尔特保卫萨拉热窝》在这几个方面皆有可圈可点之处，这也是为何在一系列反战片中本片能成为翘楚，在20世纪70年代上映时引起热烈反响，在电影史上留下浓墨重彩的一笔。

[关键词]《瓦尔特保卫萨拉热窝》；内在真实；爱国主义

电影的真实性可分为内在真实性和外在真实性。探讨内在真实性的问题，我们不能停留在表层，浮于一般性的论述，应当更进一步、深层次地分析一些它的具体层面。在本文中，至少会涉及三个层面的分析。一是题材的真实性：具体到电影创作中，以真实历史为依据，经过艺术化再创作反映社会生活。二是人物塑造的真实性：通过人物形象的历史还原以及艺术加工的手法，突出人物性格，显示其真实性的一面。三是主题内涵的真实性：这是最高层次的真实，具有概括的性质，是一部电影作品的主旨，是它要表达的核心内容，这是一种概括性真实。

《瓦尔特保卫萨拉热窝》讲述了游击队长瓦尔特凭借个人出色的谋略与众多英勇的游击队员让打入内部的间谍现出了原形后，成功地挫败了敌人的阴谋的故事。本文以本片为例来展开分析。

一、题材真实：取材于革命历史的宏大场景

在历史上，塞尔维亚原本是社会主义时期的南斯拉夫的一部分，1992年南斯拉夫解体，未独立的塞尔维亚、黑山两个加盟国组成南斯拉夫联盟共和国，2006年，黑山经由公民投票脱离联邦，该联盟国解体。之后，塞尔维亚成为主权国家。萨拉热窝是南斯拉夫一座历史悠久的英雄城市，数年来饱受他国的践踏，有着英勇抵抗外来侵略的光荣传统。

从1459年塞尔维亚被土耳其占领开始，一直到一战结束。南斯拉夫先后受到土耳其、奥匈帝国近500年的统治，在二战期间，仅有1000多万人口的南斯拉夫死亡160万人，比英、法、意、美四国加起来的死亡人数还要多，这是一个多年来饱受他国践踏的国家，同时也有着不屈不挠顽强的生命力。

从电影史的角度来看，南斯拉夫拍摄反战电影的传统是由来已久的。1919年的第一部故事片《卡拉格奥尔基》讲述的就是1804—1813年间，塞尔维亚人民英勇反抗土耳其侵略的斗争历史。在二战期间，处于经济落后水平的南斯拉夫电影业发展缓慢，恰恰是在二战期间，由战争片开始起步的影片以小见大地反映了广阔的历史图景，以革命斗争的事实与艺术的真实性展现了不同阶级之间的较量。

南斯拉夫的故事片，多取材于过去或现在的人民生活，以及人民所喜爱的民间故事。首先，在59部故事片中描写南斯拉夫人民反对德国和意大利法西斯的英勇斗争的影片占了相当多的数量。第一部故事片《光荣赞》就是以人民进行解放战争为素材的。其他如影片《他俩》描写了两个普通的农民

勇敢地掩护一个受伤的游击队员，影片《追逐》叙述了南斯拉夫爱国人士在法西斯占领时期所从事的地下斗争的事迹；影片《红花》描写了德国集中营中南斯拉夫俘虏与德国法西斯进行斗争的故事；影片《太阳在远方》是这类题材的影片中较为优秀的一部，其中表现了世界大战和南斯拉夫被法西斯侵略者占领时期的游击队的活动。这类影片教育南斯拉夫人民在获得了政权以后，认清过去的惨痛遭遇和斗争经历，加倍努力地建设自己的祖国[①]。

《瓦尔特保卫萨拉热窝》是将历史当中所发生的具体的战例原型当作影片题材来源，其中既有对抗战胜利后美好图景的憧憬、又有对于残酷战争的体现、对英勇士兵壮烈牺牲而奏的礼歌和对仇敌的坚韧不拔负隅顽抗的精神。南斯拉夫英勇的人民怀揣最真切的期盼与最朴素的愿望，以大无畏的精神前赴后继、不怕牺牲，为了国家生存而争取更大胜利。

2016年6月18日，习近平主席在塞尔维亚为隆重欢迎他的到来举办的晚宴上讲道："《瓦尔特保卫萨拉热窝》、《桥》等南斯拉夫电影曾在中国热映，激荡人们的爱国情怀，伴随着我们这一代的青年时期。"如今，萨拉热窝成为波黑的首都，虽然时过境迁，历史几经周折，但南斯拉夫人民英雄抗击法西斯的光辉事迹将世代流传。

二、角色真实：人物形象的独特塑造

（一）人物的历史还原

1. 以真实人物为依据

在影片中，瓦尔特这个人物在历史上是真实存在的，是二战期间萨拉热窝的抵抗运动领导人。如今在萨拉热窝市内还立有他的半身雕像。瓦尔特原名叫作弗拉基米尔·佩里奇，1938年在银行供职的他受到了共产主义的洗

[①] 刘周，秦榛.南斯拉夫电影简况[J].中国电影，1956（增刊2）：78-79.

礼，成为南斯拉夫共产党的一分子。他在游击队中和队友们一起展开地下抵抗任务。为了行动上的方便，他给自己起了一个瓦尔特的代号，从那以后，"瓦尔特"便成了家喻户晓的称号。瓦尔特自1942年以来，多次对德军和傀儡政府进行成功反抗，之后晋升为营长，在瓦尔特的领导下，游击队的成员迅速扩大起来，同时他也与其他游击队员联系，提供武器、情报等。但不幸的是，这样一位英勇的领导人却没能看到胜利的到来，在1945年于工厂进行巡查时，被德军偷袭，牺牲时仅有25岁。而影片中，饰演瓦尔特的演员韦利米尔·巴塔·日沃伊诺维奇以其高大、英俊的外形和精湛的演技打动了无数南斯拉夫人民，瓦尔特和他的扮演者巴塔也成为南斯拉夫人民心目中的英雄。

2.演员的真实还原

在本片中，几位主演例如巴塔、斯洛普丹、拉德·马尔科维奇等人均是专业演员，在戏剧学校接受过良好的教育。在片中的反派角色，例如冯·迪特里希等人都是德国人，而导演真的找来德国演员来饰演，原因是南斯拉夫人与奥地利人、德国人接触了几百年，对他们甚是了解。而在导演哈依鲁丁·克尔瓦瓦茨看来，德国人的气质是别的国家的人模仿不来的，影片的成功证明导演的判断是正确的。在片中，德国军官的发令示威、走路的动作、端坐的神态总会给人留下严肃、傲慢的印象。有位编剧曾经说过，想要让一部电影卖座，仅仅男女主演演得好是不够的，配角一样需要出彩，而《瓦尔特保卫萨拉热窝》则拥有一批强悍的配角，自然成为经典。

（二）真实的艺术加工

1.去脸谱化塑造人物

南斯拉夫反战影片中一个突出的特点是着力于塑造人物形象，本片的环境位于萨拉热窝，这是一座孕育英雄的城市。以往的影片中，英雄形象是高大、威猛、光明的，而在本片中却有两种英雄形象，一种是以瓦尔特为代表的传统型英雄形象，他们的身上带有传奇性和神秘性；另一种则是以谢德等人为代表的平民英雄，他们有着丰富的个性，有着不同的人生观，是一个个鲜活又具体的个体。其实他们代表的正是万千民众。比如在片中，钟表店老板谢德是老游击队员，在城中与自己唯一的女儿相依为命度日。表面上维修钟表，实则与游击队员联系紧密，传递情报。当自己的女儿也从事这一危险活动时，在餐桌上，他给予女儿真挚的忠告："斗争环境很恶劣，人和人不一样，他们的行为也不一样，有的投降了敌人，有的在战斗，有的在等待，你是个姑娘，应该等待，这也是你妈妈的意思，如果她还活着的话。"老父亲深谙战争的残酷，宁愿自己牺牲，也不愿女儿靠近危险一步，这是人性的使然，革命前辈的流血牺牲就是为了换来后辈的幸福。

2.台词直观化传达主题思想

除演员之外，本片的台词在20世纪70年代的中国广为流传。在本片中，电影台词极具感染力，以其直观外化的形式传达影片的中心思想。例如电影中会大量使用双关语。电影对白中的双关语是指，在电影中利用词语的多义性和同音性来表达双层含义，以突出说话人一语双关，言在此而意在彼的作用。大量运用双关语可以增加电影台词的趣味性，能够给观众留下更为深刻的印象[①]。

（1）在影片开头，上校与比绍夫散步，展开一段对话。

上校："一座很美丽的城市，比绍夫。"

比绍夫："是啊，可是并不平静。"

上校："该是让它平静的时候了。有一个波斯尼亚诗人曾经这样写过，愿上帝保佑追击者，同时也保佑被追击者。"

比绍夫："保佑被追击者？我不明白，我喜欢追击人，而不是被追击。"

上校："这是个习惯问题。"

这一段简单的对白显示出德国纳粹的野心勃勃。比绍夫说并不平静的美丽城市，意在消灭游击队，将其赶尽杀绝。而上校的"这是个习惯问题"则

---

① 邵颖楠，刘大明.论电影台词的艺术特色 以电影《让子弹飞》为例[J].艺术教育，2016(7):133-134.

将纳粹的傲慢暴露无遗，只许成功，不许失败，自己永远只能是高高在上的优雅猎手，也为后面游击队的反胜埋下了伏笔。

在片中除了"我要放大一张我表妹的照片"之外，"空气在颤抖，仿佛天空在燃烧"这句台词是我们的父辈最为熟悉的一句，是游击队经典的接头暗号之一，极其富有诗意。就连纳粹也如此感叹。这句暗号暗示着一场大规模的战斗即将到来，而游击队员则时刻准备着为祖国战斗。

（2）"看，这座城市，它，就是瓦尔特！"在影片的末尾，上校冯·迪特里希任务失败，他在灰心丧气地离开萨拉热窝时，留下了全片最经典的台词。即使骄傲如他，在与英勇的游击队一次次的博弈之后也终于甘拜下风，虽然他老练狡猾，绝不轻易认输，然而此时此刻也不得不由衷感叹靠自己以及身后的纳粹是无法战胜这英勇的民族的。这与开篇洋洋得意、目中无人的他形成了强烈的对比。

三、情感真实：爱国主义精神内涵的独特表达

南斯拉夫反战影片是这个英雄的国家向世界各国所展现的一张明信片，展示该民族慷慨奉献、英勇无畏的民族精神。

以《瓦尔特保卫萨拉热窝》为代表的反战影片，将宏大的历史画面与光辉的英雄形象相结合，将战争的硝烟以及英雄先辈在国家存亡的危难之际将爱国精神展现给观众，唤起人们心中的爱国精神与民族意识。以此片为代表的南斯拉夫反战影片是将爱国主义融入画面、情节、语言中，让没有经历过战争的观众真切地感受到革命者的爱国情怀。南斯拉夫电影中深层蕴含的是该民族同呼吸、共命运的主题。

（一）血洒疆场的爱国主义精神

电影通过对仁人志士的形象塑造以及残酷战场的细致刻画，在叙事中潜移默化地将爱国精神传达给观众。在保卫国家的斗争中，许多热血青年丧生

于敌人枪口下，美丽女孩阿兹拉也身在其中，尽管父亲一再告诫她不要参加危险的行动，"巾帼不让须眉"的她仍然顽强战斗直至牺牲。为何国家会取得最终的胜利？正是因为这不是一个人的斗争，而是全民族的抗战。正是有这样的一群爱国人士抛头颅、洒热血，国家才取得最终的胜利。

（二）自强不息的奋斗精神

古语云："天行健，君子以自强不息。"南斯拉夫是一个不屈不挠、英勇顽强的国家，这种刚健有为、自强不息的奋斗精神在影片中得到了彰显。故事情节以明线、暗线两条线同时展开，明线是敌人所制订的运送燃料、转移伤员的"劳费尔计划"，暗线是派遣特务混入游击队员内部，破坏内部团结的阴谋。影片情节层层展开，逐步递进，在形势严峻之下，瓦尔特既要保全组织，又要消灭敌人，困难不言而喻。即使困难重重，他依旧有条不紊地指挥游击队员展开行动，拯救欧布伦—探听间谍的消息—融入吉斯的圈子—揪出米尔娜。联合众游击队员粉碎了敌人的阴谋。

（三）风雨同舟的团结精神

南斯拉夫是一个多年来饱受他国践踏的国家，书写了一部人民团结统一、同舟共济的历史。

影片中，德军司令部的广播一遍遍通知市民来认尸，冷酷狡猾的敌人借此机会想要揪出游击队员。在广场上，面对着牺牲的家属和后面一排黑压压的枪口，人群沉默而悲伤。看着阿兹拉年轻的遗体躺在冰冷的街上，谢德眼含热泪，悲伤又义无反顾地率先走出了人群。在他的带领下，市民纷纷向前，党卫军震惊了。这一段堪称本片的神来之笔，没有慷慨激昂的口号，也没有冗长的情节。牺牲、悲壮、亲情、残酷体现得淋漓尽致。不是个人的英雄主义，而是在面对强敌时一个民族一致对外、同仇敌忾的精神。

结　语

《瓦尔特保卫萨拉热窝》是南斯拉夫对外文化传播的一张光荣的明信片，展示这个民族英勇无畏、为正义无私奉献的精神。本片以极强的艺术感染力展示了英勇的南斯拉夫人民保家卫国的事迹以及革命战争的宏大历史图景，是伟大的英雄主义精神与爱国主义情怀的凝聚与升华。

在20世纪70年代的中国，巴塔绝对是家喻户晓的人物，这部影片对于当时中国的文艺实践来讲，是以"人性""民族"等鲜活的元素活跃了整个社会固态化以阶级意识为主要表现对象的文艺创作，引起了轰动，这是南斯拉夫电影的象征，在世界电影史上留下了浓墨重彩的一笔。它启迪了70年代思想解放的人们，在这一历史时期，这一代中国人的共同记忆中熠熠生辉，星河长明。

（作者朱静芸系成都大学影视与动画学院硕士研究生）

向英雄的"瓦尔特们"致敬

——从接受美学角度看电影《瓦尔特保卫萨拉热窝》

陈艳艳

[摘要] 近年来,在影视创作中,越来越多的创作者将受众的审美意向作为创作的参照。接受美学从接受出发,以受众为核心,更加注意受众在影视创作中的交流与互动。20世纪70年代,《瓦尔特保卫萨拉热窝》在中国一上映,就获得口碑和票房的双赢,满足了受众的审美期待。本文试图从接受美学理论角度出发,通过分析影片《瓦尔特保卫萨拉热窝》所处的接受环境、潜在读者、期待视野、召唤结构等,揭示影片是如何将观众带入这场国家级的保卫战当中。

[关键词] 接受环境;召唤结构;潜在的受众

南斯拉夫电影《瓦尔特保卫萨拉热窝》在20世纪70年代由北京电影制片厂引进,在中国一经播出,就引发广泛热议,时至今日,每每观看,都备受鼓舞。故事背景发生在1944年,第二次世界大战进入尾声,德军推出了"劳费尔计划",而这个计划当中"燃料"是其中重要的一环。为实现这个计划,德军派遣党卫军上校冯·迪特里希前往萨拉热窝,试图粉碎瓦尔特领导的游击队。

一、《瓦尔特保卫萨拉热窝》所处的接受环境

共同的红色基因——"游击队之歌"。首先,在谈论影片在中国所处的接受环境之前,大部分了解历史的人都非常清楚,南斯拉夫人民和中国人民的民族奋斗史都和苏联息息相关,都在苏联的启发下相继建立了自己的政党。而在不断发展的过程中,第二次世界大战是一个重要的转折点,影片中德军从萨拉热窝撤退时,和当地的游击队发生了一系列故事,这与中国人民为取得反法西斯战争的胜利和敌人斗智斗勇的经历不谋而合,因而影片在中国一经上映,就引起了广泛的反响。

其次,影片在中国上映之时,中国电影当时所塑造的人物形象大都是"高大全"的英雄人物形象,且宣教色彩浓郁,而影片《瓦尔特保卫萨拉热窝》一经播出,其塑造的人物形象较之观众之前观看的影片有很大的差别,人物形象鲜明,有血有肉,给中国观众带来了不一样的审美体验。

最后,影片在中国上映的时候,正值南斯拉夫领导人访华之际,处在这样一个天时地利人和的时机,影片广受赞誉,据记载,该影片是"文化大革命"后最早在中国引起轰动的外国片之一。

二、《瓦尔特保卫萨拉热窝》中符合接受美学的因素

(一)期待视野

接受美学理论认为,任何作品受众在观看之前都只是完成了其中的一部分,只有当受众根据自己的实际经历和审美经验去解读作品时,另一部分才算完成,这个过程既是作为受众欣赏作品的过程,亦是作为参与者接受的过程,归根结底,实际是一种潜在的审美期待[1]。

影片通过塑造瓦尔特、假瓦尔特、冯·迪特里希、谢德(老游击队员)

等人物形象，使得影片的观赏价值极大提高，兼具思想性和艺术性，满足受众的审美期待。

影片刚一开始，就给观众设置悬念，瓦尔特是谁？他真的存在吗？整部电影围绕着"到底谁才是瓦尔特"展开。开场冯·迪特里希与比绍夫展开对话，比绍夫已经追击瓦尔特超过一年，没有迹象表明瓦尔特真的存在过，以至于他觉得这是一个幽灵，而非真实存在。这个时候悬念已经展开，接下来瓦尔特带领着游击队员炸毁桥梁，撤退的过程中和德军展开较量。正当观众欣喜于游击队员们的英勇战斗时，影片镜头一转，瓦尔特走到了德军办公室和盖世太保有了一系列对话，这个瓦尔特是假的，那真正的瓦尔特去了哪里。这个时候，观众处于一个全知的视角，观众对于真的瓦尔特期待值变得更高，而影片在展现真假瓦尔特之间的博弈当中不断地满足观众的情感期待。

《瓦尔特保卫萨拉热窝》在中国播出的时候，以其丰富的视听效果和艺术感染力得到了中国观众的大力追捧，同时也满足了受众调节心情及娱乐的需求。在影片中，假瓦尔特出现的时候，游击队不断遭到破坏，开始怀疑队员当中出现了间谍和奸细。而此时，假瓦尔特也开始不断混淆视听，为了掩盖叛徒的身份，不断地转移视线，嫁祸给旁人，当真相被揭开时，很难料到叛徒是一位面相柔弱的女性。当叛徒的真相被揭晓之时，为了博得生机，她假意与瓦尔特合作，约见假瓦尔特，在约见的过程中，假瓦尔特坐在车中，待到确认环境安全时下车。这时候，米尔娜再次倒戈，却最终死在德军的枪口之下，观众在感到愤怒的时候对这个人物也有些许同情，她最初也是一名游击队员，在被捕之后饱受摧残，从而倒戈，目的是为自己争取一线生机，但故事结尾并未按照她预想的展开，通过这个人物形象的描绘，从侧面也展现出了纳粹德军的残暴。

观众在观看影片的时候，会带着特定的文化基因去欣赏影片，如果影片当中没有表现出来与观众文化相一致的内容，很难得到观众的认同感。影片反映的南斯拉夫人民在抵抗德军镇压时表现出来的英勇顽强的斗争精神，让观众为之振奋，在观看影片的时候，中国的观众都能够联想到为了新中国的成立和民族的独立，无数英烈奋勇向前、不怕牺牲的精神，这种民族文化感与电影表现出来的内容不谋而合，满足了受众的文化期待，且提升了受众的民族自豪感与自信心。

（二）潜在的受众

与英美新批评和结构主义将作品本体批评极端化的方式不同，接受美学直接将批评的焦点转移到文学作品的接受者——读者，将文学史看作"读者的文学史"；认为"文学作品从根本上讲是注定为这种接受者而创作的"，只有当读者（受众）以文学的方式去阅读（倾听）这些负载着文学作品的书面或口头的语言时，这些作品才真正作为文学存在，才获得现实的文学生命。接受美学阐释了为什么要以读者为中心，以及如何突出读者的中心地位，从而得出了文学史不仅仅是作品史、作家史，更应该包含受众的接受史。[2]

接受美学的代表伊瑟尔曾提出一个与作品有关的读者概念，即"隐含的读者"。然而，这位"读者"更多只是与文学文本有联系，因此，朱立元受此启发，提出了一个让创作与读者直接发生联系的读者概念，称为"潜在的读者"。"潜在的读者"是相对于现实读者而言的，他源于实际生活，但并不一定实际存在，他可能是某一类读者的代表，也可能是作者想象中的未来读者，他是作者心中参与创作的读者。

当伊万被特务跟上，游击队员和德军在博物馆展开较量的时候，一大批人涌进博物馆，掩护游击队员撤退；当老游击队员谢德为了掩护瓦尔特而提前赴约牺牲时，游击队员们和德军展开了较量，在追击到巷子时，群众掩护瓦尔特撤退，这时，德军追击的声音与人民群众掩护瓦尔特撤退的声音交相辉映。这是一场人民的战争，参与者是所有人。就像影片结尾德军将领所说的："看，这座城市，它，就是瓦尔特！"

影片当中表现出来的这种民族责任感和斗争精神会吸引不同的受众观看，这些受众都会成为影片的"潜在受众"。除此之外，影片在引进的时候，台词在尊重原版的基础上更符合中国受众的语言习惯,像"空气在颤抖,仿佛天空在燃烧""是啊,暴风雨就要来了"等台词的运用在渲染气氛的同时,营造了紧张感,吸引更多的受众观看。

(三)召唤结构

伊瑟尔曾在《本文的召唤结构》中提出"召唤结构"这一概念。在他看来,作品的意义是具有不确定性的,作品之中存在需要接受者去填补的空白,对接受者而言,这是一种召唤行为。在接受过程中,接受者会因为生活阅历经验的不同,对作品的填充也会呈现出差异化的效果。文本在对读者进行召唤后,其在意义以及审美价值实现上就有了无限的可能。[3]

从接受美学的角度来看,从接受这一行为发生的前提来说,当前视觉效果(甚至也包括听觉效果)已经成为观众接受一个影视的重要考量指标。希区柯克曾经指出,抛开电影的主题以及演员的表演,纯粹的视觉效果便能唤起观众强烈的情感。再加上声音的配合,视听效果的表现更加丰富。

影片中,布尔基在质问名单中被杀害的人时,无意当中透露了老游击队员谢德的身份及所处的位置,为影片后续埋下伏笔。当谢德的女儿被残忍杀害之后,影片以特写镜头的对比来表现德军的残忍与游击队员们的隐忍,德军公开处理这些尸体,本想揪出游击队员枪毙达到震慑效果,结果适得其反。声音与画面的配合使得影片的表现力不断加强,受众在欣赏的过程中,会结合自己的审美经历,最终实现情感共鸣。

当假联络员通过谢德约见瓦尔特时,为了保护瓦尔特,谢德赴约,在赴约之前,他从钟表后面拿出了一把手枪,告诉学徒他要走了,去寻找他的归属,平静地整理,语重心长地叮嘱学徒,从容地走向属于自己的战场。当他牺牲倒下的瞬间,象征着和平的白鸽从空中飞过,老人用自己的牺牲化解了游击队的危机。运用表现蒙太奇的手法将老人对国家的情感表现得淋漓尽致,在影片的后续,我们看到谢德的学徒也成了游击队员。通过丰富的视听手段,画面与声音的配合,为受众展现了游击队员们不畏牺牲、勇于战斗的场景，而受众通过欣赏使得影片的审美性和思想性进一步加强。

影片通过一系列悬念展开，塑造了有血有肉的人物形象，正是因为"瓦尔特们"的存在，这个城市有了生机和希望。这座城市，它就是瓦尔特。

参考文献：

［1］李静.接受美学视角下的《星际迷航》系列电影［J］.电影文学，2017（4）：116-118.

［2］杨锐.后现代语境中的接受美学的三大特征［J］.教育现代化，2017，4（7）：132-134，137.

［3］王淑兰.接受美学视域下国产动漫电影的传播策略研究［J］.传媒，2017（3）：73-75.

（作者陈艳艳系西京学院传媒学院助教）

《瓦尔特保卫萨拉热窝》：银幕内外的悬念和参与

程 迪

[摘要] 南斯拉夫电影《瓦尔特保卫萨拉热窝》(*Walter defends Sarajevo*) 于1977年在中国公开放映，这部电影在故事的悬念设置上进行了巧妙的安排，使观众不由自主地参与到影片"抖包袱"的活动中来。本文以希区柯克的"炸弹比喻"为依托，从观众的参与、导演对悬念的设置两大方面来阐述发生在银幕内外的悬念和参与。

[关键词] 悬念；炸弹比喻；希区柯克

1977年，南斯拉夫电影《瓦尔特保卫萨拉热窝》在中国公开放映。电影以二战为时代背景，讲述萨拉热窝抵抗运动领袖——瓦尔特带领游击队员摧毁德军"劳费尔计划"的故事。

这部电影上映的时间正处在中国改革开放前夕，人们的艺术世界是"八大样板戏"，是"以阶级斗争为纲"，艺术作品跳不出"千人一面"的牢笼。而这部电影的引进，让中国人民看到了二战中另一个国家的游击队员，记住了瓦尔特这位儒雅、勇敢的民族英雄，也知道了萨拉热窝这座经历了战争苦难的城市。此外，影片在中国公映很长一段时间后，人们才在其他影片［如《碟中谍》(*Mission: Impossible*，1996)］中看到诸如火车打斗等精彩动作场面，可以说，是这部电影让久旱逢甘霖的中国观众再次燃起了民族热情，引发了共鸣。

作为一部"间谍片"，《瓦尔特保卫萨拉热窝》在故事的悬念设置上进行了巧妙的安排。悬念设置影响着观众对整部影片的关注程度，引人入胜的情节点将成为抓住观众眼球的一大法宝。影片通过亦真亦假的故事情节，引导观众参与故事，此时的观众不仅仅是故事的接受者，甚至成为故事（悬念）的设置者，与导演所创造的情节进行"博弈"。本文以电影《瓦尔特保卫萨拉热窝》为例，探讨"间谍片"内部的电影悬念设置，以及银幕外观众对于电影悬念的参与。

一、电影悬念的产生离不开观众的参与

《电影艺术词典》中对于"悬念"一词的解释是："处理情节结构的手法之一。利用观众关切故事发展和人物命运的期待心情，在剧作中所设置的悬而未决的矛盾现象。"[1]可见，任何一部电影作品都会在故事当中插入悬念，制造"包袱"，引起人们对于后续情节的好奇，并在合适的时机"抖开包袱"。观众在对后续情节的关注中，一是满足自己的预期期待，产生"如我所料"的满足感；二是满足自己的求知欲，获得恍然大悟的透彻。

所以，电影悬念不仅与表现形式相关，也与观众的认知心理相关。悬疑电影大师希区柯克的"炸弹比喻"可以很好地解释这一点：两个人正在桌边谈话，桌子底下或许有个炸弹——而这一信息并未向旁人（观众）交代。二人的谈话内容非常普通，没有什么引人注意的点，此时，"轰"的一声，炸弹突然爆炸了，旁人（观众）被吓了一跳，但惊险过后，人们作鸟兽散，仿佛刚刚什么都没有发生。而"电影悬念"的设置则是观众十分清楚地知道炸弹就藏在二人所倚靠的桌子底下，甚至知道一分钟以后它就要爆炸，于是观众开始为正大聊特聊的二人着急，想办法引起银幕中人物的注意——虽然这是徒劳的。在这段情节中，观众已然全程参与，与前一种情节相比，观众获

得了更多的震惊与紧张,因此"只要有可能就一定要向观众提供信息。只有当需要震惊和不期而至的趣事时,才能例外"[2]。

由电影悬念的概念以及希区柯克的"炸弹比喻"可以看出,悬念的产生离不开观众的参与。能够让观众不由自主对情节产生期待,为角色的命运所担忧,途径之一便是向观众提供一部分相关信息,促使观众去猜想接下来会发生的事。观众在获得部分信息后,首先产生疑问,甚至带着情感产生疑问——此时观众已然与电影中的角色融为一体,这种情感是由认知心理带来的不由自主地"命运与共"。随后,观众随着悬念的推进,不断获取更多信息,在对信息的推理中,得到与导演所设置的结局匹配(或不匹配)的结论。此时的观众,已经在这些悬念中获得了持续的紧张感,也就对电影情节产生了持续的注意力,希区柯克由此区分了"惊奇"和"悬念":"惊奇"是在观众不知道任何前提条件的情况下获得震惊感,通常是一瞬间的感觉,而"悬念"则是观众根据前情对剧中人物所处形势进行判断,并为之提心吊胆,是一种持续的感觉。

二、《瓦尔特保卫萨拉热窝》中的悬念设置

《瓦尔特保卫萨拉热窝》中,通过正反派角色之间的博弈为观众营造了持久的紧张感,观众在观看真假瓦尔特的明争暗斗、游击队内部正义与邪恶的对决等情节时,为被骗的游击队员感到担忧,为被污蔑的无辜角色感到气愤,同时期待着转机的产生。事实上,观众早已分辨出真假瓦尔特,也猜到了影片的大团圆结局,但真假瓦尔特在互相博弈中,为各自阵营的队友所营造的危机感,正是吸引观众持续观看的原因。

(一)导演主动"拆穿"悬念

真假瓦尔特的辨别是本片制造的一大悬念,但这一悬念早在影片开始就已经被导演"拆穿":当假瓦尔特与真游击队员炸毁桥梁后,紧接着就让假

瓦尔特来到德军内部,并告诉观众这实际上是德军上尉康德尔。随后,党卫军少尉萨斯出现在绞杀铁路工人的现场,观众对他的身份深信不疑,认为他就是杀害工人的罪魁祸首,然而剧情又在此时出现反转,原来所谓的党卫军少尉实际上是游击队员皮劳特。

在这一片段中,导演不仅交代了正反派人物的信息,也通过皮劳特与铁路工人的对话吊起了观众的胃口:当皮劳特向接头的铁路工人介绍另一位游击队员苏里时,铁路工人问皮劳特:"听说苏里常常和瓦尔特在一起""瓦尔特会来吗?"而皮劳特的回答含糊其词,并不由自主地就前一晚的"炸桥事件"为瓦尔特辩解——这次事件让20位铁路工人丧命,而真正的游击队领袖瓦尔特绝不会进行伤亡如此惨重且无意义的行动。在这场戏中,看似是两位游击队员在特殊情况下的谨慎对话,实则是向观众透露关键信息:一是苏里常常与瓦尔特在一起——带着苏里前来的皮劳特是否就是瓦尔特?二是皮劳特斩钉截铁地说,瓦尔特绝不会拿20名铁路工人的性命做赌注——皮劳特如此了解瓦尔特,按照电影故事的巧合程度,有没有可能他就是瓦尔特本人?

(二)谜底的适当保留

前述段落中,游击队员皮劳特事实上就是影片的主角瓦尔特。但瓦尔特这一身份信息在这里被保留了,直到后续段落中,导演才释放出这一身份信息,观众一方面猜测皮劳特就是瓦尔特,另一方面又被皮劳特的"伪装"带走,认为瓦尔特另有其人。

除了让观众对英雄人物命运进行担忧以外,影片中叛徒的命运也牢牢把握住了观众的好奇心。与真假瓦尔特这一悬念设置不同,导演并未在影片开始就告诉观众这位叛徒的信息,观众甚至会被影片中的圈套所迷惑:为了让真正的叛徒浮出水面,游击队不得不"冤枉"好人,而这场"戏中戏"竟是真瓦尔特所设——这更让观众深信不疑,随后的剧情会让观众在剧情反转中获得"顿悟",满足一定的心理期待——正义终将战胜邪恶。

对关键信息的适当保留,实际上是艺术创作中的"留白"给予观众的自由创作时间。观众知道游击队中有了叛徒，但不知道真正的叛徒是谁，于是开始猜想——这不正是故事中游击队员们也在做的事情吗？此时银幕外的观众仿佛进入了银幕内部，通过对每一个角色的细致分析以及对当下形势的判断，做出自己的决定，并在最终谜底揭晓的那一刻获得审美快感。

由此可见，"间谍片"中主人公派别的反转、人物关系的错综复杂以及正面角色为促使行动成功所做出的努力，是导演在安排情节点时需要着重考虑的方面，只有让观众参与到故事的行进过程，有猜想和提问的欲望，并不断给出提示信息以及正确答案，才可以持续抓住观众的注意力，才称得上完成了悬念的设置。

结　语

电影从来不是导演一个人的成果，电影作品的完成往往伴随着观众在观看时的二度创作。对于电影悬念而言，一方面是导演本人的"小聪明"被观众"识破"，另一方面则是观众对故事情节的疑问与猜想。《瓦尔特保卫萨拉热窝》在当年爆火，不仅仅是因为它让更多人燃起了民族热血，更在于这部作品对于银幕内部悬念与银幕外观众心理的把握，当观众也成为电影的创作者，成为故事中的角色，他们又怎么可能轻易放弃取得成就（获得谜底）的机会呢？

参考文献：

［1］许南明，富澜，崔君衍.电影艺术词典［M］.北京：中国电影出版社，2005：113.

［2］特吕弗.希区柯克与特吕弗对话录［M］.郑克鲁，译.上海：上海人民出版社，2007：54.

（作者程迪系新疆艺术学院传媒系硕士研究生）

哈依鲁丁·克尔瓦瓦茨战争电影研究

吴姝贤

[摘要] 哈依鲁丁·克尔瓦瓦茨是南斯拉夫著名的爱国导演。从《桥》到《瓦尔特保卫萨拉热窝》，他向世界展示了南斯拉夫人民真挚的民族精神和高尚的民族气节，补缺了东南欧战场的影像空白。本文将从社会文化语境、电影美学特征以及克尔瓦瓦茨执导的电影在中国的接受情况等方面，研究他的战争电影为何经久不衰。

[关键词] 哈依鲁丁·克尔瓦瓦茨；现实主义；"红"色调；《瓦尔特保卫萨拉热窝》；《桥》

一、特定的社会文化语境：硝烟弥漫的巴尔干半岛

巴尔干半岛，是一个历史和地理上的名词，用以描述欧洲的东南隅位于亚得里亚海和黑海之间的陆地，具有重要的战略意义。而位于兵家必争的巴尔干半岛，南斯拉夫曾长期生存于欧洲霍亨索伦、哈布斯堡、罗曼诺夫三大王朝以及亚洲的奥斯曼帝国的挤压之中，在第二次世界大战期间，又陷入了纳粹德国的占领[1]。正是因为连绵不断的战争，造就了南斯拉夫同仇敌忾、鲁连蹈海的民族气节，南斯拉夫人民怀揣着对和平的真切期盼以及对生活的无限热爱，为了正义事业、国家解放不惜慷慨就义，进而争取更大的胜利。

南斯拉夫作为二战的重要参战国，直面了这场人类的浩劫，为了反法西斯的宣传，导演们纷纷投身于创作之中，涌现出了《夜袭机场》《苏捷斯卡战役》《二十六个画面的占领》《67天》等优秀影片。出生于萨拉热窝的哈依鲁丁·克尔瓦瓦茨，在经历过战争的洗礼，目睹了纳粹的暴行与南斯拉夫人民的英勇抗争后，以电影为叙事媒介，用镜头去描绘战争的残酷、彰显人性的光辉、宣传诞生于历史前进潮流中的各色英雄人物。哈依鲁丁·克尔瓦瓦茨的所有长片都是第二次世界大战题材的动作片，他运用现实主义手法创作出诸如《瓦尔特保卫萨拉热窝》《桥》等流传甚广的经典佳作，在南斯拉夫电影史上留下浓墨重彩的一笔。

二、《瓦尔特保卫萨拉热窝》《桥》的现实主义电影美学

（一）现实主义电影美学特征

一部电影的美学特征直观地体现于影片内涵以及宣扬主题的手法上，现实主义电影致力于呈现生活的现实性、真实性，以稀松平常的细节展示时代特色与人性的闪光点[2]。创作者将镜头对准日常生活场景，影片中的角色就如真实存在般的鲜活亲切，通过对现实的关照，使得观众更容易找到情感的切入点，并引导观众对影片所处的时代与社会进行一定程度的良性思辨。

哈依鲁丁·克尔瓦瓦茨以真实的战争原型为立足点，利用个体的成长与发展反映特定的时代特征和人物群像。他将历史上真实存在的战例原型通过艺术化手法呈现给观众，又将小人物置身于宏大的历史空间当中，去脸谱化，以鲜明、生动、立体的人物形象，向观众传达南斯拉夫人民的极高的民族素养与强烈的爱国主义情怀。

（二）《瓦尔特保卫萨拉热窝》《桥》的现实主义呈现

哈依鲁丁·克尔瓦瓦茨执导的影片《瓦尔特保卫萨拉热窝》（简称《瓦

尔特》)、《桥》,皆以南斯拉夫人民抗击德国法西斯为故事背景,作为导演的代表作品,这两部影片从主题和风格以及演员阵容都极为相似。克尔瓦瓦茨导演的影片,在当时的南斯拉夫大受欢迎,其中《瓦尔特》和《桥》的成就最为突出,引发世界的广泛关注,在包括阿富汗、尼加拉瓜等距离南斯拉夫较远的100多个国家和地区公映[1]。

现实主义电影是一个国家进行自我表述和建构本土文化形象的重要载体[3],以克尔瓦瓦茨为代表的南斯拉夫导演,所执导的反战影片向世界各国展示了南斯拉夫人民众志成城、万众一心的民族精神。《瓦尔特》讲述了游击队长瓦尔特凭借个人出色的谋略带领众多英勇的游击队员与敌人斗智斗勇,消灭了假瓦尔特等一干特务,成功粉碎了敌人的"劳费尔计划"。影片《桥》讲述的是1944年第二次世界大战接近尾声的时期,一小队南斯拉夫游击队员经历一系列周密的安排和惊险曲折的斗争,将德军撤退途中一座必经的桥梁炸毁的故事。《瓦尔特》自上映以来魅力经久不衰,吸引观众的是影片内在蕴含的美学价值,就如理论界所指出的,"影片感人至深,人物有血有肉,影片中不论正面人物,还是反面人物,个个真实可信,在人物塑造方面,没有沿袭某些革命题材影片把革命者神化、公式化,把敌人愚化、嘴脸化的旧模式。影片中的革命者没有慷慨激昂的陈词说教,没有摩拳擦掌、瞋目扼拳,他们只有默默的行动。整部影片正面人物台词不多,而反面人物也并非都是颐指气使、凶相毕露"[4]。导演对于细节的刻画也同样令人拍案叫绝,例如影片中的德军总部吊着反抗者的尸首,没有特写,德军在旁边经过时如同经过纳粹旗帜一般自然。这是真实经历过战争的人才能安排出的细节,毋庸赘述,战争的残酷便跃然纸上,影片将生活真实与艺术真实相结合,淋漓尽致地展现出德国法西斯的残暴不仁。《桥》的细节处理同样体现了克尔瓦瓦茨的高明之处,在影片开头,"老虎"在接到任务时,对设计的新任务表现出拒绝的态度,他强调在如此艰难的条件下任务不可能完成。"老虎"的反应似乎不符合英雄的设定,却是难能可贵的真实,这个简单的反应远比枪林弹雨的场面所给予观众的情绪感染更深刻,任务的艰难不言而喻。

　　同时两部影片也成功地塑造了一群有声有色的人物群像，主要人物活泼鲜明、有血有肉。诸如《瓦尔特》中的老钟表匠谢德，是与女儿相依为命的父亲，是热爱本职工作的钟表匠，隐藏身份又是经验老到的游击队员，为了正义事业时刻做好牺牲的准备，却不轻易谈论牺牲，他曾叮嘱女儿，"斗争环境很恶劣，人和人不一样，他们的行为也不一样，有的投降了敌人，有的在战斗，有的在等待，你是个姑娘，应该等待"。唯一的女儿跟随游击队参加破坏行动却惨遭纳粹杀害，德军将尸体陈列于广场，并下令谁来认领便就地处死，看着女儿苍白地躺在冰冷的街道上，谢德明知这是陷阱，却依旧坚定地走出了人群。在这一刻谢德更为鲜明的身份是刚刚经历丧女之痛的父亲，也使得谢德的性格层次更加丰富，令观影者无不为之动容，与此同时也对战争更加深恶痛绝。萨拉热窝的公民们跟着谢德一同走上前时，与《老子》第七十四章的"民不畏死，奈何以死惧之"不谋而合，充分表现出南斯拉夫人民不畏强暴、斗争到底的民族气节。

　　"啊朋友再见，啊朋友再见，啊朋友再见吧，再见吧，再见吧；如果我在，战斗中牺牲，你一定把我来埋葬，请把我埋在，高高的山岗，再插上一朵美丽的花"，伴随着曲折优美的歌声，游击队员扎瓦多尼和他的助手班比诺一同出场，扎瓦多尼擅长爆破，却在德军的追击中为避免班比诺落入敌人手中受辱，用炸药结束了班比诺的生命。扎瓦多尼与班比诺是亲密战友，两人之前甚至讨论等战争结束后去佛罗伦萨，不曾想战友永远地留在了沼泽地。作为游击队员的班比诺，在自己不慎中枪时迫切地呼唤同伴，清澈的眼神里满是对生的向往，以及扎瓦多尼在班比诺牺牲后的悲痛与愤怒，都展现出他们先是人而后才是游击队员的一面。克尔瓦瓦茨对于游击队员扎瓦多尼、班比诺的塑造，是真正的、有血有肉的人，会对死亡感到恐惧，会为同伴的牺牲哀痛到失去理性，并非神化到没有人情味的革命者，影片中强烈的情绪色彩无疑拉近了观众与角色之间的距离，其震撼效果可想而知。

《瓦尔特》《桥》没有一味僵硬地向观众灌输爱国主义理念，却将这种同仇敌忾、一致对外的民族精神润物细无声地融入影片，通过影片中人物的对白、行动、目的展现出无论是正派、反派皆有生动鲜明的性格，在一正一邪的对比中用情节曲折的故事来谱一曲可歌可泣、无限光荣的赞歌。这两部电影没有浓墨重彩地刻画某个英雄人物，但里面的游击队员又描绘得有血有肉，无论是《桥》里机智的班比诺、重情义的扎瓦多尼，还是《瓦尔特》里智慧、成熟、稳重的老游击队员、老钟表匠谢德，这些角色都给观众留下了深刻的印象。他们牺牲的时候都是平凡之中透露着悲壮，散发着典型的英雄浪漫主义气息。

三、别样的影像记忆：南、苏、美二战题材影片比较

（一）南、苏、美二战题材影片的历史背景

特定的历史时期、社会语境必然会产生不同的电影形态[5]。哈依鲁丁·克尔瓦瓦茨所在的南斯拉夫和苏联在第二次世界大战中都经历过本土作战，其间付出的牺牲不可名状。据文献记载，苏德战场作为反法西斯战争在欧洲的主战场，承担了抗击80%的德国法西斯武装的重任，苏联人民丧失了2700万人，损失了难以估量的国民财富[6]。南斯拉夫二战被杀害大量战俘和解放区平民，伤亡470万，死亡170万，伤亡比例19.8%，死亡比例7.71%。美国作为二战的重要参与国，虽未进行本土战争，但美国人民同样付出了重大牺牲。

战争的苦难深刻影响了南、苏、美的艺术创作，出于对战争的反思和反法西斯的宣传，自20世纪40年代导演们便开始创作关于二战的影片，其间相继出现了《士兵之歌》（1959）、《伊万的童年》（1962）、《桥》（1969）、《这里的黎明静悄悄》（1972）、《瓦尔特保卫萨拉热窝》（1972）、《虎！虎！虎！》（1970）、《辛德勒的名单》（1993）等经典之作。南斯拉夫、

苏联和美国以各自的民族伤痛为根本点，运用不同的叙事手法进行创作，其影片传达的内核思想也不尽一致。例如美国1993年的《辛德勒的名单》，该片改编自澳大利亚小说家托马斯·肯尼利的同名小说，讲述了一名身在波兰的德国人辛德勒，在二战时雇用了1100多名犹太人在他的工厂工作，帮助他们逃过被屠杀的劫数。《辛德勒的名单》成功塑造了辛德勒这个"是人而非圣人"的普通人形象，揭示了人性的某些普遍特征，《辛德勒的名单》更多是透过战争探讨人性，这也是美国自越南战争以后战争电影的创作基调。

（二）南、苏、美二战题材影片的叙事风格

战争题材的影片在讲述真实历史事件的同时，以最大限度的艺术真实逼近生活真实。南、苏、美基于不同的文化背景，所创作的影片在叙事模式上呈现出各自的特色。以苏联影片《伊万的童年》为例，该片讲述了苏联卫国战争时期，士兵阿廖沙的一次回家经历，以及与少女舒拉在火车上相识相恋的爱情故事。《士兵之歌》将视角放置在阿廖沙的内心和战争中普通人的内心世界上，使得他们在战争面前的脆弱一览无余，反倒让观众切实地感受到来源于人类自身最伟大的一种力量，那种自我牺牲、对生活的希望才是人们坚强前进的基石。美国于1970年上映的影片《虎！虎！虎！》讲述了日军攻击珍珠港的始末，该片真实客观地再现了珍珠港事件的历史真相。《虎！虎！虎！》不像其他战争片那样富有戏剧性和冲击性，日机轰炸珍珠港的场面拍摄的客观逼真堪比纪录片。而南斯拉夫的游击电影《瓦尔特保卫萨拉热窝》则与前两部电影有着明显的差异，该片更偏向于轻松、激昂与豪迈的风格，相对于大众而言更容易被接受和口口相传。

四、"红"色调：哈依鲁丁·克尔瓦瓦茨电影在中国的接受情况

20世纪70年代，《瓦尔特保卫萨拉热窝》和《桥》被引入中国，上映之

时可谓是万人空巷,这两部电影是70年代最早"引起轰动效应的外国片"[7]。译制片的引进向70年代的中国展示了其他国家的风土人情,对当时接触有限的中国人民而言异常新鲜。那一时期,中国的影片风格单一、人物塑造样板化,而哈依鲁丁·克尔瓦瓦茨的影片叙事风格新颖、人物形象饱满鲜活,极大程度地满足了中国人民对电影艺术的需求。

但引发如此效应的根本原因在于两国近代历史背景的相似:两国领土都饱经他国的武装侵略,与苏联有着或多或少的关联,并在马克思列宁主义的理论和实践基础上建立了红色政权。以上种种原因,使得影片一上映便唤醒了中国人民的民族记忆,即使故事发生在遥远的东南欧半岛,也丝毫不影响观众对《瓦尔特》《桥》的喜爱。

参考文献:

[1] 沈义贞.战争片与现实主义:关于《瓦尔特保卫萨拉热窝》的美学随想[J].艺术百家,2007(5):51-54.

[2] 付丽.现实主义题材电影的美学特征[J].电影文学,2020(2):30-32.

[3] 金卉.新世纪以来日本电影的现实主义美学[J].当代电影,2016(3):168-171.

[4] 辛元."看,这座城市,它,就是瓦尔特!":前南斯拉夫影片《瓦尔特保卫萨拉热窝》[J].家庭影院技术,1999(7):72-73.

[5] 安超.历史记忆与影像书写[D].北京:中国艺术研究院,2007.

[6] 卫忠,钱澄.斯大林的坚强品格与卫国战争的胜利[J].扬州师院学报(社会科学版),1995(2):29-33.

[7] 路卡.别样的视角:《瓦尔特保卫萨拉热窝》与《桥》在中国的接受研究[J].文艺理论与批评,2019(2):98-111.

(作者吴殊贤系成都大学影视与动画学院硕士研究生)

电影录音剪辑与特殊时期的艺术审美

——以《瓦尔特保卫萨拉热窝》为例

李 姝

[摘要] 电影录音剪辑是20世纪中国广播文艺工作者创造的节目样式，其特殊的解说电影模式创造了无数经典作品，也承载了几代人的集体记忆。本文以《瓦尔特保卫萨拉热窝》为例，旨在回顾电影录音剪辑的艺术审美价值，希望可以在今天的新时代和新媒介语境下创造更多描写时代心灵的作品。

[关键词] 电影录音剪辑；艺术审美；《瓦尔特保卫萨拉热窝》

一、"听电影"的时代：全知全能的解说者

"现在播送南斯拉夫影片《瓦尔特保卫萨拉热窝》的录音剪辑……1944年，第二次世界大战末期，希特勒德国在南斯拉夫人民和世界反法西斯力量的严重打击下，正处于节节败退的绝境。为了挽救其岌岌可危的命运，这一天，德国侵略者的头子在地下室里召集了军官会议……"这是电影录音剪辑《瓦尔特保卫萨拉热窝》开篇的解说词。全知全能的叙述视角、义正词严的腔调，伴随着听筒里不时传来的战斗机轰鸣和炮火声，多层次的声音场景为

电影录音剪辑与特殊时期的艺术审美

我们建构了影片的时空线索和故事背景。随着环境声减弱，人物的脚步声逐渐清晰，影片第一场德国军官的地下室密谋戏徐徐展开。这部由南斯拉夫著名导演哈伊鲁丁·克尔瓦瓦茨在1972年执导的故事片早已在中国家喻户晓。即便距离1977年首次国内公映已过去了40多年，片中的二战革命传奇、惊险刺激的谍战剧情、真假"瓦尔特"的谜团、精练的电影视听语言（尤其是精湛的配音艺术）对于今天的大多数年轻观众而言依然具有持久的吸引力。然而，经历过"三转一响"（20世纪50年代普通中国家庭四大件：收音机、自行车、缝纫机及手表）时代的老一辈观众，对"听电影"情有独钟。甚至很多70后、80后的童年记忆里，第一次接触《瓦尔特保卫萨拉热窝》也是通过广播里的声音传递。国产文艺电影《青红》《孔雀》《芳华》等，都展现过特殊历史年代里无论是乡村还是城市大院生活的人们对广播的依赖。在电视和网络还未普及的历史年代，从收音机里的广播节目收听电影是一场既能和时代共振又充满个人化私密体验的绝妙记忆。

电影录音剪辑是我国广播电台工作者独创的文艺节目形式，诞生于1950年中华人民共和国成立初期，东北电影制片厂的故事片《白衣战士》第一次让观（听）众体验了广播节目里收听电影。[①] 电影录音剪辑最初称为"录音剪辑"，1955年11月播出了上海电影制片厂摄制的影片《天罗地网》之后，《广播节目报》将"录音剪辑"改称为"电影录音剪辑"。电影录音剪辑属于"录音剪辑"节目的一种，与之类似的还有话剧录音剪辑、戏曲录音剪辑、歌剧录音剪辑、舞剧录音剪辑和电视剧录音剪辑。20世纪60年代，《广播影院》栏目的开播，一举成为中央电视台的十大名牌节目。70年代末至80年代，电影录音剪辑作为广播节目，随着外国文艺作品的大量引进和译制片一道进入了黄金发展时期。1982年中央电视台向全国听众进行了一次较大规模的调查，喜欢收听电影录音剪辑的人数在中央电视台所有节目中位列第二，仅次于《新闻和报刊摘要》节目。在所有文艺节目中，电影录音剪辑的

---

① 王雪梅.中国广播文艺广播剧研究：上卷[M].北京：北京广播学院出版社，2003.

听众人数占据首位。可见电影录音剪辑从一开始就受到了广大观（听）众的青睐。电影录音剪辑的性质、风格、创作方法、审美价值等成了20世纪80年代文艺界探索的热点。

把电影配上解说进行声音创作、重新录音编辑制作而成的电影录音剪辑是我国文艺工作者的世界独创，也是特殊历史时期的文艺样式。众所周知，电影是以视觉为主、听觉为辅的视听艺术，而电影录音剪辑依靠的是广播这一听觉性的艺术，其本质上已经脱离了电影本身，是一种基于视觉画面的二度创作，带来的想象空间非常广阔。因此，电影录音剪辑中全知全能视角的解说就充当了引导思维和艺术加工的作用。电影录音剪辑的创作过程是将视觉艺术转换为听觉艺术的过程，这不是简单的"嫁接"或"移植"，而是将电影时空与广播时空的"流动性"充分利用。比如电影录音剪辑《瓦尔特保卫萨拉热窝》中时常在人物对白中插入这样的解说点评以填充人物行为的空当，及时补充想象画面的空白："哈根中校走到了地图跟前""冯·迪特里希走进了里屋……从桌上倒了三杯酒"，还有自问自答式的解说："不是瓦尔特吗？怎么变成了康德尔？""是的，刚才炸桥的那个瓦尔特正是德国间谍康德尔上尉"。类似这样的解说评论自由地穿插在人物行动线中，丝毫不避讳由此带来的"主观性"，甚至在剪辑中还大胆删减、调整了原片段落顺序，通过声情并茂的解说评述，对电影的人声、音乐、音响等元素取舍、强化、润色，使得人物形象塑造及故事主题表达更加深入、立体。比如影片伊始，德国军官第一次提到"瓦尔特"这个神秘人物之后，紧接着配上了这一段解说："德国党卫军冯·迪特里希来到了南斯拉夫的一座城市——萨拉热窝，他的任务就是执行'劳费尔计划'。而'劳费尔计划'的目的是要把萨拉热窝油库的燃料设法运输到维谢格拉德去。一辆辆德国坦克在崎岖的盘山公路上撤退着，这是侵略者必然的结局。英雄的南斯拉夫游击队为了保卫祖国，他们不惜牺牲一切，英勇顽强地与敌人斗争着。这使得德国侵略者胆战心惊，惶惶不可终日。敌人虽然知道游击队长瓦尔特就在这座城市……"通过极具主观色彩和感染力的评述，触发了观（听）众的联想和感知，与原译制片中配音演员的精彩演绎共同构成了崭新的听觉艺术体验。

二、"他者"的渴望：声音构建的文化想象

20世纪70年代末，得益于国家改革开放政策与文艺界西学东渐的互通交往，电影录音剪辑与译制片等依靠声音媒介传递想象的艺术经过了停滞期之后开始进入迅猛的发展阶段，直至20世纪80年代达到鼎盛时期。无数深入人心的电影录音剪辑作品如《桥》《哑女》《叶塞尼娅》《简·爱》《追捕》《茜茜公主》《佐罗》《大篷车》《流浪者》《雁南飞》《虎口脱险》《加里森敢死队》《远山的呼唤》《东方快车谋杀案》《尼罗河上的惨案》《乞力马扎罗的雪》《汤姆叔叔的小屋》等满足了特殊历史阶段观（听）众对"他者"的渴望，铸就了人们对异域文化的想象。与此同时，也造就了几代配音演员的辉煌，比如邱岳峰、赵慎之、毕克、童自荣、乔榛、鲁非、丁建华、曹雷、狄菲菲等作为几代人的声音符号牢牢地印刻在人们的历史记忆中，占据着时代脉搏中渴望文化交流与文明互鉴不可替代的最强音。

在本文分析的经典作品《瓦尔特保卫萨拉热窝》中，让萨拉热窝游击队和德国军官说中国话的译制片导演是凌子风，他也是片中德军中尉、监视手术的军官钦德勒的配音，还有一位导演是马尔路，他是钟表匠谢德的配音。全片主要配音演员有鲁非（饰"瓦尔特"）、葛存壮（饰"假瓦尔特"）。鲁非在配音界赫赫有名，与乔榛并称为"南乔北鲁"，在《瓦尔特保卫萨拉热窝》原片导演的另外一部战争片《桥》中也饰演了重要角色。鲁非的配音铿锵有力，非常契合瓦尔特足智多谋的英雄人物形象。观众熟知的表演艺术家葛存壮以前配过很多反派，声音有些暗沉、沙哑，成功地演绎了假瓦尔特这一人物的虚浮和居心叵测。配音艺术家于蓝（饰"米尔娜"）在本片中将女叛徒被戳穿后的绝望表现得淋漓尽致，那句著名的"我只能这样，我没有别的办法……"是喉咙里发出的绝望。很多观（听）众一开始都没听出来是于蓝的声音，因为对比她之前大义凛然、一身正气的"江姐"形象，亦正亦邪之间

的反差和丰富细腻的声音层次演绎着实让人佩服。这些杰出的有声演播创作者用声音艺术为我们架起了文化沟通的桥梁。在声音的艺术中，我们自由地联想，真真假假的瓦尔特让我们痴迷。可以毫不夸张地说，真正让瓦尔特和萨拉热窝走进中国观众的内心，这部电影的声音剪辑和配音演绎功不可没。正是因为有了声音的塑造，"他者"不再遥远，异域的瓦尔特就在我们身边。瓦尔特既是萨拉热窝游击队的一员，也是我们全世界无产者的英雄。

三、从不可见指向可见的秩序：政治光谱下的特殊审美

电影录音剪辑《瓦尔特保卫萨拉热窝》作为经典作品，其结构大致分为电影录音素材剪辑和解说两大部分。其中真正将录音剪辑这种"不可见"的听觉艺术完美地与电影的"可见性"融合在一起，并产生新的审美秩序源于解说参与叙事的再创作。[①]因为电影录音剪辑必须忠实于原片，所以声音创作不同于广播剧可以自由增加或删减声音轨道、变化声音特效、叠加音乐铺排等。本片的解说充当了引导悬念、点题扣题、渲染背景信息、起承转合、调动人物情绪、勾连叙事线索等诸多作用，下面举例说明。

（1）开篇地下室，直接描述人物动作，引导想象："哈根中校走到了地图跟前"。

（2）影片伊始，配合音乐递进，渲染战争环境和点出全片的叙事动机："德国党卫军冯·迪特里希来到了南斯拉夫的一座城市——萨拉热窝，他的任务就是执行'劳费尔计划'。而'劳费尔计划'的目的是要把萨拉热窝油库的燃料设法运输到维谢格拉德去。一辆辆德国坦克在崎岖的盘山公路上撤退着，这是侵略者必然的结局。英雄的南斯拉夫游击队为了保卫祖国，他们不惜牺牲一切，英勇顽强地与敌人斗争着。这使得德国侵略者胆战心惊，惶

---

① 黄心村，钱文亮.收听电影：1970年代中国的听觉政治［J］.文艺争鸣，2016（6）：57-68.

惶不可终日。敌人虽然知道游击队长瓦尔特就在这座城市，可老也抓不到他。怎么办？比绍夫上尉陪着新来的冯·迪特里希上校一边走一边谈……"

（3）叙事起承转合："一座铁路高架桥被炸毁了，这是谁干的呢？"

（4）介绍背景信息，勾连情节线索："瓦尔特和游击队员们在树林里拼命地跑着，突然一辆装满德国兵的卡车开了过来""轰隆中双方互相射击""游击队员们打死了5个德国兵，又分头朝铁路上奔跑""当瓦尔特和布兰克跑到养路工值班房门口的时候，养路工奥布伦正在接应他们……""瓦尔特和布兰克钻进养路工的地下室，躲过了德国兵以后，他俩就分手了……""街上静悄悄的，只有瓦尔特一个人在慢慢地走着""这时候一辆小汽车从他身后悄悄跟了过来""车停下了，瓦尔特钻进了汽车""瓦尔特走进了党卫军上校冯·迪特里希的办公室"。

（5）调动人物情绪："不是瓦尔特吗？怎么变成了康德尔"，自问自答："是的，刚才炸桥的那个瓦尔特正是德国间谍康德尔上尉""冯·迪特里希走进了里屋……从桌上倒了三杯酒""残暴的德国党卫军真的把炸桥的游击队员统统抓来杀害，而且把他们的尸体高高挂在车站的屋檐下。这时候一个德国军官带着一个德国兵来到了车站值班室……""德国中士退出了屋子，德国兵也站到门外去了""这个德国军官打开一个烟盒递到车站站长兰克斯面前""皮劳特！哦，原来是自己人。那门外的德国兵呢""车站站长奥布伦拿起了电话""皮劳特和苏里来到了奥布伦的值班房，这里正有两个便衣警察，他仿佛没看见他们一样，上去就给了奥布伦两记耳光"。

（6）转场，起承转合，交代信息："门外，远远地开过来一辆机车。苏里和皮劳特开枪打死了屋里的两个便衣警察，拉着奥布伦，趁着机车放气的工夫，上了机车开走了""这一天，德国间谍康德尔又以游击队长瓦尔特的名义出现在游击队员们面前。今天来的有布兰克和帕弗尔两个小伙子，和一个有着乌黑眼圈的姑娘——米尔娜。他们聚会的房子是吉斯的照相馆"。

通过上述案例，我们可以窥探《瓦尔特保卫萨拉热窝》这部电影的录音剪辑魅力。解说词进入现场，参与影片叙事的作用非常丰富，而这也让本片

走进影像世界

在特定政治时期成为鼓舞人心、文以载道的绝佳媒介。20世纪70年代末至80年代，很多中国观（听）众通过反复收听电影录音剪辑记住了大量的译制片对白。这些台词也成为那个时代的编码语言。比如本片的"空气在颤抖，仿佛天空在燃烧""看，这座城市，它，就是瓦尔特！"还有一些反战题材影片中的台词如"消灭法西斯""自由属于人民"等，这些基于翻译、配音之后重新产生的新语言媒介作为声音元素与电影原本的视觉符号之间构建起新的审美空间。声音符号带来的想象与视觉形象思维之间依靠配音解说助推了时代政治光谱的脉动。人们在收音机前私密地听以及反复地听，陌生化的高鼻梁、蓝眼睛和战争的残酷因为有了丰富的中国话（乡音）阐释，变得动人，充满真实感，甚至在冰冷的战争题材下还透露出温情。这都归功于声音的魅力，帮我们从视觉的炫彩世界里打捞出来，进入想象的黑洞探索，仿佛牙牙学语的孩童在接受母亲传授生活的经验，对社会打开崭新的认知。这是特殊过渡时期文化的一抹亮色。新的审美秩序依靠不可见的声音建构起来，也塑造了一代人的精神信仰。

（作者李姝系成都大学中国–东盟艺术学院影视与动画学院副教授、硕士研究生导师、中外合作办学教研室主任）

叙事建构与
受众研究

电影《瓦尔特保卫萨拉热窝》群像式英雄人物塑造的影像逻辑*

刘 倩 周子渝

[摘要] 本文以经典电影《瓦尔特保卫萨拉热窝》中的群像式英雄人物形象塑造与电影叙事手法为切入点，从战争时代背景下个体与群体的依存关系、个体英雄人物形象与群像角色塑造方法、英雄人物身份置换等多个方面深入研究了该电影在英雄人物塑造上的典型特征与内在逻辑，提出有别于已有成果的新观点。

[关键词] 人物塑造；电影《瓦尔特保卫萨拉热窝》；群像式；个体

电影《瓦尔特保卫萨拉热窝》（简称《瓦尔特》）是1977年在中国公映的一部译制片电影，是南斯拉夫经典且热血的战争史诗，取材于"反法西斯战争"，在中国受到了热烈的追捧，该片让中国观众感受到了精彩电影的定义，跌宕起伏的故事情节也满足了人们对电影的想象。

英国社会学家吉登斯在《现代性与自我认同》一书中指出，"关注个体和集体水平上人类的自我实现，开始从'解放政治'所投射的阴影中凸显出来"[1]，所以，在宏大叙事被认为消解了历史的时候，对个体命运的关注成

---

* 本文系2020年成都大学一流本科课程《导演理论与实践》（线下）项目阶段性研究成果。

为重要议题。本文以南斯拉夫经典电影《瓦尔特》为例，探讨当代战争电影的人物塑造逻辑与叙事策略。

一、战争背景下个体与群体的互存关系

电影《瓦尔特》是一部经典的战争影片，区别于其他大多数战争影片，该片没有以渲染战场的残酷和战斗的惨烈为主线，而是在"寻找谁是瓦尔特"的故事主线的描写中全面展现人类个体与群体在战争中的相互依存关系。

马克思认为，人在社会中实现其"自由"的组织形式是"集体"。对此，马克思十分明确地指出："只有在集体中才可能有个人自由。"但必须清楚的是，马克思在这里所说的自由得以实现的"集体"是"真正的集体"，而不是"虚假的集体"[2]。战争对资源进行再分配，使得人类成为共同利益下的整体，与此同时，战争是群体性事件，是无数人构成的团体和另一个团体进行对抗的行为。

在原始时期，人类最初出于抵抗猛兽的袭击，用骨和石头制成各种工具进行自卫，使用工具是人区别于其他动物最关键的标志，加之人类对动物有本能的猎取的行为，故与野兽的斗争逐渐由被动防御变为主动进攻。一般情况下，人类预先权衡与猛兽之间的力量大小后再做出攻击与否的决定，不惜使用围剿猛兽、悬崖摔死猎物、追逐狩猎或者耐力狩猎（Persistence Hunting）等方式来获得"赢得胜利"的满足，从而使族群获得更充足的食物。这里出现了最早期使用团队作战的思维方式智取猎物，也是个体与集体最初意识。所以和猎物的追逐过程就是一场战斗，"对抗"就是斗争的最根本目的，"赢得"也是战斗中最基本的情感诉求。通过文明的教化形成了现代人，虽然褪去了野蛮行为，但是人类的原始本能依然存留，弱肉强食的本质也会在特定情况下被激发出来。战争是国家与国家的利益交会，也是实力的较量，更是人与人之间的生存本质，战争是以牺牲个体作为必要条件，从而使战胜方与获利方拥有自由意志作为结束。归根结底，所谓的正义之战必

定残酷血腥,必定荡气回肠。

战争电影从最早的"内参片"到国家意志话语呈现,再到后来的类型片,其间经历了数个重要阶段,但无论如何剥开政治的外衣,战争电影的制作初衷就是为了用战斗本身去揭示人性本质,从而进行反思,正视历史并呼唤对人性的深层思考。

电影《瓦尔特》就是讲述人与人关系、个体与战争关系的故事片。电影中以"寻找"作为主线,究竟"谁是瓦尔特"是一个贯穿始终的悬念,虽然真假瓦尔特终有明示,但是影片结尾的经典台词:"看,这座城市,它,就是瓦尔特!",完美诠释了个体、集体与战争之间的关系,国家在抗击外来入侵的同时又要建立新的社会制度,在自己决定自己命运的语境中,个体的原始战斗本能会被激发,但优于原始人类的是,看似"无意识"的本能激发实则是对集体的保护与尊重"下意识",国家与个体缝合成命运共同体,每个普通民众都会变成为自由而战的一分子。

二、"孤胆英雄"到"平民英雄"跨越

电影《瓦尔特》是"个体"塑造丰满的经典电影,着力突出每一个人的日常生活,强化个体承担国家使命的境遇。

作为以"某种特定方式讲述特定故事"的类型电影来说,不同的类型片都应有自己的视觉惯例和历史规范,英国电影学者丹尼尔·钱德勒对"类型片"的归纳为诸如在人物方面总是"相似的、有时是定型化的人物类型、角色、个性、行为动机、目的和习惯"[3],类型片受众的观影快感,往往来自电影内容是观众所熟知的故事、角色及叙述模式的变奏与创新。电影《瓦尔特》被视为南斯拉夫最经典的谍战动作大片之一,其重要原因是英雄人物塑造方法,即以典型化角色形象的提炼与凝塑,折射出关键历史节点下的多重民族人格升华。"瓦尔特"是观众所熟知的传统型英雄主角,在国家危难中挺身而出并有力扭转局势,显示出无所不能的"孤胆英雄"气质,作为乱世

中注定孤独的非凡英雄,他是经典战争叙事范围中人民崇高信仰的标杆。

该电影的叙事思路围绕主角瓦尔特的身份和行动展开,全片的叙事核心从德国纳粹派党卫军来到巴尔干半岛伊始,要揪出擅于地下作战的神秘领袖瓦尔特,再消灭由其所领导的当地游击队,从而最终掠夺萨拉热窝的丰富燃油资源做军需准备。瓦尔特在双重胁迫下,既要在不公开自己身份的情况下保全生命,又要不断暗中作战以拆穿敌人的诡计。影片在一定程度上运用了限知叙事视角的策略,使得瓦尔特的人物塑造与行动轨迹被赋予了真实个体及宏大民族性的双重意义,故瓦尔特的英雄性从既定的传统"孤胆英雄"刻板化形象叠加中解脱出来,在1972年历史"冷战"格局下获得了本土观众的情感满足,甚至在1977年成功让《瓦尔特》在中国观众中获得新变奏的可能,再次走进社会主义阵营国家的观众心中,成为时代洪流中当之无愧的电影超级英雄代表。

电影《瓦尔特》的另一个具突破的角色创新示范是对平民型普通英雄的侧重刻画与形象升华,如老钟表匠谢德、摄影师吉斯、钟表匠的女儿、年轻的地下游击队员伊万等,这些角色拥有丰富的个性和不同的职业背景,在日常生活与开展地下工作时,都先后暴露过各自的性格弱点,因此才有了真实人物弧光的乍泄与情感的羁绊。老游击队员钟表匠在面对独生女表明想加入战役时,真实表现出作为父亲的担忧和反对;幽默仗义的摄影师吉斯,也曾轻信过内部的叛变者差点酿成大祸,但好在他"将计就计",实现了剧情的反转。

对于萨拉热窝人民来说,国家和家庭在某种意义上并序为双重缺失,在焦灼与绝望的心境下,电影《瓦尔特》极具浪漫主义情怀地使用淡化"孤胆英雄",强调"平民英雄"的叙事方法,国难与家难交织背景下催生出了极具凝聚力量的平民形象。

三、群像角色的人性显影与价值铺陈

西方的现代战争电影最早要追溯到意大利电影《有翼的狮子》,这部1939年出品的电影拉开了以战争为主要题材的电影历史序幕。此类电影的

电影《瓦尔特保卫萨拉热窝》群像式英雄人物塑造的影像逻辑

叙事体量相对其他题材都更加宏大，其主体也是以生与死、爱与恨、美与丑的二元对立方式呈现，并将不同人的正面与负面、积极面与消极面都加以叙述，这就意味着人性被无死角地深刻剖析。但是随着后现代社会的到来，宏大叙事已经逐渐淡出视野，关注个体生活的内容在艺术作品中得到了最大的抒意，在电影《瓦尔特》中除了主角英雄的描写以外，英雄的群像才是感动亿万观众的战争图景。

人类社会的发展历史上，马克思认为，人每次取得属于自己的"自由"，都不是在"理想"和"观念"中来实现的，即不是依据自己的主观意识来决定的，而是依据人们在现实中所处的具体的社会历史条件来实现的。[4]"人"是参与战争的主体，战斗的双方都是想实现自我观念的"自由"，但绝大多数群体都是被迫参与战争，带着对生命的不确定性投入厮杀，所以对"自由"的歌颂无论是在现实还是艺术中，都是以死亡作为底色配以价值观的诗意情怀呈现。

战争电影普遍着力对群体的表现进行艺术表达的抒情与写意，但往往对个体生命只是简单的刻画。在电影《瓦尔特》中没有特大场面，反而使用最真实的战斗方式，英雄们用手枪、匕首、拳法和德军先进武器较量，虽然有神化夸张的嫌疑，但是英雄们勇敢善战的艺术形象却得以生动体现。例如广场认尸戏中，俯拍大全景表现生与死的对比，成片的尸体在画面下方加重了死亡的悲悯气氛。父亲谢德大义凛然地走向女儿的尸体，在他带动下群众都大无畏地迈向逝去的生命，伴随着进行曲式的配乐，人民的苦难、悲伤、毁灭的情绪激发到了顶点，而群体渴望的自由和信仰的力量在此被视听语言强化后烘托到极致。女儿去世之后谢德决定到清真寺诱敌出动，临行前对徒弟说："要好好学手艺，一辈子都用得着啊，不要虚度自己的一生。"他开门时的转头一笑是所有无名英雄人生的高光时刻，也是生命最后时刻的决绝，那一刻谢德是所有人的父亲，他用赴死的决心告知徒弟（孩子）要拥抱有意义的生命。照相馆老板吉斯、游击队员苏里、马里施、斯特里、医生米斯科维奇博士、护士阿兹拉、火车站长兰科斯、养路工奥布伦等人物组成了英雄群体形象，其中一部分人为了最终的胜利先后牺牲在战场的角落里。

虽然战争中死亡常见且必须，人们总是在生与死的夹缝中进行抉择，但是战争电影的叙事手段通常是将意外的事件纳入正常逻辑中，群体英雄在面对共同悲剧结局的时候，"死亡"所代表的意义不仅仅是暴力，而是一种诗意的升华，这是导演缝合整部影片的英雄个体组合成群像的策略性表达。

四、身份置换与多重悬念巧设

总体而言，《瓦尔特》是一部使用了套层结构叙事的谍战类型电影，以二战期间萨拉热窝地下游击战的围剿与反围剿战事，构成一套限时、限地范围下的多重危机叙事。整部电影从创作出品到主观立场表达，是从南斯拉夫国家及民族的价值观出发，但影片的开场却选择以敌方视角展开，即德国纳粹军队制订非正义军事计划掀开帷幕，使得观众从故事开局就陷入猜测的迷雾中。紧接着抛出"谁是瓦尔特"的疑问，身份之谜贯穿故事始终，即敌我双方之间，德军与萨拉热窝地区的地下游击队员们之间，甚至连观众都在"真假瓦尔特"的角色中迷失了方向。"身份确认"成为《瓦尔特》中最有深意的悬念之一，无论是卧底还是反卧底，都代表着角色对自身原有身份的伪装和欺瞒，亦对刻意扮演不同形象的身份赋予想象。谍战电影往往延后揭示关键人物真实身份，与此同时制造多重身份的性格反差，从而将叙事的戏剧性与张力延宕至影片结尾，形成故事及人物真相揭秘的双重高潮。

电影《瓦尔特》中，假瓦尔特与真瓦尔特在外形上有一定的相似性，这体现了安插假瓦尔特的德军，在一定程度上想象、塑造和扮演他们心中的游击队领袖的形象，甚至让这个人物先于真瓦尔特出场，这样的设定在企图搅乱地下工作的同时也在叙事层面误导着观众。值得一提的是，假瓦尔特首次出现在游击队员里的场景，被刻意放在了吉斯的摄影棚中，假瓦尔特一本正经地发布错误的作战计划，背后则是虚假却精美的布景，极具讽刺意味，相反当真瓦尔特出场时，却让英雄主动隐去了真实身份，谎称自己只是一名叫

电影《瓦尔特保卫萨拉热窝》群像式英雄人物塑造的影像逻辑

皮劳特的普通队员,他不断接受着老队员们的质疑和审视。最后瓦尔特的身份悬念,永远留在了敌军诡计的失败和猜疑的困惑中,影片首尾呼应般地又回到了反派视角。

在女性角色的身份设置中,米尔娜是影片中设计"局中局"的重要人物,也是游击队中的扮演着双重间谍角色的反叛者。米尔娜是一名裁缝,靠一台改装过的缝纫机进行情报搜集和传递,她从出场就与游击队员们站在一列,极其敏感且有理性逻辑。最终,米尔娜身份败露,是一个为了保命而出卖组织的反派角色,也被敌军视为再无利用价值的一枚棋子,撕毁承诺的同时结束了她可怜又可恨的生命。所以,假瓦尔特与女间谍等反派角色构成了整部电影的巧思,也使得反派作为参与战争的个体拥有了软弱的一面,反方向地使用他们来控诉战争的残酷。

悬念大师希区柯克曾谈道:"悬念不是简单的惊悚效应和哲学式的推理过程,它应对的是人物命运有关激情的一种表现方式。"[5] 而对人物的爱憎所引起的共鸣是设置悬念的踏板,优秀的影视作品必定会因此引起观众的认同与共鸣,这也是电影《瓦尔特》中故事主线索(总悬念)"寻找瓦尔特",故事副线(支线)"真假瓦尔特"与故事副悬念(分悬念)"谁是真卧底"能有机结合的技巧。《瓦尔特》让多个角色在事件发展和身份扮演上混淆视听,一方面既加强了谍战电影在曲折情节方面的观影期待,另一方面则让复杂的人物关系,以深层次内部悬念的形式构建起来,从而为群戏的精彩演绎与生动塑造,提供源源不断的影像叙事动力和情感逻辑。

结 语

在战争中,个体作为生命的承担者肩负保家卫国的使命,被刻在了历史的长河中。战争电影中,个人英雄多少都会被艺术化加工处理,形成基于历史的片段且主观的解读,使还原历史这件事情变得模糊,甚至难以辨析真相。电影《瓦尔特》中个体命运的变动则强化了观众对战争的记忆,所以在群体中描写个体，在个体中表达群体，是当代战争电影创作可参考的逻辑与切入。

参考文献：

［1］吉登斯.现代性与自我认同：现代晚期的自我与社会［M］.赵旭东，方文，译.北京：生活·读书·新知三联书店，1998：270.

［2］乔荣生，梁瑞敏，陈曦.马克思人的全面而自由发展思想的原初意蕴及当代启示［J］.东北师大学报（哲学社会科学版），2019（4）：90-100.

［3］CHANDLER D. An Introduction to Genre Theory［J］. Media & Communications Studies Site，1997.

［4］乔荣生，梁瑞敏，陈曦.马克思人的全面而自由发展思想的原初意蕴及当代启示［J］.东北师大学报（哲学社会科学版），2019（4）：90-100.

［5］特吕弗.希区柯克论电影［M］.严敏，译.上海：上海文艺出版社，1988：99.

（作者刘倩系成都大学影视与动画学院影视艺术系副教授、硕士生导师，成都大学传媒研究院研究员；作者周子渝系成都大学中影视与动画学院影视艺术系讲师，成都大学传媒研究院副研究员）

从《瓦尔特保卫萨拉热窝》看经典英雄故事架构和人物塑造

杨 明

[摘要] 南斯拉夫拍摄制作的《瓦尔特保卫萨拉热窝》这一经典英雄主义题材影片从1977年在中国公映，便广为国内观众所喜爱，成为那一时期的现象级影片之一。其作为南斯拉夫"游击队史诗"系列电影，也成为巴尔干地区一个时代类型电影的典型代表，其电影叙事结构和对其中英雄人物的塑造呈现了较高的艺术水准和表现手法。本文试图从英雄叙事和英雄塑造这一角度入手，分析和研讨影片在其故事架构和英雄主义群体表现方面呈现的议题，以期为当代英雄主义影视题材作品创作给予一定的思路。

[关键词]《瓦尔特保卫萨拉热窝》；英雄故事架构；英雄塑造

如今，在南欧巴尔干半岛上，作为"国家"实体的"南斯拉夫"（这一名称自1929年出现，几经沿革，至2003年彻底取消）已不复存在。这个曾经被描述为"一个国家、两种文字、三种宗教、四种语言、五个民族、六个共和国、七条国界"的统一体已然分崩离析，"南斯拉夫"这个曾经闻名遐迩的国家名称从此就从世界版图上消失了。[1] 虽然南斯拉夫这个曾经统一的国家消失了，但是拍摄于1972年、中国于1977年公映的《瓦尔特保卫萨拉热窝》一片，成为很长一段时期国人对于南斯拉夫在第二次世界大战中反法西斯战争的经典回忆，而片中的主要人物"瓦尔特"也一时间成为南斯拉夫反法西斯战争英雄的代名词。本文将试图从影片对个体英雄到群体英雄的塑造的场域泛化这一命题进行解构，探索在这一经典影片中英雄塑造的特征及对新时期英雄形象塑造的借鉴要素。

一、南斯拉夫"游击队史诗"系列电影作品

历史上的巴尔干半岛一直有着"南欧火药桶"的比喻，是典型的多民族、多宗教、多元文化混居地区。在政治上长期被欧洲霍亨索伦、哈布斯堡、罗曼诺夫三大王朝以及亚洲的奥斯曼帝国等不同的政治宗教意识形态统治者管理。这一地区长期没有形成大一统的稳定发展国家，各种民族、宗教、反帝国主义斗争层出不穷。在近代，"斐迪南大公萨拉热窝遇刺"事件成为第一次世界大战的导火索，而在第二次世界大战期间萨拉热窝又被纳粹德国入侵并占领。在第二次世界大战期间，铁托领导的南斯拉夫共产党对纳粹德国的占领进行了艰苦卓绝的长期斗争，铁托在南斯拉夫领导的敌后游击队斗争是唯一没有依靠苏联支援而独立完成对纳粹德国入侵占领的民族解放战争。战后，成立了"南斯拉夫社会主义联邦共和国"，这个多民族、多宗教、长期充满地缘斗争的国家建立起了一个具有统一性的国家主体。新生南斯拉夫联邦人民共和国是二战的产物，并几乎立即卷入"冷战"格局，急需一个南斯拉夫人民共同的历史记忆来营造国家认同，这个共同记忆还必须宏大、壮烈，过程充满悲剧色彩，结局要正面而光辉。于是，反映铁托领导反纳粹抵抗运动的"游击队史诗（Partisan Epic）电影"应运而生。这类影片一开始就具有三重性：展现抗击侵略者的正义战争过程；将抵抗运动书写为社会主义建国运动；战争性质是"人民解放战争"。[2]由南斯拉夫著名导演哈依鲁丁·克尔瓦瓦茨在20世纪六七十年代制作了一系列"游击队史诗"电影：《夜袭机场》（1968）、《桥》（1969）、《瓦尔特保卫萨拉热窝》（1972）和《游击飞行中队》（1979）等影片。这一系列游击队史诗电影成为南斯拉夫这个曾经存在过的国家不屈斗争精神的历史丰

碑。特别是拍摄于1972年，后引进中国的《瓦尔特保卫萨拉热窝》一片可以说是南斯拉夫"游击队史诗"系列电影的代表之作。

1977年公映的《瓦尔特保卫萨拉热窝》与《桥》这两部影片，让中国的观影者感受到了与以往不同的观影体验，其独特的南欧社会主义文化样式，以及影片中充满的动作镜头、悬疑色彩和人性情感，给予了以往长期观看"样板戏"这一单一观影体验的观众极大冲击，为观众打开了一个观看世界多元文化的窗口。对于南斯拉夫这一独特类型的影片，既充满了"007"式的谍报悬疑惊险情节，又具有游击战小范围群体英雄斗争的主线情节，而这一独特类型的影片和南斯拉夫地域文化的多民族历史特征有着不可分割的联系。学界对这一类型的影片也有着不同看法和认识，有学者曾这样解读该类型影片：这类影片就像"赛璐珞纪念碑"，通过对战争的描写，为这个多民族的社会主义国家颁发了令人肃然起敬的"准生证"。影片在美学上追求简洁，政治上强调忠诚，叙事上高度程式化，意识形态上高度同质化，成为南斯拉夫电影对世界电影的独特贡献。[3] 而有学者认为：相较中国战争电影，《瓦尔特保卫萨拉热窝》和《桥》的英雄更接近于一种"非意识形态"的存在，外在认同对象的缺席使得他们变成富有个性、自由自在的人物。在这两部电影中始终看不到对红色革命的歌颂、对党的无条件忠心的呼唤，而只是一种先验的道德使命感在起作用。[4]

然而在好莱坞工业化类型片充斥屏幕的今天，我们再来看《瓦尔特保卫萨拉热窝》《桥》等类型的影片，却发现其美学表现上简洁而不单薄，从叙事的所谓程式化进行比较，反而当前好莱坞批量生产的超级英雄才呈现出高度的叙事程式化特征。而政治及意识形态在影片中的呈现，却深刻地展现出这个多民族、多文化、多宗教、多磨难的南斯拉夫人民的独特英雄气质与魅力。

二、《瓦尔特保卫萨拉热窝》中的英雄故事的架构

当代好莱坞的英雄主义题材电影，特别是近年来趋于泛滥的超级英雄类

型片，披着科幻未来的充满炫酷视觉特效的外壳，但其架构仍然主要采用传统经典的"三幕式"架构叙事手法。而其恒定不变的是最早由约瑟夫·坎贝尔在《英雄之旅》一书中提出的"分离——传授奥秘——归来"的英雄塑造模型[5]，并由好莱坞编剧进一步演进为"英雄历程"这种类型故事模型。这种模板化的架构表现手法，让我们在几乎所有这一类型的影片中都可以看到这样的叙事模式：不管是天生神力的超人，还是失意的蓝领工人，都在第一幕中清清楚楚地交代了其社会身份特征、品性特点，为观众在最短的时间内了解主角进行了最简单、最明确的人物画像。同时为主角设置好了当前面临或即将面临的巨大困境或者是挑战，为第二幕的冲突发展做好了全面铺垫准备。而在第二幕中，英雄人物会按照既定的触发事件不可逆的宿命论的情节，一步一步地在曲折中攀登到故事情节的高潮点——英雄站立于第三幕的悬疑之边。在第三幕，英雄约定俗成地完成蜕变，得到神力战胜敌人，或者战胜自我后轻松战胜敌人，完成拯救历程而结束全片。一方面，"英雄历程"叙事手法很好地保证了传统英雄类叙事架构的稳定性和完整性，同时这二者在商业标准上成为票房收益保证的基本保险丝，如果导演及演员有出色发挥，那么即可获得基本收益之上的额外收入。但是另一方面，"英雄历程"型的模板式应用也造成了欧美类型电影的严重同质化，各类英雄只是具有不同类型技能的明星帅哥美女，故事千篇一律的起承转合很容易让看惯了此类型影片的观众开篇即猜中结局，而主人公与对手近乎苍白的二元对立设置也过于扁平化，唯一还能让观众打起精神的是好莱坞在几十年工业化生产中积累起来的视觉特效。但是，观众对这种模板化且只重视效、重明星的"爽片"泛滥的认可还能走多远呢？而"英雄之旅"故事模型中的闭环型设置呈现出了一种宿命论的语境，主角出身本身就是英雄体质，其能力和所承担的事业与生俱来，而只是需要在拯救之旅中成长升级。即使是设置为普通人因为意外事件获得超能力，也是因为角色天生具有优秀品质而暂时被埋没，是金子总会发光的天选之人，这种对既定文本的模板设置会很容易让观众产生疲倦。

与当代好莱坞的英雄主义题材电影相比，《瓦尔特保卫萨拉热窝》这一看似古老的剧本架构也并不显得过时老套,每一次重温该片都会为其中的精巧编导架构所感叹,即使已经知道故事走向和结局,仍然能吸引观者反复观影。影片开场的引子8分钟,在一开始并没有如同好莱坞的惯用英雄类型片那样主人公先出场,而是最大的反派盖世太保上校首先登场,开宗明义地询问:"谁是瓦尔特?他在哪里?"这一设置清晰地表明了,英雄早已诞生,英雄已经在战斗了。紧接着第二幕一小队游击队战斗情节及对瓦尔特的点名,让观众认为英雄瓦尔特已经出场,故事正式开始了。但是紧接着的大反转,瓦尔特竟然是由敌人假扮的,这种开场仅11分钟即来的大反转让所有人始料未及,而好莱坞英雄题材影片中如果设置角色有反转情节,往往都是在影片第二幕后半段才出现。《瓦尔特》这种大胆而惊人的开篇即反转的编导架构,不能不说是精妙绝伦,吊足了观众的胃口,让观众也继续保持那个问题:"谁是瓦尔特",还因为有了假瓦尔特的出现,让观众更多了一层对那个素未谋面的真瓦尔特的担心。本片的明线主题是游击队员们对假瓦尔特与"劳费尔计划"的对抗,而还有一条真正的暗线主题是"纳粹德国占领军与萨拉热窝人民"的斗争,整个影片从开始的8分钟引子之后,后面的1小时30分钟都是在围绕这个决定性主题展开剧情推进。虽然影片至此仍未对谁是真瓦尔特给出一个明确答案,但是观众在假瓦尔特与游击队以及人民群体的对抗当中,已经逐渐有了自己的答案。当假瓦尔特最终被消灭的时候,最后一幕的30分钟,游击队员们在瓦尔特的带领下彻底击败敌人的"劳费尔计划"自然也是水到渠成。而在影片结尾,从游击队员之口点名谁是瓦尔特,以及从被解职的党卫军上校口中说出萨拉热窝这座城市即是瓦尔特之时,影片完成整条明线和暗线主题的合拢收尾。不能不说,其精妙的影片创作架构,仍然值得当前同类题材作品参考借鉴。

三、个人英雄与群体英雄塑造的场域泛化

正因为有着明线和暗线两条主题的展开方式,影片在塑造角色的时候,

并没有单单只是对瓦尔特一人进行个人英雄主义的超人化塑造,而是对整个游击队英雄群体,以及萨拉热窝的全体人民进行英雄主义场域泛化的全方位塑造,从而体现了萨拉热窝的"反法西斯"战争是全体萨拉热窝人民的战争,而不只是瓦尔特那样的少数游击队员的战争。同时,该片在对人物的塑造上也非常丰满真实,没有沿袭某些革命题材影片把革命者神化、公式化,把敌人愚化、嘴脸化的旧模式。影片中的革命者没有慷慨激昂的陈词说教,没有摩拳擦掌、瞠目扼拳,他们只有默默的行动,整个影片正面人物的台词不多,而反面人物也并非都是颐指气使、凶相毕露[6]。

影片出场人物众多,抛开反面角色不计,其中主要塑造的人物除了瓦尔特这个主角之外,还有谢德、苏里和吉斯等人。谢德沉着冷静,却是最富牺牲精神的影片根基;苏里忠诚能干,非常重要地配合和分担了瓦尔特的工作,推动了重要情节点;吉斯则是一个幽默活泼的性情中人,将全片的几个重要情节串联起来。瓦尔特作为全片的灵魂人物和南斯拉夫反法西斯战争的代表性人物,对于其的解读和探讨是一个中心议题,将其作为战争中个人英雄主义的旗帜和丰碑,而在大的历史背景下的民族反侵略的解放战争中,我们还应该注意到本片核心主题,即群体英雄在正义斗争中的场域泛化表现。其中,钟表匠谢德可以说是群体英雄中的一个典型代表,谢德在本片中出现的情节并不多,出现的几个情景既没有慷慨激昂的陈词,也没有惊险的动作场面,但他身上散发的人性光辉和大无畏的牺牲精神却是本片最浓墨重彩的一笔。谢德的每一次出场,都有着重要的隐含寓意在其中,谢德和女儿一起喝下午茶的情景中,精致的茶具和考究的家具显示出谢德较优越的中产阶级的身份,对于这样的家庭来说,他可以选择安于现状,不参加游击队而过上提心吊胆的生活。但是谢德选择了反抗,他也明白反抗就意味着可能要牺牲,所以并不希望年轻的女儿加入这场反抗。谢德选择的是牺牲自己去进行战斗,是为了像她女儿一样的年轻人在未来能过上没有压迫、自由幸福的生活。虽然谢德是片中年龄较大的角色,是一个代表着过去的人物形象,但他却是始终在为萨拉热窝的未来战斗。而谢德牺牲的场景,作为本片中最重要

从《瓦尔特保卫萨拉热窝》看经典英雄故事架构和人物塑造

的一段表现游击队员牺牲自我的英雄主义情节，却是从头到尾以一种如同往常一样去赴约下午茶的平凡铺陈方式表现，反而更加震撼人心。谢德得知自己陷入了敌人诱捕瓦尔特的圈套之中，决定牺牲自己保护瓦尔特。他平静地向自己的徒弟交代了后事，从容地前去赴约。一路上他向街上熟悉的邻里打着招呼，走在平常忙碌的街巷，表现出了谢德就是这样一个平凡的普通人，但却让观众产生了一种比枪林弹雨激烈的动作场面更加打动人心的英雄具象化的感受。在谢德牺牲的这一段情节中，《瓦尔特保卫萨拉热窝》的超人英雄议题场域泛化成了萨拉热窝的群体普通人英雄保卫了瓦尔特这一主题，暗线由此变成了明线。

萨拉热窝这座历史悠久、人文气息浓厚，同时充满了反抗精神的城市，不仅有瓦尔特这种具有领导力的优秀游击队领袖，也有富有青春活力、敢作敢为的青年游击队员吉斯，更有谢德这样忠诚而又平凡、富有牺牲精神的战士。或许可以这样说，在1972年创作这部影片的时候，导演哈伊鲁丁·克尔瓦瓦茨分别用谢德代表了南斯拉夫民族的厚重历史，用瓦尔特代表了南斯拉夫民族奋勇抗争的当下，用吉斯代表了南斯拉夫民族充满朝气的明天。影片的主线始终在敌人、游击队员们、萨拉热窝人民的疑问："谁是瓦尔特？"当中贯穿前行。最终，敌人找到了瓦尔特，萨拉热窝这座城市本身和这座城市的所有人民都是瓦尔特。影片将一个具体的个人英雄形象泛化到一个广域的群体英雄的概念。游击队员和萨拉热窝的人民也找到了瓦尔特，即他们每一个人自己，只要勇敢地站出来保卫了这座城市，那么人人都是瓦尔特。影片又将模糊的、超人的英雄形象具象到了每一个平凡的个体上，《瓦尔特保卫萨拉热窝》没有说教，没有慷慨激昂，却又在充满了动作、谍报、战争和英雄主义戏剧性情感元素的演绎中，提升了观众的全方位观影体验，完成了当时所需要进行的民族主义的教育。而在当前中华民族全面复兴，面对全世界多元文化和意识形态的全方位复杂环境下，在新时期塑造新的银幕英雄的要求下，《瓦尔特保卫萨拉热窝》一片创作的各种要素，值得当前影视创作从业人员进行再次的研究探索。

参考文献：

[1] 黄卫.经典的魅力：对前南斯拉夫电影《桥》的一种意识形态解读[J].时代文学（下半月），2015（9）：121-123.

[2] DAKOVI N.Remembrances of the Past and the Present[M]//NEUBAUER J, CORNISPOPE M, JASTRZĘBSKA JD, et, al. History of the Literary Cultures of East-Central Europe, Junctures and disjunctures in the 19th and 20th Centuries (Volume 4: Types and stereotypes). Amsterdam: John Benjamins Publishing Company，2010：467.

[3] 罗军，达科维奇，米洛瓦诺维奇，等.从南斯拉夫到塞尔维亚：电影与国家认同[J].北京电影学院学报，2019（3）：88-99.

[4] 路卡.别样的视角：《瓦尔特保卫萨拉热窝》与《桥》在中国的接受研究[J].文艺理论与批评，2019（2）：98-111.

[5] 坎贝尔.千面英雄[M].张承谟，译.上海：上海文艺出版社，2000：17.

[6] 辛元."看，这座城市，它，就是瓦尔特！"：前南斯拉夫影片《瓦尔特保卫萨拉热窝》[J].家庭影院技术，1999（7）：72-73.

（作者杨明系成都大学影视与动画学院副教授）

游走在战争叙事边缘

——关于游击队题材的集体记忆与文本想象

齐梦若

[摘要] 游击队题材电影是南斯拉夫联邦人民共和国时期的一种电影类型,于20世纪80年代逐渐淡出历史舞台,此类影片通过对人民解放战争的局部描写,在美学上追求对革命的诗意想象,情感上强调忠诚与乐观,叙事上融合反法西斯阵线可共享的集体记忆,在表现战争电影主流价值的同时,也丰富了战争叙事的文本样式。

[关键词] 战争叙事;游击队题材;《瓦尔特保卫萨拉热窝》;《荷花淀》

战争叙事依附战争事实与人类对战争的记忆而生,叙事围绕对战争的复现展开,但不应仅成为对战争历史的摹写。我国的战争文化传统可追溯到春秋战国时期,彼时的战争记忆更接近地方志的编撰。直至20世纪初,才涌现出以左翼作家联盟为创作主力军的战争文学。通过诗人田间创作的现代诗歌《义勇军》所写,可以窥探这个时代的战争叙事,是在白描的基础上,融入了家国情怀、英雄主义、反战思潮、启蒙精神,以"批判与歌颂"为创作指南的革命书写:

在长白山一带的地方，中国的高粱，正在血里生长。

大风沙里，一个义勇军，骑马走过他的家乡。

他回来：敌人的头，挂在铁枪上！

战争文本在文艺创作的长河里，始终能够激起千层波涛，然而以人民作为主角的游击队题材，从创作数量上讲并不能称得上战争叙事的主流。质朴的动机、形散神聚的行动方式，这类文本在主题上只有家国情怀的传递是显性的——有时甚至"保家"置于"卫国"前——却占据着两代中国观众的集体记忆，八一电影制片厂出品的《地雷战》（1962）、《地道战》（1965），南斯拉夫波斯纳电影制片厂出品的《桥》（*The Bridge*，1969）、《瓦尔特保卫萨拉热窝》（*Walter Defends Sarajevo*，1972）轰动一时。

起初，跌宕的反侵略斗争情节被广泛接受，当观众对文本足够熟悉，仍旧不介意悬念的缺失，对其怀有充分的谈论热情，很大程度上归因于游击队员身上的"游侠"属性令人迷恋。这一属性区别于大多数的文学篇章或影视作品对士兵形象的塑造，游击战士没有统一着装，从不整齐划一地列队，未能等到胜利的人，只有极少人知道他们的名字，等到胜利的人归于市井，有着功名深藏的传奇色彩。集体记忆里的色彩本质上是文艺工作者对战争岁月做出的现实主义浪漫化想象，以及对生命个体的人文关怀。尽管两种手法鲜少共同作用于充斥着剧烈冲突的战争叙事，但在以二战为背景、讲述游击队的故事中，用克制的情绪表达强硬的立场不失为恰当的选择，并非特殊的时代对题材产生偏爱，相反，是题材以一种游离的特殊形态拥抱了一个时代。

一、游击战场的想象特权

（一）时空构建的革命诗意美学

政治学家卡尔·施米特（Carl Schmitt）阐述了游击战如何成为现代战争

的产物。游击队员因外敌入侵而产生,以将敌人赶出国土为目的,在原则上他们始终处于守势的地位,基于对家园的捍卫,在战术上具有极强的"依托大地的品格"[1],山脉、森林、平原或者湖泊都将成为游击队员展开伏击的空间。即使只从军事理论的角度出发,文艺作品中的空间,即游击战场也是叙事不可或缺的依托。

在现代文学史上,有一篇风格独特的小说,描述了一幅非典型的战争图景,便是孙犁的《荷花淀》,战场本是残酷的,作家的眼中却是极致好风景:"她像坐在一片洁白的雪地上,也像坐在一片洁白的云彩上。她有时望望淀里,淀里也是一片银白世界。水面隆起一层薄薄透明的雾,风吹过来,带着新鲜的荷叶荷花香。"田园牧歌般的诗意表达几乎将读者抽离出文本的背景,置身某种幻境——尽管战争的阴云笼罩,但仿佛看不到电闪雷鸣和漫天火光,每一日都是天朗气清,即使与敌人交战,也是从容地隐蔽在莲叶下或将小船摇得飞快。不只是东方战场,遥远的巴尔干半岛,也曾有过游击队员的足迹,电影《瓦尔特保卫萨拉热窝》从影像上更为直观地构建了一个"平静"的战场,火车穿过隧道,驶入白茫茫的光中,山林翠绿,环绕着萨拉热窝这座饱经风霜的城市。抵抗组织有一句接头暗号"是啊,暴风雨就要来了",但在影片中,气象学的暴风雨并未用来烘托反侵略斗争的艰辛。阳光始终穿透云层散在这座城市的大街小巷、教堂屋顶以及老钟表匠倒下之时望向天空的脸上,即使在纳粹的注视下,人们缓缓走向牺牲的至亲一幕,彼时天空仍旧是晴朗的,光照得敌人的枪口晃眼。不仅白日,夜晚的环境也时常笼罩在光亮下,无论是钟表匠年轻的女儿走在下夜班的路上,还是某个平静的夜里女叛徒最终仍死于纳粹之手,我们都看得清角色的表情和肢体的细节,医院的无影灯、路上的车灯、铁道旁的路灯,使夜色呈现出空气通透的质感。

数年不断的战事,风光真的会永远如此吗?好天气更多是游击队员乐观心境的写照吧。革命诗意是文艺创作者面对游击队时,才能够行使的权利,探究缘由,其一,游击战因外敌入侵而生,游击队员必有坚定的信念和对战友的信任才能夺取最后的胜利；其二，游击队的行动依托于大地，即故乡的水土，在人民心中是不可替代的，因此对游击战场的想象，也区别于阵地战的惨烈与伤痛。关于地域风貌的浪漫主义处理，也削弱了"劳费尔计划"带来的压迫感。对于敌对势力来讲，这一次反扑是分秒必争的任务，反观萨拉热窝的市民，按部就班地走在自己的轨道上，只有走到照相馆，放大一张表妹照片的时候，才好像寻到了时间的突破口。

（二）被轻描淡写的"对立面"

诸多文艺作品中，战争的灾难性通常通过敌军的残暴与其导致的毁灭性后果（如屠杀、劫掠等种族灭绝事件）显现出来，所要宣传的反战情绪也因此不言自明。传统战争叙事普遍选择沙盘式的视角，将敌我双方的战略战术、行动轨迹较为明晰地交代给观众或读者。即便故事围绕虚构小人物的单一视点展开，在故事背景的建立环节，也常有历史上真实的领导人形象出现为剧情的写实加以补充说明。

现代主义产生以来，西方文学艺术一直行走在不断地突破传统、追求创新的过程之中，战争叙事也在开拓自身，尝试去消解自我禁锢的意识，清除公式化和类型化的影响，将叙事真正回归文学艺术固有的美学规律上来。能够支持这一现象的作品不胜枚举，如通过战后人生的焦虑无措去表达战争创伤对人性的侵蚀（《出租车司机》《比利·林恩的中场战事》），如围绕个人发展来强调并非所有的英雄生来就是英勇而主动的（《血战钢锯岭》《1917》），又或表面书写战争的荒诞，实则完成政治讽喻（《地下》《铁皮鼓》），以及淡化非正义一方，将目光聚焦于民族主义精神的抗争历史，这在游击队题材中体现较为突出。"淡化"并不是抹去敌人的踪影，而是有意识地减少引起极端仇恨的元素，既保留革命历史教育内容，又使画面或文字不至于太过伤痛。《瓦尔特保卫萨拉热窝》中，出场的反面人物有高高在上的党卫军首领，有打入游击队内部的破坏者，也有出卖同胞的内奸，影片著名的带有褒义色彩和点题性质的一句台词——"看，这座城市，它，就是瓦尔特！"，出自德军指挥官之口，这样的设计看似与真实斗争的艰苦历程有很大的出入，削弱敌我间的冲突感，实则将游击队战士的乐观主义和义无反顾的献身精神放在了更重要的地位之上。换言之，反思历史、呼唤和平固然是当今战争叙事的主要诉求，而对个体的尊重与纪念也应是战争题材的另一个使命。

二、囿于历史而超越历史的肖像

1941年，巴尔干地区卷入第二次世界大战。轴心国入侵南斯拉夫，在克罗地亚人和波斯尼亚人聚居区建立傀儡政权克罗地亚独立国，塞尔维亚被纳粹德国宣布为被占领土，同时，南斯拉夫其余领土被瓜分。纳粹对巴尔干的占领也让种族之间的紧张关系浮上水面，复杂的历史遗留宗教问题和迫在眉睫的民族解放运动交织在一起，摧残着人民，直到二战结束德国撤军，种族内战也未能告终，阿尔巴尼亚和南斯拉夫游击队在科索沃的冲突长达数年。[2] 无论命运怎样多舛、生活如何悲惨、境遇何等窘迫，《瓦尔特保卫萨拉热窝》中人物的生命总是萦绕着宗教般虔敬安详的光环，战争期间的日常生活也充盈着道德的高贵与诗性的力量，就叙事所呈现的内在精神与气质而言，《瓦尔特保卫萨拉热窝》与《荷花淀》有着惊人的一致性。

钟表匠为掩护瓦尔特而从容赴死前，从店里的挂钟后面取出一把手枪，回过头发现小学徒走了进来，他一边把枪放入怀里一边做着简单的告别，他关上工作台的灯，把账目和钥匙托付给年轻人，最后走到一只走慢的钟前，打开表盘，把时间拨正。每一个动作都体现出了他作为一个"老练的游击队员"沉着镇定的特点，也显示了他作为老钟表匠勤勤恳恳一生所特有的职业特征：细致、谨慎。在去清真寺的路上，有熟人与他点头致意，可走在街上的人并不知道，这是最后的招呼了。小说《荷花淀》的男主角名叫水生，是"小苇庄的游击组长，党的负责人"，追随大部队出发的前一晚，他回家与妻子告别，他嘱咐水生嫂的几件事情是"我走了，你要不断进步，识字，生产。""什么事也不要落在别人后面！""不要叫敌人汉奸捉活的，捉住了要和他拼命。"从今天读者的角度出发，水生最后的一句叮咛之所以被排在最后，是因为那时男人对女人贞操的重视程度是比进步、识字、生产更强烈的，这当然符合一个民兵队长的人物形象，既是祖国的忠诚卫士，又是祖祖辈辈匍匐在大地上的思想尚未启蒙的农民子弟。可也许水生的意思，就是怕自己的妻子被活捉后生不如死，这里是他在用一种委婉的方式，面对最坏的可能——如果出现意外，夫妻俩要对生死离别做好心理准备。

历史有两种，一种是官方记载的书面历史，一种是人民的无言历史。无论是真实历史上还是文艺形象的游击队员，人们不逃避为生存做出的一切努力，他们在面对家国的生死、爱恨、得失之中，也有属于自己的喜怒哀乐，寒暑更替对他们来说已经毫无意义。同时是积极面对生活的普通平民和奋勇抵御外敌的革命战士，角色既是革命者也是某一专业领域的劳动者，身份上的社会与个体双重属性令角色的形象越发饱满动人。

三、边缘游走的游击队之歌

游击队形式上的松散与战术的机动等是其主要特征。特殊时期，游击战随时随地可能打响，如水生嫂带领村里的女人去看望丈夫们，就在水面上遭遇了敌人。更多的时候，战斗结束了，革命者也不知对他人诉说自己最近在忙什么，后人也不知怎样去命名那些碎片化的往事，它们没有一个"某某战役"式的称呼，慢慢遗散在岁月的角落。似乎关于游击队的文本想象无法形成壮烈的史诗，它只能是一首轻快的歌曲，一段口哨吹响的旋律，歌词唱着"啊朋友再见"，潇洒地让身躯与故土融为一体。

在近年关于20世纪两次世界大战的文学与影视叙事中，以世界主义为支撑的叙事已成为一种流行话语，以欧洲为例，战争文学经历了从英雄主义到人道主义关怀的转变。《荷马史诗》是关于充满神性的阿喀琉斯、奥德修斯们的英雄赞歌，《三个火枪手》传递的则是封建社会的忠君意识，本质上诠释的是教会与王权的关系，极负盛名的《战争与和平》描写的是俄罗斯反抗法国入侵的卫国战争，托尔斯泰探讨的却不是一个民族如何崛起，而是立足一个宏观的意义体系——战争的意义是什么。在主流的战争叙事伦理之中，作者的情感色彩是偏向悲怆的，而游击队题材以乐观的革命精神、质朴的革命友谊，始终游走在主流的边缘，甚至因时间流逝，一些没有名字的战争记忆就此消失。

于是，游击队之歌在创作者的构思中，多了浪漫化的想象，正如现实可能只有一名上了年纪的游击队员——也许是钟表匠，也许是铁路工人，也许就是"瓦尔特"自己——与敌人同归于尽，倒在血泊中，周围的人群听到枪响慌不择路，在逃离的路上踏过他的躯体。而在文本想象里，游击队员牺牲的那个下午，有一群鸽子飞过城市上空。

参考文献：

[1] 方旭.战争的现代转向：卡尔·施米特论战争的概念[J].海南大学学报（人文社会科学版），2017，35（3）：35-41.

[2] 罗军，达科维奇，米洛瓦诺维奇，等.从南斯拉夫到塞尔维亚：电影与国家认同[J].北京电影学院学报，2019（3）：88-99.

（作者齐梦若系成都大学影视与动画学院讲师）

英雄的诞生

——《瓦尔特保卫萨拉热窝》英雄形象塑造分析

秦 滢

[摘要]《瓦尔特保卫萨拉热窝》是南斯拉夫经典游击队电影。不仅其主人翁瓦尔特的形象深入人心,电影还塑造了包括苏里、谢德、吉斯、阿兹拉在内的各色英雄形象。本文认为,《瓦尔特保卫萨拉热窝》的英雄形象塑造遵从南斯拉夫电影一贯的浪漫兼喜剧的表现方式,以现实主义美学构建英雄群像、以"英雄平民化"视角激发观众认同,是一部不可多得的时代经典。

[关键词] 喜剧精神;现实主义;人民史观

《瓦尔特保卫萨拉热窝》于1972年在南斯拉夫上映,讲述南斯拉夫游击队智挫德军的故事。这部深刻而又经典的现实主义电影,在当时的东欧与中国都造成了深远影响。《瓦尔特保卫萨拉热窝》以二战时期的萨拉热窝为背景,塑造了家喻户晓的游击队长瓦尔特、沉稳老练的老游击队员谢德等英雄形象。"英雄"是电影艺术中经久不衰的命题,古今中外,不同的"英雄"形象层出不穷。而在当代中国,占据重要地位的"主旋律电影"抑或是"新主流电影",都离不开对英雄形象的塑造。研究《瓦尔特保卫萨拉热窝》如何塑造其英雄角色形象,对于现当代电影的英雄形象塑造具有重要指导意义。必须说明的是，分析《瓦尔特保卫萨拉热窝》的英雄形象塑造，并非等同于分析角色"瓦尔特"的形象塑造，显而易见地，整部影片远不止塑造了瓦尔特一个英雄形象，苏里、谢德、吉斯、年轻的学生游击队员以及掩护游击队成员的萨拉热窝民众等都是该片塑造的英雄形象。本文认为，《瓦尔特保卫萨拉热窝》的英雄形象以南斯拉夫游击队电影惯有的浪漫与喜剧叙事手法展开；而作为经典的现实主义电影作品，《瓦尔特保卫萨拉热窝》通过塑造典型环境中的典型人物，完成了英雄群像形象的构建，并且通过英雄与人民同构的叙事视角，激发了观众认同。

一、浪漫与喜剧的叙事手法

《瓦尔特保卫萨拉热窝》通过浪漫与喜剧的叙事手法塑造其英雄形象，这是当时南斯拉夫游击队电影极具特色的风格。

从电影细分类型上看，《瓦尔特保卫萨拉热窝》属于战争片中的游击队电影（Partisan Film），即描述二战中游击队反抗法西斯轴心国侵略的电影作品[1]。游击队电影在南斯拉夫联邦共和国时期（1945—1991）盛行，这与当时电影艺术的兴起和南斯拉夫特定的历史背景有关。早在1922年，弗拉基米尔·列宁就指出电影对共产主义教育的重要性，"对于苏联共产党来说，电影是最重要的艺术"，并发布了《关于电影业的指示》，指导人民教育委员会促进电影行业的系统化[2]。基于此，电影艺术在当时的共产主义阵营中受到了重视，南斯拉夫共产党领导人铁托带领的游击队总部即于1944年成立了电影部门[3]。而在1945年南斯拉夫联邦人民共和国成立后，这个由6个共和国、2个自治省组成的多民族新生国家，更是急需达成由松散的"民族认同"到凝聚的"国家认同"的转变[4]。而讴歌英勇不屈、团结奋斗精神的游击队电影，作为强有力的大众传播媒介，就在此时登上历史舞台。甚至于二战后大多数年轻南斯拉夫电影制作人都是游击队员出身[1]。

可以说东欧各国基于近乎相似的历史背景，反法西斯影像、游击队电影几乎在同一时期流行。南斯拉夫影片《瓦尔特保卫萨拉热窝》《桥》、阿尔巴尼亚影片《宁死不屈》《地下游击队》《第八个是铜像》、罗马尼亚影片《侦察英雄》《多瑙河之波》《橡树十万火急》、保加利亚影片《警钟》等均是该时期的作品。

虽然与东欧各国的游击队电影在内容上呈现出展现抵抗侵略战争的共性，但南斯拉夫游击队电影以其浪漫和喜剧的叙事手法在一众游击队电影中树立了自己的风格，而《瓦尔特保卫萨拉热窝》的英雄形象塑造也完全遵循这一逻辑。1947年，南斯拉夫战后第一部电影《斯拉薇卡》（*Slavica*）问世。《斯拉薇卡》作为南斯拉夫游击队电影的开端，以女性角色斯拉薇卡的故事为切入点，展现南斯拉夫人民不屈地争取解放的斗争。《斯拉薇卡》以浪漫、戏剧性、喜剧元素著称[1]，而这几乎奠定了后来的南斯拉夫游击队电影的基调。有别于持"阴郁和残酷"风格的波兰二战影片[5]，南斯拉夫游击队电影习惯以轻松诙谐的气氛为主基调，例如，影片《桥》中爱看手相、台词古怪的"猫头鹰"就是其中一例。

《瓦尔特保卫萨拉热窝》中英雄形象的塑造也以浪漫和喜剧的叙事手法为切入点。影片中，游击队员们有一句接头暗号为"空气在颤抖，仿佛天空在燃烧"，这是一句饶有诗意的对白，连游击队内部的奸细都感叹这浪漫的情怀。而这句看似柔情的句子，却是暴风雨来临的前奏，影片用这浪漫的诗意突显游击队员们壮美的革命情怀和不畏艰难、不惧牺牲的英雄气概。再者，老游击队员、钟表匠谢德在为掩护瓦尔特而慷慨赴死时，影片以白鸽飞过天空的镜头掩盖在枪林弹雨中倒下的谢德，这位老者的革命理想在生命的最后时刻幻化为象征和平的白鸽，这其中也隐含着后辈会继续延续他的革命遗志并终将争取到和平的隐喻，影片的这种设计，不失为对革命者最崇高的浪漫的致敬。影片中的对白也不失轻快的风格。"谁活着谁就看得见"，这是主角瓦尔特一句经典的台词，凸显了瓦尔特潇洒自如的行事风格和乐观的信念。而苏里与吉斯的对白更是为整部影片增添了喜剧效果，两人的台词诸如"苏里，瓦尔特什么样，很漂亮吗？""没什么特别的，反正不是我这样"，也让这两位年轻的有志青年形象变得生动可爱起来。

观众看罢整部影片，诚然会因为钟表匠谢德的牺牲而触动，然而却不会感觉格外沉重。影片中喜剧性的叙事手法，并非期望达到传统意义上引人发"笑"的美学效果，而是凸显一种"喜剧精神"，即"站在捍卫人类真善美的立场去贬抑必然要走向灭亡的假丑恶的事物"[6]。1966年上映的法国经典二战喜剧电影《虎口脱险》将这种"喜剧精神"发挥到极致，影片中高传唱度的接头暗号"鸳鸯茶"、由皮埃尔·贝尔坦（Pierre Bertin）扮演的"大胡子"雷金纳德滑稽的表情语言以及各种曲折又令人捧腹的巧合和惊险情节的设计，都让《虎口脱险》成功地以十足的幽默感演绎出这段刻骨铭心的战争记忆。《瓦尔特保卫萨拉热窝》的喜剧元素设计虽并无《虎口脱险》明显，但二者在传达"正义终将战胜邪恶"的喜剧精神上无异。影片最后，三位英雄瓦尔特、苏里、吉斯带着胜利的笑容站在山岗上俯瞰整个城市，镜头切换，反派冯·迪特里希也拖着无奈而又沉重的脚步最后一次回望萨拉热窝，并说出了全片经典的台词："看，这座城市，它，就是瓦尔特！"影片结尾的设计昭示着正义的英雄力量之团结与坚实，"非正义战争必将失败"的喜剧精神也贯穿全片。

二、基于现实主义美学的群像刻画

《瓦尔特保卫萨拉热窝》以二战中真实的游击队形象为原型，通过艺术加工后树立起了典型环境中的典型人物，并且整部影片的英雄人物塑造以群像形式构建，全景式地铺陈了特定时代的社会精神风貌和生活画卷。[7]

沈义贞教授曾犀利地指出现实主义美学电影遵从的两大理论："真实论"与"典型论"，即现实主义美学电影致力于刻画典型环境中的典型人物，并通过艺术加工将"生活真实"拔高到"艺术真实"[8]。不同于类型化角色"单一"或"定型"的性格特点，典型人物是设定在典型环境中的、"既有一定的概括性和普遍性，又具有丰富多彩的个性以及独特性、原创性、新颖性的人物形象"[9]，《瓦尔特保卫萨拉热窝》中主角瓦尔特即符合典型人物的设定。瓦尔特是二战中保卫家园、抵御法西斯侵略的南斯拉夫共产党游击队整体英雄形象中的一个缩影。他集聚了智慧、果敢、英勇、谋略、乐观的性格特征。影片在开头就借对手德军的台词铺陈了瓦尔特的足智多谋与高深莫测：作为"萨拉热窝中强大的抵抗运动力量的领导者、老练的游击队员"，瓦尔特"简直是个幽灵"，在德军审问了100多个人、追踪了一年多后也难以得知有关他行踪的线索。而随着影片的进行，瓦尔特智慧与果敢的形象更是深入人心：他以"皮劳特"的身份接近被假瓦尔特欺骗的游击队员，取得了战友的信任，成功揭穿了假瓦尔特的阴谋，并铲除了游击队内部化名为肖特的奸细米尔娜。而他为了破坏"劳费尔计划"，假扮司机蒙骗德军，并通过制造爆炸彻底粉碎了德军的阴谋，这更是他大胆自信的性格的展现。

在现实主义电影美学中，次要人物并非"道具化的"，也"具有自己的思想感情和性格命运，在作品中承担着传递作品主题的使命"[10]。《瓦尔特保卫萨拉热窝》中不止一次地由次要角色推动了情节的发展。米斯科维奇在影片中是一位以医生身份作为掩护的游击队员，在突发情况来临时，他果断地组织医院内部的游击队员们，在德军的眼皮子底下惊险地制造停电假象，从而挽救了一名战友的性命并因此得到了后续情报。兰科斯是火车站长，也是一名游击队员，在影片开头，正是因为他才找到了养路工奥布伦，从而发现了假瓦尔特的破绽，而在影片最后，也正是因为兰科斯，铁路和火车的情报才得以传递，瓦尔特才因此识破了"劳费尔计划"。可以说，如果没有次要角色的参与，整部影片的情节将无法顺利发展。

《瓦尔特保卫萨拉热窝》中的"真实论"也体现在人物形象塑造上。影片并未愚化反面人物，反而为反派人物赋予丰富的性格层次特征，更显出正派英雄人物任务的艰巨性与最后的胜利来之不易。冯·迪特里希是影片中的纳粹党卫军上校，他心思缜密、老到狡猾，他为"劳费尔计划"部署了十分周密的计划，一开始他让康德尔以假瓦尔特的身份迷惑游击队员，到了后期以运送伤员为掩饰来运送油料，他不停地变换策略，使得游击队一度损失惨重。他绝不优柔寡断，到了影片后期，假扮瓦尔特的康德尔可能被游击队识破而陷入危机，而冯·迪特里希果断放弃康德尔，转而对火车进行布局。这种对反面人物性格深层次的刻画无疑增加了可信度，更衬托出了正面英雄形象的光辉与伟大。

《瓦尔特保卫萨拉热窝》尤其注重群像刻画，并且其情节设置有意加重这一铺陈。在影片中，瓦尔特的身份一直成谜，直到最后才揭晓，而故事中配角角色性格之鲜明、成长经历之深刻、所历情节之扣人心弦，更是让观众一度忘记了整个故事以"德军寻找瓦尔特"的设定为开头展开，好像瓦尔特是谁，在影片的中途已经变得不重要了。而结尾时，角色冯·迪特里希的一句经典台词："看，这座城市，它，就是瓦尔特！"，更是直言不讳地道出整个影片的真谛：《瓦尔特保卫萨拉热窝》并非歌颂主角"瓦尔特"一人，而是致敬一个群体，即所有为南斯拉夫争取主权独立、民主自由的游击队员们以及英勇不屈的南斯拉夫人民。可以说，《瓦尔特保卫萨拉热窝》的英雄形象塑造是集体性的、典型的，并非孤立的、特殊的。

三、人民史观叙事视角引发观众认同

《瓦尔特保卫萨拉热窝》的英雄形象塑造从人民史观的视角出发，通过英雄与人民同构的叙事手法，激发了观众认同。

在《瓦尔特保卫萨拉热窝》中，"英雄"与"人民"并非相互排斥，反而是互为补充的关系，甚至可以说，整部影片都折射出"英雄即是人民"的主旋律。影片中，除了被敌人视作不可战胜的神话般的瓦尔特，其余英雄形象均为平民化的人物。如年轻的游击队员、谢德的女儿阿兹拉、以火车站长身份为掩护的游击队员兰科斯、掩护了游击队员的火车站养路工人奥布伦等，均是大众平民化的形象。而这些平民化的角色不失拥有英雄般的境界：年轻的阿兹拉与恋人在一次行动中英勇就义，献出了青春且宝贵的生命；如果没有奥布伦的掩护，几名游击队员将会被德军俘获……影片在"有限的表达空间内不是走向先锋与民间的二元对立，而是将两者统一起来，诉说着电影本身与社会群落之间的对话欲求。"这种以"小人物"阐释"大叙境"的英雄形象塑造，昭示着新的历史观雏形的形成[11]。这种新的历史观即人民史观，认为人民是历史的创造者[12]。

以人民史观的叙事视角塑造的英雄形象易引发观众认同。观众在观赏电影时可能产生自我审美的暂时性改变，这种暂时性改变是指观众在观影中降低了"自我"的存在性，而拔高了"角色"的存在性，短暂地将自己与影片人物构建起连接，将自己代入角色，从而产生"认同"[13]。日常生活中广义上的"认同"，常指"认为某人或某物与自己有共同之处而感觉亲切"，而从影像修辞学的角度来看，"认同"是"新修辞学开展修辞实践的基本取向，新修辞学认为修辞的最终目的是要与他人达成认同。"[14]《瓦尔特保卫萨拉热窝》中塑造大量平民英雄形象，即推动了同样作为人民大众中一分子的观众产生情感上的共鸣，容易将自己代入角色，满足对自我认识的期待，从而建立起对该英雄形象的认同。影片并无高高在上的英雄形象，摒弃了传统意义上的"宣教意味"，旨在激发观众自觉的"认同"情感。哪怕是影片中被游击队员们无限崇拜的瓦尔特也并非完美人物。他初到叛徒肖特家中，在餐厅盘查肖特的蛛丝马迹时，也受到了刚好从内堂出来的肖特的警觉，引起了肖特怀疑的质问，由此看来，瓦尔特的人物设定并非毫无破绽，这种破绽反而增加了这个角色的可信度与亲民性。而影片中另一细节也设计得十分巧妙，镜头首先记录了一个被德兵追赶的游击队员逃跑进了置于镜头下部的器皿店中，而随着镜头的切换，器皿店内部的情况才显现出来：这时观众发现，器皿店里的工人们仍然若无其事地敲打着器皿，而这位游击队员则自然地混迹其中。这个片段没有多余的台词，在游击队员与萨拉热窝民众的这种无须言说的默契中，昭示出南斯拉夫人民抵抗法西斯侵略的决心和气魄。可想而知，如果没有人民团结一心，战争也不可能取得胜利。这种英雄亲民化、英雄平民化的设定，一是容易让观众产生代入感，二是帮助观众自然而然地产生"认同"，而非感觉被强迫教化。事实上，《瓦尔特保卫萨拉热窝》确实俘获了大批观众的情感认同，不仅在当时的东欧，也在当时的中国拥有了广泛的受众群体。影片在中国上映时，影院门口排起长龙，至今仍是当代青年中国人难以忘怀的经典作品。

回到前文所说南斯拉夫建国后的基本情况，更能说明为何《瓦尔特保卫萨拉热窝》着重于激发由人民史观引发的观众认同。一战后才建立的南斯拉夫由8个民族组成，国家意识松散，奉行大塞尔维亚主义。除了南斯拉夫最大的民族塞尔维亚和它的分支克罗地亚和斯洛文尼亚，其他民族处于不被承认的尴尬境地，各民族间的民族矛盾因历史原因尖锐且复杂[4]。缺失的国家凝聚力对于二战后的南斯拉夫来说格外重要，而电影作为一种大众媒介，需要观众的回应才能实现其教化价值。当影片与观众间的媒介得以成功建构、观众认同接纳英雄人物时，英雄形象的塑造才得以落地[15]。在这样的背景下，也就不难解释为何《瓦尔特保卫萨拉热窝》塑造了大量的平民化英雄形象了。可以说，虽然主角瓦尔特的形象塑造大获成功，但整部影片绝非强化对特殊英雄形象的打造，而更强调集体精神与平民英雄形象。与其说这是以瓦尔特为主角的英雄电影，不如说这是以英雄为媒介而描述的南斯拉夫革命斗争史。《瓦尔特保卫萨拉热窝》中的英雄形象塑造并非塑造"英雄的瓦尔特"，也不只在塑造"英雄的萨拉热窝保卫战"，更是想折射出"英雄的南斯拉夫"。

结 语

哪怕在今日回看，《瓦尔特保卫萨拉热窝》也是一部不可多得的、优秀的现实主义影片，它全景式地展现了抵御外敌的南斯拉夫人民顽强不屈的精神风貌，鞭辟入里地揭示了"非正义战争必将终结"的喜剧精神。它入木三分的英雄形象刻画更是让影片成为经典的必要因素之一。整部影片以浪漫而喜剧的叙事手法、现实主义的视角，成功塑造起英雄群像形象，并通过英雄平民化的创作铺陈，赢得了观众认同。

参考文献：

[1] ANDREW H. The Rise and Fall of the Yugoslav Partisan Film: Cinematic Perceptions of a National Identity[J]. Film Criticism, 1987, 12(2): 18-27.

[2] LENIN. Lenin's Collected Works[M]. Moscow: Progress Publishers, 1971(42): 388-389.

[3] 罗军, 达科维奇, 米洛瓦诺维奇, 等. 从南斯拉夫到塞尔维亚: 电影与国家认同[J]. 北京电影学院学报, 2019(3): 88-99.

[4] 赵克仁. 法国与南斯拉夫抵抗运动比较研究[J]. 外国问题研究, 2019(3): 57-65, 119.

[5] 贾翼川. 转型期的欧美电影: 二十世纪八九十年代欧美电影研究[M]. 北京: 中国电影出版社, 2004: 200.

[6] 沈义贞. 现实主义电影美学研究[M]. 南京: 南京师范大学出版社, 2012: 295.

[7] 沈义贞. 现实主义电影美学研究[M]. 南京: 南京师范大学出版社, 2012: 314.

[8] 沈义贞. 现实主义电影美学研究[M]. 南京: 南京师范大学出版社, 2012: 5.

[9] 沈义贞. 现实主义电影美学研究[M]. 南京: 南京师范大学出版社, 2012: 198.

[10] 沈义贞. 现实主义电影美学研究[M]. 南京: 南京师范大学出版社, 2012: 200.

[11] 邓光辉. 英雄言说与平民表达: '95~'96电影现象略述[J]. 当代电影, 1997(5): 91-95.

[12] 丁亚平. 英雄与人民: 中国电影的形象塑造和历史观念的建构[J]. 电影艺术, 2021(4): 11-18.

[13] 曾耀农. 电影观赏心理初探[J]. 当代电影, 1996(4): 31-36.

[14] 王真, 张海超. 从"主旋律"到"新主流": 新主流电影的修辞取向研究[J]. 当代电影, 2021(9): 155-160.

[15] 朴婕.《英雄儿女》解读: 新中国电影英雄形象生产的内在逻辑[J]. 文艺研究, 2020(11): 100-111.

（作者秦滢系成都大学影视与动画学院助理研究员）

从《瓦尔特保卫萨拉热窝》看经典英雄故事架构和人物塑造

杨 明

[摘要] 南斯拉夫拍摄制作的《瓦尔特保卫萨拉热窝》这一经典英雄主义题材影片从1977年在中国公映，便广为国内观众所喜爱，成为那一时期的现象级影片之一。其作为南斯拉夫"游击队史诗"系列电影，也成为巴尔干地区一个时代类型电影的典型代表，其电影叙事结构和对其中英雄人物的塑造呈现了较高的艺术水准和表现手法。本文试图从英雄叙事和英雄塑造这一角度入手，分析和研讨影片在其故事架构和英雄主义群体表现方面呈现的议题，以期为当代英雄主义影视题材作品创作给予一定的思路。

[关键词]《瓦尔特保卫萨拉热窝》；英雄故事架构；英雄塑造

如今，在南欧巴尔干半岛上，作为"国家"实体的"南斯拉夫"（这一名称自1929年出现，几经沿革，至2003年彻底取消）已不复存在。这个曾经被描述为"一个国家、两种文字、三种宗教、四种语言、五个民族、六个共和国、七条国界"的统一体已然分崩离析，"南斯拉夫"这个曾经闻名遐迩的国家名称从此就从世界版图上消失了。[1]虽然南斯拉夫这个曾经统一的国家消失了，但是拍摄于1972年、中国于1977年公映的《瓦尔特保卫萨拉热窝》一片，成为很长一段时期国人对于南斯拉夫在第二次世界大战中反法西斯战争的经典回忆,而片中的主要人物"瓦尔特"也一时间成为南斯拉夫反法西斯战争英雄的代名词。本文将试图从影片对个体英雄到群体英雄的塑造的场域泛化这一命题进行解构,探索在这一经典影片中英雄塑造的特征及对新时期英雄形象塑造的借鉴要素。

一、南斯拉夫"游击队史诗"系列电影作品

历史上的巴尔干半岛一直有着"南欧火药桶"的比喻,是典型的多民族、多宗教、多元文化混居地区。在政治上长期被欧洲霍亨索伦、哈布斯堡、罗曼诺夫三大王朝以及亚洲的奥斯曼帝国等不同的政治宗教意识形态统治者管理。这一地区长期没有形成大一统的稳定发展国家,各种民族、宗教、反帝国主义斗争层出不穷。在近代,"斐迪南大公萨拉热窝遇刺"事件成为第一次世界大战的导火索,而在第二次世界大战期间萨拉热窝又被纳粹德国入侵并占领。在第二次世界大战期间,铁托领导的南斯拉夫共产党对纳粹德国的占领进行了艰苦卓绝的长期斗争,铁托在南斯拉夫领导的敌后游击队斗争是唯一没有依靠苏联支援而独立完成对纳粹德国入侵占领的民族解放战争。战后,成立了"南斯拉夫社会主义联邦共和国",这个多民族、多宗教、长期充满地缘斗争的国家建立起了一个具有统一性的国家主体。新生南斯拉夫联邦人民共和国是二战的产物,并几乎立即卷入"冷战"格局,急需一个南斯拉夫人民共同的历史记忆来营造国家认同,这个共同记忆还必须宏大、壮烈,过程充满悲剧色彩,结局要正面而光辉。于是,反映铁托领导反纳粹抵抗运动的"游击队史诗(Partisan Epic)电影"应运而生。这类影片一开始就具有三重性:展现抗击侵略者的正义战争过程;将抵抗运动书写为社会主义建国运动;战争性质是"人民解放战争"。[2]由南斯拉夫著名导演哈依鲁丁·克尔瓦瓦茨在20世纪六七十年代制作了一系列"游击队史诗"电影:《夜袭机场》(1968)、《桥》(1969)、《瓦尔特保卫萨拉热窝》(1972)和《游击飞行中队》(1979)等影片。这一系列游击队史诗电影成为南斯拉夫这个曾经存在过的国家不屈斗争精神的历史丰

谍战片中的类型元素、城市形象与影像符号*

——以《瓦尔特保卫萨拉热窝》为例

邓 瑶

[摘要]1972年的南斯拉夫谍战片《瓦尔特保卫萨拉热窝》作为类型片的代表之作,电影的情节设置、人物塑造、视听语言的运用都堪称经典。而从符号学视角来看,瓦尔特和萨拉热窝都蕴含着内涵与深意,象征着英雄的人民和英雄的城市。

[关键词]谍战片;符号学;城市形象

萨拉热窝是南斯拉夫的一座历史悠久的城市,数十年来有着光荣的抗击外来侵略的传统。南斯拉夫的电影事业是在铁托同志领导的反法西斯战争的艰难岁月中诞生的。表现革命历史题材和战争题材的影片在南斯拉夫电影中占有重要的位置,这些电影主要以第二次世界大战反法西斯战争为基本内容,从不同方面来揭示战争的本质。

塞尔维亚所在的巴尔干半岛被称为欧洲的"火药桶"。第二次世界大战、波黑战争、科索沃战争等给塞尔维亚人民带来深重的创伤,也使塞尔维亚电

---

* 本文系成都大学线上线下混合式一流课程"电视节目制作"、成都大学"专创融合"创新创业示范课程阶段性成果。

影带有"火药味"。40多年前塞尔维亚电影《瓦尔特保卫萨拉热窝》在中国的火爆上映，成为中塞两国文化交流的精彩片段，瓦尔特也成为一代中国人的集体回忆，很多人一提起南斯拉夫和塞尔维亚，首先想到的仍是那里的人民保家卫国的不屈战斗精神。[①]

电影《瓦尔特保卫萨拉热窝》中的英雄人物瓦尔特，是南斯拉夫顽强不屈的民族精神的象征。影片中"瓦尔特"的原型是弗拉基米尔·佩里奇（1919—1945），他是塞尔维亚人，第二次世界大战期间萨拉热窝的抵抗运动领导人。拥有经济学学位的他，1940年之前在萨拉热窝的一家银行工作；之后加入了共产党，从事地下工作；1942年转移到解放区，担任营长；1943年奉命潜回萨拉热窝领导游击队。1945年4月6日，在解放萨拉热窝的战斗中被迫击炮击中牺牲，从此成了萨拉热窝的英雄象征。[②]

1977年《瓦尔特保卫萨拉热窝》及另一部革命题材影片《桥》在我国公映时，各大影院门前排起长龙，订票空前紧张。人们为影片所传颂的英勇壮烈、坚强不屈的精神所感染，为南斯拉夫人民顽强抗击法西斯的壮举所鼓舞。影片《瓦尔特保卫萨拉热窝》讲述1944年德国法西斯穷途末路，即将覆灭前夕，为了撤退的需要，把萨拉热窝作为向A军团提供燃料的基地，执行所谓的"劳费尔计划"，供装甲部队撤退之需。以瓦尔特为首的抵抗组织与潜入抵抗组织的颠覆分子展开了真假瓦尔特之间的斗争，最终粉碎了敌人的计划。

一、谍战片《瓦尔特保卫萨拉热窝》的艺术特征

作为经典谍战片的代表，《瓦尔特保卫萨拉热窝》情节紧凑、人物众多，具备谍战片的类型元素。影片中有不少经典桥段令人荡气回肠，比如钟表店

---

① 沈健."瓦尔特"走了，他的事业还在继续[J].世界知识，2019(18): 75.
② 郭晔旻.《瓦尔特保卫萨拉热窝》在中国家喻户晓的南斯拉夫英雄[J].国家人文历史，2015(4): 81.

老板镇定赴死，青年革命者陈尸路旁，人们冒死吊唁；此外，瓦尔特查证叛徒肖特、博物馆群众智救伊万、医院手术台蒙混过关等表现革命者大智大勇的镜头，也同样令人难以忘怀。影片有文有武，诗意对白反映崇高理性，战斗场面震撼火爆。①总体说来，这部影片在叙事视角、人物塑造、视听语言等方面都可圈可点。

（一）《瓦尔特保卫萨拉热窝》的叙事视角

在情节方面，影片剧情的发展可谓是错综复杂、扑朔迷离，德军和游击队分别在对方阵营中安插了自己的卧底，真假瓦尔特难分你我。片中不仅有斗智斗勇的逻辑推理，更有惊心动魄的搏斗、追击场景，可谓是文戏、武戏均优。

影片的叙事独到之处不仅在于情节的惊险曲折、扣人心弦，还在于影片在叙事视角上的勇于创新。影片的开始和结尾，都是从德军的视角，来描述他们对瓦尔特这名游击队员和对萨拉热窝这座城市的认识和看法，并通过前后看法的对比来揭示主题。这种情节设置有两大特点，首先，开门见山地引入主题、设置悬念；首尾呼应、引人深思；其次，从敌我双方二元对立的视角，客观评价英雄人物，视角独特。

在台词方面，无论是游击队员的新暗号"空气在颤抖，仿佛天空在燃烧""是啊，暴风雨就要来了"，还是党卫军上校离职前的感慨"我来到萨拉热窝就寻找瓦尔特，可是找不到。现在我要离开了，总算知道了它。看，这座城市，它，就是瓦尔特！"都充满哲理和诗意。这两句台词都是从德军的视角，讲述他们眼中的萨拉热窝以及游击队员，从侧面充分展现了萨拉热窝人民勠力同心、抵御外敌侵犯的决心。

（二）《瓦尔特保卫萨拉热窝》的人物塑造

影片在人物塑造方面，没有简单地沿袭公式化、脸谱化的人物形象，不

---

① 辛元."看，这座城市，它，就是瓦尔特！"：前南斯拉夫影片《瓦尔特保卫萨拉热窝》[J].家庭影院技术，1999（7）：72-73.

论正面人物，还是反面人物，都有血有肉、真实可信。整个影片主要以动作驱动，正面人物的台词不多。这部影片塑造的英雄形象主要有两类。一是以瓦尔特为代表的传统型英雄，这是一些带有传奇性和神秘色彩的、具有卡里斯马特质的英雄；二是以谢德、吉斯为代表的普通人型的英雄，他们是有丰富个性的人，甚至有着不相同的人生观。

在影片一开始，瓦尔特的身份就是一个谜，德国军官认为"这座城市的抵抗运动非常强大，是一条真正的秘密战线"，形容瓦尔特是一名"老练的游击队员""简直是个幽灵，我开始怀疑他是不是真的存在"。瓦尔特作为一名二战期间保卫城市的游击队员，他既是一个具体的英雄人物，同时也成为推动情节发展的主要线索。在敌我双方阵营中，瓦尔特都是个神秘的存在："听说他常和瓦尔特在一起""我非常想见瓦尔特""瓦尔特什么样？"让人对瓦尔特的身份充满好奇。就在瓦尔特的真实身份尚未揭晓之时，德国人安插了一名"假瓦尔特"打入游击队内部。假瓦尔特在身高、样貌、谈吐上都和真瓦尔特极为相似，再加上游击队内部很多人都没见过瓦尔特，给游击队造成了很大破坏。瓦尔特究竟是谁，成为影片中情节设置的最大悬念，也是推动剧情发展的重要线索。

影片中，钟表店老板谢德的形象也令人印象深刻。谢德作为一名父亲，他的身上集聚了对敌人的恨和对女儿的爱两种对立的情感。他一方面自己从事抵抗运动，对敌人恨之入骨，"敌人像野兽一样，不管你是老，还是少，残酷无情"。但另一方面，他却不主张自己的女儿跟自己做相同的事情。他说："人和人是不一样的，人的行为也不一样。有的投降了敌人，有的在战斗，有的在等待。你是个姑娘，应该等待。"台词简练，而富有深意，既描述了战争中人性的复杂和他对女儿的期盼，又塑造了有血有肉的谢德的人物形象。然而，当女儿和其他游击队员一道在行动中牺牲时，导演使用了急推镜头和主观镜头，突出了站在人群中央的谢德，以及他模糊的双眼和痛苦的心情。

南斯拉夫战争片的一个突出特点，是在反法西斯战争题材的影片中着力塑造人民的形象，平民英雄人物形象丰满，更具真实人性。影片《瓦尔特保卫萨拉热窝》塑造了无数个默默无闻的市民代表，比如在受人尊敬的钟表店老板谢德为了掩盖瓦尔特的身份，冒死赴约，并最终倒在敌人的枪林弹雨中时，游击队员们展开了复仇行动，而此时此刻整个城市的人民也群情激愤，默默地用他们的方式守护着这座城市。画面段落中出现若干个工匠敲打着手中的金属，对德军的搜查工作造成了干扰，而随着敲击声由弱渐强，逐渐汇聚成一股洪流，也形成了一股强大的精神力量，仿佛是这座城市的呜咽，在为那些牺牲的人民哭诉，呼吁人民奋起反抗。

（三）《瓦尔特保卫萨拉热窝》的视听语言

这部影片表现出对画面和音乐的娴熟运用，具体体现在对景深长镜头的运用、影视声音和剪辑技巧上。在《瓦尔特保卫萨拉热窝》的经典片段中，假瓦尔特怂恿地下游击队员和爱国青年去攻击德国运输队，结果落入德国人的圈套里，一阵乱枪扫射之后，几十个爱国青年横尸街头，倒在冰冷的街道上。[①]在这个场面中，导演充分使用景深长镜头，合理安排画面前景、中景、后景的内容，使影像文本产生丰富的内涵。在这个场景最后的俯拍远景镜头中，人民群众在谢德的带领下，迈着沉重的步伐，走向倒在血泊中的亲人，而德军则从画面下方离场。后方远景是城市的全貌，随着人民群众占据了画面的中央位置和大部分面积，也预示着这些人民群众无论付出多大的代价，也将永远和城市共同战斗，并最终取得保卫战的胜利。

影片的剪辑自然流畅，使用了特写转场、台词转场、音效转场、镜头推拉转场等手法。当德国军官上校说道"他确实存在，就在这一带附近活动"，镜头随即通过爆炸声进行转场，假瓦尔特进行了炸桥的破坏行动。布兰克将游击队员转移名单交给假瓦尔特，镜头推到了名单的特写，下一个场景紧接着就是假瓦尔特把名单交到德国人手中。当德国军官比绍夫说"把那姑娘交

---

① 曾颖.当心那些利用你正义感的人[J].读者（原创版），2016（4）：67.

给我"后,画面中出现的是女游击队员阿兹拉的画面。镜头推拉转场,随着游击队员电报的发出,镜头推往窗外的城市全景,在下一个城市远景的拉镜头中,德国军官正在俯瞰这座城市。整部影片的剪辑果断干脆,但同时又非常注重上下镜头之间的衔接,使得不同场景之间的转换平滑顺畅。

二、符号学视域下的谍战片《瓦尔特保卫萨拉热窝》

从符号学视角来看,这些脱离了原语境的实物不是"原物",而是一种承载"证明"意义的符号。《瓦尔特保卫萨拉热窝》的视听文本中包含了大量符号,反映了当时的时代背景和意识形态特征。人物的身份、接头时的暗号,都需要特殊历史时期中特殊的含义。

由于隐秘战线的特殊性,游击队员为了隐藏自己的身份,往往互不认识,在接头时使用事先预定的暗号。在影片中,忽明忽暗的灯光、相同款式的物件、藏在药瓶中的小纸条成为接头和传递信息的有力载体。另外,影片中的人物身份也都具有符号性,片中的游击队员来去无踪,可以根据实际情况的需要,假扮成任何社会角色,比如德军、医生、修路工、卡车司机、火车司机,等等。就连瓦尔特也是一个符号,意义不在场才需要符号,尽管瓦尔特是一个人,但是他身后是无数和他一样热爱和平、捍卫城市的游击队员和平民百姓。正如这部影片的片名所隐喻的:瓦尔特不仅仅是一位传奇英雄的名字,他更是南斯拉夫英勇无畏人民的化身。

三、《瓦尔特保卫萨拉热窝》中城市形象的塑造

在电影《瓦尔特保卫萨拉热窝》中,萨拉热窝这个城市的名字和瓦尔特紧密地联系在一起。影片中游击队员接头的地点共同组成了萨拉热窝的城市景观,比如火车站、饭馆、药房、医院、清真寺、保龄球馆、墓地、森林、破砖窑、吉斯的照相馆、谢德的钟表店、米尔德娜裁缝铺等。此外,影片中

有许多鸟瞰萨拉热窝的镜头,从大全景的视角俯览这座孕育了热爱和平、向往自由的人民的城市。整个城市中的楼房星罗棋布,生活在其中的人民都紧密联系在一起。在一次次的镜头语言中,观众不得不反思这部电影的主题,这座饱经创伤但仍然顽强抗击的英雄城市。

  当然,一座城市的精神主要是由组成这座城市的人民构成的。在影片《瓦尔特保卫萨拉热窝》的经典场景中,几十名游击队员夜袭广场停放的德军卡车,遭到伏击,大多数牺牲了。第二天,德军妄图打死前来认领尸体的人。广场上群众越聚越多,瓦尔特在人群中嘱咐大家不要过去。然而,当谢德看到自己的女儿躺在血泊里,就毅然挺身走过去。这时,比绍夫下令开枪,士兵举枪,在这危险时刻,瓦尔特和苏里等游击队战士从容迎上前去,群众一个接一个跟了过去。终于成百上千的群众坚定地走向牺牲者的尸体,德军退却了。这个群众场面表明英雄就在普通人中,英雄也是普通人,英雄来自人民,人民就是英雄。人民的意志就是英雄行为的出发点和归宿。在这部影片中,瓦尔特并不是那种纯粹的西方式个人英雄,他一直以皮劳特的化名隐藏行为,这也是英雄的人民性的一种寓示。其实,《瓦尔特保卫萨拉热窝》片名本身就是一个泛指,瓦尔特一个人是保卫不了萨拉热窝的,是人民在保卫萨拉热窝,瓦尔特是人民的代表。①

  《瓦尔特保卫萨拉热窝》这部影片尽管诞生于半个世纪之前,但其已经具备了成熟的类型片样态,无论是从情节设置、人物塑造还是视听语言、影像文本及象征性符号的运用,都具有艺术欣赏价值,成为一代人的集体记忆。

(作者邓瑶系成都大学影视与动画学院副教授)

---

① 柏青,国立.南斯拉夫战争影片的优秀之作:《瓦尔特保卫萨拉热窝》赏析[J].文化月刊,1999(6):6-7.

浅析第二符号学视域中战争题材电影的典型形象塑造与观众的心理认同机制

——以影片《瓦尔特保卫萨拉热窝》为例

李祈龙

[摘要] 电影作为媒介的一种，进行信息化的传递，人们通过观看电影来寻求与之相关的共鸣。罗兰·巴特的语言符号学，提供了新的电影解读方式，不再单从电影的技术手法、电影文本本身进行解构。克里斯蒂安在巴特等人的影响下，通过符号的能指与所指，使观众的认同机制发生质的变化。本文运用第二符号学相关理论，探索《瓦尔特保卫萨拉热窝》如何触发中国观众的认同机制。

[关键词] 第二符号学；认同机制；战争类题材

一、能指与所指，瓦尔特是什么

受罗兰·巴特的神话学的"二级符号系统"潜移默化的影响，克里斯蒂安将电影当作能指理论的完成，开创了电影的精神分析学。[①] 在影片《瓦尔特保卫萨拉热窝》中，瓦尔特本身是一个人的名字，他是影片的主人公，是

---

① 高婉凝.电影第二符号学视域下抗战电视剧与观众的关系研究[D].哈尔滨：哈尔滨师范大学，2020.

游击队的灵魂领袖。正是在他的带领下，游击队员们成功地找到渗透于游击队当中的内鬼队员，粉碎了德军想要歼灭萨拉热窝游击队成员的阴谋，并成功地炸毁了德军装满燃油的列车，使德军"劳费尔计划"功亏一篑。

影片中的主人公瓦尔特，其能指意义就是他名字本身的含义，但是所指的瓦尔特，意义极其丰富。就如同影片结尾的时候，失败的冯·迪特里希再一次站在萨拉热窝老城区的高地，告诉押送他的军官，他找到的瓦尔特就是萨拉热窝这一片土地。此时此刻，瓦尔特的所指意义已经明晰，瓦尔特代表的就是所有萨拉热窝游击队员们敢于奋战的决心，代表的就是萨拉热窝人民反抗侵略者的决心，代表的就是所有反法西斯革命者的决心。

二、形象与人性，典型人物塑造

《瓦尔特保卫萨拉热窝》这部优秀的战争题材电影并非传统意义上一味依靠战争大场面调度来吸引观众，更多的是依靠人物典型的塑造，将正面人物与反面人物真实刻画，有血有肉，真实可信。

影片中的两大主人公一个是化名皮劳特活跃于城市中的、真正的游击队领袖瓦尔特，另一个是德军派来的党卫军上尉康德尔，在游击队里的叛徒的帮助下打入游击队内部的假瓦尔特。

真假瓦尔特都活跃于萨拉热窝这座城市的街头巷尾，一个是保护游击队，想方设法摧毁德军阴谋；另一个是利用计谋将游击队的势力不断削弱，直至歼灭游击队全员，顺利完成德军"劳费尔计划"。

真瓦尔特在影片中的刻画并没有中国传统战争题材电影中"高大全"的形象，更像是萨拉热窝城市中随处可见的平凡一员。他机智、勇敢、沉着冷静，并非以上帝视角来进行活动，而是通过一系列的调查、取证，最终发现并消灭了冒充自己的假瓦尔特以及潜伏于游击队内部的内鬼肖特。并通过与游击队员的默契配合，最终顺利地阻止了德军"劳费尔计划"的实施。

假瓦尔特在影片中同样表演出色，像真瓦尔特一样带领游击队炸毁桥梁,并一步步地取得游击队的信任,拿到了游击队员名单和行动计划,悄无声息地暗杀游击队员们。他的阴险、狠毒正是在一次次游击队员的牺牲中,刻画得淋漓尽致。

最终,在真假瓦尔特的对手戏中,假的瓦尔特被打下山坡,被赶来的吉斯乱枪打死,倒在肮脏的水坑之中。一方面代表了"假的永远无法替代为真的",另一方面,也暗喻法西斯的罪行终究会得到正义的审判。

除了主人公的刻画,影片中其他人物的刻画也是极其形象生动的。

修表工人谢德是一名老游击队员。他为游击队员提供保护,进行联络,可是他却不希望自己的女儿阿兹拉参加游击队,可以看出他对家庭的热爱,他说:"昨天他们又抓了17个人,枪毙了一个像你一样年岁的姑娘。""因为我希望你能活下去,这也是你妈妈的愿望。如果她还活着。"从他与女儿的对话中,他明白游击队员被发现的处境,他不希望女儿去冒险,可是为了国家,他愿意成为游击队员,赶走侵略者,为国家的未来牺牲。观众可以深刻地感受到父爱的伟大与隐秘,感受到游击队员并非超人,也是一样会流血的普通人,可是他们为了国家的未来和下一代的希望,不怕牺牲。

在女儿追随爱人布尔基实行破坏卡车计划暴露后,一群游击队员死于机枪之下,阴险的党卫军上尉比绍夫设下阴谋,要求死者的亲属上前认领尸体,并下令射杀所有认领尸体的人。谢德看着女儿的尸体,泪水从眼角溢出,眼角的泪水代表了痛失女儿的哀伤,对侵略者的憎恨,以及对所有牺牲的游击队员的伤痛。此时此刻,他明知道这是圈套,可还是义无反顾地走上前去,他不怕牺牲,只是想再看一看自己的女儿,想和她在一起。所以,当他走上前去的时候,所有萨拉热窝的市民都追随着他的脚步,一同前行。而比绍夫看到这个场景,只能下令撤回,人民的举动打碎了比绍夫的阴谋。

在得知清真寺赴约是党卫军设下的圈套,由于来不及通知真正的瓦尔特,谢德义无反顾地决定代替瓦尔特牺牲。临行前,他又一次将钟表拨正,证明他在生活中是一个做事严格认真、一丝不苟的人,他叮嘱学徒凯姆要好好学习手艺，不可以虚度人生，言语之间充满了对学徒凯姆的关心，对生活的热爱。在出门后，他自然地和每一个遇到的人打招呼，丝毫没看出来他是将要赴死的人。最后他与敌人同归于尽，和平鸽在上空飞过的镜头让无数观众为之动容。也正是因为枪声，瓦尔特和他的战友们才得以知晓清真寺的圈套。谢德对生命的价值、人生的意义以及个人的责任都有着相当深刻而成熟的理解，唯有如此，他的死，才是一个真正的、有血有肉的"人"的死。[①]

游击队的内鬼米尔娜，曾经也是游击队的一员，在被敌人抓住以后，不堪折磨，屈服于敌人的威胁之下，变成了党卫军派来的内鬼，与假瓦尔特联手，对曾经的战友们痛下杀手。在真瓦尔特带着吉斯出现在米尔娜的面前，揭穿一切谎言时，吉斯忍不住痛打米尔娜，这个时候观众可以清楚地看到米尔娜在哭，米尔娜的眼泪是自己受刑却没有人来营救的委屈，也有对因自己背叛而牺牲的游击队员们的忏悔。在瓦尔特同意她戴罪立功，在砖窑场消灭假瓦尔特的时候，她却让假瓦尔特快走，又导致了游击队无谓的牺牲，而她也死在了假瓦尔特手中。

观众看不到米尔娜受刑的经过，可是在最关键的时刻，米尔娜依然选择当德国党卫军的棋子，向他们发出警告。也许是抱有党卫军可以拯救她的希望，谁料却被当作没用的棋子抛弃，不禁让观众唏嘘。

正如谢德说过的一样，"人和人是不一样的，人的行为也不一样，有的投降了敌人，有的在战斗，有的在等待。"

三、情感与共鸣，观众认同机制

电影的第二符号学和第一符号学最大的不同之处是第二符号学更多地从

[①] 沈义贞.战争片与现实主义：关于《瓦尔特保卫萨拉热窝》的美学随想[J].艺术百家，2007(5)：51-54.

大众的角度出发，将大众作为主体，呈现出大众通过电影所表现出的感觉。[1]观众在观看电影的时候有紧张有舒缓，每一个观众在观看影片时出现接收信息的差异，也导致他们有不同的认知体验。依照精神分析法，受众作为主体，将自身带到电影中去，因为个人经历所产生的情感体验截然不同。人们通过电影找到归属感，在电影中找到另一个自己，也许是一模一样的自己，也许是想象中的自己。

《瓦尔特保卫萨拉热窝》之所以在当时的中国能够引起轰动，很大程度上就是因为观众的认同机制。

第二次世界大战，中国与南斯拉夫共和国都是被侵略的国家，都付出了极大的牺牲才赶走了侵略者，保卫了国家的安宁。中国的观众感同身受，理解家园被侵略者的铁蹄践踏，亲友被侵略者无端虐杀的痛苦，那种山河破碎、家破人亡的感受在观影那一刻再次被点燃，引发强烈的共鸣。

电影中演员演绎的是战争年代中萨拉热窝的日常生活，可是在当时真实的萨拉热窝战争中，却是真人也在演绎日常生活。演绎中的生活和生活中的演绎，双向的演绎更让观众能感受到当时战争的残酷、人民生活的艰辛、反抗侵略者的不易。

在游击队员身份暴露后，在博物馆中想办法脱身时，一群学生涌入博物馆，馆长让该队员从窗户逃脱；在医院中，在敌人眼皮子底下上演一出"狸猫换太子"的好戏；游击队员穿梭在大街小巷中与德国士兵进行抗争，在被保卫后躲进一家手艺工人的店铺，随手拿起来工具装作店铺的学徒，而店铺的师傅们也装作无事发生的样子，默许了他的存在，使该队员成功脱身。看到这一幕幕的场景，观众不禁想到了抗日战争时期的人民群众与游击队的鱼水深情，也是在群众的掩护下，游击队一次又一次地挫败了敌人的阴谋，保护了人民群众的生命安全。

战争中，中南两国都是处于落后的、被侵略的一方，相似的武器装备，

---

[1] 于红，刘霖.从第二符号学的角度浅论电影的认同机制[J].鸭绿江（下半月），2020（3）：45.

相似的对抗环境，相似的装备精良的敌人，相似的付出惨烈代价战胜敌人的结果。

正是因为现实战争中，中南两国处境的相似性，影片自然无须过多的渲染战争的场面，中国受众作为观看该部影片的主体，因为镜像自我的认知自然代入情感色彩，从而产生观影的欲望与依赖。同时，影片的创作者对电影制作也包含着自身的情感表达，通过电影的流出，受众的接收，可以与创作者的内心表达产生共鸣，理解和平的意义，战争的残酷。

近年来，习近平总书记提出一系列关于社会主义核心价值观的重要论述，电影是倡导和弘扬主旋律的重要形式，近年来"战狼"系列、《红海行动》《我和我的祖国》《金刚川》《长津湖》等一大批优秀的主旋律影视作品，从人物的选择、场景的调度、观影的体验等方面整体提高，不再是单一单薄的主人公成长，而是立体多方面展示主人公与我们一样是普通人，从普通人转变，代入感增强，更能激发起情感的共鸣。

四、铭记与反思，战争带来什么

战争没有胜利者，只有失败者。影片中瓦尔特带领的游击队取得了胜利，可是依旧付出了惨痛的代价，是无数游击队员的流血牺牲才换来的；德国侵略者滥杀反抗他们的人，最终"劳费尔计划"也没有成功实施，运送燃料的德国官兵们葬身于那场爆炸中。双方都是战争的失败者，所谓胜利者，只是建立在无数人伤亡的基础上换来的资源。

通过战争来谋取自身的利益，历史的发展会永远被铭刻，所有的罪行都将被书写，难以被救赎。和平生活来之不易，希望和平与稳定发展是全世界人民共同的心愿。没有哪个国家的人民愿意被侵略，也没有哪个国家的人民渴望通过发动战争换来发展，因为战争受伤的只有人民。

结　语

《瓦尔特保卫萨拉热窝》中，导演并没有一味地渲染战争的残酷，影片中也没有过激的爱国主义色彩及煽动倾向，而是略带喜剧效果地讲述那段故事，让观众笑中带泪，更能理解萨拉热窝人民为了保卫家园，赶走侵略者，追求和平生活所付出的巨大牺牲。

我们观看战争题材的电影，不是为了在心中埋下仇恨的种子，伺机发动战争，寻求报复的快感，是为了铭记那一段先人为了后代不受战争摧残，舍生忘死的岁月；是为了建设自己的国家而不懈努力，奋斗终生。

我们珍惜和平生活，更珍惜因为祖国的强大而生活在当下。我们只有居安思危，不断提升自己的能力，为国家的发展贡献自己的力量，才可以让祖国更加繁荣昌盛，让虎视眈眈的敌人不敢侵犯。

（作者李祈龙系成都大学影视与动画学院硕士研究生）

浅析《瓦尔特保卫萨拉热窝》二元对立的人物形象符号意义

徐张成

[**摘要**] 20世纪70年代的译制片经典,反映萨拉热窝人民与德国法西斯军队英勇抗战的南斯拉夫影片《瓦尔特保卫萨拉热窝》在中国一上映就造成了"万人空巷"的观影热潮。影片成功塑造了二元对立的人物形象群体,而且每个群体的人物都具有立体化的人物性格,且具备一定的思想性、艺术性和观赏性,形成了特定的人物形象符号,对影片传达的价值观在中国民众间的传播起到了重要的作用,为实现电影人物形象符号意义上"价值观认同"的传播提供了可能。

[**关键词**] 二元对立;人物符号;价值认同;传播

一、二元对立与人物形象符号

作为结构主义概念的基础,"二元对立通过成对的概念来构建结构,从其中找出存在有对立、有联系关系的特征,从而达到构建结构的目的。"[1]将角色进行"二元对立"式的设计,是影视作品中较常用的一种方法,其能够把影视作品中各种力量之间的争斗巧妙地架构到影视作品的整体结构上来,从而使整个影视作品的故事逻辑更容易让受众接受,并使其更容易在受众之间传播，促使受众在不同力量之间进行心灵共鸣的"选择"。同时，二元对立论可以更好地完善和细化影视作品各部分的搭配和安排，能够使受众深入地了解影视作品的精神内涵与其所要传递的重要意义，从而更好地把握更加深层次的思想表达，并透过现象看清本质。

人物作为影视作品中不可缺少的一部分，其对影视作品艺术意蕴的传达有着极其重要的作用，影视作品中的人物不仅仅是一个个具象的个体，而且最重要的是有些人物能够在一定程度上代表一类人，形成一种特定的符号，在受众之间广泛传播。

在影视作品中，采用二元对立的观念来塑造不同人物，不同人物间的不同性格形成反差，进而相互碰撞，能够丰富影片的内容，深化作品的内涵，从而给受众带来心理上的冲击，形成"差异性"的人物性格符号。

在《瓦尔特保卫萨拉热窝》这部影片的人物设计当中，导演和编剧采用了二元对立的原则来塑造不同人物，展现得最明显的对立是影片中两个不同群体的对抗，一个是以瓦尔特为代表的正面人物群体，另一个是以肖特为代表的反面人物群体。通过这两个群体间不同人物的对立，形成了一种特殊的对立人物符号，进而表现了萨拉热窝人民与德国法西斯的英勇对抗精神。

二、《瓦尔特保卫萨拉热窝》二元对立的人物形象符号及其意义分析

（一）《瓦尔特保卫萨拉热窝》二元对立人物符号对受众需求的把握

一部电影的故事创作及其艺术传达的最终目的是要让受众感同身受，而其间的桥梁便是影片中的人物塑造需要满足受众的期待，达到一种情理之中、意料之外的满足。因此，为了满足受众的心理期待，就需要塑造不同类

型的人物，使这些人物间形成二元对立，让其变成可以在受众头脑间来回任意思考和传播的具有代表性的记忆符号，使受众感受到不同符号对立间的拉扯，从而全身心参与其中进行符号间的取舍，进而达到受众的心理共鸣点，满足受众的需求。

影片《瓦尔特保卫萨拉热窝》以二战为背景，讲述德国法西斯在山穷水尽即将失败的时候，为了方便后期的部队撤退，将萨拉热窝作为向A军团提供军用燃料的阵地，实施他们提出的"劳费尔计划"，妄想将燃料通过萨拉热窝绵绵不绝地运往维谢格拉德，以便向其后期装甲部队的撤退提供支撑。为了彻底摧毁这一计划，游击队长瓦尔特带领抗争组织，凭借个人出彩的计谋和众多勇猛的队员一起与秘密潜入游击队的德国法西斯展开了真假瓦尔特之间的"搏斗"，最终让间谍现出原形，成功地挫败了敌人阴谋的故事。

《瓦尔特保卫萨拉热窝》这部电影整体动人心弦，人物塑造也立体丰满，栩栩如生。影片中对于正面人物和反面人物的塑造个个都让人感到实在，让人愿意去相信，并没有把正面人物传奇化、模式化，也没有把反面人物愚笨化、妖魔化。在人物整体架构方面，两个对立的群体相互碰撞，推动剧情持续发展，利用二元对立原则将电影想要传达的更深层次的意义赋予在人物符号上，最终以二元对立人物符号的形式展现在受众面前，将电影更多想要传达的意义留给受众自己体会，充分尊重受众的心理需求选择，使受众由被动接受变为主动结合时代背景进行选取，形成共鸣。

（二）《瓦尔特保卫萨拉热窝》正面人物形象符号及其意义

《瓦尔特保卫萨拉热窝》作为一部既具有生动惊险情节，又拥有二元对立人物形象的经典佳作，其在正面人物形象的塑造上，不仅仅使其具有主流性、英雄性的特征，而且还有意拓宽了每个人物的性格空间，使其更加立体，更加有层次感，从而形成一种感性符号，在受众的脑海中不断标记，使受众记忆深刻，并被这些人物的举动所感染，进而深化受众的那种反抗法西斯侵略和争取民族独立的自豪感与荣誉感，并更深入地领悟生活的意义。

1. 瓦尔特：具有"民族精神"意义的人物形象符号

瓦尔特是《瓦尔特保卫萨拉热窝》的主角，在影片中他所传达的是一种不怕牺牲、敢于斗争、为争取反法西斯战争胜利和民族独立不畏艰险的大无畏精神，在他身上有着风度翩翩、沉着冷静、智勇双全的正面人物形象特点，是一个让人心生钦佩的"城市英雄"。

在影片《瓦尔特保卫萨拉热窝》中，瓦尔特毫不畏惧地从几十米的教堂顶上顺着绳子跳下来，并施计诱使组织内的间谍和叛变者露出了马脚，进而摧毁了敌人的阴谋。面对四面八方而来的敌军独自一人仍然镇定自若，与吉斯、苏里一起去争夺德国军队在汽油存放处运送伤员的卡车，并最终成功进入火车站且完全控制了火车。在等火车装完汽油开出油库时，德国人这才发现火车已经被瓦尔特他们掌控在手里，德国军队试图在路上阻止火车但最终却以失败告终，在火车车顶争斗时，德国士兵均被瓦尔特他们所击退。当装满汽油的火车向上爬坡时，瓦尔特摘掉了火车的通风管，失去机车牵引力的火车快速倒退向下滑，向德军列车撞去，进而引燃汽油，炸掉了运送汽油的火车，"劳费尔计划"最终变成虚渺的"泡沫"。

作为一个"城市英雄"，萨拉热窝游击队的领袖瓦尔特已不仅仅是一个具体化的人，他代表的是一种让德国法西斯感到畏惧的民族不屈反抗精神，是一种特定的民族人物精神符号，具有一定的传说意味和神秘色彩。正如影片所说："瓦尔特简直是个幽灵，我开始怀疑他是不是真的存在？"也正如影片中的台词所说："看，这座城市，它，就是瓦尔特！"这个人物符号在受众的认知中已经根深蒂固。瓦尔特已经不仅仅是一个人的名字，也是这座伟大城市"萨拉热窝"的名字，更是这座城市中同法西斯敌人不屈斗争的人民的名字，他成为一种符号化的民族精神象征。

2. 吉斯：具有"人民性"英雄意义的人物形象符号

吉斯是瓦尔特的助手，影片在对这个正面人物的塑造上增添了一定的喜剧元素，他除了体现出正面革命者的那种勇于抗争、疾恶如仇的精神外，还表现出一种乐观、幽默的性格特点。从人物的外在形象来看，吉斯的扮

浅析《瓦尔特保卫萨拉热窝》二元对立的人物形象符号意义

者拥有着大耳朵和大鼻子，这在一定的程度上增添了这个人物形象的喜剧效果。

另外，吉斯的整个人物形象的设计并没有放弃喜剧的表演方式，在德国兵拍完照片准备离开照相馆时说了一句"嗨，希特勒"，吉斯用他自己的语言回复德国兵"去你的吧"；在德国兵搜查弄乱桌面上的物品时，吉斯大声呵斥道："小心点，那是艺术品"；在面对德国兵从烟囱中检查出枪时，吉斯却说那是放大机。然而，这个看起来有点搞笑的吉斯，在面对女特务肖特时，眼里却露出了凶狠的光芒，当女特务肖特被揭穿时，吉斯狠狠地抽了肖特好几个巴掌，这种人物形象的塑造就增加了真实性，让受众觉得真实可信，进而烘托了当时整个场景的气氛。

吉斯这个"普通人民"英雄形象拥有着不同层次的人物性格，使整个人物活了起来，他拥有属于自己的"人民性"性格，也正是这种"人民性"的英雄性格自身从整体上构成了其"普通人物"人民英雄形象，从而说明英雄也会在普通人中产生，人民的意识促使了英雄行为的产生，进而形成了一种特定的"人民性"英雄人物符号。

3. 老钟表匠谢德：具有生活意义价值的英雄人物形象符号

老钟表匠谢德在影片中出现的次数并没有瓦尔特和吉斯多，以他为主的段落仅仅四个左右，但是他每一次的出现都对剧情的发展起到了一定的推动作用，并留下了经典难忘的场面。

老钟表匠谢德的家境较为殷实，这一点从他和女儿阿兹拉一起喝下午茶用的茶具以及家中的装潢和家具不难看出。一个资深的老钟表匠在当时的社会环境中可以算得上较高层次的社会群体，对于他来说，不参加游击队，自己过自己的日子似乎更加稳定和幸福，就好像影片中另一位钟表匠那样。但是老钟表匠谢德却选择了斗争，加入游击队与德国法西斯进行抗争，选择抗争就意味着随时都可能面临死亡，但他仍毅然坚持。然而在当时的那种处境下，老钟表匠谢德强烈反对女儿阿兹拉加入游击队，他很坚决地表达了自己对女儿的要求和期望，希望女儿阿兹拉能够活下去。"人和人是不一样的，

233

人的行为也不一样，有的投降了敌人，有的在战斗，有的在等待，你是个姑娘，应该等待，这也是你妈妈的意思，如果她还活着的话。"在那个有着无情战争的年代，一位随时准备为革命献出自己生命的父亲强烈要求自己的女儿不要参加战斗，这是作为人、作为一个父亲最真实的本性。

女儿阿兹拉最终还是没有遵循父亲谢德告诉她的话，参加了游击队，在偷袭德国军队时被暗算和战友们不幸牺牲，第二天在广场认尸时，德国士兵念完认尸公告后，在场的所有人都知道这是敌人的阴谋，"枪打出头鸟"，游击队员劝阻市民不要轻易上前去收尸。老钟表匠谢德亲眼看到女儿年轻的遗体，难过之情溢于言表，他没有与任何人沟通，义无反顾地第一个走了出去，行使了作为一个父亲的职责，也表现出了一种生无可恋的态度以及对德国士兵的不屑之情。在谢德的带头下，游击队带领全体市民众志成城地一块走向前方，直面德国党卫军的枪口，最终德国党卫军被市民的行动吓到，选择了撤退。

老钟表匠谢德在得知自己被假联络员欺骗，真瓦尔特面临危险时，他只考虑了几秒就决定了与假联络员同归于尽，让另一个同志回去的时候已经下定了牺牲自己的决心。他在与徒弟最后的诀别中，从容淡定，"没有人欠我的钱。你要记住：有个犹太人叫米尔维特马伊，我欠他20克金子。如果他还活着，别忘了还他。到天黑我要是还不回来，把钥匙交给我弟弟。""不用了孩子，你好好地干吧，要好好地学手艺，一辈子都用得着啊，不要虚度自己的一生。"老钟表匠谢德告知徒弟自己对他将来生活的建议和期许，这其实也是对自己的人生做了最后的总结，随后慷慨赴死。在老钟表匠谢德牺牲的场面中，代表和平的白鸽从清真寺的上空飞过，充满意味，传达了老钟表匠谢德是为了争取民族自由而光荣牺牲的深刻含义。

《瓦尔特保卫萨拉热窝》这部电影想要传达的除了战争和人民英勇反抗德国法西斯的民族精神外，还有更深层次的意义，那就是影片通过对老钟表匠谢德的人物塑造表达了对人的本性、死亡和将来生活的理解，形成了一种具有"生活意义"的特定正面人物符号，为了生活必须要去斗争，为了生活要去选择牺牲，为了生活要去思考当下和未来，这个具有"生活意义"的人物符号传递了更多的生活意义和对理想的追求。

（三）《瓦尔特保卫萨拉热窝》反面人物形象符号及其意义

作为一部纪念反法西斯战争胜利的影片，《瓦尔特保卫萨拉热窝》通过刻画二元对立的人物群体来展现当时反法西斯战争的场面，使受众在正面人物群体和反面人物群体的相互斗争中更深入地了解世界反法西斯战争的意义，在刻画反面人物群体时，《瓦尔特保卫萨拉热窝》这部影片并没有恶意地一味矮化和贬低反面人物形象，做到了不丑化敌人，塑造出来的反面人物形象是有情感的、形象生动的，同时作为反面人物的他们也代表了一类特定的符号，从侧面尊重了反法西斯战争的胜利。

1.肖特：具有战争语境下被迫选择意义的女性人物形象符号

肖特是德国人安插在游击队内部的间谍，她的遭遇会让人对她产生一定的同情，影片很立体地塑造了这个人物形象，使她拥有着很多个侧面，让这个坏人不是特别十恶不赦。

当时德国人为了打击萨拉热窝的游击队，借助瓦尔特的名气大就伺机安排了一个假的瓦尔特，为了更好地配合假瓦尔特的行动，德国人就在游击队内部安插了一个卧底肖特，通过肖特，假瓦尔特获得了游击队员的信任，进而给游击队的队员们带来了巨大的损失。当肖特被瓦尔特和吉斯拆穿时，大伙发现原来肖特之前也是游击队员，后来受尽了折磨，走投无路，被迫叛变了，正如肖特自己说的："我只能这样，我没有别的办法，没办法，没办法，他们把我折磨得要死，死又死不了，我受不了了，就是男人，男人也受不了啊。"可是后来在砖窑，当假瓦尔特正要过来接头时，肖特突然狂喊："别过来！"假瓦尔特急忙掉转车头逃走，肖特拼命追赶汽车，康德尔却探出头来开枪打死了她，最终，肖特也算是得到了应有的惩罚。

纵观肖特这一反面人物形象，导演通过不同侧面对其进行刻画，使这个人物形象变得真实可信，同时她也代表了当时特定环境下部分女性群体的一种处境，面对生活或者战争的摧残，她们做出不得已的选择，最后的结果或好或坏都需要自己默默地承受，也在一定程度上展现了战争会给女性群体带来更大的不公，形成了一种特定的战争语境下部分被迫选择的女性人物形象符号，也给特定的受众带来了心理上的冲击和共鸣。

2. 冯·迪特里希和比绍夫：战争语境下具有促使"人民抗争"意义的人物形象符号

冯·迪特里希是德国上校，也是一位特别优秀的指挥官，他对游击队的打压手段"心狠手辣"，在帮助假瓦尔特取得游击队员信任时对牺牲了的德国士兵毫不在意，甚至为了成功实施"劳费尔计划"而置德国军队伤兵的生命于不顾，将伤员赶下火车，拿他们的生命安全做筹码来换取计划的顺利实施。但他也是一个十分具有才能的人，头脑十分聪明，制订作战计划十分周密，顺利地安插假瓦尔特潜伏到游击队内部，做事果敢、坚毅。

比绍夫是德国的党卫军上尉，他喜欢把军帽微微向上然后轻轻歪戴一点。他是一个能够完全胜任自己军衔的军人，在面临大量的民众涌入广场认尸时，他命令德国士兵全部撤出广场，没有向市民和混在市民队伍中的游击队员们开枪。在火车头将要撞击到装有汽油的车厢时，他没有在火车相撞前跳车，而是依然坚守岗位，在几乎没有任何希望的时候，仍然在做着挽救火车和燃料的工作，最终不幸被汽油爆炸炸死，葬身火海。

另外，从近距离拍摄的近景景别上可以看到二人所佩戴的勋章情况，冯·迪特里希佩戴的是银质战伤勋章，银质战伤勋章是在作战中受伤3到4次的人员才可以获得，他还佩戴了金质近战突击勋饰，而这个勋饰只有战斗人员参与超过50天的近身战才可以获得。比绍夫佩戴的是黑色战伤勋章，黑色战伤勋章是在作战中受伤1到2次的人员才可以获得，同时他的左胸袋下方还佩戴了一枚金质德国国家体能奖章，获得金质奖章需要40岁以上男女公民在12月期间通过五项体能测试，或者获得银质奖章者7年后再次通过五项体能测试，这些都说明这两个人物在德军中是相当厉害的。

浅析《瓦尔特保卫萨拉热窝》二元对立的人物形象符号意义

从这两个反面人物的人物形象塑造来看，两个反面人物都拥有着属于他们自己的过人之处，而他们的这些厉害之处也恰好从侧面反映了取得反法西斯战争胜利的果实来之不易，需要全世界人民的共同努力和不懈奋斗，从而形成了一种促使人民"抗争"的符号，进而使受众铭记这段可歌可泣的斗争历史，继续弘扬民族坚强不屈的斗争精神。

三、《瓦尔特保卫萨拉热窝》二元对立人物形象符号的传播意义分析

（一）符号意义上的传播

从瑞士语言学家索绪尔提出关于"符号学"的相关理论到麦克卢汉提出"媒介即讯息"的传播学观点，符号学和传播学之间的联系越来越密切，符号通过传播，可以深化符号的价值意义，两者结合，也可以更大程度地丰富传播效果。聚焦研究符号传播中的意义建构，关注符号传播、人与人的传播关系，以及如何通过符号互动建构意义[2]，对于研究艺术作品的传播范围及影响力具有很大价值。因此，对于《瓦尔特保卫萨拉热窝》这部影片来说，从二元对立的人物形象符号角度切入来研究其在中国20世纪70年代末的传播效果，思考二元对立的人物形象符号对于整个影片传播意义架构的重要作用具有较高意趣。

20世纪70年代末，《瓦尔特保卫萨拉热窝》在中国公映，取得了巨大成功，各个电影院前来观看的民众络绎不绝，他们对这部影片有着极大的热情。在当时"瓦尔特"这个名字几乎人尽皆知，影片反映出的与法西斯英勇抗争的民族精神，使同样在二战之中遭受苦难，顽强抗争的中国民众获得了极大的认同感，影片中塑造的二元对立人物形象有血有肉，使受众铭记于心，影片借助二元对立的人物形象符号将这种"价值认同"在中国民众之间进行广泛传播。

（二）二元对立人物形象符号的"附加"构建与受众二重"自我"的建构

影片《瓦尔特保卫萨拉热窝》中二元对立人物形象符号的"附加"构建分为两个方面的内容，一个是人物符号的艺术附加值，另一个是人物符号的价值附加值。

人物形象符号的艺术附加值需要通过人物一定的语言和动作来完成，如影片中正面人物形象瓦尔特的"瓦尔特拳"以及反面人物肖特的经典台词"就是男人，男人也受不了啊"，这些语言和动作为二元对立人物形象符号的艺术附加值提供了条件，进而使其象征的深层次意义更便捷地在受众之间传播。价值附加值需要通过人物的一些抉择或者多侧面性格的表达来满足受众的期待及获得认同感后实现。如影片中老钟表匠谢德在面对女儿牺牲后的情感流露以及其得知瓦尔特即将被敌人暗算后的抉择，肖特作为在战争语境下受尽折磨被迫选择的"悲剧"女性，通过对这些人物符号的多角度刻画，实现了二元对立人物形象符号的价值"附加"构建。

影片《瓦尔特保卫萨拉热窝》对受众二重"自我"的建构则包括受众主体自身意愿和行为的选择以及受二元对立人物形象符号"感染"后的自我架构。受众在观看影片时，通过自身主体的选择实现与影片中二元对立人物形象符号的碰撞，被其艺术附加值和价值附加值"感染"，实现"影片化"自我的转变，完成影片深层次意义的传播。"瓦尔特拳"在当时青少年当中传播十分迅速，对于他们来讲，"瓦尔特拳"就是正义之拳，可以打败一切邪恶的东西，他们被瓦尔特的智勇双全所感染，实现了人物符号意义上的传播。

结 语

亚里士多德认为："为获得诗的效果，一桩不可能发生然而却可信的事，比一桩可能发生然而却不可信的事更可取。"[3]《瓦尔特保卫萨拉热窝》这部影片采用二元对立的方法来塑造不同人物形象,每个人物都是立体的,并将这些象征着正义和邪恶的对立人物群体符号化,而且形成了代表不同含义的特定人物符号,表现了萨拉热窝人民抗击法西斯战争英勇无畏的民族精神,并且通过二元对立的人物符号形式实现了在中国受众间的"价值认同"传播,成为受众脑海中永恒的记忆。

参考文献:

[1] 泰森.当代批评理论实用指南[M].赵国新,等译.北京:外语教学与研究出版社,2014:283.

[2] 陈文秀,张菊兰.传播符号学视阈下乡村形象建构探析[J].伊犁师范学院学报(社会科学版),2019,37(4):109-113.

[3] 亚里士多德.诗学[M].陈中梅,译.北京:商务印书馆,1996:64.

(作者徐张成系成都大学影视与动画学院硕士研究生)

我们因何而感动？

——论电影《瓦尔特保卫萨拉热窝》的同一修辞与情感认同

张 杰

[摘要] 电影《瓦尔特保卫萨拉热窝》以三种同一修辞手法成功建构了受众对电影文本的五种类型的审美情感认同，对后世类似主题艺术作品的创作有深刻的启发意义；同时，以瓦尔特为代表的英雄群像俨然已经成为一种文化符号和精神记忆，即使历经岁月的打磨，依然在我国几代观众的脑海中鲜活存在，依然让当代观众在重读作品时感动于英雄形象身上英勇无畏、宁死不屈的爱国情怀，依然对培养当代国人爱党爱国、增强民族自信具有重要作用，这就是这部电影的魅力所在。

[关键词] 同一修辞；情感认同；瓦尔特；萨拉热窝

1949年中华人民共和国成立后至1976年，历经了"十七年"时期工农兵电影的繁荣以及十年电影事业的消沉，1977年之后，中国电影进入了创新与繁荣的新时期。"创新与繁荣"体现在哪儿？主要指电影创作者们创新思维活跃，在电影的题材拓展以及艺术手法的创新使用方面都取得了突出的成就。这些成就的取得离不开电影业界对国外影视作品的借鉴和学习。20世纪70年代末直到80年代初期之后，国外影视剧相继被引进中国，其新颖的拍摄理念、人物塑造方式、故事情节设置不仅成为中国电影界借鉴、参考、学习的来源，而且让我国观众耳目一新，屡屡创造轰动效应。1977年，由南斯拉夫波斯纳电影制片厂制作的电影《瓦尔特保卫萨拉热窝》（简称《瓦尔特》）正是在这个时代背景中被引进我国上映，取得了比较大的社会反响。其中，以男主角瓦尔特为代表的革命者英勇无畏的精神感动了无数的国人，成了当时中国社会家喻户晓的英雄。直至今天，了解过当年这部电影播出盛况的人们都对这些现象记忆犹新。即使在时隔40多年后的今天，重温此部电影，依然能感受到其中喷薄而出的感人的力量。那么，这部电影为何让观众感动？导演运用了什么样的修辞手法传达价值观？在观众审美过程中又形成了什么样的情感认同？这些都是本文试图探讨的话题。

一、电影文本中的同一修辞

修辞学是研究如何加强言辞或文句效果等以实现劝服受众的目的的学问。它最早源自语言学研究，以语言、文字传播为研究对象，后把研究范畴扩展到运用一切传播符号的修辞手法。修辞学由亚里士多德开创，后经由学者肯尼斯·伯克发展成为新修辞学。新修辞学强调通过使用符合被修辞者的语言、动作或者遵循他们的思维方式和观点，修辞主体寻求与他们达成一致并实现彼此之间的"同一"。同传统修辞学相比，它更强调修辞符号的无所不在以及更注重研究修辞过程中修辞对象的主观参与与修辞手法的潜移默化性，这是对传统修辞学的继承和发展。"同一"理论是肯尼斯·伯克提出来的代表性理论，也是新修辞学的核心理论和中心思想。新修辞学研究的注意力不在规劝上，伯克将修辞定义为"人使用词语形成态度或导致他人采取行动"[①]，而修辞的手段就是"同一"。所谓"同一"，是指信息传受双方实现了认知上的一致。正如他在《动机语法》（*A Grammar of Motives*）中所认为的

---

① BURKE K. A Rhetoric of Motives [M]. California: University of California Press, 1969: 41-43.

那样：修辞者只有和接受修辞的人说同样的话，做同样的手势，具有同样的声调和语序，使用同样的意念、态度和观点，只有把修辞者的方式与被修辞者的"同一"起来，修辞才能达到目的①。伯克指出，"同一"有三种方式：对立同一、同情同一、无意识同一。

从新修辞学的视角来说，电影《瓦尔特》运用种种视听语言符号进行同一修辞，让观众在感动中深刻体会到创作者对南斯拉夫人民反侵略、反纳粹、英勇无畏的革命精神的讴歌，对法西斯反动势力的揭露与批判。具体说来，有如下同一修辞手法。

（一）相同历史遭遇和政治立场中的对立同一

这部电影是一部二战题材电影。1941年4月6日，纳粹德国、意大利和匈牙利等轴心国入侵南斯拉夫，打响了南斯拉夫战役，南斯拉夫人民伤亡惨重。这场战役仅仅持续到4月17日，以南斯拉夫政府投降而告终。之后，南斯拉夫迅速被邻国瓜分。虽然南斯拉夫政府屈服了，但是南斯拉夫人民却没有屈服于纳粹军队的铁蹄之下。南斯拉夫共产党首领约瑟普·布罗兹·铁托带领南斯拉夫民兵对抗纳粹军队，1941年7月到1945年德国二战战败投降，这4年时间内，德军对南斯拉夫抵抗力量进行了多次围剿，不但没有将他们消灭，反而损失惨重。电影《瓦尔特》讲述了游击队长瓦尔特凭借个人出色的谋略与众多英勇的游击队员让打入内部的间谍现出了原形后，成功地挫败了敌人的阴谋的故事。

反观二战时期的中国的历史遭遇，和南斯拉夫有着惊人的相似。以中国为代表的亚洲国家遭受了轴心国的疯狂侵略，给中国人民带来了沉痛的灾难。中国人民同样没有屈服，他们撑起了东方主战场，和轴心国成员之一日本进行了长达14年的抵抗战争，是反击法西斯最早的国家，有效地拖住了日本的发展和侵略步伐，策应了美英苏等同盟国家。

---

① 梁苗.多模态公益广告的劝说解读［J］.中外企业家，2016（5）：228-229.

中国和南斯拉夫在二战期间有相同的被法西斯侵略的遭遇，也持有相同的政治立场，都为反法西斯进行了艰苦卓绝的救国战争。"对立认同"是"一种通过分裂（segregation）而达成凝聚（congregation）的最迫切的形式"[1]，这里的"分裂"就是"对立"的意思，"对立认同"即指通过构建和修辞对象共同的敌人而取得同一，通俗地说就是敌人的敌人就是朋友。中国观众作为修辞对象，他们和剧中的南斯拉夫人民一样，都是反纳粹的重要力量，于是电影《瓦尔特》就能够和中国观众取得对立同一。

（二）基于共同情感的同情同一

同情同一是指修辞主体营造了和修辞对象共同的情感取向并以此形成同一效果。电影《瓦尔特》洋溢着强烈的革命浪漫主义和现实主义精神，而这种精神带来的情感又是中国观众与生俱来的。这里的"革命浪漫主义"含义出自毛泽东文艺思想。毛泽东倡导"革命浪漫主义"与"现实主义"相结合的文艺作品创作方法。革命浪漫主义创作要求对现实的反映不仅是理性的再现，而且还要求高度奔放的现实热情，要在民族革命的现实之中看出刺激着中国大众的生活感情与斗争意志的炽热的革命的罗曼蒂克理想[2]。革命浪漫主义并不等同于无底线的夸张和虚构，它应能表达出自信、乐观、积极向上的情感态度。"现实主义精神"指的是运用现实主义创作手法创作的作品体现出来的真实性不应仅仅是细节描写的真实。恩格斯还特别强调真实地描写现实关系，真实地再现典型环境中的典型人物，真实地把握和描写推动现实生活发展的历史潮流[3]。电影《瓦尔特》中的主人公瓦尔特在现实生活中是有真实人物原型的，也真实再现了当年南斯拉夫人民对抗法西斯

---

[1] 博克.当代西方修辞学：演讲与话语批评［M］.常昌富，顾宝桐，译.北京：中国社会科学出版社，1998：20，161.

[2] 卜凌云.英雄时代的诗学理想：毛泽东革命浪漫主义文艺观的嬗变［J］.宁夏大学学报（人文社会科学版），2007（5）：111-116.

[3] 赖大仁.人民日报：现实主义是一种精神品格［EB/OL］.（2017-06-02）.http://opinion.people.com.cn/n1/2017/0602/c1003-29312716.html.

的历史，再现了南斯拉夫人民对侵略者的彻骨恨意，对祖国深沉的爱；同时，电影塑造的瓦尔特英雄形象源于生活又高于生活，电影中的瓦尔特面对杀害同胞、犯下累累罪行又奸诈狡猾的敌人的阴谋诡计，以他为代表的游击队员举重若轻，轻松应对，以相对小的代价获得了胜利。同真实历史中的原型人物相比，这些情节的展现过程体现出影片创作者更乐观、积极、自信的情感态度。

从中国电影发展历史来说，电影《瓦尔特》在我国公映时，国人刚刚经历了"十七年"时期与"文化大革命"，彼时我们自己国家的电影作品运用"革命浪漫主义"与"现实主义"相结合的创作手法已经十分纯熟。虽然对于"十七年"时期的作品后世褒贬参半，但不可否认确实有质量上乘的革命题材电影在这期间问世。这些电影成功地对中国观众进行了欣赏"革命英雄"这种类型人物的审美培育，观众已经能驾轻就熟地对革命浪漫主义和现实主义的作品进行审美鉴赏，引发他们对中国同南斯拉夫相似的国家命运与对敌反抗道路的联想与沉浸式体验，能使观众在观看此部电影时，迅速激发起和以电影导演为代表的创作主体共同的爱国热情和民族情感，实现同情同一。

（三）强烈代入感的无意识同一

"无意识同一"也称为"误同"，是指修辞主体为修辞对象营造代入感，使受众无意识或潜意识认同剧中人物，想象自己成为创作者所描绘的那样，因此，修辞主体实现修辞目标。例如修辞主体说"我"做了一件事情，这里的"我"置换成"我们"，就会让修辞对象产生一种和说话人同一立场、同一处境的幻觉，从而产生"同一"效果。电影《瓦尔特》多处运用无意识同一建立代入感，主要体现在对英雄人物和反面人物的塑造中。"十七年"时期和之后的样板戏塑造了众多革命英雄人物形象，不少体现为"高大全"式的人物形象，已经俨然成为一种创作惯性。这种创作方法要求文艺作品要"在所有人物中突出正面人物，在正面人物中突出英雄人物，在英雄人物中

我们因何而感动？

突出主要英雄人物"（"三突出原则"[①]），而"中心人物"必是"高大全"那样的角色。革命英雄人物应该是一个"完人"，没有缺点。而与此对应的对反面人物的刻画也是脸谱化的，呈现外貌猥琐、语言粗鲁、道德沦丧的特征。这种创作手法固然能激发观众对英雄的仰慕和对反面人物的憎恶之情，但是在现实真实和艺术真实上却是打了折扣。电影《瓦尔特》中塑造了一批有血有肉的革命英雄人物形象。其中，钟表店老板老游击队员谢德·卡佩塔诺维奇给人印象尤为深刻。他可以置自己的生死于度外，投身革命事业，但是他对自己的女儿却是有"私心"的。他不希望他的女儿卷入战争，以身涉险，希望他的女儿能平平安安过完一生。他对女儿说："我希望你活下去，这也是你妈妈的愿望。"后来，谢德为了掩护瓦尔特决定慷慨赴死，剧情进展到这里，导演并没有在视听语言上进行多余的煽情，谢德临行前与钟表店的小伙计有如下对话，有如一个长辈在娓娓叮嘱自己的后辈："我要走了，去找我的归宿，你多保重吧。没有人欠我的钱，你要记住，有个犹太人……我欠他20克金子，如果他还活着，别忘了还他，到天黑如果我还不回来，把钥匙交给我弟弟。""我跟他说些什么？""不用，他会明白的。""我能帮您干点什么呢？""不用了孩子。你好好地干吧，要好好地学手艺，一辈子都用得着啊。不要虚度自己的一生。"这平淡如水的对话不同于"高大全"似的英雄形象，谢德这个人物形象不是高高在上的神明，而是有血有肉，有崇高革命信仰也有亲情的牵挂，这才是像你我一样的普通人，也更能让观众代入此角色，实现同一效果。

电影中对反面人物的描写也不再是脸谱化的。德国党卫军上尉康德尔在叛徒的帮助下潜伏到游击队伍中，也凭借着"聪明头脑"多次造成游击队和抵抗运动的重大损失，并几乎抓捕到了瓦尔特。这不同于有些反面人物类型化、脸谱化、阴险又蠢笨的性格特征。

总之，电影《瓦尔特》正反面人物都更符合现实真实和艺术真实，也能

[①] 安诗.从实际生活出发还是从先验的模式出发？——批判"四人帮"的"三突出"原则[J].安徽师范大学学报（人文社会科学版），1977(2): 20-24.

给观众更强烈的代入感，从而实现无意识同一效果。

二、接受美学视角下的情感认同方式

接受美学流派兴起于德国，成形于20世纪七八十年代，代表学者是姚斯和伊塞尔。这个流派把文学艺术研究的焦点从以作者、文本为中心转移到以读者（相当于受众）为中心，强调读者在文本艺术具象化过程中的自主能动性，认为读者不是被动的接受者而是主动的创造者。读者的"阅读"过程让文本意义建构起来，读者通过对文本的具象化赋予艺术作品以价值。接受美学提高了读者的地位，开创了文学理论方法论的新格局，开拓了文学理论研究的新领域。

在研究读者阅读文本的过程时，著名接受美学学者姚斯指出文艺作品的审美效果是通过"与主人公的认同"这一方式实现的。他认为，审美接受是一个"情感介入"的过程，其核心是"与主人公的认同"[1]。这种认同，本质上是接受者运用自己的生活经验和审美经验进行联想与反思而产生的审美态度。上文我们总结了《瓦尔特》电影文本如何进行同一修辞以最大限度地实现创作者的价值观，那么，从观众的视角来说，他们被文本中的英雄事迹和故事情节感染和打动，即是对剧中人物形象实现了情感认同，这种认同是怎么产生的呢？这需要从接受美学的视角进行分析解读。姚斯把读者对作品中主人公的认同划分为联想型、崇敬型、同情型、净化型和讽刺型5种。这5种类型就是情感认同的5种方式，恰恰对应着传播主体采用的3种同一修辞方法，或者说，电影创作者利用3种同一修辞让观众在观影过程中形成了5种对剧中人物形象的情感认同类型。

（一）同一修辞手法建构受众联想型认同和同情型认同

姚斯认为联想式认同源自比较原始的社会阶段，观赏者通过对祭祀、戏

---

[1] 周建萍."期待视野"中的审美视界：接受美学视阈下的电视艺术美学取向[J]. 名作欣赏，2008(14)：133-136.

剧等活动的观赏，借助联想把自己置入活动中的角色，从而体验自由存在的喜悦。联想型是指通过"自由联想"的方式来实现与作品主人公的认同。在电影的观赏过程中，观众通过"自由联想"把自己置入活动中的角色，即对剧中人物角色产生了代入感，"代入"的过程就是对这个人物的喜怒哀乐进行情感认同的过程。"代入感"是怎么形成的？就是通过上文所说的修辞主体运用的无意识同一修辞手法形成的，电影表现了革命英雄的各个层面，他们不是高高在上的神，他们在有些方面也是有血有肉、有喜怒哀乐的人。正是英雄身上与观众的相通之处，让观众产生"自由联想"形成代入感建构联想型认同。在联想型认同产生的"代入感"基础之上，再加上基于共同情感的同情同一以及相同历史遭遇和政治立场中的对立同一这两种修辞手法共同建构了受众的同情型认同。同情型认同是指在审美过程中，接受者觉得主人公"与我们相似"，是日常生活中的普通人，因而把他们的身世、处境、遭遇、命运与自己相比较，为他们所感动，对于这样的主人公，接受者往往会对他们报以同情或怜悯，并进而在情感上和道义上站在他们一边。中国与南斯拉夫国家与民族命运如此相似，从微观层面来说，国家、民族命运又是一户户普通家庭、一个个普通老百姓支撑起来的。中国和南斯拉夫共有的国仇家恨让观众在观影过程中轻松通过联想实现了同情型认同。

（二）革命英雄主义叙事构成崇敬型认同和净化型认同

崇敬型认同的发生是由于接受者认为作品中主人公"比我们好"。这样的主人公超出一般人所能达到的道德高度，或做出了凡人无法做出的举动、业绩。净化型认同是指由于接受者在悲剧性的震惊或喜剧性的欢悦中受到陶冶，这种陶冶既可能停留在感性的情绪激动，也可能上升到理性的道德反思，从而获得道德判断的自由和认识事物的新方式。因此，在鉴赏的过程中，接受者只会对他们表示崇敬和钦佩，把他们作为榜样模仿。这两种认同效果主要体现在对主人公瓦尔特和牺牲的钟表匠谢德这两个人物形象中。电影采用了革命英雄主义叙事塑造了这两位英雄形象。"英雄叙事"一直是我国主旋律电影作品的叙事传统，尤其是在"十七年"时期，受当时特殊政治环境的影响，我国的革命英雄主义叙事受到了空前的重视，也取得了一定的成果。可以说，20世纪70年代的观众已经累积了足够对革命英雄形象的审美经验，在这种前提下再去观赏这部电影，主角瓦尔特机智、勇敢、勇于奉献和牺牲的精神就很容易取得观众崇敬型的审美认同。在电影中，瓦尔特被塑造成了一个几近完美的英雄形象，导演通过多种手段多方面刻画这个人物形象。电影一开始，就通过德军之口说："这座城市游击队的力量非常强大，领导人叫瓦尔特。但始终没有抓到。瓦尔特简直是个幽灵，我甚至怀疑他是否存在。"一个机智的游击队员形象跃然纸上。后来，瓦尔特又带领队员设计揭露了混入革命队伍的德国间谍康德尔，揪出了叛徒米尔娜，尽最大努力营救己方战友。瓦尔特不仅在他的战友中俨然已成为一个神话，在中国观众心中也是完美的英雄形象。

英雄谢德是一个引发观众净化型认同的人物形象。谢德是一个悲剧英雄，他是电影中刻画最为丰满的人物形象之一：影片中既刻画了他对女儿的父女情，更展现了他对游击队员的战友情，展现了为信仰、为了革命事业视死如归的爱国情怀。为了保护瓦尔特，他甘愿赴死，这个悲剧英雄引发的就是观众对他的"净化型"认同。亚里士多德提出了悲剧"净化说"，他认为悲剧可以唤起人们悲悯和畏惧之情，并使这类情感得以净化，获得无害的快感，从而达到某种道德教育的目的。谢德身上令我们感动的家国情怀和他的悲剧性命运，让观众的情感得以净化，道德上得到陶冶。

（三）革命浪漫主义建构讽刺型认同

讽刺型认同只有在接受者认为作品中主人公"比我们坏"时才发生。在这一类型的认同中，主人公通过其反常、荒唐或是邪恶的行为引起接受者的惊异、嘲笑或愤慨，促使他们对社会存在进行思考和鉴别，并对他们提出怀疑和批判。观众这种类型的认同效果主要体现在对反面人物形象的认同过程中。电影塑造了以冯·迪特里希上校为首的反面人物群像，为了从南斯拉夫顺利撤军，他们拟定了秘密的"劳费尔计划"，为逮捕瓦尔特，阴险的比绍夫上尉花了一年时间审讯了一百多名"犯人"，在游击队中发展了叛徒，并派党卫军上尉康德尔潜入革命队伍中冒充瓦尔特。敌人的狡猾曾一度给游击队造成重大损失，但在瓦尔特的领导下，游击队员将计就计，不仅成功揪出了假瓦尔特与叛徒，之后又以牙还牙，混进德军中，炸掉了运送燃料的火车，成功粉碎了"劳费尔计划"。正如上文所说，革命浪漫主义主要体现在电影英雄人物形象身上的乐观、积极、自信的革命精神中，而这种革命精神又来自革命英雄的"不可战胜"。对于以瓦尔特为代表的正面人物机智、勇敢、几近完美的形象的塑造，也是从反面用含蓄的语言或夸张的手法对反面人物不良的或愚蠢的行为进行揭露或批评，这就是讽刺。这也就形成了观众对反面人物形象的讽刺型认同。

结 语

距离电影《瓦尔特保卫萨拉热窝》在我国上映已经几十年过去了，这部电影以三种同一修辞手法成功建构了受众对电影文本的5种类型的审美情感认同，对后世类似主题艺术作品的创作有深刻的启发意义。同时，以瓦尔特为代表的英雄群像俨然已经成为一种文化符号和精神记忆，即使历经岁月的打磨，依然在我国几代观众的脑海中鲜活存在，依然让当代观众在重读作品时感动于英雄形象身上英勇无畏、宁死不屈的爱国情怀，依然在培养当代国人爱党爱国、增强民族自信方面具有重要作用，这就是这部电影的魅力所在。

（作者张杰系北京交通大学语言与传播学院传播学系副教授）

战争片的情感建构与影像书写

——以《瓦尔特保卫萨拉热窝》为例

周 宝

[摘要]影片《瓦尔特保卫萨拉热窝》这部展现当时南斯拉夫游击队以英勇无畏的斗争精神抵抗德国法西斯侵略的故事,以其独特的文化价值在我国产生了深远的影响,形成了一代人的独特记忆。影片在内容形式上的创新,向观众呈现出了更为鲜活、立体的人物情感,让观众更好地了解当时的历史和战争状况。本文主要从这场战争的参与者与受害者的角度以及镜头语言去分析这部战争电影《瓦尔特保卫萨拉热窝》的主题思想和艺术创作手法。

[关键词]民族信仰;隐喻;对比;记录

电影《瓦尔特保卫萨拉热窝》中的故事发生在1944年,德国法西斯在战场上节节败退的情况下,准备撤退并实施"劳费尔计划",将萨拉热窝作为整个A军团的燃料基地,以此来满足德军装甲部队的燃油需要,而以瓦尔特为首的抵抗力量凭借自身的智慧和勇敢与敌人展开了殊死的搏斗,最终破坏了他们的行动,成功保卫了萨拉热窝这座城市。

一、压迫与反抗——卷入战争的受害者

在无情的战争面前没有任何人是幸运的，侵略者、抵抗者、士兵、民众都一样，他们都成了战争的牺牲品，只是战争的工具，它的背后是残酷的杀戮与欺骗，在血与火、生与死、爱与恨、悲凉与激烈交织而成的战争影像中，人们能真切感受到战争题材电影与生俱来的历史感召力与厚重感所呈现出的独特而多元的银幕魅力。[1]影片中并没有展现宏大的战争场面，而是通过大量的对白和局部的冲突来映射整场萨拉热窝保卫战，在反法西斯战争的大背景下，人物内心的真实情感被无限地放大，让观众更能感受到人物身上所带有的精神力量。

（一）战争背景下民众的渺小与抵抗

影片中德国侵略者与普通民众的隐形冲突刻画给观众以心灵触动。萨拉热窝公民认领被德军杀害的亲友的尸体这场戏充分表达了民众的脆弱与渺小，他们手无寸铁，神情呆滞，心中充满了痛苦与绝望，无法接受这个现实，一位普通民众说："我儿子躺在那里呢"，给观众以强烈的心灵震撼，从这位母亲的身上更能看出残酷的战争给弱小的家庭带来的巨大伤害，今后的日子这位母亲也将永远活在阴霾中。面对德军的枪炮威胁，民众毅然决然地走向前去，眼神坚定，就连侵略者也不敢相信眼前的景象，画面中前景是被杀害的亲人尸体，后景是走过来的普通民众，周围是正在撤退的德国侵略者，这个长达50秒的长镜头也暗含了"整座城市都是瓦尔特"，勇敢的萨拉热窝公民终将会取得这场正义战争的最后胜利。

萨拉热窝的公民也在用自己的方式同侵略者进行斗争，当一位负伤的游击队员躲入街道旁的铜匠铺时，匠人们面无表情依然敲打着手中的器皿为游击队员做掩护，像平时一样；在医院手术的医护人员在很短的时间内将受伤的游击队员与一具尸体调了包，成功地保护了游击队员并帮助他脱险。从这些行为中可以看出普通民众对于游击队工作的支持，虽然他们没有武器，

但却以力所能及的方式去为抵抗运动贡献自己的力量，也象征着南斯拉夫人民万众一心抵抗外来侵略的信心和决心，注定了整场侵略战争会以失败告终。

（二）谢德的民族信仰建构

钟表店老板谢德在影片中被赋予了多重身份，塑造了一位有血有肉的平凡英雄形象。作为一位父亲，他得知自己的女儿参加了抵抗组织后，对女儿说："人的行为不一样，有的投降了敌人，有的在战斗，有的在等待，你是个姑娘，应该等待。"他希望自己的女儿能在这场战争中平安地活下去，但是最终女儿还是死在了敌人的枪下。在认领尸体的场景中，面对躺在血泊里的女儿，这位父亲再也无法掩饰心中的痛苦，眼里含着泪水，不顾皮劳特的劝说毅然走向前去。在小家庭里，他只是一位普通父亲，深爱着自己的女儿，在战争的大背景下，这样的爱也是南斯拉夫家庭的真实写照。作为一位钟表店铺的老板、徒弟的师父，他处处以身示范，多次去调整走慢的钟表，并告诉徒弟："要学好手艺，一辈子都用得着，不要虚度自己的一生。"对徒弟的殷切希望，对自己工作的热爱，对时间的珍惜以及对人生意义的思考，让谢德这个人物形象更加立体。作为一名老游击队员，他宁可牺牲自己来掩护别人，为警示瓦尔特不让其中敌人的圈套，就只身一人进入虎穴，路上很自然地跟邻居打着招呼，打死了假的联络员后自己也英勇地牺牲了，从他身上观众能感受到无数追寻信仰的游击队员所具有的人格魅力。谢德始终坚守并追寻着自己的信仰，这份信仰同时也是整个南斯拉夫民族抵抗运动的精神信仰，他被枪击倒下后，一群白鸽飞过，象征着他不怕牺牲，只为能够换来和平的生活，赢得抵抗运动的最终胜利。

（三）真假瓦尔特形象塑造

影片主人公瓦尔特的人物形象引起了观众的强烈好奇心，全片都在围绕瓦尔特这个名字展开，但到底谁是真正的瓦尔特，大家都想知道但又不得而知,他是那么神秘,行动像旋风一样,被调离的军官说"整座城市就是瓦尔特"。德国侵略者始终被笼罩在瓦尔特的阴霾之中,"影片中的演员表演的是彼时的社会生活,而彼时现实生活中的人物又无一不在'表演':真瓦尔特常常扮演着德国军官穿梭于大街小巷、德国军营,而假瓦尔特又扮演着真瓦尔特混迹于游击队员之中,其余的若干游击队员、德国密探们则互相扮演成路人、顾客或以自己的职业为掩护从事着各种危险的任务。"[2]

片中对于瓦尔特形象的塑造并没有过度英雄化,而是以一种观众能接受的方式慢慢揭开人物的神秘面纱,他勇敢聪明,在敌我之间斡旋,最终带领游击队员保卫了萨拉热窝,人物形象塑造得更加真实、立体,瓦尔特这个名字也在当时的观众心中留下了深刻的"烙印"。

(四)被无情抛弃的战争工具

德军上校冯·迪特里希说:"士兵的命运是经常变化的,在这次战争中他们也不是第一次受骗了。"在执行"劳费尔计划"时,德国军官用列车接送伤员的假象来欺骗游击队,这些在战争中受过伤的伤员却仅仅成为高层军官完成任务的工具。战士没有受伤的情况下可以为国作战,而当他们成为伤员行动不便时,恰巧可以迷惑游击队,对于德国高层军官来说还是能派上用场的,他们也再一次欺骗了士兵们。士兵们傻傻认为列车是真的送他们回家,但这仅仅只是他们自己的想象罢了。在执行"劳费尔计划"中,他们也仅成为被无情抛弃的战争工具,没有人会真正关心他们的死活。由此可见,在战争面前士兵命运的廉价与模糊,也正验证了这是一场没有情感的侵略战争,这也与游击队员们誓死保卫萨拉热窝这座城市所流露出的真正的情感信仰形成鲜明对比,使观众对伤员们的遭遇感到极大的同情,同时也暗含了"劳费尔计划"的最终失败。

二、战争片影像修辞——从具象到抽象

作为一部战争主题的电影,本片的镜头语言十分丰富,虽然没有传统战

争题材类电影的大场面和晃动镜头给观众置身现场的临场感，但却通过独特的影像画面来展现战争给人的压迫感和恐怖阴森的气氛，更加真实又贴近观众，"作为现实世界的投影，影像继承了现实中本身蕴含的多面性、模糊性和开放性，影像世界是一个多义的开放的系统。"[3]影片通过多种方式来构建真实的场景，表达出不同的含义，运用长镜头呈现出了真实感和连贯的情绪，更能让观众身临其境，德国侵略者与萨拉热窝城共置一个画面的强烈对比，使观众在具体的影像语言中感受到抵抗运动终将胜利的希望。

（一）长镜头下的历史记忆与表意

电影作为反映现实世界的一种艺术形式，以其独特手法记录和展现了发生在特定历史时期的重大历史事件，就如《瓦尔特保卫萨拉热窝》在极大程度上还原了当时的战场时空，"德国电影理论家齐格费里德·克拉考尔曾经强调'电影按其本质来说是照相的一次外延'，电影有再现事物原貌的'记录性'特征。而就这一点来说，战争电影在某种程度上，从对历史的复原、战争景观的重现上就体现出特定的历史真实性，尤其是本文中提出的'全景式''局部性'战争电影中，大多以历史上真实的重大战役、史实为题材，为再现战争的真实面貌、还原历史的真实效果，战争电影往往从空间营造、场景铺排等多方面都体现出高度的纪实性和逼真性"。[4]电影的"记录性"特征让这部《瓦尔特保卫萨拉热窝》在战场环境的呈现上显得更加真实自然，还原了二战时期德国法西斯先进的战斗装备，对于战场空间和场景的营造更加贴近历史真实。影片中通过长时间的镜头叙事来展现场景的真实，开篇通过五组长镜头来表现坦克经过，景别依次扩大，让观众更直观地感受到二战时期德国先进的武器装备，与萨拉热窝的游击队形成鲜明的对比，也为"劳费尔计划"埋下伏笔，长镜头通过连贯的情绪影响观众，法国电影理论家安德烈·巴赞为体现电影的这一"记录本性"提出了能够展现出开放式的、可选择的、含义多样性的客观世界的"长镜头理论"，主张"不切割完整的时间和空间，尊重感性的时间和空间"。[5]影片开头通过这一组长镜头使观众更能真实地感受到当时的战场环境，带有明显的纪实性的特点，尊重战场的时间和空间形态，这里的坦克自由穿梭与影片结尾因没有燃油而不能行驶的坦克形成鲜明的对比，一边是战场上的陆战之王，另一边又是"射击场上的靶子"，只因瓦尔特领导的萨拉热窝游击队抵抗运动的胜利，让"劳费尔计划"化为了泡影，阻碍了德国法西斯的战争进程，也表现了南斯拉夫人民面对外来侵略的勇敢与无畏。

（二）大景深镜头中的对比与映衬

影片中萨拉热窝群众冲进教堂掩护被德军追踪的游击队员脱险的场景，巧妙利用了大景深镜头，在展现空间环境的同时也表达了民众对于抵抗运动的支持，"大景深镜头在纵深范围内选用了较大的景深，一般目标呈现的主体及其周围的环境（陪体等）共同清晰呈现出来，构成一幅完整丰富、有层次感的画面，在空间的纵深上提供较多的视觉信息。通常，大景深镜头用于拍摄全景和大全景，展现事物的全貌，在提供信息的同时，还可以通过宏大的场面渲染气氛，为接下来表达的情感和呈现的主体蓄势、做铺垫。"[6]使用大景深来拍摄教堂，使画面从前景到后景呈现出清晰的影像，教堂大门打开，众多群众蜂拥而至，镜头从主观视角切换到客观视角，建筑的高耸对称本来就给人以敬畏之感，但教堂的庄重肃穆却与混乱的人群形成鲜明的对比，萨拉热窝群众的运动方向与敌军的运动方向形成对比，也隐喻了正面与反面角色之间的人物碰撞和命运。尽管隐喻、象征等修辞手法能够间接含蓄地指引观众去体验影像表达的抽象意义和复杂情感，但正如安德烈·巴赞所言："能够从多义的影像中'悟出'其'确切含义'的人，应当是观众。"[7]通过这两种对比方式，使得观众能够更进一步了解环境与人物之间的冲突关系，也暗含了萨拉热窝民众对于游击队活动的支持，他们有着深厚的民族信仰，隐喻了萨拉热窝保卫战是一场全民的战斗，整座城市的人们都在尽力去保卫它，展现了萨拉热窝公民身上所具有的坚毅的民族精神和信仰。

（三）斜线构图交代人物结局命运

在影片结尾的场景中，真假瓦尔特迎来了正面的交锋，这两位对立阵营的核心人物的打斗也代表了法西斯侵略者与萨拉热窝游击队的攻守战争，最后正义终将会战胜邪恶，侵略活动也终将会失败。在影像呈现上通过斜线构图的方式，画面一半是天空、一半是土坡，真瓦尔特处于画面的中心位置，而假瓦尔特在真瓦尔特的注视下滚落了山崖，"侧面取景得到的画面往往要比正面的线条显得活泼而不沉闷，由于透视汇聚作用，形成生动斜线的几率也比较大"。[8]通过这种构图方式，使得画面更加生动而又富有美感，真瓦尔特处于画面的中心位置，有利于观众目光的汇聚，也交代了整部影片的核心人物瓦尔特，而假的瓦尔特也就代表了德国法西斯侵略者，随着时间的推移，萨拉热窝民众的众志成城的精神终将把法西斯侵略者赶出这片土地，让"劳费尔计划"成为空谈。

（四）主客观镜头切换暗示抵抗运动的胜利

影片中多次出现主客观镜头之间的切换，比如画面一开始是远方的城市，所呈现出的城市是德国军官的主观视角，展现他们所看到的萨拉热窝这座城市，从入侵者的视角去看被压迫被侵略的这片土地。随后镜头慢慢拉出来变成观众的客观视角，从观众的角度去看待这座被侵略的城市，通过这种层级的变换来反映被压迫与反抗，"银幕画框成了一个值得精心设计的空间，用画面表达怎样的情境，安排特殊的情绪色彩"。[9]通过这种镜头的设计赋予了画面新的含义，形成了多种认识空间，战争侵略者站在过去的时空去审视这座城市，而不同时期的观众又站在自己所处的阶段去审视萨拉热窝保卫战那段历史，串联起了多重的时空建构。在庞大的城市和民众面前，侵略者仅仅只是昙花一现的战争工具，萨拉热窝的游击队和公民会以最顽强的毅力抵抗外来侵略，也暗示了游击队抵抗运动最终将会胜利。

《瓦尔特保卫萨拉热窝》这部南斯拉夫经典电影在我国受到了广泛好评，

瓦尔特的故事家喻户晓、广为流传，虽然南斯拉夫这个国家今天已经不复存在了，但是整部电影所传递和表达出的精神却让观众难以忘怀。电影作为反映一个时代的特殊产物，以其独特的形式记录了当时的历史和社会状况，影片虽然没有庞大的战争场面和宏大叙事，但却还原了真实的时空，形成了一代人的独特记忆，更提醒观众战争是残酷无情的，不管任何的侵略者在后人看来也只不过是战争的工具。所以我们要珍惜今天来之不易的幸福生活，追寻正确的人生信仰，实现人生的价值。

参考文献：

［1］安超.历史记忆与影像书写［D］.北京：中国艺术研究院，2007.

［2］沈义贞.战争片与现实主义：关于《瓦尔特保卫萨拉热窝》的美学随想［J］.艺术百家，2007（5）：51-54.

［3］张燕菊.影像修辞及其表现效果［J］.西安建筑科技大学学报（社会科学版），2005（3）：59-63.

［4］安超.历史记忆与影像书写［D］.北京：中国艺术研究院，2007.

［5］安超.历史记忆与影像书写［D］.北京：中国艺术研究院，2007.

［6］马军晖.浅析景深镜头的表意功能：以影片《为奴十二载》为例［J］.新闻世界，2014（7）：277-278.

［7］张燕菊.影像修辞及其表现效果［J］.西安建筑科技大学学报（社会科学版），2005（3）：59-63.

［8］徐和德.利用斜线构图增强画面生动性［J］.照相机，2013（6）：69-70.

［9］张燕菊.影像修辞及其表现效果［J］.西安建筑科技大学学报（社会科学版），2005（3）：59-63.

（作者周宝系成都大学影视与动画学院硕士研究生）

战争片的历史重述与现实主义的建构

——以《瓦尔特保卫萨拉热窝》为例

庞 钦

[摘要] 战争一直是人类创作的永恒主题之一，战争题材影片《瓦尔特保卫萨拉热窝》凭借其悬念迭起、人物丰满的独特风格，受到了一代中国人的喜爱，成为20世纪70年代风靡全中国的"现象级"影片。本文将从多角度对《瓦尔特保卫萨拉热窝》进行分析，总结其价值与意义所在，从中学习与借鉴战争题材影片的制作与表达。

[关键词] 瓦尔特；战争片；现实主义

战争，作为人类创作的永恒主题之一不曾改变，"战争题材"的影片也一直是中国电影界极其重视、佳作频出的领域，但在1977年8月，却有这样一部南斯拉夫影片从"北影厂""八一厂"等中脱颖而出，成为一代中国人关于这一时期的重要文化记忆，甚至在我国首映的30年乃至40年后，仍然有许多喜爱者，可以说这部影片在中国观众眼中堪称经典，它就是——《瓦尔特保卫萨拉热窝》。其被视为20世纪70年代南斯拉夫电影界"红色潮流"的代表作，由哈伊鲁丁·克尔瓦瓦茨担任导演，讲述了在二战接近尾声时，纳粹为了能顺利撤退，制订了"劳费尔计划"（运送萨拉热窝丰富的燃油资源给装甲部队），其间安排间谍冒充瓦尔特诱杀多名游击队员，而真正的瓦尔特与英勇的游击队员们凭借着出色的谋略让假瓦尔特现出了原形并破坏了"劳费尔计划"，成功地保卫了萨拉热窝。

一、镜头语言下的历史重述

法国学者路易·阿尔都塞在《意识形态和意识形态国家机器》一文中指出："任何一个阶级如果不在掌握政权的同时把意识形态国家机器置于自己的控制之下并在其中行使自己的霸权的话，那么它的统治就不会持久。"①从这个意义上而言，电影在集体意识的形成过程中起着重要作用，其以巨大的感染力和传播力将一盘"散沙"状态的人们聚拢为一群具有集体意识的人民。这一作用同时也体现在战争题材影片的制作和表达中，由于其强大的跨地域、跨文化的影响力，电影在这时就不单单只是电影了。首先，我们从历史层面出发，了解《瓦尔特保卫萨拉热窝》的背景。

南斯拉夫电影史的一个突出特点就是非常擅于拍摄战争题材影片，因为南斯拉夫也是一个同中国一样饱受磨难、顽强不屈的民族，有着许多可敬的民族英雄的地方。南斯拉夫的第一部故事片《卡拉格奥尔基》拍摄于1911年，它讲述了从1804年到1813年塞尔维亚人民反抗土耳其侵略者的斗争。二战前，经济落后的南斯拉夫电影业并不发达，在二战期间，南斯拉夫电影业才开始发展起来，第一部反映游击队斗争的故事片《赞歌》于1947年5月上映，标志着南斯拉夫电影业开启了新阶段。多年来，南斯拉夫拍摄的战争片主题丰富多彩，几乎包括了战争的各方各面：有积极表现伟大战役的史诗电影，有反映具体战争事件的电影，例如《桥》《南方铁路之战》等，有通过战后人民的感受和立场，反映南斯拉夫人民对战争的思考的电影，还有通过孩子的视角来看这场战争的电影，如《危险的道路》。这些广阔的画面让

---

① 阿尔都塞.意识形态和意识形态国家机器［J］.李迅，译.当代电影，1987（3）：106.

南斯拉夫电影界对战争的表现越来越多样化，越来越深刻。①

南斯拉夫的战争题材影片最显著的一个特点是在表达反法西斯战争中着重于塑造人民的形象，可以说《瓦尔特保卫萨拉热窝》是一部有特色和代表性的电影。萨拉热窝原本是欧洲中部的偏僻城市，是南斯拉夫的英雄城市，一个孕育英雄的城市。有趣的是，这部电影中塑造的英雄不同于世界战争文化中具有共性的那种传统型的孤胆英雄，瓦尔特不是完全意义上的战争英雄，也不是好莱坞式的个人英雄。他一直以化名皮劳特来隐藏自己的身份，皮劳特是一个普通的群众名字，这也许是英雄与人民性的一种隐喻。在电影中，我们可以看到两类不同的英雄形象。第一类是像瓦尔特这样的英雄，他是一位具有传奇性、神秘色彩和非凡体质的英雄。第二类则是像谢德和吉斯这样的"平民"英雄，他们有着鲜明的个性，也有一些缺点和弱点。其实瓦尔特泛指的是所有保卫萨拉热窝的南斯拉夫人民，瓦尔特一个人是无法独自保卫萨拉热窝的，是整个南斯拉夫人民在保卫萨拉热窝，瓦尔特只是人民的代表。

《瓦尔特保卫萨拉热窝》的镜头语言可谓是一种有意味的表达。导演充分利用前景，使不同形式的前景与内容的表达紧密相连，形成画面的有机构成，起到设置陷阱、吸引观众入戏的作用。例如，在影片中，德国军队屠杀了南斯拉夫人民，并把这些无辜的人吊在火车站前。瓦尔特为了弄清这次事件的真相，装扮成德军到火车站值班室调查情况。透过悬挂在前景中的尸体，观众看到一名德国军官和他的随行人员从画面边缘走来。他们不可一世地穿过尸体走向镜头。这其实是真正的瓦尔特。然后是一个移动镜头，一排尸体慢慢从前景转向后景。这就是瓦尔特如何成功地伪装了自己的身份，并在这种令人毛骨悚然的情况下展现了自己的风采。他不仅唬住了警备森严的德军，也骗过了银幕前的观众。当他与伪装成铁路工作者的游击队员交接关系时，观众这才意识到原来是自己人。这部电影将悬挂的尸体放在前景，不

---

① 非虚构.导演说［EB/OL］.（2018-03-30）.https://movie.douban.com/review/9258424/.

仅是为了构图和色调的需要，而且是有意将其作为戏剧内容的一部分，放置在前景的尸体很容易刺激观众的心理，这有助于凸显法西斯主义的邪恶和疯狂，也有助于展示瓦尔特的勇气和智慧。在这样巧妙的戏剧安排中，观众的情绪也经历了不小的起伏。

再如这部电影中出现的两次全景俯拍镜头，它们也很有表现力。第一次是钟表修理匠谢德前往清真寺，以他的牺牲向瓦尔特和其他游击队员发出警报。当谢德被德军子弹击中时，影片并没有以常用的仰拍来表达他的伟大，而是用大全景镜头和高角度俯拍的方式引导观众聚焦于躺在地上的谢德。与此同时，象征和平的鸽子出现在天空中，使镜头显示出一种悲壮的气氛，并对英雄表示出极大的尊重和哀悼。第二次是影片最后与一开始形成呼应的萨拉热窝城市场景的俯拍：电影结尾处，当被撤职的冯·迪特里希走在可以俯瞰萨拉热窝全景的街道上，站在城市面前，他突然醒悟，激动地说："看，这座城市，它，就是瓦尔特！"而影片开始，他也曾指着这座城市说："瓦尔特确实存在，就在这一带活动。"如果说开始他所说的话是在暗指他的"假瓦尔特"计划，那么，这一次他想表达的则是导演有意在这句话中注入的耐人寻味的深意。下一个镜头则似乎将冯·迪特里希的主观镜头变成了一个客观镜头，呈现的是萨拉热窝整座城市的风貌。事实上，这仍然是一种主观镜头的应用，引导每一位观众"主动"审视这个城市中隐藏的那股顽强抗争的力量。

二、现实主义战争片的生成模式

与类型化战争片不同的是，现实主义战争片往往以真实打动人心，影片中所展示的真实的社会环境、含蓄的表演以及日常的生活对白，反而比虚构环境中虚构的人物来得更加可信[①]，观众因其真实性而进入故事，并以这种真实性反馈于自身去思考与回味。《瓦尔特保卫萨拉热窝》无疑是一部现实主

---

① 薛轶文.现实主义与类型化影片比较：战争电影的深度叙事分析[J].电影评介，2013（7）：71-72.

义战争片，它真实地反映了南斯拉夫人民在德国占领期间为反对法西斯暴行而做出的抗争。这部电影吸引观众的一个根本原因是其丰富的美学价值，充分地体现了现实主义战争片的魅力。

《瓦尔特保卫萨拉热窝》每段情节的衔接都是根据日常生活合乎逻辑地执行的。在第二次世界大战期间，德国军队节节败退，运送燃油资源成为他们的首要任务，因此冯·迪特里希上校被调到萨拉热窝，他制订了"劳费尔计划"，安排假瓦尔特进行破坏，炸毁铁路。接着的情节便是真瓦尔特进行调查，查出藏在游击队伍中的女叛徒，设计圈套引出假瓦尔特，最终炸毁了运输燃油的列车，确保了任务的完成。这一切如同生活流程般正常推进，情节丝毫不刻意。影片在音效、台词等方面也是属于亲切、诙谐的生活化风格。例如，在德国军队将瓦尔特等人追捕进一个市场后，却只看到许多工匠在默默地工作，脸上没有任何表情，机械地敲打着手中的器皿，发出一阵阵哐当声，看似幽默、逐渐强化的响声却像是在对德军进行愤怒的声讨。还有影片一开始，乔装打扮的游击队员瓦尔特为顺利救出被特务监视的养路工奥布伦，进行了以下一段暗号式对话："奥布伦，是你吗？""是我。""还有苹果吗？""没有了，表哥。"结合当年的社会环境，物质较为匮乏，铁路上的人神通广大，经常能弄到一些市场上不容易露面的紧俏商品，几句简单的源于生活的台词，轻松幽默地丰富了影片的情绪色彩。

《瓦尔特保卫萨拉热窝》让人赞叹的一点是，影片中关于日常生活的画面又隐藏着不寻常，就好比我国武侠电影里的小人物们一样，看似普通，却个个都能飞檐走壁，拥有着独特的技能。如在影片中，女间谍房间里看似平常的人体模型衣架其实是她通风报信的联络设备；而那些随意在大街上行走的卖报者、药房里的药剂师都是游击队员，他们会在顾客买报纸或者买药品时，在德军的眼皮底下将情报通过暗号悄悄地传递出去；还有照相馆里最平常不过的箱子里其实藏着枪支，钟表店里的挂钟内藏着发报机；一群学生涌入博物馆，是为了掩护被德军追捕的游击队员逃跑；一名受伤严重的游击队员被德军送往医院，医生们在手术台上紧张地抢救着，这也是日常生活中符合逻辑的一幕。然而，手术室却突然停电，其实是医生们为了将隐藏在手术室的死者与受伤的游击队员交换而设计的。所有这些隐藏在日常生活中的惊奇转折，既合乎情理却又出其不意，反映出了南斯拉夫人民的智慧与勇敢。

该影片除了在那些日常生活画面中时不时地"虚晃一枪"外，还会在不经意间，将美的东西撕碎给人看，使观众体验到一种难以言喻的情感冲击和审美认知。如钟表修理匠的女儿阿兹拉。当她和男友以及一群怀有浓烈爱国情怀的青年游击队员去偷袭德军后方，却不幸落入了敌人提前设置好的圈套，队员们被无情射杀，本可以逃脱的阿兹拉发现男友中枪后无法逃脱，毅然选择回去救男友，最终两人都惨遭德军杀害。在战争面前一切都显得那么微不足道，伟大的爱情也无法与战火抗衡，但在死亡面前，一切却又那么催人泪下；阿兹拉的父亲谢德，在被德军威胁上前一步就会被射杀时，仍不顾一切走上前认领女儿的尸体，他没有任何夸张的动作和表情，却让观众感受到了父爱的沉重和他内心那涌动着的对侵略者的蔑视，后面围观的人群也一言不发、面无表情地紧随其后站了出来，这是南斯拉夫人民在这场战争中所表现出来的万众一心的民族品格。美的东西在现实主义战争片中其实不需要过多地渲染，当阿兹拉选择为爱牺牲的那一刻、谢德不惧生死认领女儿尸体时，任何镜头的补充都变得刻意。将美好的爱情、伟大的父爱放置在战火纷飞下，导演的反战宣言不言而喻，想要表达的南斯拉夫人民顽强抗战、慷慨赴死的民族精神变得呼之欲出，也更容易被观众所接受。

在今天的影视创作中，《瓦尔特保卫萨拉热窝》仍然有着太多值得我们学习和借鉴的地方。影片的情节设置按照日常生活有逻辑地进行着，通过片段式的南斯拉夫人民的对抗直接切入战争，以"看，这座城市，它，就是瓦尔特！"的开放式结局引起观众思考，其侧重于表达战争进程中产生的深层意义，达到了多义、复杂的故事主题。[①]还有影片在人物塑造方面也非常成功，塑造了一批个性鲜明、有血有肉的人物形象，并没有像传统的战争片那

---

① 沈义贞.战争片与现实主义：关于《瓦尔特保卫萨拉热窝》的美学随想［J］.艺术百家，2007(5)：51-54.

样将人物脸谱化，英雄都应是高大威猛、十全十美的，龇牙咧嘴、阴险狡诈的就都是坏人。在影片中，无论是正派还是反派，每个人都有着其真实且多层次的性格令观众信服，英雄不是完人也会产生疏忽，间谍也有着自身的迫不得已等。这不仅是南斯拉夫电影史上的佳作，也是反法西斯战争电影史上不可多得的杰作，其充分展示了现实主义战争片中蕴藏的真实性和反思性的无穷魅力。

结　语

当今，好莱坞的视觉奇观式战争片声势浩大，现实主义战争片稍显颓势，但现实主义战争片中所蕴含的美感并不会因此消失，其中丰富的魅力会永远吸引大家。我国电影界也一直在进行现实主义战争片创作，产出了大批优秀的现实主义战争片，从早期的《上甘岭》《英雄儿女》《地道战》到现在的《鬼子来了》《南京！南京！》《长津湖》等。战争作为人类创作的永恒主题之一，一直在延续，相信以后我们会创造出更多高品质的现实主义战争片。

（作者庞钦系成都大学影视与动画学院硕士研究生）

英雄群塑、文化记忆下《瓦尔特保卫萨拉热窝》的史观表达

李妍莹

[摘要]1973年北京电影制片厂引进了南斯拉夫影片《瓦尔特保卫萨拉热窝》，并于1977年在全国公映，一时间在国内产生了巨大的反响，对那个时代的中国青年的价值观念的形成产生了重要的影响。本文从英雄群塑、文化记忆、民族复兴三个方面来探讨分析《瓦尔特保卫萨拉热窝》的史观表达。

[关键词]英雄群塑；文化记忆；民族复兴；史观表达

《瓦尔特保卫萨拉热窝》讲述的是游击队长瓦尔特与众多南斯拉夫游击队员抓出了潜藏在游击队员中的纳粹分子——假瓦尔特，最后成功摧毁了敌人的"劳费尔计划"，炸掉敌人运送燃料的坦克的故事。电影歌颂了南斯拉夫人民抗击德国纳粹的英勇事迹。1973年北京电影制片厂引进《瓦尔特保卫萨拉热窝》，这部影片深深地影响了20世纪六七十年代的中国观众，直至在40多年后的今天仍然具有历久弥新的影响力和传播力。电影刚刚上映之际，就造成了万人空巷的局面，那个时代没有那么丰富的院线电影，没有那么多装潢华丽的影院，即使在这样的一个黑白电影画质还略差的时代下，瓦尔特也成为家喻户晓的人物形象。

列宁在1915年就依据唯物史观指出："每个时代都有而且总会有个别的、

局部的、有时前进、有时后退的运动，都有而且总会有各种偏离运动的一般形式和一般速度的情形。首先考虑到各个时代的不同的基本特征（而不是个别国家的个别历史事件中），我们才能够正确地制定自己的策略；只有了解了某一时代的基本特征，才能在这一基础上去考虑这个国家或那个国家的更具体的特点。"[①]《瓦尔特保卫萨拉热窝》的历史背景真实地展现了南斯拉夫人民在二战期间抗击纳粹的这一段时代背景，瓦尔特作为南斯拉夫共产党的游击队的符号，推动了南斯拉夫民族的独立和发展，也象征着南斯拉夫的民族传统、文化个性，以及反法西斯的历史观。

一、文化记忆下南斯拉夫电影史观的表达

饰演瓦尔特的演员韦利米尔·巴塔·日沃伊诺维奇曾在北约空军轰炸南斯拉夫事件后，接受中国中央电视台采访时说道："随着时间的流逝，一切都会被忘记，但未来只有瓦尔特被留下来了。"黑山共和国成立于2006年，它的原身南斯拉夫联盟共和国正式从世界版图上消失了。但是南斯拉夫人民在二战期间誓死抗击纳粹、同侵略者进行艰苦卓绝的战斗精神却值得全世界的人们永久地去铭记。一个有血肉的民族永远都不会成为敌人的奴隶，代表邪恶的纳粹命运也在此终结，因为萨拉热窝这片沃土是人民战争的汪洋大海，正如影片最后所说："看，这座城市，它，就是瓦尔特！"

南斯拉夫和中国文化记忆符号的相近缘于中国人民和南斯拉夫人民有着非常相似的革命战争历史背景，都为了抗击外来侵略者创建了新的社会制度，最终两个国家的人民通过英勇的抗战决定了自己国家和民族的命运。相似的国家命运很容易把两国人民的感情联系在一起。中国和南斯拉夫国家政权体系相似，都是共产党领导的社会主义国家。在20世纪初，在苏联十月革命的影响下中国和南斯拉夫都建立起了以无产阶级为代表的共产党，

---

① 列宁.列宁全集：第26卷［M］.中共中央马克思恩格斯列宁斯大林著作编译局，编译.北京：人民出版社，1988：143.

英雄群塑、文化记忆下《瓦尔特保卫萨拉热窝》的史观表达

并且在国内发展着自身的革命运动。随着商品经济的发展和国家垄断资本主义的进一步扩张,第二次世界大战的硝烟都燃烧到了中国和南斯拉夫两个相距甚远的国土。不同的是中国遭受的是来自日本的扩张和侵略,而南斯拉夫遭受的是纳粹德国的武装力量的侵扰。"弱国"面对"强国",两国的共产党都组织了"地下组织"这样的形式,发动人民群众的广泛力量来反抗法西斯。

1973年《瓦尔特保卫萨拉热窝》在中国上映之前,中国观众对"游击队员"的形象还停留在八大样板戏的模式化和肤浅化,以及对敌人的愚化和嘴脸化的旧模式里。当中国观众看到银幕里的穿着皮西装呢外套的南斯拉夫游击队员们在枪林弹雨中坚毅穿行时,他们第一次看到了无论是正面人物还是反面人物都可以如此有血有肉,情节可以如此跌宕起伏,引人入胜。中国观众如饥似渴地吮吸着这部来自南斯拉夫的译制片电影,以至于不少观众对《瓦尔特保卫萨拉热窝》的情节、台词和电影配乐都烂熟于心。耳边回荡的是电影《瓦尔特保卫萨拉热窝》和《桥》的主题曲,歌声是激昂的,即使战斗就在眼前。从那一刻开始中国观众的生活被点亮,这部异国的电影温暖了那一代中国人的心,也深深地影响了之后一代又一代的中国电影。影片的台词成为表达特定情感的媒介,比如,"空气在颤抖,仿佛天空在燃烧""谁活着谁就看得见"以及游击队员们的暗号"帮我放大一张我表妹的照片"诸如此类。[1]除了《瓦尔特保卫萨拉热窝》《桥》两部影片,20世纪70年代后的电影银幕里更多还是和中国意识形态相近的社会主义电影,如苏联、朝鲜、阿尔巴尼亚、越南、罗马尼亚电影。和当时的许多社会主义国家的电影不一样的是,《瓦尔特保卫萨拉热窝》这部反法西斯战争的惊险影片当中,描绘了跌宕起伏的情节,刻画出有血有肉的正反面人物,给观众留下了深刻的印象。与当时主旋律的国产电影表现方式不同的是,这部影片中对"牺牲"情景充满了情感意味的描写,以至于这样的描写也在启发很多中国的战争片对

---

[1] 艾玉.属于一个时代的瓦尔特[J].法人,2016(7):90-91.

于人物与剧情的刻画方面起到了重要的作用。

二、集体主义表现下的英雄群塑

哈伊鲁丁·克尔瓦瓦茨导演的电影《瓦尔特保卫萨拉热窝》将人们的命运表达得非常清楚，其中的情感表达又很深刻，彰显的是一种社会主义特有的集体主义同志的友谊。这样的集体主义表现在"劳费尔计划"的破坏，从来都不是瓦尔特一个人完成的，更多的是南斯拉夫游击队员们前赴后继用鲜血换来的胜利。虽然电影取名为《瓦尔特保卫萨拉热窝》，但是瓦尔特只是一个符号，每一个萨拉热窝的爱国者都可以是瓦尔特，哈伊鲁丁·克尔瓦瓦茨导演将视角放在了诸多无名英雄上，瓦尔特对于集体主义的意义不只是一个游击队领导人，而是一种精神，一种试图将民族从纳粹中解放出来的革命精神，导演歌颂了所有为解放南斯拉夫献出生命的英雄，每个人的牺牲都无比壮烈，都值得被铭记，哪怕没有人能叫出他们的名字。

电影《瓦尔特保卫萨拉热窝》里有一幕是游击队员们夜晚被假瓦尔特所骗遭遇德军伏击，全部不幸遇难，尸体被德军陈列在大街上，第二天让围聚在这里的人们来认领。当德军手握坚枪利炮时刻准备将上前者打死之际，钟表店的老板谢德率先走去，在这里有一个推镜头给了这位父亲一个特写，这名老游击队员老泪纵横，他是伟大的但同时他又是隐忍的，他义无反顾地向前走去时，后面的所有人都走了过来，这就是人民的力量，这个城市是无法被征服的。导演用死亡来博弈抗争的困境，用痛苦和毁灭来肯定生命的价值。电影里所有南斯拉夫游击队员的死亡并不完全等同于医学上的写实含义，同时还包含着死亡的抽象意义，作为符号进入影像，成为悲剧艺术，达到以死观生、以亡看命的艺术效果。[1]就形式而言，《瓦尔特保卫萨拉热窝》实现了一种诗学上的人物和情节的平衡。亚里士多德曾这样写道：悲剧中没

---

[1] 郭天毅.电影导演管虎的创作分析[J].戏剧之家，2021(27)：156-157.

有行动则不成为悲剧；但没有性格，仍不失为悲剧。①

一个民族的文化记忆蕴含社会与历史重要的过去，这些过去构成这个民族的集体记忆。集体认同需要通过对个体的记忆行为重构，甚至将在战争中牺牲的或在战争后仍然默默无闻的英雄们作为民族记忆，以影像呈现来成为一种醒目的民族认同与文化记忆的表征。

从电影的人物形象塑造来看，哈伊鲁丁·克尔瓦瓦茨导演影片下的瓦尔特是一种卡利斯马式的"高大全"的形象，他是所有德军梦魇般的存在，他杀了无数德军却没人知道他是谁？他在哪儿？他与纳粹德军斗智斗勇，却总能把扑朔迷离的难题迎刃而解，还展现了瓦尔特的无所不能。饰演瓦尔特的演员韦利米尔·巴塔·日沃伊诺维奇他高大的身形配上他表情稀薄的脸，让我们看到了这个经验丰富的游击队长已经被战争彻底地塑造成型。电影的情节中，面对钟表店老板谢德用自己的牺牲换来瓦尔特的不暴露，瓦尔特立志要让德军血债血偿，然后率领游击队员与德军展开激烈的交战，这场巷战戏设计得很好，时至今日仍有许多可圈可点的地方，动作节奏流畅度非常高，剪辑手法也极其凌厉，对于那个年代的观众来说着实是一场视觉盛宴。同样中国观众对瓦尔特这样一个角色的热爱，也是对英勇战士的一份爱戴。

三、以史为鉴下的民族复兴

在德国的军事文化中，强调的就是以寡击众，一战期间的德军用少量军队对抗数量更多的对手。德国军队实际上早就习惯了在数量劣势的情况下战斗，这使得他们在面对困难时仍然不打算放弃。即使在1944年，德军中不少人仍然崇战，一部分指挥官认为还有可能促成逼和的局面。战争打到没有办法继续战斗下去的时候，或者出现绝对的劣势，一般来说和谈甚至投降会是最后的选择。然而，二战中的德国可谓是打到了最后，直到1945年4月下旬

---
① 陶文昭.列宁时代思想札记[J].理论视野,2013(2):6.

希特勒自杀身亡，柏林实际被苏军用蛮力攻克的情况下才终于放弃抵抗。从作战的角度看，德军是坚持到了最后一刻才投降的。

在《瓦尔特保卫萨拉热窝》的历史背景中同样讲述的是1944年德军面对在战场节节败退，也面临贝尔格莱德失守，德军不得不把占领巴尔干半岛南斯拉夫南部、希腊的A军团20个师撤回德国，而坦克燃料急需在萨拉热窝的油库补给。于是党卫军冯·迪特里希上校被派遣到萨拉热窝，负责燃料秘密运输的"劳费尔计划"。该计划最大的障碍是以"瓦尔特"为领导的活跃在萨拉热窝的游击队，而且几乎没有几个人知道瓦尔特的样子和身份。到底有没有瓦尔特这个人，以及他到底是谁？后来许多电影评论家进行过探索，他的原型是弗拉基米尔·佩里奇，是塞尔维亚人，第二次世界大战期间萨拉热窝的抵抗运动领导人。1940年之前，他是一名在萨拉热窝银行工作的小职员；后来他加入了南斯拉夫的共产党，一直至1942年一直在从事地下工作：1942年转移到解放区做了营长；1943年奉命潜回萨拉热窝领导游击队。[①]1945年4月6日，在解放萨拉热窝的战斗中被迫击炮击中牺牲，从此成了萨拉热窝的英雄象征。南斯拉夫是欧洲抗击德国法西斯的第一个国家，同时同侵略者进行了艰苦卓绝的战争，当时的南斯拉夫，拥有1800万人口，其中有190万人死于战争，所以每一名牺牲的烈士也都是瓦尔特。

在1999年北约轰炸南斯拉夫联盟时，炮火声中塞尔维亚的贝尔格莱德人民特别的团结，站在克尔瓦瓦茨导演拍摄的电影《桥》的取景地，共同保卫着自己的家乡，正如瓦尔特保卫萨拉热窝一样，但是战火并没有在1999年后停止。而今天南斯拉夫的分裂不仅诞生了新的国家，而且人和人的关系发生了异化，不仅产生了仇恨也产生了流血冲突。在影片外，导演哈伊鲁丁·克尔瓦瓦茨一生反对战争，最后却死在了波黑战争中。从《瓦尔特保卫萨拉热窝》后那些走下银幕的演员开始人生的战斗，曾经是朋友的他们，最终因为彼

---

① 科罗廖夫.败局已定的1944，为何德军死战不退，拒绝投降，背后有三大原因[EB/OL].（2021-01-04）.https://baijiahao.baidu.com/s?id=1687936240560758909&wfr=spider&for=pc.

此的政治立场不一样而分道扬镳了,最终各个演员所属的国家关系微妙,虽然彼此牵挂,却不能再联系。萨拉热窝还在,不过南斯拉夫永远消失了。

以铜为镜,可以正衣冠,以史为鉴,可以知兴替。我们要学会运用唯物史观来定位中国特定时代,认清现如今的时代特征,只有马克思主义指导下的共产党才能制定正确的战略策略。当下身处于后疫情时代,国际形势的硝烟并不亚于二战法西斯主义的强压,必须正确把握时代特点,必须从诸多矛盾中识别并抓住主要矛盾。南斯拉夫分裂的根本原因就是民族问题得不到妥善的解决,再加上美国等西方国家的和平演变,最终导致民族矛盾总爆发。南斯拉夫的分裂告诫我们,要防止外部势力的干涉,特别是以美国为首的西方国家的"和平演变"。总的来说,既要参与全球经济一体化,又要保持自己的独立性,既要加强国际合作,又要时刻保持清醒,抵御西方国家的"西化",弱小的国家会受到欺凌和分裂,中国只有强大起来,才能实现中华民族的伟大复兴。

结　语

和南斯拉夫的战争电影的建构相同,中国的战争电影主题特别是抗日战争题材在中国电影史上也有着举足轻重的地位。影像不能治愈伤痛,但是可以让人们学会反思和铭记,历史的伤痛不能遗忘。《瓦尔特保卫萨拉热窝》有着真诚的叙事和表达,并没有像一些现如今的好莱坞的影片一样一味地堆砌特技和奇观,具有一部优秀电影的情感教育和历史传达意义。记得电影有一幕谢德倒下时白鸽的翅膀声和枪声交织成为生命的乐响。今天这群白鸽还在世界的各处飞翔,我们在倡导和平,并不是和平已经存在,而是因为难得,所以我们才会希冀与倡导,希望和平之鸽能够飞到世界各地战火燃烧的每一寸国土,也致敬每一位因为战争而牺牲的英雄。

（作者李妍莹系成都大学影视与动画学院硕士研究生）

与时俱进的国产战争片艺术样式

——以《瓦尔特保卫萨拉热窝》为分析支点

张艺馨

[摘要] 20世纪70年代，南斯拉夫影片《瓦尔特保卫萨拉热窝》在中国街头巷尾热映，"瓦尔特"成为一代中国人关于这一历史时期的重要文化记忆，正如习近平总书记所说的那样：激荡人们的爱国情怀。本文以影片《瓦尔特保卫萨拉热窝》为研究支点，尝试解析与时俱进的国产战争片在英雄主义、战争片意识形态和叙事角度等多方面的创新与启示。

[关键词] 战争片；英雄主义；意识形态；叙事视角

一、新兴英雄主义的人性光辉

"英雄主义"在《辞海》中的解释为"主动完成具有重大意义的任务而表现出来的英勇、顽强和自我牺牲的气概和行为"。英雄主义是有载体的，需要通过一定的人物和事件表现出来。战争题材的影片中，导演通过对英雄形象的多方面刻画，不仅仅塑造了影片人物的形象和状态，更多的是赋予了这个人物生命力和人格魅力，赋予了人物更多的灵魂，树立了很多深入人心的经典形象。

与时俱进的国产战争片艺术样式

战争题材电影,离不开英雄形象的塑造和伟大英雄主义的精神传扬。影片《瓦尔特保卫萨拉热窝》成功塑造了很多真实且厚重的英雄人物。钟表店的老板谢德在知道德国军队的阴谋后代替"瓦尔特"慷慨赴死,年轻的游击队员死在枪林弹雨中,被万恶的法西斯陈尸路旁,这一幕幕血淋淋的镜头致使很多中国观众一提起南斯拉夫,首先想到的仍然是那里的人民保家卫国的不屈战斗精神,人们深深被南斯拉夫人民顽强奋战、抗击法西斯的壮举所鼓舞。谢德作为影片的主要人物之一,影片对于他的刻画也是多层次、具有引导性的。在他第一次将钟表的指针拨正,是人物性格细心敬业形象的铺叙,第二次将指针拨正后,他投身于保卫祖国的伟大事业中,谢德主动承担超出自己能力范围外的任务,是对英雄主义最贴切的表述。人性的本能是生存,但谢德的人性光辉在死亡面前,彰显得难能可贵。这种至真至诚的部分尤为震撼人心。

2021年国庆档影片《长津湖》中,战场上无数抛头颅洒热血的志愿军,在一声军令下,无悔戎马战场。影片中胡军饰演的炮排排长雷睢生,其形象是广大中国志愿军的映射,为了祖国和战友,他像英雄般从天降临,开着载有美军标识弹的卡车,拼命地远离美军驻地,等待死亡降临。他血肉模糊的模样使观众潸然泪下,给观众带来沉痛和无限的崇高感,从而激励人们以其为榜样,投身于祖国的伟大事业中,这段情节设置完整诠释了平凡小人物身上闪耀的英雄主义精神。只有个人的自身价值得到充分尊重,才能激发出蓬勃的英雄主义和人性光辉,最终为国家利益贡献生生不息的光和热。影片中雷排长嘴里不停地哭喊着:"疼死了,不要把我一个人留在这里。"这是国产战争片的一大转变,中国早期抗美援朝的电影如《上甘岭》(1956年)、《英雄儿女》(1964年)、《激战无名川》(1975年)等,大篇幅展现了战争的残酷,却缺乏细腻、直观地刻画战争中的死亡和人性。如今,受众的艺术素养越来越高,创作者也在不断摸索受众的需求,渐渐地,战争片的"英雄们"本身被赋予人情味,观众更能与之共情,国产战争片的艺术价值随之大幅提升。

此外,冯小刚导演的电影《集结号》的一大独特之处,在于导演在对影片的人物塑造方面，吸取了以前的教训，不再一味追求"无所不能"的英雄人物形象，那是不符合实际人性的"意象化"形象，而选取从小人物的视角去感受和审视战争，揭示英雄主义的真实人性和心理，把那些"无所不能"的英雄还原为具象化的"肉身战士"。导演能坚守自己的创作高地和立场原则，这样的创作姿态本身令人尊敬，这完美契合了当今社会中观众对于电影多元素化表达的诉求，观众更崇尚一种感同身受的艺术表达形式，这种共同体情感的赋能是由情感的公共修辞来完成的，历史的重现能够让人们以古鉴今，通过战争题材影片，人们能感受到此时的每一份幸福都是来之不易的，从而引导观众重温"不忘初心"的历史使命。

二、战争片——意识形态的镜子

电影是法国马克思主义政治哲学家阿尔都塞所说的"意识形态国家机器"之一。阿尔都塞认为："任何一个阶级如果不在掌握政权的同时把意识形态国家机器置于自己的控制之下，那么它的统治就不会持久。"[1]针对这一描述，战争片为我们提供了一个理想的研究样本，它可以是国家意识形态的镜子。首先，战争片的现实主义创作手法既符合历史语境，也规定了反映主流意识形态和价值观念是其首要任务；其次，战争是一种国家性乃至世界性的危机，对于生活在和平年代的人们，战争片有义务起到重现战争以及历史记忆询唤的作用。

电影《瓦尔特保卫萨拉热窝》以强烈的戏剧张力和情感输出，把控影片节奏，以德国军队寻找"瓦尔特"为中心任务，侧面展现以瓦尔特为代表的南斯拉夫游击队员反击德国法西斯保家卫国的伟大行动。"瓦尔特"在这部电影的符号系统中，作为一个至关重要的表象，既是一位大英雄的名字，也是南斯拉夫乃至全世界被压迫民众反抗的化身。这一点在影片结尾有点睛之笔。党卫军上校与他继任中校俯瞰萨拉热窝时讲了一段意味深长的对话："我来到萨拉热窝就寻找瓦尔特，可是找不到，现在我要离开了，总算知道了他。""看，这座城市，它，就是瓦尔特！"[2]

南斯拉夫影片比较注重事件的过程，以直奔主题、平铺直叙的讲述方式向观众传达爱国主义、英雄主义的思想。早期国产战争片也是以大同小异的方式来讲述影片，大量的相似影片堆积，致使受众观影的满足感大不如前，这就为国产影片的创作敲响警钟，一成不变的样式电影只会加速市场流失，国产战争片急需新鲜元素注入生命力。

阿尔都塞在《意识形态和意识形态国家机器》中指出，对主体的询唤是意识形态的一个重要功能与运行机制。意识形态是抽象的，而以概念、观念、形象等形式存在，是阿尔都塞所说的"隐而不露的神秘角色"。[3] 只有在影像询唤下，观众个人才能成为主体，服从于意识形态，意识形态才能发挥作用。战争题材电影作为人们喜闻乐见的艺术形式，自然要承载这种询唤任务。所以中国的本土化战争片为了延续这个理论，在其衍生品主旋律电影中，无形中向我们输送大量意识形态观点和"想象性反思"。

2020年上映的本土战争片《八佰》主要讲述了在1937年淞沪会战期间，中国国民革命军为了守护上海苏州河畔的四行仓库，与日军进行英勇奋战的故事，上海濒临沦陷。第88师孤军坚守最后的防线，为壮大声势，实际人数四百人而对外号称八百人。"八百壮士"这一段历史用来振奋民心和记忆重建再合适不过。深刻且不流于表面的主题，真实不失独特的人物性格，对比鲜明且还原度极高的场景造就了《八佰》的成功。这样一部电影不仅给观众展现了一个真实的故事，更让观众感受到了一段真实的历史，同时也唤醒了人们心中热爱祖国致敬先烈的意识。[4]

张艺谋导演的电影《金陵十三钗》讲述的是南京大屠杀中，小人物在民族危亡关头、国家兴亡之际奋起反抗的故事。影片《金陵十三钗》不是在传递普世价值，不是弘扬英雄主义，没有圆满的结局，它只是在讲述那段苦难与悲怆，只是让我们看到法西斯主义和日本侵略者的暴力行为。中国文化自古就不是将残酷的战争揭示给人们看的民族。影片《金陵十三钗》即使在电影细节等表现手法上存在不足，但是其情感表达在中国人眼中是鲜活的，是依靠情感、依靠历史来打动观众的,通过情感来引导观众正视战争,这与广大人民群众的国家意识和民族精神密不可分。

国产战争片是中国文化的表现,也是人性的体现。若将战争场面表现得过于真实,对于中国观众而言,太过沉重,观众在观影的同时背负过多情感压迫,这与我们的文化背景以及人文关怀所应该体现的内容是相悖的。国产战争片在群众面前反映的是战争真正的残酷之处,希望世界永远不再发生战争,愿全世界人民反思战争。早期国产战争片在表述上存在很多演绎与杜撰的成分,这种情况使得人物失真,让电影与观众之间产生了距离。这种距离感能让观众更加理性地面对电影,更加自主地进行价值判断;弊端在于这种距离感使得观众对电影的沉浸式体验大打折扣,电影也会与枯燥乏味挂钩。真正优秀的影片,能做到让观众所获得的并非影像所呈现的故事本身,而是代表着民族、国家和人民群众对于这段历史的肯定性评价。

三、多元化的战争片叙事视角

在战争片的叙事结构中,最重要的是建立起以人为本和遵循历史发展规律为基础原则的影片创作机制。通过环境场景的匠心构建,运用多种叙事角度揭示战争炮火轰鸣和无数鲜活生命的丧失。人们在参加某种具有仪式感的集体活动时,总会感到心情激动,这种叙事机制往往能使影片达到高潮。正如影片《瓦尔特保卫萨拉热窝》中那样,瓦尔特与两名游击队员炸毁法西斯军队的燃料车,彻底粉碎了"劳费尔计划"的这场"集体活动"戏,接连视觉盛宴的铁路爆破戏给这场保卫战画上一个圆满的句号。走向胜利的道路是轰轰烈烈的,在这场反法西斯战争中,影片纪念了为祖国南斯拉夫独立而牺牲的"瓦尔特们",此外,《瓦尔特保卫萨拉热窝》的叙事结构大大拓展了传统战争电影的叙事逻辑和叙事角度,对此后的中国本土化战争片创作也产生了深远影响。

在中国战争片叙事中,首先是要有一个明确而清晰的时间维度和空间维度。它不仅以历史事件为参考搬上银幕，而且从不同的叙事视角切入分析战争人物关系与叙事学理论，这保证了观众能对剧情进行充分理解与欣赏。通俗来说，就是运用多个视角进行叙事，从不同的角度讲述同一个故事。

抗美援朝影片《金刚川》中，运用士兵、对手、高炮班和桥的视角进行多角度叙事，是我国战争片叙事视角的新尝试。在全球化时代引导受众开阔了眼界，传递出正能量，发出了强烈的呼声呼唤和平。虽然这种多视角叙事还存在着影片节奏混乱、剧情进展缓慢等问题，但它的确为观众提供了思考问题的多元角度以及战争意义的审判反思。所以说，《金刚川》是值得未来的电影生产者借鉴和学习的影片。

按照马克思主义的辩证唯物史观，影片所反映的历史并不是历史琐碎的表象，而是透过表象揭示出内在规律和必然趋势，这就是历史的必然性。[5] 电影《百团大战》通过对百团大战事件的全知式叙述角度，试图表现的并不只是战争本身，而是百团大战的历史必然性，即代表中华民族乃至人类正义力量与法西斯邪恶力量之间的对决，以及前者胜利的历史必然性，强化了这种大历史全知式叙事的客观性。这种全知式视角在影片《长津湖》中也有大量运用，影片精彩之处，是由解放老兵伍千里带领作战的视角和麦克·阿瑟领导指挥下的美军视角的有机结合。在各方阵营的指挥官之间切换，呈现这场对垒双方阵营之间的紧张感，这使得电影带有历史全景感的同时，又让观众与片中的志愿军战士一同历经战场的枪林弹雨。

以上三部国产战争片，都运用了多样化的多角度叙事视角进行全方面的思考，这也是他们能取得成功的关键，运用与时俱进的叙事视角，国产战争片必将在不断摸索的道路上大获全胜。

结　语

随着战争的硝烟远去，影片《瓦尔特保卫萨拉热窝》形象记录和真实再现反法西斯战争中的宏大场面、英雄风采，传承二战的真实历史记忆。引导受众主动思考战争的本质，思考战争带给全世界人民的伤害。过去的伤痛我们不曾忘记，如今的我们可以以大众媒介呼吁和平。

但是，也不能像中国早期的战争片一样，在叙事层面上太过注重整体真实，注重说教意义，更多地应该将内容做到真实与细节结合起来，将说教融于情节和细节中，让观众自己去发掘和体会、感悟和收获，那电影所传递的不单单是具有艺术价值的作品，而是真正收获观众认同、有血有肉的、感人肺腑的经典电影。

参考文献：

［1］阿尔都塞.意识形态和意识形态国家机器［J］.李迅，译.当代电影，1987（3）：106.

［2］辛元."看，这座城市，它，就是瓦尔特！"：前南斯拉夫影片《瓦尔特保卫萨拉热窝》［J］.家庭影院技术，1999（7）：72-73.

［3］阿尔都塞.哲学与政治：阿尔都塞读本［M］.陈越，译.长春：吉林人民出版社，2003.

［4］孙碧檬.以《八佰》为例探析历史战争片叙事技巧［J］.声屏世界，2020（22）：58-59.

［5］詹庆生.宏大革命历史叙事的坚守和创新［N］.文艺报，2015-09-21.

（作者张艺馨系成都大学影视与动画学院硕士研究生）

论电影《瓦尔特保卫萨拉热窝》的空间叙事构成

周 鑫

[摘要] 电影是空间的艺术，不同的空间划分方式为电影叙事的发生与推进提供不同作用。本文以南斯拉夫战争片《瓦尔特保卫萨拉热窝》为例，结合电影的视听语言，分析影片中多元空间形象。影片中具有丰富内涵的空间叙事与历史革命有机结合，形成了独特的叙事风格，但无论是哪种空间划分方式，其最终目的都是更好地服务于叙事，激发观众共情与共鸣。

[关键词] 电影《瓦尔特保卫萨拉热窝》；空间叙事；视听语言

历史上的南斯拉夫经历过诸多战争，自15世纪晚期塞尔维亚沦为土耳其的奥斯曼王朝的领土到19世纪早期王朝的衰落，塞尔维亚人在被统治长达近400年后投身独立运动中，之后在欧洲列强的帮扶下，奥布雷诺维奇领导塞尔维亚脱离控制走向独立。在彼得一世成为塞尔维亚王国国王之后，1918年彼得一世团结南斯拉夫人，建立了塞尔维亚—克罗地亚—斯洛文尼亚王国，1929年由彼得一世的儿子亚历山大三世正式更名为南斯拉夫王国。

这个建立在一战的火药桶废墟之上的王国，在二战时期受到纳粹德国的入侵，克罗地亚法西斯分子残忍屠杀数百万塞尔维亚居民。经历过战争的创伤后，艺术家们纷纷站出来以不同角度、不同方式揭晓战争的残忍本质，涌现出一大批优秀战争片，如《桥》《瓦尔特保卫萨拉热窝》《红色的土地》等对英雄进行讴歌、对战争进行反思的影片。

1972年，南斯拉夫导演哈伊鲁丁·克尔瓦瓦茨为纪念南斯拉夫各族人民起义30周年完成了《瓦尔特保卫萨拉热窝》（简称《瓦尔特》）电影的拍摄，并于匈牙利上映，电影描绘了1944年德国法西斯在陷入艰难境地后，A军团按计划从巴尔干撤退，萨拉热窝成为向A军团提供燃料的基地，并为A军团的撤退制订出"劳费尔计划"。德军维兰特中校称萨拉热窝并不适合"劳费尔计划"，城市里的抵抗力量非常强大，游击队员的领导像个幽灵，难以抓捕。为确保"劳费尔计划"的顺利开展，党卫军上校冯·迪特里希从挪威来到萨拉热窝，自此，影片正式拉开序幕。

一、电影空间的生产与再创作

语言是叙事的重要手段，决定了叙事的开始与终结。电影以可见的画面和声音作为其叙事"语言"，这种"语言"在客观上表现为视听空间的连续运动和空间段落的排列组合。[①]如旋律、节奏于音乐，线条、色彩于绘画，电影本质是"空间"的叙事。

在电影叙事过程中所需要的全体空间与特殊场所的生产与再诠释称作"空间的实践"，分为物理空间、社会空间和精神空间，也可以分为地理空间、历史空间、神圣空间等。[②]空间生产与再创作是电影叙事与表意的重要手段，既是电影叙事的主要发生地，又是电影表意的中介。《瓦尔特》电影叙事的展开是在萨拉热窝，从地理空间和历史空间来看，萨拉热窝虽然是南斯拉夫中部的一个小城市，却是第一次世界大战的导火索，点燃了一战的战火，萨拉热窝作为被赋予了深厚历史意义的文化符号，承载着萨拉热窝人民

[①] 陈岩.论电影空间叙事的几种美学倾向［J］.当代电影，2015（3）：113-117.

[②] 刘晓希.电影创作的空间维度：电影传播媒介和制作技术对空间生产的影响［J］.当代电影，2020（12）：72-76.

的社会文化价值与民族情感。电影中第一个镜头即是萨拉热窝城市的全景，彩色的城市上空被一层阴影笼罩，既是正与邪的二元对立，也是萨拉热窝人民与德军的阵营划分。这座美丽的城市即将迎来"暴风雨"，同时与影片的最后一个镜头形成呼应，"看，这座城市，它，就是瓦尔特！"，为电影叙事的展开与发展提供了先决条件，体现了萨拉热窝人民团结对外的一致性。萨拉热窝的地理空间与历史空间属性也随着叙事的不断推进与深入被赋予了深厚的文化内涵，形成独特的"巴尔干叙事"风格，同样也为电影对战争的反思与揭露奠定基调。

社会空间重在营造一种由人的复杂关系而凝结成的空间结构[1]，在《瓦尔特》这部电影中，萨拉热窝是影片人物关系纵横交错的社会空间，通过对钟表匠与阿兹拉的父女关系、阿兹拉与布尔基的情人关系、苏里与皮劳特的好友关系等展现复杂社会关系网下庞大的游击队伍，以具体的人物关系展现宏大背景下人民对抵抗战争的广泛性与同一性，更通过对社会空间的搭建展现萨拉热窝人民保卫城市的决心与勇气，为电影的叙事与艺术创作提供了真实可感的社会空间。

随着蒙太奇在电影中的广泛应用，电影的空间形式脱离了简单意义上的物理形式，与导演的观点相结合再创作，呈现出客观表述性之外的主观表现性，完成了从物质形式到社会空间、从客观纪实到主观表意的转变。

二、画内空间运动的深化叙事

从运动特征来看，电影空间又可以分为画内运动空间与画外运动空间。画面的边框划定了电影空间的呈现，导演根据画面的边框来组织安排空间内容，助推情节的发展与情感的传递；另外，边框也为观众提供了知觉空间与想象空间，观众既可在"看得见的空间"与人物共情，而"看不见的空间"

---

[1] 陈岩.试论电影空间叙事的构成[D].南京：南京艺术学院，2015.

则为悬念的发生提供无尽想象。

画内运动空间是摄影机取景框中人或物的运动引发的空间变化，在电影诞生初期，运动摄影尚未出现，摄影机的内部运动是电影的唯一运动方式，它趋近于舞台剧中的场面调度，但在色彩、光线的变化上也尤为突出。在《瓦尔特》中，阿兹拉与父亲谢德的对话大多是采用画内运动空间来呈现，一方面固定的画面能够更好地呈现演员的表情神态，另一方面则更能展现电影内部空间布置，对人物塑造、情绪渲染、气氛营造等起到良好的助推作用。不同于影片的灰蓝影调，阿兹拉与父亲谢德的家中大多是木质的暖调，一方面是烘托父亲与女儿之间的深厚情感，营造温馨的"小家"氛围；另一方面是阿兹拉作为影片中屈指可数的女性人物，拥有亲情与爱情双线情感，却为"大家"舍"小家"，将个人投入集体大义中。

在阿兹拉被德军的枪击中时，街道笼罩在一片黑暗之中，阿兹拉从远处向镜头靠近，一束光线自左向右照在她的身上，在布尔基的呼唤中阿兹拉中枪缓缓倒地，映照了导演内心对阿兹拉的同情与赞美。这种同情与赞美来自阿兹拉作为萨拉热窝人民明知前方艰险仍毅然前行的勇气，以阿兹拉的悲剧折射了民族的历史与现实，以个人的情感刻画表现战争的残酷无情，既有戏剧的悲剧美感，又有电影的诗意呈现。在游击队员陷入德军圈套的情节中，影片的画面主体是燃烧正旺的火焰以及被火焚烧四处逃窜的游击队员，但是从画面的后景看，其余的游击队员保持着向前迈进的攻击，虽是飞蛾扑火的结局，却有一往无前的勇气。《瓦尔特》秉持民族性的底色，游击队员与德军正面交战的情节不少，但是导演并没有用血腥暴力的镜头渲染，而是用一个个倒下的人物给予观众痛击，从而宣扬反战思想。无论是在黑暗中倒下的阿兹拉，还是在清真寺门口被枪击的谢德，导演都用诗意化的表达美化了英雄的牺牲，在民族性的故事中包裹着对全世界人民的深层拷问。

影片《瓦尔特》中，德军将游击队员的尸体摆放在街道上，企图引出更多的相关人员，导演用了一组固定镜头来描写萨拉热窝人民的反应，在每一个近景镜头中，人物均匀地分布在画面的左中右侧，除了皮劳特的画面是三

论电影《瓦尔特保卫萨拉热窝》的空间叙事构成

位男性外,其余镜头都是两男一女,这个镜头不仅交代了以男性为主场的战场上,皮劳特是"领导"核心,更以排比的"句式"将萨拉热窝人民的注视与仇恨传递给观众,激化观众情绪,为情感的迸发与戏剧张力的释放创造了条件。

影片中的枪战戏大多是以画内空间运动的方式来呈现,通过固定镜头中人物躲闪与追击来营造激烈的氛围,更有沉浸式的代入感。在追捕"假瓦尔特"的情节中,康德尔与皮劳特都攀上了悬崖,此刻的天空仍是阴沉的,雾霾仍未散去。在康德尔坠下悬崖之后,画面出现了久违的蓝天白云,瓦尔特居高临下地看着康德尔,喻示着胜利终将到来,人民的力量是不可战胜的。在吉斯开枪打死康德尔后,康德尔倒在了泥泞之中,假瓦尔特终被消灭。通过与阿兹拉、谢德的死相对比可以看出,《瓦尔特》对英雄人物牺牲的正面赞美与讴歌,以及在一定程度上对于反面人物的不屑与抨击,从时代语境而言,是对法西斯战争的痛恨与抵制,对和平时代的呼唤与渴望。

三、画外空间运动的主观叙事

区别于画内空间运动,画外空间运动是摄影机运动时产生的空间造型变化,其强调的并不是运动本身,而是发生的空间变化。画外空间运动解放了视点,使得观众在固定点依然能感受到视点的变动,以运动的方式观察影片呈现的空间,实现了从"管中窥豹"到"一目了然"的转变,弥补了内部运动无法扩大画内空间边界的缺点,画外空间运动轻易地实现了视点的转移变化,极大提升了画面的表现力。

在《瓦尔特》的电影情节中,萨拉热窝市民聚集在街道上与德军两相对峙,德军身后躺着数具年轻的尸体,影片用一个横移镜头将皮劳特的"谁也不要过去"传了过去,一方面体现了皮劳特的领导力;另一方面用横移镜头交代了老年人占据总人数一大半的人群构成。在德军又一次宣读公告后,影片用了一个推镜头,从萨拉热窝人民的全景推到了钟表匠谢德的近景,并也

走进影像世界

给了他的女儿一个推镜头,带领观众走向谢德的内心世界,与人物共情。谢德的眼泪模糊了视线,主观镜头也随之模糊,随着镜头的拉开,阿兹拉与布尔基以及更多年轻游击队员的尸体躺在地上,壮烈又悲痛。谢德迈出了一步,在他行动的画面中,谢德占据画面的左边,而右边则是皮劳特正在注视他。随着画面的后移,谢德走出画外,皮劳特也随之走向尸体,越来越多的萨拉热窝市民向德军走去。在这个中近景的移动镜头中,人物与镜头同时向德军走去,带给观众"在场"的参与感与沉浸感,与萨拉热窝人民同在的感动与共情。在影片的画面中,萨拉热窝人民占据左前方的位置,他们亲人的尸体躺在画面的右下侧,德军站在画面中间,只有跨过德军才能见到亲人的尸体,而迈向德军就像飞蛾扑火。萨拉热窝人民对爱的呼唤、对和平的呼唤是不惧生死的,德军分割的不是生与死,而是他们与家人。在这一段落的最后,比绍夫发出了撤退的口令,印证了团结的萨拉热窝人民是坚不可摧、无所畏惧的,深化了叙事的共情效果。皮劳特作为游击队的领导,一开始颁布了"不要过去"的命令,但是在谢德迈出第一步之后,皮劳特也带领萨拉热窝人民迈向了德军身后的尸体,英雄来自人民群众,无数游击队员为革命事业牺牲,却无人认尸,一方面让观众觉得惋惜,另一方面也痛恨德军的残酷暴戾。革命事业应以人民的利益为出发点和落脚点,皮劳特紧跟着走出,不是为了救谢德,而是顺应千千万万萨拉热窝人民的心意。英雄来自人民,人民造就英雄。

外部空间运动可以充分制造各种叙事效果,与内部空间运动深化叙事的特点相比,外部空间运动是导演有意为之的主观想法,是导演加之观众的视觉审美体验,它通过具体的摄影机运动引起的空间变化,来表达抽象的情绪,达到强调、突出的目的,看似中立、客观的镜头表达其实蕴含了导演的主观能动。当钟表匠谢德倒在清真寺门口时,导演用了一个俯拍的推镜头,缓缓推向倒下的谢德,一群白鸽飞过镜头。听到枪声的皮劳特急忙赶到,这时一个快速的推镜头展示了皮劳特内心的震惊与惋惜。在皮劳特等游击队员与德军的一番枪战之后,画面转向谢德,此时他身边的德军尸体已经消失不见，一个拉镜头从谢德的尸体拉到画面俯拍的全景，并上摇至萨拉热窝城市的全景，白鸽再次飞过。导演用极富有诗意的镜头与视听来描绘谢德的牺牲，英雄牺牲，自有白鸽相送，同时又以白鸽呼唤和平的到来。另外，通过这个镜头再次将人民隐喻为萨拉热窝城市的守卫者，不是瓦尔特保卫萨拉热窝，是萨拉热窝人民保卫萨拉热窝，引导观众再次审视萨拉热窝城市中的人民力量。"瓦尔特"是一个泛指，亦是一个符号，他背后所代表的正是萨拉热窝人民誓死抵抗法西斯战争的斗争精神。

结　语

影片上映至今已过去40余年，但无论从拍摄技法还是从内容深意而言都仍在世界范围内有着深刻影响，影片所构建的实践空间容纳了故事的展开和推进。内部运动空间使得在叙事的深入中，观众与被树立的人物形象共情，使得叙事的发生具有更深刻的审美意义，外部运动空间则加上了导演的主观性，导演让观众"看"到更有深意与诗意的空间画面呈现。影片中的不少段落直至今日依然保有新意，南斯拉夫虽然已经解体，但是萨拉热窝人民抵抗法西斯、誓死保卫家园的反战精神将会一直流传。

（作者周鑫系成都大学影视与动画学院硕士研究生）

论南斯拉夫战争题材电影的叙事策略

——以《瓦尔特保卫萨拉热窝》和《桥》为例

孔令钰

[摘要]《瓦尔特保卫萨拉热窝》(简称《瓦尔特》)和《桥》都是20世纪70年代经典的南斯拉夫社会主义联邦共和国战争题材电影,两部影片有着相同的主创团队、演员阵容和故事背景,是南斯拉夫战争题材电影的兄弟篇。本文以叙事模式、人物塑造和内容深度为视角进行研究,以《瓦尔特》和《桥》为例,分析南斯拉夫战争题材电影的叙事方法,从而更加深入地了解影史中这一极具特色的电影风格。

[关键词]类型化;电影《瓦尔特保卫萨拉热窝》;诗意;人物群像

《瓦尔特保卫萨拉热窝》和《桥》两部作品是南斯拉夫联邦共和国时期具有代表性的战争题材影像,故事着眼于敌后游击小队,被观众称为"游击队片",以二战时游击队战士为主人公,讲述游击小队与德国法西斯周旋作战,最终完成任务的故事,宣扬了反战精神和歌颂游击队战士为国家和民族做出的巨大贡献。战争电影的创作方向一般为宣扬意识形态或表达反战思想,南斯拉夫战争电影以亲历的二战反法西斯战争为现实背景,创造了具有独特魅力的战争影像,在传统战争片元素的基础上进行类型化叙事和多线索并进，注重立体化人物塑造，将对战争的深度思考诗意化呈现，成为影史中永恒的经典。

一、战争题材的类型化叙事和多线索并进

类型化叙事是好莱坞制片厂制度下，根据受众和市场的群体反馈总结出的黄金定律[1]，以固定框架塑造人物，叙事逻辑遵循所属类型范式，在人物形象、叙事技巧设计上具有明显的同类型相似性，有极强的受欢迎度和实践便捷性，是电影工业化、市场化背景下，面对多元化受众需求的必然趋势[2]。南斯拉夫战争电影吸收了好莱坞类型化叙事的特点，以受众为主体，遵循观众的审美倾向与喜好，将好莱坞类型片中战争类型和动作类型融合形成框架，引入甄别内奸、反间计、对峙桥段等谍战片元素，将题材着眼于战争的后方，讲述平凡视角下的游击小分队完成任务的故事，通过戏剧化悬念的营造和战斗场面的视听感官刺激带给受众视觉享受。

南斯拉夫战争电影采用经典的好莱坞叙事结构，提供给观众戏剧冲突性强的情节设计。电影《桥》使用标准三段式结构，以主人公游击队长"老虎"为第一视角进行故事背景构建。在影片开头，老虎接到组织的任务，需要炸毁大桥以切断德军增援力量，任务艰巨并且准备时间很短，老虎为完成目标做出行动，遇到因能力不足的自我内部阻碍，加之因德军士兵的层层守卫而无法顺利炸桥的外部阻力，以此开始为展开行动寻求解决方法，寻找信赖并且能力卓群的朋友协助完成任务，最终击碎了德军的企图。

《瓦尔特》中，在叙事策略上则采用谍战类型片中经常使用的多线叙事推进剧情发展，分别从德军假瓦尔特视角、游击队成员视角、皮劳特（以下称为真瓦尔特）视角带入，将明暗情节线索交叉进行，剧情核心冲突的大情节与难辨内奸的小情节并行推进：辨认真假瓦尔特，揪出游击队中的内奸。《瓦尔特》不同于《桥》中的"碟中谍"情节，而对此进行了进一步的升级转化，将《桥》中反间计情节的单一疑问反转深化为两层疑问递进，谁是真

正的瓦尔特，谁又是叛变的内奸，双层线索相扣、层层递进，从单一反转演变为同一纬度的连锁式转变，充分满足观众的好奇心和求知欲，精彩纷呈的博弈达到强烈的悬念效果。

南斯拉夫战争电影为了满足大众需求，提高影像传播性，同时加入娱乐性的喜剧元素，对情节做类型化处理，增添了影像的趣味性和可看性。《桥》中游击队员和德国士兵抢夺工程师时的室内争斗，使用了精彩的叙事节奏处理和纯熟的类型化叙事技巧：前一片段交代游击队员们要去寻找工程师，接下来讲述德国士兵率先找到工程师的住所，德军要带走工程师时缓慢的节奏和观众期待游击队员出现的紧张感形成反差，老虎和扎布多尼的突然出现带来巨大的感官和心理刺激，让观众迅速共情，被影片带入焦灼的博弈现场。类型化的情节安排和节奏处理让影像具有强烈的戏剧性和娱乐性。电影《瓦尔特》高潮处真假瓦尔特最终对决中，也使用了经典的好莱坞情节处理，真瓦尔特一开始就被打掉了手枪，接下来的打斗中也处于下风，正当观众为英雄担心时，真瓦尔特连续出击，击倒了反派，再配以演员话剧范的挥拳动作，虽略显夸张，但准确把握住了受众对于悬念的期待心理，将观众对电影的关注度维持到最久，快速剪辑的方式也让动作戏的精彩度大大提升。

类型化叙事可以优化观众的观影体验，与谍战题材电影多线索共同推进方式综合，产生更大的悬念，满足受众对真相求知欲的快感，将战争场面的视听感官刺激与观众心理层面的解谜的过程相结合，形成独具特色的南斯拉夫战争题材电影风格。

二、战争英雄立体化呈现和群像化塑造

英雄人物形象的立体化塑造是南斯拉夫战争题材电影的另一鲜明特点，将焦点从宏观的意识形态斗争转移到英雄人物本体中，刻画鲜活细腻的英雄画像，通过与受众内在关联形成情感纽带，带动观众与英雄人物有机互联，激发受众同理心，产生共情效应。

论南斯拉夫战争题材电影的叙事策略

《瓦尔特》和《桥》中的个人英雄塑造呈现方式均为立体化和多元性，每一个角色都是有血有肉的个体，不再是传统战争片单调的脸谱化人物[3]，无论是主角还是剧中的配角，都是鲜活、富有生命力的人物形象。《桥》中精通炸药技术的好伙伴班比诺和扎布多尼，在寻找逃跑的工程师时遇到了德军的围剿，班比诺为了保证工程师的安全，让炸桥计划顺利进行，掉进了德军的包围圈中，生命的最后时刻，他向自己的同伴扎布多尼大喊示意扔出炸弹。在需要做出牺牲的时候，他的镇定掩盖不了他对于死亡的恐惧，惊恐写在他的双眼中，但在民族大义面前，他还是义无反顾地呼唤同伴扔出炸弹，与德军同归于尽。这样的反差塑造让班比诺的形象更加立体化，让观众为之动容，稚气未脱的少年的牺牲让人们内心陷入遗憾与悲伤中，直到现在还有很多观众挂念着这位少年。德军作为反面角色在刻画中也没有任何丑化和功能性人物化，他们狡猾善变，有着自己的处世之道，想尽办法在游击队员中作梗，无论是《瓦尔特》中使出反间计的冯·迪特里希还是《桥》中使出反间计的考斯，都为游击小队设置了巨大的阻力。人物形象立体化塑造，更有说服观众的依据，更好地完成双方情感的连接交融。

《瓦尔特》和《桥》同偏重于政治教化作用的战时电影题材也有着明显区别，没有外放张扬的政治形态观念植入，角色不是宣扬意识形态的工具，而是一个脱离刻板形象束缚的自由的英雄[4]，角色的行为驱动力来自自发的本我意识追求，即从"我是英雄——我想去做"转变为"我想去做——我成为英雄"。《桥》中，主人公老虎在接到组织派发的艰巨的炸桥任务时，内心的第一反应是抗拒和疑惑，当得知自己的犹豫可能会让无数的人民和游击队成员牺牲时，他的观点从客观拒绝变为了主动寻找办法完成任务，观点的转变让人物的形象更加丰满，具有说服力。在《瓦尔特》中，战场上足智多谋的英雄瓦尔特也会遇到棘手的问题，也会在人性的较量中犯错，让年轻的游击队员丧命。人物的设计不再是二元对立意识形态的符号化形象呈现，而是鲜活富有可信度的真实个体，没有政治教化下的完美英雄，只有对国家、对民族充满深沉的爱，对和平、对自由极致渴望的真实的"瓦尔特"。

两部电影塑造的主人公形象都有着鲜明的个人英雄主义，都是凭借魄力、勇气和个人能力完成组织任务的人，但是在具体的呈现形式上又有着差异，趋于多元化表达的状态。《桥》中人物的处理就是标准个人英雄的塑造模式，而瓦尔特的英雄塑造进行了群像化的处理，英雄在人民群众的帮助下合力击碎了德国法西斯的阴谋。《桥》中人物设定是各个本身自带绝技的游击队成员，精通爆破的两兄弟，忠诚原则性强的迪希、小队成员在同德国军队对抗的过程中实现了自我蜕变，在执行炸桥任务中献出了生命，从平凡的队员变为了真正意义上的战场上的英雄。

而在《瓦尔特》中，对传统的人物塑造方式进行解构，将战争中的角色进行群像化处理与塑造，是个人英雄主义与群像化表现相复合的一种形式，这幅反法西斯画卷中的英雄群像描绘分为两大类，一类是为了革命事业出生入死的游击队成员，一类是众志成城的萨拉热窝人民。游击队员们作为这场战争的主体，直接同德军进行交锋，在危险的边缘游走，影片对于他们的多元化性格展现让人物更加丰满，让英雄的形象更加深入人心。乐观开朗的吉斯、不苟言笑的苏里、冷静机智的米斯科维奇博士、为革命牺牲的布尔基和阿兹拉和勇敢忠诚的联络员老钟表匠，多面的性格刻画让游击队员们的形象宛如就在眼前，从单一的英雄形象到集体的英雄群像，反映影片的主旨，歌颂伟大的反法西斯战士。而影片中另一类英雄群像是萨拉热窝的普通民众，他们是游击队最坚实的后盾，为所有反法西斯工作者提供最坚实的援助：铜匠铺的匠人们在巷子中发出此起彼伏的敲击声掩护游击队员脱身、医院医务人员与游击队员默契配合、人民群众在老钟表匠的带领下不顾德军的警告仍义无反顾向前认领烈士们尸体……由此可见，从来就不是瓦尔特守卫萨拉热窝，而是人民的信念和团结捍卫了国家的主权和民族的尊严；不是游击小分队和德国法西斯的战争，而是萨拉热窝这座城市中的人民同侵略者的对抗。这样的群像刻画加深了电影主旨，赞美了反法西斯人民的勇气和正义感。

对人的描绘立体化和群像化塑造是南斯拉夫战争题材电影具有打动人心力量的原因。战争是意识形态、国与国之间的较量对抗，对法西斯侵略者的抵抗力量是每一个个体的精神的凝聚，多元化人物性格展示真实的个体，体会民族大爱下的人文关怀；群像化人物塑造凝聚集体精神，揭示战争影片的主旨，歌颂伟大的人民战士，宣扬反法西斯精神。

三、战争意象的深度思考和诗意化延伸

文明社会的人类战争一直是影视创作中具有反思性和深度的人文话题。战争是人类文明光鲜下的黑暗地带，给战乱国家的人民带来沉痛的灾难和伤痕，呼唤和平、反对战争是战争题材电影永恒的命题。南斯拉夫战争题材电影中，创作者将对战争和人性的深度思考嵌入影像符号，并将其以诗意化的形式扩充和表达，产生富有社会特色和创造力的意象，加深了对战争与和平的呼唤声响，独辟蹊径地将类型化的战争题材作品引向诗意的远方。

意象，就是意中之"象"，强调意与象的结合[5]。战争中对生命逝去的表现总是最能触动受众内心的环节，《瓦尔特》和《桥》影像中对战斗英雄的牺牲均使用了浪漫化的表达，将法西斯侵略者失去人性的异化与革命者牺牲的壮美意象形成强烈反差，史诗般的挽歌娓娓吟唱，既是对革命精神的歌颂和赞扬，亦是对烈士和英雄的艺术化人文关怀，用最温柔的底色缅怀革命战士。在电影《瓦尔特》中，游击队员们谋划的午夜行动被内奸泄露，身陷囹圄的战士们在夜幕下同法西斯激烈对抗，阿兹拉为了拯救中枪的男朋友布尔基，倒在了夜幕下的枪林弹雨中，一抹白色的军事探照灯在她被击中的瞬间闪耀，营造出话剧中的聚光灯追光效果，为生命涂抹上壮丽悲情的色彩。老钟表匠为了掩护瓦尔特牺牲后，在清真寺高塔顶部，象征着忠诚与圣洁的鸽子伴着枪声盘旋，映衬着老钟表匠的尸体，呈现诗意化场景的同时，用最美好的底色表达了对游击队战士的敬佩与不舍，反差式的意象符号倾诉了对人民战士深深的致敬。

影片对于战争的思考，通过特殊的符号意象表达，对战争本体的意义进行深层次的探寻和反思，作品的现实深度和大众娱乐性达到了平衡，提

升作品的美学价值和社会价值。《瓦尔特》中，一直牵动观众的悬念"谁才是真正的瓦尔特？""瓦尔特"是战争年代的特殊符号，是深陷法西斯压榨与迫害下的对侵略者做出反抗的人民的总称。开头的德军坦克和重武器与萨拉热窝城市的俯拍镜头交替展现就是体现真正同法西斯抗衡的不是个人英雄瓦尔特，而是千千万万的萨拉热窝人民。正如最后德军上校冯·迪特里希所述："看，这座城市，它，就是瓦尔特！"萨拉热窝这座城市就是南斯拉夫国家的人民力量的凝聚，也是真正的"瓦尔特"，加深了影片的内涵深度。

在《桥》中，情节开展的冲突焦点"桥"也是一种特殊的空间意象表达，这座实体桥在工程师眼里是自己建筑工程生涯中的杰作，在法西斯侵略者眼中是战略战术的突破口，而在游击队员视角下，这座桥既是侵略与和平之间的枷锁，又是国家的、集体的一部分，炸毁它是表明和法西斯侵略势力了断的决心，是追求和平并探求自由生活的象征。承载多重涵义的"桥"在被摧毁的瞬间，实现了多重情感的共同升华，对法西斯侵略者罪行的控诉，对游击小队摧毁德军邪恶计划的赞美，对南斯拉夫人民获得反法西斯的胜利而感到振奋与欣喜。"可惜了，真是一座好桥！"德军上尉和游击队长老虎在桥被炸毁后发出相同的感叹，让积蓄的情感再一次获得延伸，德军上尉的叹息是暴行不能得逞的失落，而游击队员们的感叹，是个体情感层面对牺牲的工程师和游击小队成员的不舍，是国家大义层面对捍卫国家利益后的光荣与成就感。大情和小爱的交融汇合，同法西斯侵略者对爱、对国家的冷漠形成对比，深化了影片的核心主旨，漠视生命、践踏他国尊严的法西斯势力面对众志成城、同仇敌忾的伟大人民，永远不会取得胜利，勇敢的萨拉热窝人民终将获得国家和民族的自由和解放。

深度思考的诗意化延伸是南斯拉夫战争题材电影的高光，是其叙事风格中最突出的特点。影片意蕴包裹在诗意化的外壳之中，以客观具体的外在之象表述人物的情感[6]，深化影片的主旨，使受众实现外在感官和内在心灵的相通，于思索间获得无穷的象外之意。

结　语

战争题材电影《瓦尔特》和《桥》距今已经过去了40余年，萨拉热窝人民同侵略者的抗争已然成为一种承载着特殊时期记忆的文化烙印。南斯拉夫战争题材电影多元化的叙事风格，将娱乐性与诗意化有机结合实现对战争深刻的反思，成为战争题材电影中一抹闪耀的亮色。承载南斯拉夫人民战时记忆与民族精神的战争题材影片已经成为南斯拉夫向全世界展示的文化图腾。世界反法西斯战争胜利，昭示着人类历史上一场巨大的浩劫已远去，影像所记忆的英雄的人民和国家却永远铭刻在人类心中，南斯拉夫人民的战斗精神、千千万万个"瓦尔特"的英雄形象将永远在人类呼唤和平、追求自由的历史上空飘扬。

参考文献：

[1] 饶曙光.类型叙事与作者叙事：当下观众需求与叙事策略[C].中国电影评论学会成立30周年学术论坛，2011.

[2] 杨雨.类型化框架中的越界叙事：以电影《阴影之下》为例[J].新闻传播，2021（17）：28-30.

[3] 冯俊敏.从《悬崖之上》看中国谍战片的类型叙事[J].艺术评论，2021（9）：103-113.

[4] 路卡.别样的视角：《瓦尔特保卫萨拉热窝》与《桥》在中国的接受研究[J].文艺理论与批评，2019（2）：98-111.

[5] 刘涛.意象论：意中之象与视觉修辞分析[J].新闻大学，2018（4）：1-9，149.

[6] 佟畅.论王家卫电影中的水意象[J].美与时代（下），2021（8）：116-120.

（作者孔令钰系成都大学影视与动画学院硕士研究生）

《瓦尔特保卫萨拉热窝》电影叙事风格浅析

张了凡

[摘要]1972年在南斯拉夫上映的影片《瓦尔特保卫萨拉热窝》无疑是迄今为止最具有历史意义的优秀战争电影之一。本文通过对影片中富有内涵的人物形象、曲折多变的情节结构、诗意的台词表现进行分析，分析影片的叙事特色，并探讨该电影扣人心弦的震撼力、永恒的审美价值和独特的艺术魅力。

[关键词]电影《瓦尔特保卫萨拉热窝》；人物形象；悬念设置；台词

1977年，《瓦尔特保卫萨拉热窝》风靡中国，瓦尔特迅速成为中国家喻户晓的英雄人物，深受中国人民的赞扬与喜爱。直到今天，瓦尔特依然是很多新时代青年学习的榜样。

奥斯曼帝国统治期间，萨拉热窝因其位于巴尔干半岛独特的地理位置，成为奥斯曼帝国进行军事掠夺的前沿基地和储备中心。到19世纪中叶，奥斯曼帝国将波斯尼亚首府迁至萨拉热窝，使其兼具了军事重镇和行政中心两个职能，在一战后加入了南斯拉夫。二战反法西斯同盟成立后，战局扭转，在经历了斯大林格勒战役、库尔斯克战役后，苏军全线反攻，德军陷入两线作战的困境，决定撤回在巴尔干驻扎的A军团，但是由于燃料只能让庞大的装甲部队维持到维谢格拉德，现在只有从萨拉热窝的燃料基地把油料运送到维谢格拉德,因此,德军拟定了一个秘密的"劳费尔计划",但是想要完成这个计划必须逮捕游击队长瓦尔特,他沉着老练、机智过人,带领游击队员多次破坏敌军计划,为了扫清这一障碍,确保"劳费尔计划"顺利实施,党卫军上校冯·迪特里希被派遣到萨拉热窝指挥这次秘密行动,影片就此展开。

一、富有内涵的人物形象

高尔基曾经说过"文学即人学",这句话在剧本创作中同样适用。人是叙事的主体,所有矛盾冲突都是围绕人展开的,每年都会有数以千计的影视作品产出,但是深入人心的角色却凤毛麟角,大多数影视作品中的人物形象呈现出脸谱化、符号化的特点。[1]而《瓦尔特保卫萨拉热窝》吸引观众的关键原因在于塑造了一批有血有肉、真实可信的人物形象。影片没有承袭传统战争片中将英雄人物神化,反面人物嘴脸化的旧模式,而是让每个人具有鲜明的性格特征,反映出时代的精神,因此成为银幕上不朽的英雄形象。[2]

影片以顺利开展"劳费尔计划"、抓捕瓦尔特为线索展开。影片中的瓦尔特是游击队的核心,他领导萨拉热窝的游击队员粉碎了敌人一个又一个阴谋,所以他是德军开展"劳费尔计划"的最大阻碍。这时的瓦尔特只是一个让敌军闻风丧胆的名字,是人民心中敬佩的英雄。随着革命事业的向前发展,瓦尔特不仅只代表他个人,正如纳粹军官冯·迪特里希在影片最后感慨道:"看,这座城市,它,就是瓦尔特!"也就是萨拉热窝的每一个人都是"瓦尔特"。他们在面对压迫时,都拿起自己手里的"武器"进行反抗,比如一个游击队员被德国官兵追击时躲进了街边的一个器皿店假装敲打铜器,旁边几个老人依旧面无表情地用敲打声来掩护这个年轻人。从表面上看这是无

---

[1] 柴光旭.现代编剧的理性思考:以时代精神塑造人物形象[J].音乐探索,2010(3):112-113.

[2] 沈义贞.战争片与现实主义:关于《瓦尔特保卫萨拉热窝》的美学随想[J].艺术百家,2007(5):51-54.

数个萨拉热窝人民一致对外的团结,但实际上是创作者向观众展现出人民在世界反法西斯战争中同仇敌忾、万众一心、众志成城的时代精神,瓦尔特不是独立的个体,他是一个时代价值观的体现。

有着异曲同工之处的影片还有很多。在《拯救大兵瑞恩》中为了保住瑞恩家唯一的血脉,美国陆军参谋长命令八个人的小分队冒着生命危险寻找生死未卜的瑞恩。影片通过米勒上尉忠于职守的形象,传达出时代对个体生命的尊重与珍惜,是美国人民对生命价值观的展现。[1]电影和人们生活紧密联系,是各国用来传播本国文化的载体,米勒上尉与瓦尔特及其他游击队员一样,他们都是通过个人英雄主义的塑造向观众传达本国社会意识形态和价值观念的代表,在满足观众审美需求的同时,还在一定程度上引起观众的深度思考。

形象丰满的人物其内涵必定深刻。影片《瓦尔特保卫萨拉热窝》没有用赤裸裸的血腥场面渲染战争的残酷,但却通过生动鲜明的人物形象,让观众感受到战争的残忍与激烈,感受到人民对正义、对人类所创造的知识、文化以及一切美好事物的尊重与维护,体现出南斯拉夫人民一种内在的、极高的民族素养。

二、多重悬念的设置

悬念是影视作品中的"扣子""包袱",是吸引观众对人物的命运、情节的发展、事件的结果给予紧密关注的一种重要手段。[2]当电影悬念出现时,因对未知的恐惧,观众会沉浸在紧张、焦虑的氛围中去寻求答案。直到谜底揭开,事情真相大白,观众才会放下心里的负担,获得精神的审美愉悦。悬念还可以引起观众的共鸣,以此完成主题的传递。

---

[1] 张礼敏.解读《拯救大兵瑞恩》的美国文化价值观[J].电影文学,2013(9):75-76.

[2] 冯陶.从故事创作层面谈电影叙事中的悬念设置[J].美与时代(下),2020(11):115-117.

《瓦尔特保卫萨拉热窝》电影叙事风格浅析

想要调动观众的情绪,就必须使观众对故事情节和人物产生浓厚的兴趣,因此,悬念运用得淋漓尽致,就能牢牢抓住观众的好奇心。罗伯特·麦基说过:"在悬念中,观众和人物知道同样的信息。"[①]电影《瓦尔特保卫萨拉热窝》的悬念设计就很符合这一创作规律。首先,影片以"寻找瓦尔特"展开叙述,在影片开始时,冯·迪特里希说:"瓦尔特简直就是幽灵,我怀疑他是不是真的存在。"从瓦尔特的身份与存在层面上设疑,增加了影片的悬念感,随后镜头向我们展现了瓦尔特和其他游击队员炸毁桥梁巧遇德国士兵,在激烈的枪战中逃脱的情节。正当观众以为真正的瓦尔特已经出现的时候,"瓦尔特"又狼入虎口,出现在德军阵营。通过三人的对话得知他是假冒瓦尔特的德国特务康德尔,此时瓦尔特的身份更加扑朔迷离。直到影片最后,在皮劳特、苏里、吉斯彻底粉碎德国军队的"劳费尔计划"时,苏里才告诉吉斯他眼前的皮劳特就是瓦尔特。而冯·迪特里希也因为行动失败被派遣回国,在临走前,士兵问他:"瓦尔特到底是谁?他叫什么名字?"他不由地感慨道:"看,这座城市,它,就是瓦尔特!",揭示出瓦尔特的另一层含义,即所有保卫萨拉热窝城市的人民均是瓦尔特,均是英雄。

影片中的另一个悬念就是游击队中的叛徒是谁。在地下党连遭破坏之后,大家开始怀疑在队伍中出现了德国间谍和叛徒。假瓦尔特制造混乱去混淆大家的视听,于是吉斯就被认为是叛徒被抓走。正当大家惊讶于风趣幽默的吉斯是叛徒时,真正的叛徒露出了马脚——原来抓捕吉斯是假象,其目的是引出真正的间谍米尔娜。影片中的悬念相互交织,情节发展曲折多变,出人意料,从而形成紧张激烈的戏剧张力。

"劳费尔计划"的具体内容也是贯穿整部影片的悬念之一,在影片结尾通过瓦尔特窃听德军的电话揭露出来。整部影片剧情结构巧妙,设置多重悬念,使影片扑朔迷离,情节跌宕起伏,增添了剧中人物的神秘色彩,将观众的注意力牢牢地绑在故事的情节发展之中,使观众深刻地感受到影片所蕴含

---

① 陈亮.美国战争题材电影《拯救大兵瑞恩》分析[J].解放军艺术学院学报,2016(1):80-88.

的文化意蕴，满足观众对影片的审美期待。

三、富有深意的台词

声如其人，顾名思义就是听到声音就像看到了本人，语言是人类特有的交流工具，它能清晰地传达出人与人之间的思想情感。雷内·克莱尔认为："声音事实上提供给导演更多的视角空间。"[1]所以，在电影中主要通过台词来体现创作者的创作意图，推动剧情发展，同时台词也是电影中人物性格及形象灵活且直接的表现符号。

（一）揭示人物的性格

电影艺术的核心是塑造饱满的人物形象，想要将剧中的角色塑造生动，台词是展现人物性格的途径之一。[2]因此，台词必须具备突出性格的特点，展示人物性格。

影片通过轻松而又戏剧化的台词塑造了吉斯率真、幽默风趣的人物形象。当德国士兵进入照相馆进行搜查，他们从烟囱里搜出一把手枪，质问他这是什么，他回答说："这是放大机，我也不知道谁把它放那儿了。"在他给德国士兵拍照的那场戏，德国士兵拍完照片开门离开的时候，抬起胳膊用欺负性的语言说："嗨，希特勒。"这时候吉斯也毫不示弱，抬起右手说："去你的吧。"影片通过喜剧性的台词在营造"笑果"、制造欢乐的氛围时，还将吉斯乐观、幽默、风趣的性格展现出来，使他区别于以前的英雄人物形象，让观众耳目一新。

影片中另一个让人记忆犹新的角色就是钟表匠谢德。在他识别敌人的阴

---

[1] 谢旭慧，程正野.台词在喜剧电影中的审美功能［J］.现代传播（中国传媒大学学报），2016，38（12）：90-93.

[2] 来扬博.浅谈台词在舞台表演人物塑造中的作用［J］.文存阅刊，2018（19）：56，55.

谋之后，决定代替瓦尔特去与敌人会面。在他临行前，他预感到自己此行可能会有去无回，于是在临走前他嘱咐自己的徒弟："没有人欠我钱，有个犹太人，我欠他二十克金子，如果他还活着，别忘了还给他。"以及徒弟问他去哪儿，他说："去找我的归宿。"这些台词将谢德对生死、对人生豁达的态度以及他的信守承诺、说到做到的品质表现出来，让观众更加深刻地感受到谢德的人格魅力。

（二）营造诗意的氛围

一般在电影中营造氛围都是通过空间、色彩、灯光等方式[①]，《瓦尔特保卫萨拉热窝》作为战争片，通过别出心裁的影像风格给影片营造出一种诗意化的氛围。

在钟表店中，德国特务冒充游击队员与谢德接头时的暗号："空气在颤抖，仿佛天空在燃烧。是啊，暴风雨就要来了。"这种诗意化的表达反而给影片渲染了紧张的氛围，推动了剧情的发展，预示着人民对法西斯暴行的愤怒，怒火已经燃烧到了天空，接下来会有一场恶战，同时也暗示谢德的命运，他将要迎来人生中的最后一场战斗。

在"劳费尔计划"失败后，德军冯·迪特里希回国之前，他若有所思地望着眼前迷雾中的萨拉热窝，不禁感慨道："看，这座城市，它，就是瓦尔特！"他将萨拉热窝比喻成瓦尔特，揭示了影片的主题，狡猾的党卫军上校冯·迪特里希最终低下了他高昂的头颅，无奈地承认了失败，明白了与他们战斗的是一群同仇敌忾、对纳粹反抗到底的人。"瓦尔特"不仅仅是一个人的名字，它是这座城市的名字，是让法西斯屈服的巨大力量。这句诗化的比喻营造了一种拨开云雾见天日的感觉，之前被乌云笼罩的萨拉热窝终于迎来了一道胜利的曙光，它令人激动、令人振奋，更加坚定了人们内心对正义的信仰。

---

① 马思泳，李春雷.底层电影人物的情感表达研究：基于《无名之辈》的分析[J].南昌工程学院学报，2019，38（2）：45-49，65.

综上，台词是电影艺术中主要的语言表现形式，有效的台词表达既可以准确刻画人物的性格、推动剧情向前发展，也可以震撼观众的心灵，使影片蕴含更加深远的意义。

结　语

电影《瓦尔特保卫萨拉热窝》的重要价值主要体现在它是一部具有现实主义的影片，其叙事情节大多取材于真实的历史事件。影片通过跌宕起伏的故事情节、栩栩如生的人物群像以及富有诗意化的台词展示了南斯拉夫人民在面对压迫时万众一心、众志成城的精神风貌，揭示出南斯拉夫人民所具有的民族气节，使它成为南斯拉夫电影史上的一座丰碑。本电影所兼具的思想性、艺术性、观赏性等特点，不仅为现实主义电影美学进一步深化提供了路径，而且也为以现实主义为主要脉络的电影提供了可以借鉴的地方，具有深厚的美学思想。

（作者张了凡系成都大学影视与动画学院硕士研究生）

经典电影《瓦尔特保卫萨拉热窝》的叙事分析

周孟楠

[**摘要**]《瓦尔特保卫萨拉热窝》是由哈依鲁丁·克尔瓦瓦茨执导的一部战争电影,韦利米尔·巴塔·日沃伊诺维奇、留比沙·萨马季奇等主演。该片塑造了一位带领人民反抗法西斯的英雄人物——瓦尔特。本文将对影片的叙事手法进行分析,探讨《瓦尔特保卫萨拉热窝》成为经典的原因。

[**关键词**]《瓦尔特保卫萨拉热窝》;叙事分析;经典

《瓦尔特保卫萨拉热窝》是由南斯拉夫波斯纳电影制片厂出品的一部战争片,该片于1972年4月12日在南斯拉夫上映,1972年11月30日在匈牙利上映,1977年在我国公映时曾引起巨大轰动。作为20世纪70年代的"译制经典",《瓦尔特保卫萨拉热窝》具有艺术性、思想性与观赏性等诸多特征。影片讲的主要是二战时期,萨拉热窝民间组织领导人、反法西斯战士瓦尔特,与当地人民一起与德国纳粹斗智斗勇、守护家园的故事,影片可分为假扮、牺牲、揭秘、斗争等部分。通过对瓦尔特本人的直接描写以及对德国纳粹的公允刻画,歌颂了二战后期,在敌后战场上浴血奋战的反法西斯人民的伟大精神。本文将从叙事结构、人物塑造、镜头语言、价值引导四个方面对电影叙事策略进行分析。

一、交织式的多线叙事结构

1944年，入侵南斯拉夫的德国法西斯陷入了游击队的包围，只有多瑙河以南的公路还在他们的控制之中，倘若这条道路被切断，A军团20个师将会面临被围歼的情况。为了避免这种情况的发生，德军制订了"劳费尔计划"，将萨拉热窝油库基地的燃料运送到维谢格拉德，确保德军庞大的装甲部队有充足的燃料支撑撤退。位于南斯拉夫中部的萨拉热窝是一座英雄的城市，他们在老练的游击队员瓦尔特的带领下，一次次给予了法西斯势力沉重的打击。德国党卫军军官比绍夫花了一年时间，审问了一百多名犯人，也未能获取关于瓦尔特的信息。为了扫清执行"劳费尔计划"的障碍，柏林委派了党卫军上校冯·迪特里希来执行任务，党卫军上尉康德尔奉命假冒瓦尔特混入游击队内部。影片中"瓦尔特"的原型是弗拉基米尔·佩里奇（1919—1945），他是塞尔维亚人，第二次世界大战期间萨拉热窝的抵抗运动领导人。他曾获得经济学学位，1940年之前他在萨拉热窝的一家银行工作；在此期间加入了共产党，一直到1942年从事地下工作；1942年转移到解放区，做了营长；1943年奉命潜回萨拉热窝领导游击队。1945年4月6日，在解放萨拉热窝的战斗中被迫击炮击中牺牲，从此成了萨拉热窝的英雄象征。[1]

故事情节从明线到暗线，层层铺开，逐步递进。既有敌人制订"劳费尔计划"的明朗行动，又有利用特务和叛徒搞乱游击队内部的实际行动，在敌明我暗的大环境下对"表演"的表演让观众欣赏到了双重演技，获得了双重的美学享受。[2]

电影的情节设置非常善于营造悬念。在开场不久，瓦尔特便在战争中亮

---

[1] 郭晔旻.《瓦尔特保卫萨拉热窝》在中国家喻户晓的南斯拉夫英雄[J].国家人文历史，2015（4）：81.

[2] 沈义贞.战争片与现实主义：关于《瓦尔特保卫萨拉热窝》的美学随想[J].艺术百家，2007（5）：51-54.

经典电影《瓦尔特保卫萨拉热窝》的叙事分析

相了,他带领着几名队员炸毁了桥梁,与德军巡逻队展开了激烈的枪战,之后在一名铁路工人奥布伦的帮助下才侥幸得以脱险。但是脱离险境的瓦尔特却到德军上校冯·迪特里希那里去了,这一"自投罗网"的行为不禁让观众产生巨大的疑惑,本该敌对的双方为什么会和平地聚在一起呢?随后通过双方的交谈观众才明白了原因,原来这个瓦尔特是德国党卫军上尉康德尔,冒充瓦尔特的身份与游击队员取得联系,获取情报,从而进一步在游击队内部将其瓦解。情节发展至此,又抛出了新的悬念,真正的瓦尔特又是谁呢?

瓦尔特的名字敌我双方无人不晓,却鲜有人知瓦尔特究竟是谁,甚至德军一度怀疑幽灵一般的瓦尔特是否真正存在。观众也带着这个疑惑加入了寻找瓦尔特的行动之中。当一名自称联络员的游击队员委托谢德告诉瓦尔特五点清真寺门口会面的时候,再次给了观众揭示真相的期待。但观众期待还未得到满足,一名游击队员便告知谢德这是德军的圈套,这个时候,观众也不再为期待落空而失落,更多的转变为对瓦尔特安危的担心,营造出了新的紧张感。最终,老游击队员谢德以自身的牺牲化解了这次危机。

游击队的信息一次次地被泄露,造成了游击队的重大伤亡,他们也意识到,游击队中出现了叛徒,这个时候影片又围绕着寻找特务这一新的情节线而展开。当皮劳特告诉米尔娜叛徒是吉斯的时候,观众以为已经揭晓了答案,随后米尔娜却联系了德军,其真面目也自然地揭开,原来看似柔弱的米尔娜才是背叛者,而之所以说吉斯是叛徒,也只是为了让米尔娜露出真面目而设计的圈套。随着米尔娜的暴露,假瓦尔特(康德尔)也在与真瓦尔特(皮劳特)的搏斗中死去。情节环环相扣,跌宕起伏,精彩绝伦。

同样是游击队员的吉斯是瓦尔特的超级粉丝,一心想要见到瓦尔特却难以如愿,直到最后吉斯同苏里、皮劳特一同完成了炸毁德军运输燃料的列车的任务,粉碎了德军的"劳费尔计划"之后,才得知与自己一同出生入死的游击队员皮劳特,就是自己一直想见的瓦尔特。之前为观众营造的悬念也在此解开。而围绕"劳费尔计划"展开的多线叙事,也伴随着德军的失败而落下帷幕。

二、主要人物的塑造

　　影视是叙事的艺术，叙事是影视剧的核心要素，而叙事中的角色塑造与人物建构是影视艺术的灵魂和生命所在。[1]在人物塑造方面，影片感人至深，人物有血有肉，影片当中，不论正面人物还是反面人物，个个真实可信。影片没有沿袭某些战争题材影片，把游击队员们神化、公式化，把敌人愚化、嘴脸化的旧模式，每个人物都饱满生动，真实可信。影片中的游击队员们没有慷慨激昂的陈词说教，没有摩拳擦掌、瞠目扼拳，他们只有默默行动，整个影片正面人物的台词不多，而反面人物也并非都是颐指气使、凶相毕露。[2]比如作为主角的瓦尔特，他并不是一个"高大全"的形象，他也会因为判断失误而让游击队承受巨大的伤亡损失。而作为反面角色的歪帽军官比绍夫，在影片中也并非只呈现了其令人憎恶的一面，相反的，他也会因为不畏枪口威胁走上前的民众而感动，在能够跳车保命的时候还是选择了赴死，对他所效忠的国家来说，比绍夫无疑也是一位令人敬佩的战士。

　　影片中大量出现的次要角色，无论是正面的还是反面的，都几乎全部给观众留下了鲜明的印象。诸如智勇双全、沉着冷静的谢德；精明干练、果断勇敢的康德尔；温柔懂事、忠于爱情的阿兹拉；疾恶如仇、单纯善良的摄影师吉斯；狡猾狠毒又颇有儒雅风度的党卫军上校冯·迪特里希。而主要人物不仅具有主导型的性格特征，性格的层次也十分丰富。如摄影师吉斯，他是萨拉热窝的公民，是一位游击队员，也是一个痴情青年。他的前两种身份都决定了他必然站在法西斯的对立面，但悲剧的是，他信任的姑娘米尔娜却成为组织里的叛徒，害的他们昔日的战友白白葬送了年轻的生命。在得知米尔娜的真正身份后，吉斯气愤地打了米尔娜，可当米尔娜说出自己当时是被逼

---

[1] 周白羽.影视人物建构研究：叙事心理学视角[D].兰州：西北师范大学，2020.
[2] 辛元."看，这座城市，它，就是瓦尔特！"：前南斯拉夫影片《瓦尔特保卫萨拉热窝》[J].家庭影院技术，1999（7）：72-73.

无奈的时候，他又寄希望于米尔娜能改过自新，在接下来的行动中帮他们对付假瓦尔特，当米尔娜又一次背叛了他们，且死在了假瓦尔特枪下的时候，吉斯也彻底清醒了。再如钟表匠谢德，他是一位疼爱女儿的父亲，是一名敬业的钟表匠，是一位不怕牺牲的联络员，是一位关爱徒弟的师父，是一位受人尊敬的老人……

综上所述，人物塑造是影视叙事中的重要一环。"在叙事中，一切都是为人物服务的。"而鲜明的人物形象对故事主题的阐述又有着推波助澜的作用。[①]

三、镜头语言的深意

镜头是构成影像画面的基本元素，也是画面的潜在形式。镜头语言是构成叙事和视觉的基础。镜头和镜头段落构成了场景，不同的镜头组合会形成一定的情节、气氛、意义和观念。[②]电影镜头不是单纯地为了叙事，更重要的是通过逻辑上具有一定联系的镜头组接，来暗示或者创造某种寓意。例如，《瓦尔特保卫萨拉热窝》中，当谢德为了掩护瓦尔特而被德军打死在教堂楼下之后，镜头先是给了谢德躺在教堂地板上的一个特写，随后接中景再到全景呈现教堂全貌，随后组接到了一群白鸽盘旋在上空飞翔的远景镜头。而这个镜头暗示了谢德是为了保卫国家、争取战争的胜利而牺牲的。

《瓦尔特保卫萨拉热窝》中，首尾镜头的设计也别有深意。影片开头便是一个远景，呈现了城市的全貌，随后接中景镜头，展现德军的阵地，然后是近景，入框的是两名德国军官，最后接特写镜头，介绍了德军上校冯·迪特里希。情节也随着上校的台词而开始发展，即究竟谁是瓦尔特呢？瓦尔特真的存在吗？瓦尔特又在哪里呢？整部电影便围绕着这一主题展开，游击队员们同法西斯展开了生死较量。电影随着法西斯德军的失败而接近尾声，在德军上校再一次走在德军阵地时，镜头也再一次切换到了人物特写，也就有

[①] 周涌，何佳.影视剧作艺术教程[M].北京：中国传媒大学出版社，2012：64.
[②] 张宾芳.影片中镜头语言运用的研究[D].石家庄：河北科技大学，2014.

了接下来这一段经典对白,"我来就是寻找瓦尔特的,现在我该走了,才知道他是谁","看,这座城市,它,就是瓦尔特!"。随后镜头以与开篇相反的顺序进行切换,接近景、中景、远景、再到天空的大远景,这组镜头的组接具有丰富的内涵,交代了萨拉热窝的公民们靠着自己的努力和坚忍捍卫了自己的家园,粉碎了敌人的阴谋。

电影艺术较之其他艺术,虽然诞生的时间不长,但是发展却是极为快速的,尤其是叙事语言的创新,电影创作者通过不同形式的艺术创作和镜头语言的灵活运用,使得电影这门艺术的表达能力更加强大,传播影响也日益深远。现在许多电影镜头都在向经典致敬,但在电影语言形式上,经过系统地梳理与加工,影片追求自然表现的同时,更加对影片的影像画面进行了艺术加工,使影片的镜头语言更加丰富和贴合故事情节的变化。

四、积极正向的价值引导

影片《瓦尔特保卫萨拉热窝》之所以能在20世纪70年代的中国广受好评,甚至在今天依然被称为经典,与其正确的价值输出是分不开的。作为当代传媒技术下发展起来的重要的大众文化载体,影视剧通过虚构式的艺术表达,形成了源于生活并高于生活且具有思想教育价值传播功能的一种艺术形式。艺术的重要作用之一就是评价生活,影视艺术家们出于一定的动机、选择特定的方式所构建的影视剧作品,其中所呈现出来的价值取向能够潜移默化地影响人们的意识、心态和观念的变化,这就是影视剧拥有正确价值取向的意义所在。[①]

正如前面所提到的,影片中的正面人物并不是一味地追求"高大全"的刻画,他们也是普普通通的萨拉热窝公民,不普通的是他们选择了为保卫自己的国家而投入战争,这里塑造的是不怕牺牲、保家卫国的"英雄",但绝

---

① 白艳芳.影视剧的社会教育功能及其价值取向[D].太原:太原理工大学,2014.

不是十全十美、刀枪不入的"神话"。影片摒弃了宏观的展现手法，而是展现一个个栩栩如生的小人物，每个人物都有着丰富的个性，如吉斯、谢德、比绍夫、米尔娜，这样细致的人物刻画也缩短了观众与影片中人物的距离，在爆火的电视剧《觉醒年代》中也是如此。也正是因为人物有"缺陷"，才更加的真实而不空洞。影片以这种方式向观众昭示了战争的胜利是靠着他们的勇敢、团结甚至是生命得来的。中国在20世纪70年代也同样是刚经历了战争，我们的先辈们同样也是靠着他们的不畏强敌、英勇奋战的精神争取到了来之不易的和平。而该片对于当下的未曾经历过战争的年轻一代，也是一种正确的引导，以一种近于再现的手法讲述了一个可歌可泣的战争故事。

影视剧在当下的影响力越来越大，其价值观的输出以及价值导向日益重要，特别是对于价值观念还未完全形成的青少年来说，这也是国家必须严格把控影视作品内容输出的原因。相信结合诸如《瓦尔特保卫萨拉热窝》这样的经典电影以及当下价值主旋律的内容，影视作品创作者一定会寻求到一条适合我国影视剧发展的道路，创造出更多更好的优秀作品。

结　语

经典之所以称为经典，究其根本是由于它的价值是永恒的，对之后行业的影响也是深远的。《瓦尔特保卫萨拉热窝》创作时间尽管已经过去了近50年，但是它的叙事结构、人物塑造、镜头语言的运用，依然是当今许多战争片所观摩学习的对象。战争无疑是残酷的，但是创作者以一种近乎诗意的手法将残酷的现实呈现为艺术，记录下属于萨拉热窝的故事，而这也许就是电影的魅力所在。

（作者周孟楠系成都大学影视与动画学院硕士研究生）

热血洒满萨拉热窝

——评电影《瓦尔特保卫萨拉热窝》

陈梦圆

[摘要] 电影《瓦尔特保卫萨拉热窝》运用丰富的视听语言艺术，塑造出真假瓦尔特、钟表店的老游击队员等立体化的人物形象。通过对细节的刻画，将战争的残酷、为了和平而献出生命的游击队员、默默努力的普通民众表现得淋漓尽致，本文从影片对典型人物塑造及对细节刻画的角度出发，分析萨拉热窝这座城市里的"瓦尔特"。

[关键词] 瓦尔特；萨拉热窝；人物形象；细节刻画

一个特殊的时代，一座热血挥洒的城市，一群敢于斗争的游击队员，让萨拉热窝有了一个不一样的名字——瓦尔特。瓦尔特到底是一个人还是一座城？或许他就是皮劳特，又或许正如冯·迪特里希所说："看，这座城市，它，就是瓦尔特！"

影片《瓦尔特保卫萨拉热窝》讲述了二战接近尾声时德军在处境十分危急之际所实施的一系列计划的故事，由此展开情节的发展。德军在四面楚歌之时，要保证部队安全迅速撤退，最重要的就是解决燃料问题，为了解决这一问题，德军提出并实施"劳费尔计划"，将萨拉热窝的燃料运往维谢格拉德。为了该计划的顺利实施，德军打入萨拉热窝游击队内部，试图瓦解以瓦尔特为代表的萨拉热窝游击队，最终计划被游击队员们粉碎。影片通过视听语言艺术塑造了丰满立体的人物形象，通过细节的刻画，将萨拉热窝这座城市的故事层层剖开。

一、人物形象塑造立体化

该影片将时代的特色与人物的个性相结合，展现出了立体饱满的人物形象。"影片感人至深，人物有血有肉，影片不论正面人物，还是反面人物，个个真实可信。在人物塑造方面，没有沿袭某些革命题材影片把革命者神化、公式化，把敌人愚化、嘴脸化的旧模式。影片中的革命者没有慷慨激昂的陈词说教，没有摩拳擦掌、瞠目扼拳，他们只有默默的行动，整个影片正面人物的台词不多，而反面人物也并非都是颐指气使、凶相毕露。"[1]

（一）瓦尔特——幽灵般存在的英雄

萨拉热窝，一座英雄的城市，城市里孕育着众多的英雄人民。"瓦尔特简直是个幽灵，我开始怀疑他是不是真的存在……"这是影片开头比绍夫对于瓦尔特的评价，一出场的对话便营造出了瓦尔特的神秘感，让观众沉浸在瓦尔特到底是谁的疑惑中。对于瓦尔特的身份，影片中设置层层悬念，强化了观众对于瓦尔特的形象思考，影片也围绕着整个悬念推进故事的展开。德军为了实施"劳费尔计划"，通过假瓦尔特的身份打入游击队内部，不断获取萨拉热窝游击队员们的信赖。而真正的瓦尔特也在这个过程中不断去发现真相，成功找到了游击队员中的卧底，假扮德军成为运送重要油料的火车司机，引爆装满油料的火车，德军的"劳费尔计划"以失败告终，直到影片结尾，瓦尔特的神秘面纱才被掀开，原来皮劳特就是瓦尔特。瓦尔特的机智勇敢是时代的缩影，也是萨拉热窝英雄城市中的英雄人民的缩影。

---

[1] 辛元."看，这座城市，它，就是瓦尔特！"：前南斯拉夫影片《瓦尔特保卫萨拉热窝》[J].家庭影院技术，1999（7）：72-73.

（二）谢德——隐匿于钟表店的老游击队员

谢德，一位老游击队员，用钟表店的身份掩护自己，为保卫这座城市默默战斗，面对敌人有着无所畏惧的气概，作为父亲表现出的是细腻的一面，当看到自己的女儿阿兹拉的尸体躺在广场众多游击队员的尸体中，泪水顺着眼角滑落，他不顾瓦尔特和其他游击队员的提醒，不惧德军设下的陷阱，不怕德军的枪口默默走向前，无所畏惧的步伐蕴含着强大的力量，感染着周围的民众一起走向尸体，迫使德军放弃了屠杀计划。当谢德决定赴死去教堂见假联络员时，临行前用平静的语气细心叮嘱徒弟，没有任何的情绪波动，没有任何的慷慨陈词，看起来不过只是同之前一样的出行，路上遇到打招呼的熟人，如往常一样回应着他们，一位平凡又伟大的英雄形象在一帧帧的画面处理中表露，面对死亡无畏无惧、镇定自若，面对内心的信仰坚定又敢于担当，而这不过是千千万万的萨拉热窝民众之一。

（三）康德尔——精明果敢的假瓦尔特

康德尔并未因是反派角色被故意丑化，他身上的干练精明在影片中表现得淋漓尽致。影片开头康德尔作为卧底用瓦尔特的身份打入游击队员内部，康德尔带领游击队员炸桥，因为巡逻队的意外出现导致五名德国士兵战亡，成功逃脱后与上校争执，站在德国士兵的角度而言，为了战友康德尔敢怒敢言，足以看出康德尔深厚的战友情谊。在炸桥逃跑的过程中，养路工人奥布伦救下他后，他并没有着急质问奥布伦，中近景中康德尔的眼神与疑惑为后续剧情做了铺垫，与上校交谈时提醒上校不要打草惊蛇，康德尔的谋略在不经意间展现。在照相馆召开游击队员会议时，告诉游击队员盖世太保打算消灭游击队，打算把特务打进内部，提醒大家不要相信任何人，成功获得信任后，得到了向解放区转移的游击队员名单，德军将他们集体逮捕，在之后与游击队员的交谈中，成功将矛头指向了伊万，声称他是德国间谍，并得到了谢德是老游击队员的情报，假瓦尔特没有露出一丝破绽，将自己的计划周密开展，有勇有谋、精明果敢的人物形象在言语间不经意流露。

二、细节刻画巧妙入微

"构成电影主干的是故事情节，它通过一幅幅场面来完成其全部过程，而所有的场面则通过无数细节来组成，可以说，没有细节就不成其为电影。"[①] 如果说故事情节构成电影的骨骼，那么细节就是电影的血肉，缺少细节的电影无法有直击心灵的力量。《瓦尔特保卫萨拉热窝》通过细节的刻画，将战争的残酷与为了和平而抗争的游击队员以及无数萨拉热窝的民众在战争中的默默努力通过画面呈现。

（一）教堂白鸽——暗含画外之意

《瓦尔特保卫萨拉热窝》通过视听元素细节巧妙地调动观众情绪，老游击队员谢德在得知教堂接头的是假联络员后，为了保护已经得知接头消息的瓦尔特，谢德决定赴死去见假联络员，在谢德开枪击杀假联络员，自己被潜藏在暗处的德军用重机枪击杀倒地后，枪声惊起教堂的白鸽，群鸽飞向天空，在白鸽振翅飞翔的声音与教堂钟声以及枪声的烘托下，谢德走向了他追求的理想终点，一位老游击队员的英勇无畏尽显。与此同时通过蒙太奇的镜头处理手法，被枪声惊起的白鸽此时不再是简单的白鸽，而是赋予了更深层次的含义，此处的细节设置，暗含着谢德是为了和平而献出自己生命的画外之意。细节的设计，使得观众接收的信息远远超出画面所呈现的内容，牵动着观众的心。

（二）铜匠——以小见大

细节的刻画有助于塑造人物形象，以小见大表现作品主题，渲染情绪，彰显时代下人物的魅力。谢德被击杀后，瓦尔特占领钟楼击杀德军，与游击队员配

---

① 武锦华.试论电影细节的审美功能［J］.山西青年管理干部学院学报，2000(2)：51-53.

合撤退时，游击队员们跑到巷子里，伴随着德军哨声与追击声，巷子里的铜匠们不约而同地敲打起铜器，用叮叮当当的敲击声掩护游击队员撤离，敲击声中也暗含着对德军的愤怒。镜头在铜匠与德军之间来回切换，紧接着画面一转，切换到被击杀倒地的谢德，几只白鸽飞起，镜头摇到萨拉热窝的城市全景，伴随着背景音乐的响起，与镜头的交相运用，在视听语言的共同作用下，铜匠成为时代的缩影，钟表匠谢德也是时代的缩影，更是千千万万萨拉热窝普通民众的缩影，他们都在为和平默默地奉献着自己的力量，虽然微小，却是时代不可或缺的一部分。

（三）人物身份——层层推进悬念

通过细节的描摹，将人物的身份以假乱真，影片中的真假瓦尔特，德军的间谍米尔娜，通过细节营造假象，又层层剖析开，不断推进故事的开展。皮劳特为了验证米尔娜的身份，告诉米尔娜间谍是吉斯，在米尔娜不相信时，告诉米尔娜吉斯曾经被盖世太保逮捕，为了将这场戏演得更真实，皮劳特带着游击队员逮捕了吉斯，并且拿出了吉斯曾经的出狱证明，将矛头直指吉斯，更是在地球厅上演了一场打斗戏，皮劳特和游击队员走后，地球厅的间谍拨通了肖特的电话，告诉她此刻发生的一切，为影片后续做了铺垫，推动剧情的展开，当观众觉得吉斯就是间谍时，画面转接到米尔娜，米尔娜连线康德尔，真相开始浮现。通过一系列细节的刻画，故事情节慢慢推进，让观众沉浸在影片所营造得真真假假的氛围中无法自拔，一切似乎跟自己想的一样，真相却又不同。

整部影片诉诸视听语言艺术，层层设置悬念，步步推进剧情。通过人物的塑造、细节的刻画，歌颂了这片土地上为了和平而默默战斗的萨拉热窝民众，他们用自己的方式争取着这片土地的自由，唱响了一曲争取自由和平的战歌。所以瓦尔特到底是一个人还是一座城？便有了答案！瓦尔特就是萨拉热窝，萨拉热窝就是瓦尔特，瓦尔特就是这座城里的千千万万民众，他们有着坚定的信仰，他们用自己的方式争取着自由与和平！

（作者陈梦圆系四川文理学院文学与传播学院助教）

游击战下的民族信仰

——浅谈电影《瓦尔特保卫萨拉热窝》的人物塑造与音乐隐喻

徐锦博

[摘要]电影《瓦尔特保卫萨拉热窝》以其精彩的叙事情节、细腻的人物塑造、音乐隐喻等方面让我们看到了真实生动的南斯拉夫人民与敌军英勇抗战的历史事件,影片的内容与形式上的大胆创新,成就了这部经典战争电影。本文主要围绕影片的情节、人物塑造、历史符号下的"瓦尔特精神"、背景音乐隐喻、中国主旋律电影的发展趋势进行展开分析。以民族信仰、游击队作为本文的切入点,来分析战争电影《瓦尔特保卫萨拉热窝》的艺术手法。

[关键词]民族信仰;"瓦尔特"精神;游击队;主旋律电影

电影《瓦尔特保卫萨拉热窝》讲述了1944年德国法西斯穷途末路的情况下,转战撤退,为了满足最后颠覆前夕的存亡,把萨拉热窝作为A军团的燃料基地,开始执行"劳费尔计划",企图将萨拉热窝的燃油运往维谢格拉德,满足德军装甲部队之需,以萨拉热窝游击队长瓦尔特为首的游击队员和民众为了粉碎德军的阴谋,与敌军展开了殊死搏斗,最终以坚毅的民族精神与民族信仰战胜德军,取得了胜利。

一、游击战视角下的情节、人物塑造

饱经数十年战争疾苦的萨拉热窝人民始终没有放弃民族信仰，在苏联政府的支持下，南斯拉夫人民建立了以马克思主义为指导的一个有纪律、有战略的正义合法性游击队，同样，游击队精神成为当时守护萨拉热窝人民群众的坚实力量与战斗力量，在打破德军"劳费尔计划"中发挥了关键作用。

在情节叙事方面，影片情节跌宕起伏、环环相扣，缓急适当，导演先是详细描绘了敌人的状态，借此交代影片所处的历史背景。影片开篇阶段，德军在头几个回合的斗争中明显掌握着作战优势，所以一开始导演就给了观众一种无形的压力，而这种压力随着瓦尔特与游击队员们的勇敢机智逐渐被缓解，到最后敌我双方最终的较量时，随着"劳费尔计划"的瓦解，英雄人物的树立，压力被彻底释放。相比于同时期较为严肃、沉重的苏联电影，电影《瓦尔特保卫萨拉热窝》明显更偏重于轻松、激昂、豪迈，并没有将历史人物放在痛苦中一直周旋，反而将历史事件跳出沉重战争的悲痛氛围，以游击队员英勇善战的形象为一个象征作为"电影情节解题"的突破点。

例如，影片中，以皮劳特、谢德、吉斯、苏里等人为首的游击队代表，从事不同的反战争计划，每个人都有自己的立场坚守。无论是里外配合地收集敌军情报，还是英勇果断地执行计划，都十分井然有序，符合当时萨拉热窝游击队真实的精神与状态。例如，作为一名老党员的谢德，他了解女儿参加了抵抗组织，为了阻止她，他告诉女儿："昨天又枪毙了17个人，有一个女的，和你一样年纪。"他劝说女儿，在战争中，有些人战斗、有些人投降了敌人、有些人需要等待，而你应属于需要等待的人。当看到女儿与其他游击队员的尸体被弃之街头，盖世太保和随从一遍一遍地要求家属认领，谢德两眼噙着泪水，尽管瓦尔特和其他游击队员阻止人们上前认领，但他还是义无反顾地走上前。在场的很多萨拉热窝人民饱受战争之苦，那样沉默，又那么坚强。他们紧跟在谢德后面而坚定地上前认领尸体，而这些萨拉热窝人民，就是这个城市里最让党

游击战下的民族信仰

卫军心寒胆怯的人。在与钟表铺的徒弟告别后，谢德取了手枪，穿过街头，和熟人打招呼，和往常一样镇定自若，敌人在清真寺布下重兵，企图抓捕瓦尔特时，谢德只身赴虎穴，打死假联络员后，牺牲自己给瓦尔特示警。他的死点燃了本电影的高潮，拉开了与敌军正面斗争的帷幕。影片中父女俩的慷慨赴死，体现了他们面对家国情怀的取舍。谢德的人物设定是影片叙事的重要人物线索，代表着普通大众人民，代表着萨拉热窝人民精神，对战争胜利抱有信念，同时具有反战心理。谢德父女的英勇牺牲，恰恰是南斯拉夫在整个反法西斯战争中牺牲的170万英雄儿女的真实写照。

在塑造人物方面，游击队员的形象并没有沿用脸谱化、公式化、模式化、神化等固定模式，而是以鲜明的性格特征、人物形象进行塑造，无论是执行神秘任务的主人公瓦尔特，还是舍己救国的谢德父女都有血有肉，游击队员人物性格塑造以鲜活、真实为主要特征，符合历史时代真实的萨拉热窝游击队员，即个人单独行动、群体联络执行、伪装角色混入敌军的高素质觉悟。[1] 以往类似题材的游击战电影，大都采用了公式化、神化的主角凭一己之力战胜敌人的套路，而电影《瓦尔特保卫萨拉热窝》的人物设定则放在了游击队员个体身上，随着剧情的推进，人物有了自己独特的身份，通过任务的执行，建立矛盾冲突关系，伴随人物的出场、主题音乐的回响，情节不断推向戏剧敌我矛盾点与高潮点。本片最成功的一个方面就在于导演摒弃了以往战争片大肆歌颂主人公、弱化配角的人物剧情设计套路，强调饱满血肉的小角色辅助大角色英雄的成功，从而在情节上无论是小角色还是大角色的塑造都能让观众耳目一新。影片也没有仁、义、礼、教赞颂英雄的台词与宣传语，而是通过人物行动组织过程以及革命信仰将英雄精神表现得淋漓尽致。例如片中善于人物伪装的照相馆游击队员吉斯、一心投入革命的阿兹拉等革命人物。

除此之外，反面人物刻画也是本片的一大亮点，本片把敌军放在了中立场，相比以往的战争电影对敌军的刻画都是以阴暗面、残酷面、血腥面出场为主，以压抑的灰暗色调为人物主色调。该片反面人物的刻画没有以鄙视、颐指气使、丑恶为主，反而以冷静、旁观的视角去看待，在塑造敌军人物角色的时候较客观,把敌我两方放在了一个制衡点上。如片尾,德军将军冯·迪特里希被免职看到萨拉热窝城市,感叹游击队的英勇善战,感叹整个萨拉热窝就是瓦尔特,并没有因"劳费尔计划"的失败而迁怒任何一个人。

2021年的中国新主旋律电影《长津湖》中雷睢生的角色与电影《瓦尔特保卫萨拉热窝》中谢德的角色有些类似点,都以细微角度出发,以人物的心理活动、性格塑造、战场表现为主,两者身份类似(老共产党员),内心都燃烧着炙热的民族信仰,为了军队以及全国人民的胜利,舍己保全,发挥了集体主义精神。两者虽然不是电影中的主角,但是人物刻画都十分真实,心理情感处理得十分细腻,两者的个人奉献精神都对战争的胜利有着不可磨灭的影响。也正因为像谢德与雷睢生这样的个人对民族大义的坚守,才铸就了全民族、全人民的伟大信仰精神,成为战胜敌军的关键因素。

二、历史符号下的"瓦尔特"精神

"空气在颤抖,仿佛天空在燃烧。是啊,暴风雨就要来了。"瓦尔特作为片中的主人公,是影片架构的关键点,瓦尔特是萨拉热窝人民的精神领导象征、民族信仰的符号,有勇有谋,拥有无所畏惧的反侵略精神,是国际无产阶级马克思主义意识形态的精神代表,同时更是萨拉热窝人民反法西斯战争取得胜利的制胜法宝。"瓦尔特"精神不仅代表了南斯拉夫萨拉热窝地区,同样也代表了整个无产阶级社会主义的伟大革命精神。

影片中,瓦尔特首先从车站值班员那里了解到,养路工人奥布伦掩护了两名游击队员,在机智地救出奥布伦后,又从弗兰克嘴里知道了假瓦尔特的情况,在医院里巧妙救下伊万后,知道了吉斯的照相馆是假瓦尔特的一个联络点。于是,瓦尔特在其他队员的帮助下救出吉斯,成功地融入吉斯的圈子里,直到发现米尔娜有重大嫌疑。当然,邪恶终究战胜不了正义。瓦尔特和他的战友们清除了叛徒米尔娜,消灭了假瓦尔特等一干特务,立刻把全部精力都投入粉碎敌军"劳费尔计划"上。瓦尔特、苏里、吉斯等人将计就计,冒充汽车司机混入敌人的队伍，伺机打昏敌军火车司机后，驾驶敌人的火车去油库拉油。在炸毁敌人油库的计划因故不能实施后，瓦尔特等人开着满载油料的火车和成群的德国士兵进行了英勇的战斗，最终赢得了胜利，炸毁了敌人的运油列车，粉碎了"劳费尔计划"。瓦尔特作为一种英雄主义精神，他像苏联的夏伯阳和我国的李云龙一样，已经成为一种民族精神象征。导演克尔瓦瓦茨将瓦尔特视为一种"文武"精神，即计划上有智谋，行动上有组织，带领游击队粉碎"劳费尔计划"的过程跌宕，最终的胜利鼓舞了从战争中浴火重生的南斯拉夫人民与新中国人民。同样"瓦尔特"也是中南人民建交共同的主流意识形态"精神堡垒"。同一时期中国依托发生在中国的抗日战争拍摄了电影《地雷战》，影片中各村民兵联防运用地雷战术，歼灭了进犯的日军，党组织从主力部队抽调一批干部，来组织和领导各地的民兵武装，集训一批民兵骨干，学习使用地雷，号召村民对日本人展开地雷战。电影《地雷战》以小人物作为出发点，团体团结一致、有组织作战方式等因素作为这部电影的架构，与电影《瓦尔特保卫萨拉热窝》有着异曲同工之妙，除了电影中的角色不同、身份不同，都是讲述了在共产党引领下人民对敌人做出坚定的反抗，人民群众不惧战乱带来的恐慌与死亡，勇敢对抗敌军非正义、非文明侵略的故事。

"瓦尔特"精神塑造了人民的共同信仰与意识形态，以集体主义为上的人民力量捍卫了整个国家尊严，推动了整个民族崛起。"瓦尔特"精神不是肤浅的个人主义，而是无产阶级人民的集体主义，它不仅仅属于南斯拉夫萨拉热窝，也属于从战争中站起来的中国人民群众，更像是存在于人民和国家的无形桥梁。无论是萨拉热窝游击队艰苦御敌还是中国人民解放军取得伟大胜利，二者都构建了人民坚实的"瓦尔特"精神。

三、瓦尔特背景音乐中的隐喻符号

电影《瓦尔特保卫萨拉热窝》主题曲《不朽》以激昂、舒缓的曲调随着影片的剧情发展不断烘托了游击战争的紧张气氛与跌宕故事，抒发主题思想，刻画人物成长的心理变化过程，是对人物情感的表达和概括。主题曲确立了影片情节整体节奏（跌宕起伏、扣人心弦）来展现南斯拉夫战争时代的背景。通过背景音乐的烘托，影片中瓦尔特与游击队员们等人物的刻画更细腻，给观众带来了更好的感官体验，从而让观众在情感上产生一系列共鸣，音乐的不断深入也隐喻着萨拉热窝人民与国家前途命运不可知的脉络走向。

电影主题曲《不朽》第一次出现在片头：一辆辆装甲车从远处驶过，压迫感随即而来，精良的装甲部队像猛兽一般驶向饱受战争之苦的萨拉热窝，音乐的急缓伴随着镜头的转换，暗示了阶级对立与民族斗争，即德军与游击队员的斗争、德军与萨拉热窝人民的斗争，注定这场战争是非法的、非正义的。同时，也隐喻了德军虽具备精良武器也无法战胜落后、贫苦的萨拉热窝游击队。其中背景音乐的作用，让观众更好地沉浸式去理解当时的萨拉热窝人民战争背景与故事情节，主题曲《不朽》也为剧情不断深入埋下伏笔。

第二次出现在以谢德女儿阿兹拉与男友为代表的一群游击队员夜行阻击德军行动，由于被假瓦尔特等人泄密，所有人被敌军枪杀，背景音乐从夜晚行动的逐步开展到被敌军发现，都是以激昂、轻松的曲调伴随，一方面音乐随着计划的开展，伴随着游击队员的冒死精神进行宣泄，刻画了游击队员的战斗决心与冒死精神，另一方面音乐与计划必然失败形成隐喻对比，暗示着计划的凶险性与领导者的错误性，即假瓦尔特的破坏性。激昂的音乐随着游击队员的牺牲逐步消失，同样也暗示游击队员无所畏惧的大无畏精神，也为揪出假瓦尔特破坏计划剧情做铺垫。

第三次出现在谢德与民众认领亲人尸体的画面，谢德饱含泪水、目光忧郁去认领女儿的尸体，谢德一人走向前方，萨拉热窝人民也随着皮劳特开始走向敌军一方，此处音乐的出现，暗示了谢德与女儿的家国情怀，纵有太多父女情，在国家与人民大义前也要取舍，同样也暗示了萨拉热窝人民群众的逐步觉醒与反抗，以及以比绍夫为代表的德军的残酷、丑恶的嘴脸。

第四次出现在谢德为掩饰真瓦尔特，孤身一人去应对敌军，背景音乐随着谢德的脚步递进，与敌人的阴险布局交织在一起，紧张的音乐夹杂着剧情画面不断地切换，敌我争斗正式拉开序幕。谢德牺牲，音乐逐渐停止，一群白鸽从谢德头顶飞过，画面逐渐切换到萨拉热窝城区风景，这一段隐喻具有非现实主义色彩，即理想化的壮烈牺牲与奋斗到底的英勇集体主义精神，和平鸽也隐喻了萨拉热窝人民对和平的渴望，反衬出敌军行为的阴险与狡诈。影片剧情也随着谢德的牺牲进入最后的高潮阶段。

第五次出现在真假瓦尔特的斗争中，激昂的音乐节奏伴随着两人打斗，暗喻着正义与邪恶两方的较量。同时，音乐的节奏也暗指即将成功阻止"劳费尔计划"的开展，正义必将战胜邪恶同样也鼓舞着场外观众对于真瓦尔特（皮劳特）胜利的期待心理。

第六次出现在真瓦尔特带领吉斯等游击队员破坏敌军运输燃料火车，音乐高涨的节奏与火车、轨道、蒸汽、爆破火焰、敌军、游击队员交融在一起，让打斗画面振奋人心，隐喻着粉碎敌军的"劳费尔计划"的完成、萨拉热窝人民的最终胜利。为瓦尔特与其他游击队员的英勇精神奏响欢颂音乐，抒发了游击队员保卫萨拉热窝的坚毅精神。

第七次出现在瓦尔特、吉斯等三人胜利归来，德军溃败，冯·迪特里希免职，临走前面对萨拉热窝城区说"这座城就是瓦尔特。"音乐响起，隐喻着瓦尔特不仅仅是瓦尔特本人，而是整座城、整个国家的人民、整个国家对马克思主义意识形态的信仰与坚守。

相比于导演哈依鲁丁·克尔瓦瓦茨的另一部同题材作品《桥》的主题曲《啊，朋友再见》，电影《瓦尔特保卫萨拉热窝》主题曲《不朽》以纯音乐的形式展现，音乐节奏、风格会随着人物的命运轨迹进行抒发传递。而电影《桥》的主题曲《啊，朋友再见》，"把我埋葬在高高的山岗，插一朵花，每当人们从这里走过，都说多么美丽的花"，以唱词的形式出现，风格、节奏更加积极乐观、欢快，南斯拉夫英雄的热血祭奠了困苦灾难的时代，隐喻了大无畏的集体主义精神，面对敌军的长期压迫，南斯拉夫游击队员与人民并没有陷入战争的悲痛之中，而是以积极的、乐观向上的精神勇敢抵御敌军的迫害。[2] 电影《桥》也继承了南斯拉夫电影的一贯风格，情节跌宕起伏，人物形象果断、智慧、坚毅。片中飞机、大炮与游击队交相呼应，人民应对敌军丝毫不占下风，突出南斯拉夫英雄人物性格特征，音乐跟随英雄人物执行任务的主线，不断推动着剧情发展，给南斯拉夫人民击败德军的胜利喜悦奠定了基调。

四、以南斯拉夫战争片视角放眼中国主旋律电影的发展趋势

南斯拉夫战争片能够成功引入中国市场，除了中南外交政治因素、相似的反抗法西斯历史与游击抗战方式等，电影自身也蕴含了丰富的美学价值，故事人物的塑造技巧以及剧情的跌宕起伏和趣味性，为今后中国主旋律电影的发展提供了范本以及故事叙述方式借鉴。

近几年来，我国电影类型逐渐转型。其中，主旋律电影占据了中国电影市场的半壁江山。国庆档上映的历史战争片、怀旧主旋律等现实主义题材电影以弘扬主流价值观、讴歌人性人生为主题，符合新时代中国特色社会主义主流价值观。新主旋律电影在如今的电影行业逐渐契合了大众的喜好与心理。

从早些年的《建军伟业》《辛亥革命》到最近几年的《八佰》《1921》《悬崖之上》《我和我的祖国》《长津湖》等主旋律电影，其收视率、票房、口碑均取得了佳绩，中国电影产业主流文化导向越来越清晰，这些题材的电影都有着宏大的叙事风格、强大的演员阵容、巨额的市场投资。主旋律电影以中国历史事件作为切入点，赋予人物时代精神灵魂，真实、细腻地去刻画那些为祖国献身的历史人物。宏大的叙事结构、整齐的服化道与现代电影技术紧密结合，为观众创造了极为真实、震撼的视听效果。

随着我国经济、政治的发展，观众对于社会主流价值观形成了一种高度认同感，观众在审美水平提高的同时，对我国新主旋律电影的发展前景持乐观积极态度。未来我国主旋律电影将会迎来艺术创作的发展高峰，同样导演的创

作门槛也会大大提高,主旋律电影的成功发展离不开导演、编剧等主创人员对于历史事件与人物故事的把握与塑造,以及对影片叙事结构的深度思考,唯此,才能带来像《瓦尔特保卫萨拉热窝》《革命者》《八佰》《长津湖》等这样的优秀主旋律电影。比如近期上映的电影《革命者》对李大钊角色的形象刻画,影片赋予了他新时代生命,他与陈独秀以民族信仰坚守自己的初心,以民族大义、家国情怀守住了社会主义阵地。同时主旋律战争电影《长津湖》中雷睢生是片中塑造最有力度的人物,以真实、细腻的大众视角去体会被标记弹灼伤的真实的身躯、模糊的血肉、真实的台词:"疼,疼,疼死俺了。"让观众热泪盈眶,与观众形成很好的互动效果,雷睢生人物刻画生动有力,是值得战争电影学习的典范,也是影片《长津湖》人物塑造的点睛之笔。

我国的主旋律战争电影还在不断发展,未来的路还很长,创作者不仅仅要考虑经济效益,更重要的还要考虑社会效益以及如何讲好中国历史故事、如何更好地传播社会价值观,明确社会责任与义务的同时,还要学习与借鉴优秀的战争电影,比如《瓦尔特保卫萨拉热窝》《长津湖》的叙事结构、人物塑造、音效以及讲故事的艺术技法,等等。

参考文献:

[1] 沈义贞.战争片与现实主义:关于《瓦尔特保卫萨拉热窝》的美学随想[J].艺术百家,2007(5):51-54.

[2] 路卡.别样的视角:《瓦尔特保卫萨拉热窝》与《桥》在中国的接受研究[J].文艺理论与批评,2019(2):98-111.

(作者徐锦博系成都大学影视与动画学院硕士研究生)

细节刻画的艺术之"真"

——浅析电影《瓦尔特保卫萨拉热窝》的人物塑造

马 钰

[摘要] 要使电影中人物形象立体、丰满起来，更具生活化、人性化，就离不开对细节的刻画。一部好的作品，观众可以通过其展示的细节，从细微之处了解人物所处的生存环境和人物本身的性格特点。本文将通过《瓦尔特保卫萨拉热窝》影片中的人物活动场景细节、语言细节、动作细节和音乐细节四个方面来分析细节刻画的艺术之"真"。

[关键词] 人物塑造；细节刻画；艺术之"真"

好的人物塑造一定是通过细节呈现的，而人物的细节往往离不开环境、性格、对话、场景。在电影中，人物置身于丰富的影像空间中，尤其有它的独特性。电影《瓦尔特保卫萨拉热窝》的成功与鲜活的人物塑造是分不开的，多年后的今天，观众仍旧可以在片子中感受到故事情节的惊心动魄和誓死保卫家园的忠贞之心。不得不说，这是真实的力量，一种从生活和现实出发、充分尊重生活和现实的艺术之"真"的力量。明末清初文学家、戏剧家李渔在他的理论中提出了"代人立心"的概念，这一概念的核心要求就是真实，只有具有真实性的戏曲作品，才能引起观众的共鸣，从而获得精神上的审美愉悦，这也是文学要求真的原因。黑格尔曾在《美学》一书中写道："所谓艺术的真实不应该只是所谓的'摹仿自然'所不敢越过的那种空洞的正确性，而是外在因素与内在因素协调一致，而这内在因素也和它本身协调一致，因而可以把自己如实地显现于外在事物。"[1]

在电影《瓦尔特保卫萨拉热窝》中，人物塑造的艺术之"真"尤为突出，这从扮演真瓦尔特的演员韦利米尔·巴塔·日沃伊诺维奇在观众心中多年以来就是"瓦尔特"这一事实可见一斑。当代作家马烽详细深入地论述过细节与人物塑造的方法和关系，他认为人物的性格体现日常生活中的每一面，复杂性和系统性是它的重要特征，首先要在复杂的生活里将人的生活、行为进行概括与提炼，才能汇聚出一个能够真切反映人物性格的生活细节；还有一点是，既不能将人物框在一个限定的、逼仄的生活环境中，也不能将人物置于高阁脱离实际生活，创作者要善于在纷繁复杂的生活细节中，选择能够突出体现人物不同性格面的典型场景与情节，借助这些筛选出来的细节服务于人物塑造及性格。在《瓦尔特保卫萨拉热窝》中，人物塑造的艺术之"真"主要通过人物活动场景细节、语言细节、动作细节和音乐细节四个方面来实现。

一、场景细节：假定性情境之"真"

与戏剧和舞蹈这些空间中的艺术不同，电影是以画面和音响为媒介，在银幕上运动的时间和空间里创造形象、再现和反映生活的一门艺术。而场景就是电影中，为电影角色的行动设置的活动环境，它承载了创作者的创作意图。电影《瓦尔特保卫萨拉热窝》中，比较有创作新意的一点是正面角色与反面角色的活动空间是交互渗透的，这一特点贯穿了整部电影。创作者根据反面角色德国纳粹的身份设置了较为刻板、不鲜活的、充满严肃气息的场景，如开篇的高级会议；而为正面角色游击队设置的环境，营造出一份活泼的、积极的、接地气的场景，如吉斯跟皮劳特一起逃离假德军的场景。这里就是创作者运用艺术之"真"，在无形中让观众理解到正反角色，毕竟在真实生活中，我们很难真实而轻易地辨别出好人与坏人。

影片一开场，反面人物康德尔是第一个实在出现的"瓦尔特"，也是全剧唯一公开承认自己是瓦尔特的人。他带着一众游击队员炸毁桥梁后逃离战场，路遇德国纳粹，并与之展开激烈斗争，在真枪实弹真伤亡之下，让观众的心一直为之悬着，心里不免暗自感叹他的英勇与机智。当看到他前往德国党卫军上校冯·迪特里希的办公室汇报工作，观众才知晓原来他是身披瓦尔特外衣的假游击队员，他是一个彻头彻尾的德国纳粹。无独有偶，正面人物皮劳特也就是真瓦尔特的出现，是身着一身德国党卫军上尉的制服，带着随从在德军阵营里一本正经地询问情况，因为德国党卫军这个身份，就不免让观众对这个角色心生厌恶，当他支开德军跟火车站长细聊后，观众才惊觉原来他也是游击队员。创作者将正反两方的出场都做了别出心裁的设计，身份的交叉，势均力敌的战斗力，用强大的对手凸显出主角的优秀，让观众在电影中迷失，让情节脱离观众的正常逻辑，从而更加吸引观众，更能获得观众的认可。这些设计都是通过细节的刻画，把握住不同角色身份的细节，通过场景的相互渗透，推进事件的发生，让观众真实地理解并认同，从而取得好评。

二、语言细节：人性深层冲突之"真"

马赛尔·马尔丹在《电影语言》一书中提道：对话是电影语言中最独特的元素，它是画面的组成元素，它会被附带的用来连接各个镜头，创造一种连贯性。[2]对话应该利用现实主义的方法去使用，以增强电影的真实感。《瓦尔特保卫萨拉热窝》中就有很多对话，如钟表匠谢德与女儿阿兹拉的对话，在父女俩你来我往的对话中，为我们刻画出一位"自私"的父亲和一位革命至上的热血青年的生动形象，谢德的"自私"在于他试图通过隐晦的表达让女儿不要参与到革命活动中，因为他明知德国纳粹毫无人性，视生命如草芥，他不能眼睁睁地看着十七岁正处于花季妙龄的女儿丧失生命，隐晦提示无果后，他又直白告诉阿兹拉敌人的危险，说出德国纳粹在前一天才抓了17个人，并且枪毙了一个与阿兹拉一样年岁的女孩的真相后，她在知道敌人残酷的事实后能够放弃革命，做一个等待光明与自由的姑娘。事与愿违，阿兹拉叛逆又热血。她直接告诉父亲，表示她知道他的角色，她也知道家里经常来的人是干什么的，她为她的父亲是他们的人而感到高兴。真实的对话，塑造了真实的角色，没有将革命者无限神化，无限英雄化，让革命者无底线的无私，而是塑造了一个视自己生命如无，甘愿为革命随时牺牲，却"自私"地希望女儿安好的，一个有血有肉、有崇高理想又有私心的父亲。

自古英雄出少年，少年的英气与热血是难以被浇灭的，因此阿兹拉不是一个"乖女儿"，她勇于违背父亲的指令，加入游击队，参与革命活动。在夜袭德军车队的时候，她与男友布尔基在等待时，布尔基问她害怕了吗？她一脸坚定地回答道："不，我已经等得着急了。"整部影片阿兹拉的话语不多，镜头也不多，但她为数不多的对话中，刻画出一个尊敬长辈的晚辈，一个言听计从的下属，一个为父亲骄傲的子女，一个敢于爱恨的爱人，一个内心坚定向前的革命者。

不论是钟表匠谢德还是他的女儿阿兹拉，他们的对话中都加入了创作者对人物赋予的价值观和态度，都是通过语言的冲突表现出人性深层次的冲突，将生活之真上升到艺术之"真"的维度。

三、动作细节：艺术化呈现之"真"

对动作细节的描述，也是影视剧中塑造人物典型形象的重要手段之一。伊芙特·皮洛这位匈牙利电影理论家在《世俗神话：电影的野性思维》一书中曾提道："电影思维的主要工具是形体动作""电影思维的素材只能是动作"。[3]普多夫金这位苏联电影理论家也有关于动作的论断，他在《论电影的编剧、导演和演员》一书中提出："人物的全部思想意图只有通过具体的动作形式才能清楚生动地表现出来。"[4]可见动作是突出人物性格以及典型特征的最好方式。

影片中广场认尸那一段，镜头分别给向几个人，这几个人都是游击队员，他们站在前排张开双臂将市民与德军隔开，同时传递德军会杀人的信息，这里张开双臂的动作凸显出游击队员都是以人民为先，他们视保护人民群众安全为己任。随后，创作者使用摇镜头的手法，在谢德和阿兹拉身上来回切换，与此同时，结合推拉镜头的手法一点一点放大倒在血泊中的阿兹拉，又将镜头转至谢德身上。就这样在摇镜头与推拉镜头的双重作用下，给观众展示出来的是阿兹拉样貌的模糊，和谢德的面部特写，在这个特写镜头之下，我们不仅仅看到谢德慢慢地泪眼婆娑以及那颗滑落的泪珠，我们还看到了一种老来丧子的哀伤和对女儿被杀的愤怒，这份痛是那么的真实。紧接着，他不顾阻拦走出来了，他是第一个走出来的人，我们可以在影片中看到他走的动作缓慢而有力量，一步一步坚定执着地向着女儿的尸体走去，越来越多的人跟上了他，他们的步伐一致，虽有千百人，却走出了同频率的步伐。创作者在这部分充分使用镜头语言，借助动作细节描绘出游击队员的站位以及谢德这位重要人物的性格，他稳重之外那颗不惧生死的心。全民整齐划一的行走动作，这也暗含了萨拉热窝全体人民同呼吸共命运的信念。此时此刻的萨拉热窝像是燃烧着一团熊熊火焰，这份火焰让德国纳粹的心在颤抖，迫使他们放弃二次屠杀的计划。创作者通过上述镜头中动作的重复性、利用镜头创造出动作的夸大、放大动作的重叠等手段来呈现艺术之"真"。

四、音乐细节：契合情绪幻化之"真"

音乐对于电影的重要性不言而喻，因为在现代电影中，我们很难找到一部没有音乐的电影，很多时候，一部好的影片中音乐所带来的加分更是难以忽略。电影开篇中，当电影字幕徐徐升起，这时的音乐就宛如序曲，它能代表电影整体的精神与气氛。就像歌曲《不朽》在电影《瓦尔特保卫萨拉热窝》中一样，一种斗争精神被很好地诠释了出来。在《认识电影》中有这样一句话："电影的节奏经常由配乐产生。"[5]如果说在电影《瓦尔特保卫萨拉热窝》中有一首音乐是在不断地影响电影的节奏，那也非歌曲《不朽》莫属了。它没有歌词，但它与影像配合在一起后，能更加容易地将观众带入某种情绪当中。

它会伴随着剧情的发展而不断发生变化，当游击队员发起进攻的时候，它以激昂的音调鼓舞人心，有节奏的鼓声咚咚咚的，仿佛是战时的加油呐喊；在敌人有阴谋时，它又披上给人以焦虑的外衣，紧张焦虑的听感，预示着即将到来的阴谋；当皮劳特识别出敌人诡计反利用后，它又变得充满戏剧性的音调，仿佛在嘲笑敌人的愚笨；在广场屠杀认亲时，它又幻化成如挽歌一般悲壮伤感，似在为这些青年鸣不平。创作者全程利用《不朽》这一首音乐，通过将其改变播放速率、变换音量大小、增加鼓点、突出号声、变调，以及随着剧情渐强渐弱等方式，完成了对整部电影情绪情感以及剧情上的牵引，虽是一首歌，却又似衍生出几首歌曲。之所以用一首歌曲就能牵引着观众，是因为创作者牢牢把握了影片中的情绪，契合观众真实的情绪变化进行歌曲的变奏，用艺术之"真"赢取观众的口碑。

创作者在瓦尔特真实原型以及南斯拉夫地下游击队的真实事件上，经过艺术的抽象、设计，在还原真实人物与事件的基础上，为观众展示了一个艺术高于生活的案例，不论是场景、语言、动作还是音乐，创作者在细节的刻画上，通过艺术化的手法，真实表达出真情实感，让真实的力量更强烈，超越生活的表层，超越时代，永远地成为让人铭记的作品。

参考文献：

［1］黑格尔.美学［M］.朱光潜，译.北京：商务印书馆，1995.

［2］马尔丹.电影语言［M］.何振淦，译.北京：中国电影出版社，2006.

［3］皮洛.世俗神话：电影的野性思维［M］.崔君衍，译.北京：中国电影出版社，2003.

［4］普多夫金.论电影的编剧、导演和演员［M］.何力,译.北京:中国电影出版社,1957.

［5］贾内梯.认识电影［M］.胡尧之,译.北京:中国电影出版社,1997.

（作者马钰系中国传媒大学电影学硕士研究生）

论影片《瓦尔特保卫萨拉热窝》英雄人物的塑造

潘文英

[摘要] 1973年，一部名为《瓦尔特保卫萨拉热窝》的南斯拉夫电影被引入中国，并于1977年在国内影院公映，跌宕起伏的剧情、鲜活丰满的人物，迥异于国产片的精彩彻底征服了中国人。瓦尔特是南斯拉夫英雄人物，是南斯拉夫顽强不屈的民族精神的象征，影片传入中国后，国人都为影片所传颂的英勇壮烈、坚强不屈的精神所感染，为南斯拉夫人民顽强抗击法西斯的壮举所鼓舞。本文将试图就《瓦尔特保卫萨拉热窝》的时代背景、英雄人物塑造技法、对社会主义电影的启示等方面做分析研究。

[关键词] 英雄；斗争；社会主义；共鸣；形象

《瓦尔特保卫萨拉热窝》是由南斯拉夫波斯纳电影制片厂出品的一部战争片，该片由哈依鲁丁·克尔瓦瓦茨执导，韦利米尔·巴塔·日沃伊诺维奇、留比沙·萨马季奇等主演。该片于1972年4月12日在南斯拉夫上映，1972年11月30日在匈牙利上映，1977年在中国公映时引起强烈反响。影片讲述了游击队长瓦尔特凭借个人出色的谋略与众多英勇的游击队员让打入内部的间谍现出了原形后，成功地挫败了敌人的阴谋的故事。

一、时代缔造英雄，英雄引领时代

（一）时代缔造英雄人物

十月革命之后，苏联建立，成为第一个社会主义国家。第二次世界大战之后，新人民民主国家接二连三地在东欧和亚洲出现，他们同属于社会主义民主，是一个完全和资本主义背道而驰的社会体制。虽然这些国家在发展上不能与苏联相提并论，但都是以苏联的模式为奋斗目标，在世界各地掀起了一场社会主义化的浪潮。各个国家英雄人物层出不穷，南斯拉夫的铁腕领导者铁托便在此时登上了历史舞台，成为南斯拉夫的精神领袖。同一时期，在法西斯横行无忌想要占领全球的时候，斯大林作为当时世界上最大的社会主义国家的领导人，带领苏联人民进行了"莫斯科保卫战""列宁格勒保卫战"，粉碎了希特勒东进占领苏联的妄想，苏联人民走上了和美国一决高下的霸权时代。

当时的中国也在毛泽东主席带领下赢得了抗日战争和解放战争的胜利，打土豪分田地，结束了近代中国军阀割据、百姓民不聊生的苦难时代，开启了新中国的新征程。英雄的光辉形象，已经在人民的心中占据了不可替代的地位。所以当40多年前《瓦尔特保卫萨拉热窝》在中国火爆上映时，中国人民异常兴奋，与电影中南斯拉夫人民保家卫国的不屈战斗精神产生了强烈的共鸣，瓦尔特俨然成为一代中国人的集体回忆。

"冷战"期间，铁托领导的南斯拉夫不依附以美国为首的北大西洋公约组织和苏联为首的华沙公约组织两大军事联盟，与印度、埃及、印尼和部分拉丁美洲国家创立了不结盟运动组织，并拥有领导地位。新生的南斯拉夫联邦人民共和国是二战的产物，并几乎立即卷入"冷战"格局，急需一个南斯拉夫人民共同的历史记忆来营造国家认同，这个共同的历史记忆还需宏大壮烈，过程充满悲剧色彩，结局要正面而光辉。于是，反映铁托领导反纳粹抵抗运动的"游击队史诗电影"应运而生。这类影片开始就具有三重性：展现抗击侵略者的正义战争过程；将抵抗运动书写为社会主义建国运动；战争性质是"人民解放战争"。

（二）英雄引领时代前行

纵观影片，导演运用了多种艺术手法来塑造南斯拉夫群体英雄形象，其中主角"瓦尔特"所代表的并非个体范畴，而是整个热爱自己民族，热爱自己祖国的人民群体，他们在战火纷飞的二战东南欧战场上，用鲜血和生命争取自由、尊严和独立，为南斯拉夫赢得了世界声誉！

影片中瓦尔特的原型正是当时萨拉热窝的游击队领袖弗拉基米尔·佩里奇。人民的国家需要全国人民的奋斗，但是更需要一些英雄付出自己的智慧和生命，从而让苦难的民族看到更清晰的目标，怀揣更加坚定的信仰，正是因为无数"瓦尔特"的努力，才换来了南斯拉夫人民的幸福生活，所以英雄是时代的引领者，他不会因为国家政体的不同而有所改变。

二、英雄的形象化解读

（一）贴近现实，还原形象

虽然说《瓦尔特保卫萨拉热窝》有其艺术原型，但艺术毕竟不同于现实，艺术来源于生活而高于生活。瓦尔特形象同当时苏联官方宣传的理想男性形象一致：非常阳光、健壮、高大、帅气、具有雄赳赳气昂昂的气概；机智、勇敢、无所不能。影片前面，党卫军上校冯·迪特里希和比绍夫的对话中，上校问比绍夫追捕瓦尔特多久了，比绍夫说一年多了，仍然没有线索，他已经尽了最大的努力，审问过100多个人，可是一无所获，没有人知道瓦尔特是谁，瓦尔特简直是个幽灵。以及在影片的最后，党卫军上校冯·迪特里希在要离开萨拉热窝时说：我来到萨拉热窝就寻找瓦尔特，可是找不到，现在我要离开了总算知道了他,看,这座城市,它,就是瓦尔特!

南斯拉夫电影一直保持着对国家认同的坚守,在不同政体、政权之下对国家认同的打造从来不遗余力。同时,它也一直保持着对世界电影美学进程的吸纳,不论是"黑浪潮""布拉格学派"还是新战争电影,电影人都把观照百姓生活、揭示族裔矛盾、发现社会问题和进行社会批判作为主要任务,为世界贡献了一批电影佳作。频繁战事为南斯拉夫电影提供了大量的可歌可泣的故事,产生了极富代表性的"游击队史诗电影"。《瓦尔特保卫萨拉热窝》电影中所描述的场景对我们来说也无比的熟悉,因为这种作战方式类似于我国在抗日战争时期毛泽东主席提出的"游击作战十六字诀",无数个瓦尔特穿行在山间丛林不断地对敌人实施打击,所以电影中的瓦尔特不仅是一个人,更是许许多多南斯拉夫革命战士的化身,还原了英雄最真实的形象。

(二)英勇无畏

《瓦尔特保卫萨拉热窝》的导演哈依鲁丁·克尔瓦瓦茨,他在20世纪60年代和70年代期间最引人注目的是反映国家意识形态的电影。他的所有长片都是第二次世界大战题材的动作片。他的影片风格很大程度上要归功于漫画书和美国动作片,将动作和情感,个人戏剧和史诗般的悲剧,想象中的英雄主义和心理考验进行了富有想象力的结合,有时还带有幽默感。所以《瓦尔特保卫萨拉热窝》虽然是游击队史诗电影题材,但导演借鉴了美国动作片,以悬疑、惊险、汽车追逐、枪战、肃清敌特、爆炸等情节深深吸引着观众。当时南斯拉夫的这部电影之所以在中国那么受欢迎,是因为它真实体现了南斯拉夫人民在保卫自己家园,应对侵略者时那种不畏惧死亡,运用一切力量和智慧保护人民,保护和自己并肩战斗的同志的大无畏精神。在我国近代史的斗争中,正是因为无数的先烈用鲜血作为代价,才有了新中国,所以在离革命年代不远的当时,影片引起了无数中国人的共鸣。

（三）不脸谱化敌人

影片吸引人的地方还有一点，就是在塑造人物的时候，并不是矮化、丑化侵略者，脸谱化敌人。在反映德国指挥官的那些方面，其实是把德国指挥官的水平刻画得很高，用符合客观事实的手法让瓦尔特显得更加真实和立体。敌人为什么称为敌人？因为他的水平确实高，足以给你制造麻烦，而在这种情况下，战胜敌人才显示出我们的不屈和强大，也进一步从侧面反映了正义性的反抗和反抗侵略战争的伟大，哪怕是在几十年后，铁托已经离世，他所缔造的联盟共和国也分崩离析，但是这种正义性的反抗精神依旧会被许多人继承下去。

三、影片中对于人类共同情感的表达

（一）关于亲情的刻画

与同时期其他社会主义国家的战争片不同，南斯拉夫的战争片虽然也是建立在宏大叙事的基础上，但也有细腻的情感表达，使人物形象变得丰满有血肉。地下游击队员钟表匠谢德就是其中一个塑造得非常成功的形象。谢德是一个称职有爱的父亲，也是一个有血有肉的革命战士。为了南斯拉夫的解放事业，他时刻准备着为革命献出自己的生命。他了解女儿参加了抵抗组织，就想阻止她，他告诉女儿：昨天又枪毙了17个人，有一个女的和你一样年纪。他劝说女儿：在战争里，有些人战斗、有些人投降了敌人、有些人需要等待，而你应属于需要等待的人。而他自己却是一个将生命置之度外的"老练的游击队员"。这是一个父亲的人之常情。

当看到女儿的尸体被弃之街头，盖世太保一遍一遍地要求家属认领（实际上谁敢上前认尸就要打死谁），这个父亲两眼噙着泪水，忍受着内心的煎熬，尽管瓦尔特和其他游击队员阻止人们上前认领，但他还是坚定地上前。

父爱让他忘记危险和生死。

当他认识到自己需要赴死的时候，他用很平静的语气告诉徒弟：没有人欠我的钱，我还欠某某几克金子。如果晚上没有回来，就把钥匙交给我的弟弟。徒弟问他能帮他做什么吗，他只是说：没有，你要好好学手艺，一辈子用得着。我们看着他取了手枪，穿过街头，和熟人点头招呼，一切镇定自若，而他是替瓦尔特去赴死的，这是一个坚定的革命者的气概。他死了，后来他的徒弟也参加了抵抗运动，在后面的多个镜头看到这个稚嫩的小伙子在传递着信息。很多南斯拉夫人那样沉默，又那么坚强。那一大群紧跟在钟表匠后面坚定地上前认尸的人们，就是这个城市里最让党卫军心寒胆怯的人。谢德被敌人乱枪打死在钟楼下，紧接着一群白鸽从他身体上空盘旋飞翔的镜头，暗示谢德是为争取民族自由独立而牺牲的，白鸽预示着革命终将胜利，人们必将迎来和平。

（二）含蓄而坚定的爱情

片中，虽然对于爱情着墨不多，但也打破了同时期社会主义电影中的惯常思维——对于一个女人而言，最重要的不是爱情，而是同志的爱以及对社会的责任。社会主义电影很少正面处理爱情，都是点到为止，强调的是工作与革命事业更重要。

钟表匠谢德的女儿阿兹拉是一个年轻的学生，他和男友都是游击队员，虽然父亲谢德一再告诫她应该珍爱生命，做那群等待胜利的年轻人，但阿兹拉最终还是不肯等待，她跟男友冒险冲击德军卡车。原本已经脱离危险的她，看到男友还处于危险之中，毅然冲向男友，中埋伏和男友一起死在了萨拉热窝街头。他们之间的爱情虽然没有细致的描写，但这种为了共同的理想，为了对方而牺牲的精神，深深地打动了观众。

四、英雄人物塑造带来的启示

《瓦尔特保卫萨拉热窝》所塑造的英雄人物的光辉形象，深深根植在南斯拉夫人民，乃至全世界人民的心中，其保家卫国、不屈不挠的战斗精神在特定的历史阶段树立起了一个时代丰碑。

（一）创作手法的启示

影片对英雄的塑造既有"神化"英雄的渲染，又有生活化英雄的着墨。萨拉热窝保卫战属于宏大叙事，影片在宏大叙事的基础上，有着细腻的情感表达，人物形象有血有肉，让影片更接近现实生活。"源于生活，高于生活"的文艺创作美学规律对于当下文艺创作中的英雄人物塑造仍然有效，仍然需要继续坚持和弘扬。多年来，受历史虚无主义、消费主义思潮的影响，一部分主旋律电影英雄人物的积极意义和美学意义被弱化甚至消解，我们应该以一种当代年轻观众非常喜爱的、能够接受的方式来拍摄主旋律影片，将真实的历史故事与当下主流观影群体的审美相契合，从而激发出观众的爱国主义情怀，达到主旋律电影的创作目的。

（二）思想意义的启示

影片的成功也是思想解放的成功。瓦尔特不仅仅是一个人，更象征着共产主义精神的存在，不惧强敌，有坚定的目标和追求，在艰苦的环境中也能取得不俗的成就，瓦尔特代表的是社会主义人民群体的精神画像。人们在观影时之所以会热血沸腾，是因为影片成功激发出了观众的爱国主义情怀，从而生出民族认同感、对国家的热爱，进而形塑了人们的价值观。如此的人物形象在别的国家也不断涌现，苏联的保尔·柯察金出身卑微，从小在艰苦的环境中长大，最终他成长为一个为理想价值而献身的革命者，让他有限的生命在无限的岁月长河中得到了升华。

（三）英雄题材延伸的启示

时代在前进，新的英雄人物在成长。主旋律电影中有许多不朽的英雄人物——张志坚、董存瑞等，激发了人们的革命热情，鼓舞了人们的战斗意志，在今天仍旧有着强烈的现实意义。除了反映党领导的革命历史斗争的英雄类电影，我们还应该把主旋律电影的视角延伸到党领导的社会主义建设发展中来。自古以来，对英雄的定义没有统一说法。而时代变了，古人说的英雄同今天的人说的英雄应该有精神上的相通。比如，在今天的社会里，排雷英雄杜富国是当之无愧的英雄。为教育事业鞠躬尽瘁的张桂梅也是英雄……这些都应该作为主旋律影片英雄题材的延伸。

（作者潘文英系成都大学影视与动画学院硕士研究生）

现实主义战争片中的群像塑造

——以《瓦尔特保卫萨拉热窝》为例

刘思宇

[摘要] 电影《瓦尔特保卫萨拉热窝》讲述的是二战时期的故事，20世纪70年代传入中国，电影虽然过去多年，其影响力依然不小。本文拟从现实主义电影艺术多角度出发，探究战争题材电影里人物性格及"小人物式"群像的表达，以期对中国现实主义题材电影提供借鉴思路。

[关键词]《瓦尔特保卫萨拉热窝》；现实主义；英雄主义；群像塑造

《瓦尔特保卫萨拉热窝》（简称《瓦尔特》）是20世纪70年代引入中国的一部战争题材的动作片，与其同时引进中国的还有电影《桥》。这两部南斯拉夫的影片于1977年在中国公映后，对国人影响至深。《瓦尔特》主要讲述了二战时期德国法西斯陷入了四面楚歌的境地，为了躲避苏军和盟军的炮火，德军拟订了秘密的"劳费尔计划"。位于南斯拉夫中部的萨拉热窝则是抵御德国法西斯的关键要塞，而领导反法西斯战争的游击队长瓦尔特通过擒获试图混入解放区的德国特工团伙和假瓦尔特，窃听得知真正的"劳费尔计划"——德军用火车把伤员运到油库外卸车，同时派卡车接伤员，再把火车开到油库装运油料，最后把油运送到维谢格拉德去支援撤退中已经油料耗尽的"A军团"的装甲部队。为了破坏这个计划,萨拉热窝游击队成员皮劳特和战友吉斯、苏里带队成功拦截卡车,并在火车爬坡时,摘掉火车的通风管,提开车钩利用车的惯性引燃了油料,彻底摧毁了德军的后援军的故事。

一、战争题材中的现实主义

通过对比具有现实主义的战争片和类型片中的战争片,我们可以看出,现实主义影片本身就有一种容易将观众带进的特质,正是因为影片取材于真实发生的背景,其间都是平凡朴素的人物形象、生活化的场景。这种真实环境塑造的英雄形象比虚构时空的想象人物更加真实可信。[1]因此,我们可以得出,基于现实主义的战争片拥有以下几个特征。一是影片中的战争场景都是导演、制片人对这段历史进行了深刻的研究。他们通过大量阅读相关书籍、听过去的广播录音、观看相关的电影和纪录片、和幸存者交谈等方式来尽可能地还原真实的场景。二是从叙事的角度来说,具有现实主义的战争片更加具有逻辑性。从影片《瓦尔特》的情节设置来看,故事背景发生在德国节节败退时,保护输油线路就成了首要的任务。假瓦尔特潜入游击队,真瓦尔特却游走于德国士兵之间。接下来的情节就是游击队员被捕,联络员受伤,真瓦尔特进行调查,设计引出叛徒,最后破坏敌人的阴谋,成功保卫萨拉热窝。相比《战狼2》中的极具模式化的故事情节,以及开场—主题呈现—铺垫—推动—争论—转折—结局这种经典的故事展开方式,《瓦尔特》虽没有《战狼2》给人震撼,却更加打动人心,因为观众在《瓦尔特》中看到的不仅是战争的残酷,还有人性的温情。三是具有史诗性的战争场面与抒情表达相融合。就如影片《瓦尔特》中我们能够看到电影开篇就是德军轰鸣的战机、接连倒塌的建筑、行进的坦克、敌我双方的交战,以这种场景作为背景的具有现实主义的战争片在塑造人物之时,不同于以往的类型片中的人物塑造技巧,他们用一些极其平常的生活画面将战争的残酷和人性的温情刻画出来。影片中,钟表匠得知清真寺见面是德军诱捕瓦尔特的阴谋时,他处于无法通知真瓦尔特却必须保护瓦尔特的立场,他平静地拿出挂钟背后的手枪,从容地向自己徒弟交代了身后之事。从他脸上看不出半分对待必死结局的悲壮,相反,一路上他向熟悉的邻居打着招呼。他身后的巷子里的人还在继续生活,而他已经没有了明天,无疑这巨大的反差深深打动观众,这种平凡的、简单的画面展现出来的英雄形象正是依托于现实生活场景发生的,比运用枪林弹雨场面展示出的上下翻飞,击杀英雄的形象更加生动。影片取材于战争史实却并没有整部表现战争的残酷,相反运用了一些抒情式的美好情节,给观众留下了深刻的印象。

电影中的现实主义一方面体现在其主题的多义性和复杂性,另一方面则体现在其情节艺术的传奇性很大程度上来自其题材的原生性。[1] 前者是相较于好莱坞式娱乐片的影片而言的,这类电影往往建构着清晰的主题能够使观众一目了然,而后者则是战争片来源于现实生活与编剧仅凭文学剧本进行改编的影片有着较大的区别。前者不仅仅是发生过的,其原生性和事件本身的影响能够带给观众更多的思考。《瓦尔特保卫萨拉热窝》不仅能够带给观众一种艺术性的阳春白雪式的高雅形态,更凭着导演的技巧更多地带给观众持久的心灵影响。

二、电影中人物性格构筑

《瓦尔特》是由南斯拉夫波斯纳电影制片厂出品的一部战争片,该片由哈依鲁丁·克尔瓦瓦茨执导,韦利米尔·巴塔·日沃伊诺维奇、留比沙·萨马季奇等主演。电影以真实的人物事件为原型,通过电影的影像化传播模式,由萨拉热窝这个小城镇引发出对二战的历史表达和战后反思。

任何战争类型的电影,不管是群像式人物还是个体形象的刻画,在影片中总是呈现出敌我两方的阵营,战争势必是一方对另一方付之威胁其生命、财产、信仰、尊严等的完全性压制。因而在战争题材的电影中,人物设定中总是会有主角背负着救赎的使命。影片里并没有一开始就将瓦尔特的身份表明，而是让观众随着设置的情节一点一点找到真正的瓦尔特。影片中开篇比绍夫用这样的语言描述："我审问过一百多个人，可是一无所获，瓦尔特简直是个幽灵，没有人知道他是谁。"除了把瓦尔特表现成一名神出鬼没、经验老练的游击队员，影片还把并不具有道德支持的假瓦尔特康德尔，卑鄙叛徒肖特的人物性格表现得淋漓尽致。沉着老练的瓦尔特，老谋深算的党卫军上校及众多的次要人物，沉着镇定的钟表店老板，爱憎分明的摄影师以及血气方刚、年轻气盛却缺乏经验的青年革命者，都塑造得栩栩如生。

艺术源于生活，又高于生活，现实主义是对真实世界的客观写照。现实主义艺术，首先要把现实模板原模原样地刻画出来，然后再添加艺术手法，增添艺术色彩，将真实情节戏剧化。[2]一般来说，以战争为题材的现实主义影片，通常为了追求影片的真实性，会过多地将重点往画面上倾斜，在人物性格上有所欠缺，而作为次要演员的道具性符号更是流于扁平化，有时甚至会出现人物性格难以自圆其说的情况。并且一些作品往往为了显示不同阵营敌我双方不同的立场、正义与邪恶不同的势力，导演在创作人物时便会将人物属性建构成善恶、正邪的二元对立。在《我和我的父辈》之《乘风》片段中，吴京饰演的冀中骑兵团团长，在面对日军夜袭时，面对民族大义和亲生骨肉选择了牺牲小我成全大义，在以肉身和日军炮弹拼搏时，导演用"军旗不倒接力"这种符号化的方式传递给观众正义永远不会被邪恶势力所打败，拥有先进武器的日军和驰骋战场的中国骑兵形成鲜明的对比。在电影《瓦尔特》中对反面人物的塑造并不全是歪风邪气、笨拙愚蠢的，反面人物的塑造也不仅仅是单向度、平面的，假瓦尔特的任务就是混入游击队探听情报，击杀真正的瓦尔特，影片里并没有过多表现其嗜杀、残暴的一面。瓦尔特与他的交锋同样也表现出他作为一名士兵所拥有的责任感和集体精神，虽然立场不同，却也能表现出共同性。在观众以为米尔娜是好人时，一转眼被瓦尔特揭发，发现她才是那个十恶不赦，打入游击队里秘密和德军勾结的叛徒，原来她在被捕之后就叛变了，面对瓦尔特的质问，她像癞皮狗一般哆嗦着乞求获得原谅，就在观众认为她终于要选择协助游击队时，她却将叛徒的"忠心"展示得淋漓尽致，在见面关头依然维护德国军队，最后被康德尔残忍击杀。即使在反派角色里，其构建的形象都不是单一的。人物性格的多元化和复杂性，归功于导演在原有现实主义题材上加入艺术性的创作方法，人物的形象越是立体，越能带给观众深刻的体验。

三、群像中的英雄主义塑造

（一）场景化的英雄主义表达

正因为战争题材电影与宏大叙事有着天然的契合点，战争总能反映出复杂且深刻的精神命题；因此，战争电影的艺术特征倾向于内容而非形式。[3]《瓦尔特》是一部具有现实主义色彩的战争片，但导演在设计人物形象时，运用了许多巧妙的场景来达到个人化的表达。在首次提到牺牲的游击队员时，导演的镜头首先选在视线并不开阔的树林里，其次紧随其后的枪声预示着游击队员定有牺牲，这种利用声音营造出的战争避开了过多的血肉模糊、尸体横飞的画面，随后镜头定格在了几个路边的尸体上，但停留的时间并不算长。这时观众看到的并不是神化的、永远成功的英雄，而是同样会畏惧战争、流血牺牲的普通人。除此之外，在伊万被德军重伤送往医院抢救时，萨拉热窝的白衣天使们要在德军的眼皮底下营救伊万，面对德军的寸步不离，观众也不禁和影片中人物一起紧张。导演又利用医院手术室这个狭小的空间，巧妙地展开营救，影片中疾速的脚步声、昏暗的灯光、逐渐急促的音乐都将观众的情绪带到了顶点，随着伊万的成功得救，观众始终悬着的一颗心终于落了下来。影片后半段老游击队员谢德得知清真寺门口的见面是诱捕瓦尔特的阴谋时，他从容不迫地和敌人周旋，最终也倒地牺牲。在广场这种空旷的地点，导演并未选用仰拍这类显示人物高大形象的镜头，而是用了一个全景式的俯拍镜头引导观众遥望并聚焦于倒卧地上的谢德，同时出现了象征和平的白鸽在上空飞翔，使镜头油生一种格外的壮烈感，并且意味深长地表现了对英雄战士的崇敬、凭吊和悼念。

从场景的构建来看，影片多处巧妙运用此类场景化的表达，结合视听语言，将人性中胆小却伟大、勇敢与坚定这种多元化的特点在小人物的身上展示得淋漓尽致，也同时为人物形象中的英雄主义进行了铺垫。

（二）历史造就下的群像塑造

《瓦尔特》作为南斯拉夫经典的战争题材电影，依托于南斯拉夫独特的历史因素。第一次世界大战爆发的导火索就是萨拉热窝，自1459年起，萨拉热窝就饱受战争磨难，在第二次世界大战中，仅1000多万人口的南斯拉夫死亡人口总数比英国、法国、意大利、美国的死亡人数加在一起还要多，这是一个历经战乱的民族。因而为其电影的发展造就了极其强大的影响。从电影史发展的角度，南斯拉夫拍摄的电影都是有其独特的风格的，那就是以反法西斯为内容，电影艺术家从不同角度来揭露战争的本质，同时通过塑造一大批有血有肉的不屈抗争者来唤起观众对国家强烈的热爱和对战争的思考。

《瓦尔特》中有一个经典情节：几十名游击队员夜袭广场停放的德军卡车，不料被德军伏击，致使绝大部分的游击队员牺牲。第二天，德军将死去的游击队员尸体扔在广场上想以此来吸引游击队员家属，在家属前来认领尸体之时妄想开枪将他们击杀，进一步恐吓萨拉热窝人民。然而当钟表匠谢德看到倒在血泊中的女儿时，尽管犹豫，尽管遇到队友的劝阻，依旧毅然决然地挺身而出，就在德军下令开枪的危急时刻，皮劳特和苏里等游击队战士从容迎上前去，成千上万的群众见状也纷纷走了出来，德军见状退却了。这个经典的群众场面表明了英雄就在普通人中，英雄其实也是普通人，英雄来自人民，人民就是英雄。人民的意志就是英雄行为的出发点和归宿。这同样也表现了南斯拉夫电影里面群像中英雄形象的创新性，既有以瓦尔特为代表的传统的英雄，这是一种英雄主义的集中表达，同时还有以谢德、吉斯为代表的普通英雄，他们有共同的爱国主义情怀，同时更有自己鲜明的个性。影片中德军追捕瓦尔特等人到了市场，游击队员纷纷化身成为工匠开始干活，镜头带到了周围人的反应，其他的工匠们都在默默干活，脸上表情甚至都不曾有一丝变化，耳边只有阵阵的敲击铜器的轰响声，与愤怒的德军谩骂声融为一体。这不仅突出了游击队员有着强烈的不屈不挠的斗争精神，也从侧面展现出群众也是支持反抗法西斯的。

在这部影片里，瓦尔特一直化名皮劳特进行隐蔽行动，这也是英雄人民性的一种寓示，同时《瓦尔特》片名中的瓦尔特本身就是一个泛指，正如影片最后冯·迪特里希对着特务说道："看，这座城市，它，就是瓦尔特！"揭示出瓦尔特一个人是保卫不了萨拉热窝的，是千千万万的群众共同保卫着萨拉热窝，瓦尔特只是群众意象出的正义化身。

结　语

《瓦尔特保卫萨拉热窝》作为优秀的现实主义战争电影是有其独特的魅力和价值的，通过分析其电影题材和人物塑造方式将不同性格的小人物构成了英雄群像，通过视听语言的独特技巧，使影片中的每个小人物性格都展示得淋漓尽致。影片中对日常化的表达，对人性的观照都为观众带来了更多关于战争的思考，同时也体现出虽然国家不同却有着共同的爱国主义情怀的人性共通点。

参考文献：

[1] 沈义贞.战争片与现实主义：关于《瓦尔特保卫萨拉热窝》的美学随想[J].艺术百家，2007(5)：51-54.

[2] 于雁宁.黑暗中的"神性"光辉：电影《流感》人物分析[J].今古文创，2021(9)：96-97.

[3] 周炜鹏.电影《八佰》中英雄群像的塑造[J].现代交际，2021(11)：217-219.

（作者刘思宇系成都大学影视与动画学院硕士研究生）

隐秘的伟大

——瓦尔特的身份解读

赵 龙

[摘要]《瓦尔特保卫萨拉热窝》的叙事主线是关于瓦尔特的真实身份指向,通过三重隐喻解构展现了瓦尔特的真实身份,以真实瓦尔特的虚假身份和虚假瓦尔特的真实身份互相交织及由此带来的冲突,将瓦尔特的真实身份升华为全体萨拉热窝市民,最终实现对民族精神的张扬。

[关键词] 隐秘;身份解构;人民

《瓦尔特保卫萨拉热窝》上映于1972年,1973年由北京电影制片厂译制。它风靡中国时众多的50后、60后正值青春时代,几十年后当我第一次观看这部影片时,那些略带草木灰色彩的画面一下子生出了年代感,再加上极富年代感的配音,时空的距离在这里转换成了一个了解过去的入口,包括那个年代和那个年代里的人。

电影生产已近半个世纪,所以第一次看到它时,新鲜的感觉上更多了一种揭秘历史的兴奋。而电影画面中那种接近油画质感的灰色调,让后来的我们每看一眼都感觉是历史的重播。也正是这种因时间沉积所带来的厚重,让我们对每一帧画面都尽力琢磨。影片要表达什么?如何表达?半个世纪以来

隐秘的伟大

关于这部电影的影评已经数不胜数，以一种观察过去的态度审视这部电影，吸引我的恐怕除了电影本身的现实意义和美学内涵之外，更多的还是电影本身围绕着瓦尔特这个人物所传递出来的价值。

电影名字叫《瓦尔特保卫萨拉热窝》，剧情里也一直在寻找瓦尔特，有人想见瓦尔特，有人想做瓦尔特，有人假冒瓦尔特，有人是瓦尔特，有人也成为瓦尔特。

瓦尔特是谁？瓦尔特是萨拉热窝中德军的眼中钉，是萨拉热窝人民眼中的英雄，所以从电影本身的内涵解构瓦尔特这个英雄人物时，从不同的视角（德国纳粹、萨拉热窝人民、历史角度）看到了三个不同层次的瓦尔特。

第一个层次是贯穿始终的假瓦尔特，起因在于1944年二战进入尾声，德军节节失利，本土德军紧急从巴尔干地区调回自己的装甲师，但大规模的装甲部队长途奔袭，燃料供应就成了一个棘手问题，为了保证此次行动的顺利进行，德军选定位于萨拉热窝的燃料供应基地，但忌惮于萨拉热窝城内的游击队员，为保障燃料安全顺利地运送到前线，德军派出军官假冒瓦尔特，试图在游击队内部制造混乱，以此分散他们的精力。瓦尔特作为萨拉热窝的游击队领导人，自然是德军首要打击的目标，而德军假冒瓦尔特的目的也是找到真正的瓦尔特。尽管在内容上有些许的虚构，但参照了大量的真实历史，二战时南斯拉夫以铁托为领导的游击队牵制了德军的战斗力量，为此20世纪南斯拉夫也拍摄了不少表现游击队员的战争电影，如《67天》《地狱之河》《克扎拉之役》《苏捷斯卡战役》《游击队员》等，据统计南斯拉夫游击队员是参加二战中阵亡率最高的部队，一度达到90%。从影片中德军对游击队员采取的是扰乱计划，而非消灭的政策可以看出，游击队员在萨拉热窝的势力之广。从假瓦尔特最终的结局也可以看出，德军在这一时期所面临的处境已然是强弩之末。从德军的视角来看，瓦尔特作为阻碍自己战略推进的代表，必须要消灭，如何消灭？索性鱼目混珠，既然没人见过瓦尔特，就假扮瓦尔特分散他们的精力，基于此，假瓦尔特混入游击队，开始了对游击队的破坏活动。以此为观照，可知瓦尔特在德国纳粹人心中已经自动升级为一个群体，瓦尔特作为这个群体的实体代言，尽管十分重要但已经不是必然要消灭的人物，在"劳费尔计划"实施迫在眉睫的紧要关头，个体退居其次，群体的混乱才是假瓦尔特进入的重要意义。

但并非所有人假扮瓦尔特都是为了分散游击队员的精力，有人慷慨赴死恰恰是为了保护真瓦尔特，钟表店老板谢德在得知真瓦尔特有危险时，毅然决然代替瓦尔特赴约，最后慷慨就义。

就像他当初劝告女儿的那句话："有的投降了敌人，有的在战斗，有的在等待，你是个姑娘，应该等待。"谢德不是个姑娘，他没有等待，在生死大义面前，他从容选择就义，他相信这样的付出瓦尔特不会辜负。在这场正义与邪恶的较量中，千千万万个瓦尔特担负着各自的职责，就像谢德在得知中了假联络员的圈套后，对前来报信的人说的那样："你已经尽到了你的职责，剩下的就交给我吧！"剩下的就是他决定去假冒瓦尔特赴约，尽管他并没有言明，但这一行为从本质上而言，已经起到了应有的作用，当枪声带走谢德的生命，广场上白鸽飞起，镜头摇向萨拉热窝全城，既是对谢德的赞颂，也是对萨拉热窝全城隐藏着的许许多多像谢德这样的"假瓦尔特"的歌颂。

第二个层次是比较隐秘的真瓦尔特，他代表的是游击队员们心中的领导者和英雄。但影片直到最后一刻才将真正的瓦尔特公之于众。巧妙的是，在安排瓦尔特出场时，首先出现的是德国军假冒的瓦尔特，假冒的瓦尔特在扮演真瓦尔特，而真正的瓦尔特却隐藏了自己的身份，甚至连一同工作的游击队员都不曾知晓。在萨拉热窝的居民、进步青年们、游击队员们心中，瓦尔特真实存在，但却十分神秘。真瓦尔特隐藏自己的身份，破坏德军计划；假瓦尔特扮演着真瓦尔特消灭这些游击队员。这种双重扮演的表现手法让观众产生了疑惑，也在一定程度上表明游击队员生活的常态就是如此，敌我斗争就是彼此交织，必须时刻警惕身边的渗透者和叛变者。游击工作是危险的，游击队员也随时准备付出生命，开场镜头里绞刑架上挂满了处决的游击队员及围观的群众；落入假瓦尔特圈套献出生命的热血青年们，被枪杀的老游击队员，几乎都是以中远景来表现这些场面，这种远远观望的场景符合大众观望真实战争的态度。

从电影本身所传达出来的意义来看，真瓦尔特引申的意义弱化，其本身所代表的游击队员在"劳费尔计划"事件本身变成了引子。而当电影上升到萨拉热窝层面时，他又被群体的象征意义所掩盖，横向比较假瓦尔特和萨拉热窝民众两个层面，真瓦尔特的意义就变成了内在隐喻的附属。

第三个层次是隐喻其中的主体升华——萨拉热窝。这座引爆第一次世界大战的城市有着悠久的建城历史，最早可以追溯到1263年，到16世纪的时候萨拉热窝达到空前繁荣。

从13世纪建城到19世纪末期奥斯曼帝国统治的结束，萨拉热窝更加明显地受到土耳其文化的影响。此后萨拉热窝转变为由奥匈帝国统治，政权更迭的同时也带来了宗教更迭，促使这里形成多元文化。

从1914年塞尔维亚青年普林西普刺杀斐迪南大公开始，萨拉热窝便成了战争的代名词，更是被冠以"欧洲火药桶"的名号。二战时期，铁托强大的领导能力，将南斯拉夫的人民团结在了一起，并紧跟苏联的步伐建立了社会主义国家。影片表现的正是这个时期的故事，正是基于这样的外部环境让南斯拉夫的人们形成了同仇敌忾的力量，而影片中所传达的深层寓意也正是在反抗外部侵略时，民众的决心和态度。瓦尔特既是现实战斗生活中存在的英雄人物，也是作为这种一致对外的抗争精神外化的形象代表。

如党卫军冯·迪特里希和比绍夫二人在影片开头的交谈中，比绍夫在追查一年无果后表示怀疑没有瓦尔特这个人，此后镜头画面摇向萨拉热窝全城。

谢德为保护瓦尔特从容赴死一幕中，谢德牺牲后，镜头从他的尸体摇向萨拉热窝全城。

此后，瓦尔特和吉斯在清真寺激战之后逃往城市里的手工作坊，随着画面的切换，叮叮当当的声音掩盖了一切响声，掩护三人顺利脱身。

广场认领尸体时，萨拉热窝的公民不顾党卫军的威胁挺身而出。

电影结尾处，运送油料的"劳费尔计划"失败，党卫军冯·迪特里希临走时对盖世太保说："看，这座城市，它，就是瓦尔特！"此刻电影画面呼应开头摇向萨拉热窝全城。

动荡年代里人人自危，但依然会有人愿意为正义而献身，广场上的年轻人、清真寺门前的谢德等更多的是没有留下姓名的无名者。尽管影片全程都围绕着瓦尔特展开，但影片没有刻意为我们展现瓦尔特的面目，真瓦尔特只在最后一刻才算显露真身。但我们能从这些经典的场景中感受到生活在萨拉热窝的民众是如何战斗的，是如何为了保卫自己的家园而献身的，尽管大家都在寻找谁是瓦尔特，但其实人人都是瓦尔特。

列宁说："只有相信人民的人，只有投入生气勃勃的人民创造力泉源中去的人，才能获得胜利并保持政权。"瓦尔特的第三重指代就是这种人民性。从内涵指代上而言，作为个体的英雄与群体之间的确有较大的差异，但在《瓦尔特保卫萨拉热窝》中，以皮劳特为代表的真瓦尔特固然是英雄，同时也是影片的主要塑造形象之一，但隐喻在瓦尔特这个个体之下的是萨拉热窝的人民，当然这种隐喻需要去体悟，从内在关系而言，二者是互相代言的，瓦尔特即普罗大众，而普罗大众便是一个个有血有肉的瓦尔特，二者共同组成了萨拉热窝这座城市。

（作者赵龙系新疆艺术学院文化艺术学院讲师）

萨拉热窝的"瓦尔特"

蒋 迅

[摘要] 本文通过分析电影《瓦尔特保卫萨拉热窝》,对真假瓦尔特及其他角色形象塑造进行解读,围绕人物保卫萨拉热窝的行为展开情节描述,旨在剖析该部战争电影中的英雄主义及其背后蕴含的集体民族主义精神。

[关键词] 真假瓦尔特;保卫;集体;民族精神

故事发生的背景是1944年末,南斯拉夫三分之二的领土和首都贝尔格莱德被解放,苏联军队攻入巴尔干半岛,准备从南向北迂回包抄纳粹德国本土,德军面临被覆灭的危险和油料短缺的困难,于是便有了"劳费尔计划"。该计划的直接目的是为德国装甲队补充燃料继续抵抗或撤退,而燃料所在地萨拉热窝位于南斯拉夫中部,是一座英雄的城市,德军在这里的行动受到了重重阻碍,最终萨拉热窝游击队长瓦尔特凭借出色的谋略和萨拉热窝人民一起粉碎了"劳费尔计划"。

《瓦尔特保卫萨拉热窝》,借用电影里一个角色的台词来说,就是斗智的过程,往大了说是德国军方和萨拉热窝人民的斗争,往细了说是真假瓦尔特之间的博弈。贯穿在全片中的任务有两条主线,一条是德军要在萨拉热窝找出真瓦尔特以扫清阻碍,实施"劳费尔计划";另一条是瓦尔特要找出潜伏在游击队中的特务,在不暴露自己身份的情况下揪出假瓦尔特,并找出"劳费尔计划"的真相。两条故事线交叉推进，同时又在关键角色的交集下共同推进着故事发展，是典型的双线结构叙事，分别从真假瓦尔特的行动线索讲述，观众在其中不仅看到了不同的视角，还看到了两股力量的博弈，使观众对于任务最后谁输谁赢的结果保持继续看下去的兴趣，并对结果抱有期待。电影采用双线叙事的方式，从不同角度对历史事件进行还原，观众从多个维度看到事件的发生，使整部电影情节更加丰满，而有一个问题在电影开头就提了出来：谁是瓦尔特？这是电影中德军的困惑，也是观众观看影片时最初的疑惑，后续的电影情节围绕着这一问题持续发展，瓦尔特的身份之谜就是这部电影叙事中的一个重要元素，也是电影叙事手法中成功运用"麦格芬"的经典案例之一。

真假瓦尔特在整部电影中至关重要，从这两个重要角色的出场中可以看到导演精心的设计。在掩饰身份的作战计划中，两方必然不能过于直白地展露角色身份及目的，身份的掩盖形成了对比和反差。首先是假瓦尔特的出场，以炸桥行动引出游击队的任务属性以及瓦尔特在游击队中的重要身份，为后续情节发展做铺垫，以假瓦尔特为首的游击队炸桥后从树林逃跑到铁路上，夜色之下和运动的虚实之间，令观众无法看清假瓦尔特的面目，而后假瓦尔特坐上德军的轿车来到指挥部办公室，观众才知道这是康德尔——假的瓦尔特。

接下来场景切换到火车站办公室，保安警察机动队皮劳特找到火车司机了解桥被炸的情况，在站长的联络下找到并救出站点工，虽身穿德国军装，可保安队长是游击队员乔装打扮的，他和火车站工作人员一样，都是替瓦尔特办事却没有见过瓦尔特本人。

照相馆里，假瓦尔特康德尔和游击队小组开秘密会议，掌握着游击队的真实情况，不知情的游击队员，为了保卫萨拉热窝频频奔走，传递情报，后来一个个被德军追杀。布兰克在酒吧对接完情报后，于小巷里被康德尔枪杀。伊万被特务跟踪，进药店后被店员提示有人跟踪，到博物馆后，被一大群学生围拥着解救出险境，骑摩托逃跑时仍被击倒受伤在地。到了医院里被德军看管，手术主刀医生和医护人员在黑暗中偷梁换柱，拯救了伊万的性命，让重要情报得以传递。照相馆的吉斯则一直为队友打掩护。警察局的乔克斯原来也是一名游击队员，他将"劳费尔计划"的目的告诉医生和皮劳特，并帮忙查找谁是假瓦尔特。

老钟表匠是一名老游击队员，不仅在店铺里收集和传递情报，提供秘密场地，还为了保护瓦尔特英勇就义，赴德军特务之约到教堂门口，慷慨就义地奉献出自己的生命来保卫瓦尔特，保卫萨拉热窝。老钟表匠的女儿因为对抗经验不足，和同样身为游击队员的男友在一次夜袭中被德军杀害，与众多队友一起倒在德军的炮火前，这群青年为了自己的家园，也献出了年轻的生命。而老钟表匠牺牲后，他的徒弟也自发地走上了抗战的道路，成为一名情报员，为游击队搜集和传递消息。

而真正的瓦尔特其实早就露面了，他扮作一名德国军官出场。镜头以远景开端正面拍摄：火车站悬挂着的铁路工人尸体作为前景，真瓦尔特和搭档从远处走近，镜头跟随角色主体前景转变为背景，镜头语言暗示着瓦尔特为受难的人民而来，身边跟随的苏里一直是他的得力帮手。瓦尔特隐藏身份穿梭于各个场所掌握一线消息的同时运筹帷幄，将潜伏在游击队中的女特务找出，也捕获了假瓦尔特这个盖世太保，直到德军运载油料的火车被炸，影片的最后，观众才知道了谁是真正的瓦尔特，德军也知道了谁才是瓦尔特。

从电影开头德国军官冯·迪特里希俯瞰着萨拉热窝说"瓦尔特确实存在，就在这一带活动"，到结尾他说"看，这座城市，它，就是瓦尔特！"，瓦尔特已不单是一个英雄人物，而成为一个精神符号，所有为保卫萨拉热窝而行动的人民都是瓦尔特。瓦尔特是铁道部老站长、钟表匠、警察、医生等看似平凡实则万分重要的个人，还是博物馆里扰乱秩序帮助游击队逃生的学生、夜袭德军而赴义的青年、认领青年游击队尸体的萨拉热窝群众、碉堡楼附近街巷的铜匠铺里敲起此起彼伏的金属敲击声的铜匠们，等等。

其中最令人动容的就是钟表匠走向女儿尸体的那一段，德军和萨拉热窝人民对阵，中间躺着几十具青年游击队员的尸体，家属只要走向前认领尸体，就会被德军开枪射杀，可看着女儿的尸体，钟表匠含着眼泪不顾危险地走上前，紧接着皮劳特跟了上去，随后越来越多的群众一齐迎面走向游击队员的尸体，所有人共同的举动，让手持枪械的德国军队退缩了，这样的集体精神和民族气节是经历过战争创伤的国家最真实、最感人的举动。

而钟表匠被杀后，游击队员在街巷躲藏逃命，所有的铜匠铺里不约而同地持续敲打金属物，将游击队员逃跑的声音掩盖，这足以成为全片最美妙的声音。他们尽管在电影里没有台词，没有姓名，但这切切实实就是萨拉热窝的瓦尔特，用有声的言语或无声的行为保卫着国土，彰显出不息的民族气节。

电影没有刻意丑化德军，也没有特意让女特务"洗白"，没有脸谱化的个人英雄主义，也没有主旋律口号，而是用个人角色和群体角色的实际场景作为支撑，展现了一个民族凝聚在一起，为了同样的希望和信仰做出斗争的精神面貌，《瓦尔特保卫萨拉热窝》的核心就在于此。萨拉热窝的瓦尔特不仅是一个人，而是一群人，一个集体，一个民族。《瓦尔特保卫萨拉热窝》这部电影的每一个细节和人物设置都是环环相扣的，小到某一个人，大到整个城市，都形成一股合力，在萨拉热窝上空形成透明的保护罩，敌方看不到，但实实在在存在于萨拉热窝人民群众心中。

另外，这部电影的配乐给人留下了深刻的印象，第一次看完，脑中回响着铿锵激昂的战斗场景，但回过头再关注每一个场景中的音乐细节，会发现在主题曲的旋律基础上改编了多个片段音效融入试探、博弈、跟踪、追逐等多个场景中，无形之中给观众增添了悬疑和紧张的感觉。例如真瓦尔特假扮德军在火车站点内和德国士兵对话时，音乐跟随人物台词铺垫制造呼吸的节奏，直到士兵离开音乐停止，游击队员之间才真正开始接头。类似手法在整部影片中应用多处，多处细节的点缀和宏大场景与主题音乐的响起交相映衬，从视觉与听觉的融合中深化了主题。

电影最触动我的，是萨拉热窝的人民"默契"地为了国家团结在一起促成"瓦尔特"行动的各个场景，从中可以清晰地感受到集体的力量。回想过去看到的其他国内外抗战题材电影，固然各有动人或深刻之处，但大多数仍有打造或强化个别英雄的倾向，普通群众要么被塑造成被迫害受难的形象，要么是为了正义方或剧情的需要成为革命事业的推动和辅助力量，很少见到类似《瓦尔特保卫萨拉热窝》的表现方式。在这部电影里可以看到"全民皆瓦尔特"，瓦尔特这个人是精神领袖，但电影所表现出来的群体力量要远远大于瓦尔特个人，同时这部电影所展现出来的精神让我们看到，战争题材电影真正塑造的不是神，而是人。

（作者蒋迅系新疆艺术学院传媒系硕士研究生）

浅谈《瓦尔特保卫萨拉热窝》的人物塑造和情节设计

张婷婷

[摘要]《瓦尔特保卫萨拉热窝》的故事发生在二战期间，以瓦尔特为代表的"平民英雄"极大地调动起了观众的激情，使影片在世界范围内都受到了关注。本文从"群像式人物"和"曲折式情节"对影片进行分析，以期深入解读这部经典战争片在塑造典型人物形象和惊险吸睛情节时所采用的创作手法。

[关键词]瓦尔特；英雄塑造；群像；电影情节

《瓦尔特保卫萨拉热窝》的故事发生在二战期间，背景是德国企图强占萨拉热窝的石油以完成对苏军的抵抗，也就是实施所谓的"劳费尔计划"，而以瓦尔特为首的游击队展开了与德军英勇的周旋与对抗，在极度困难的情境下，瓦尔特带领整个萨拉热窝人民团结一致，共同抗敌成功。如米歇尔·福柯所说，重要的不是故事讲述的年代，而是讲述故事的年代。影片创作于1972年，虽然距离二战已经过去几十年，但是20世纪70年代是整个世界都不太太平的年代，这部影片的出现正是与同时代的观者心境相呼应，因此在世界范围内都得到了良好传播。当其被北京电影制片厂译制引入中国之后，中国观众也在各大影院前排起长龙，在之后的很长一段时间内，"瓦尔特"几乎成为在中国家喻户晓的名字。

分析影片在当时受到欢迎的重要原因，从主题与内容来看，影片所呈现的游击队员反抗德军的反法西斯战争故事，与中国人民在二战中的经历非常相似。以瓦尔特为代表的"平民英雄"式的战争故事能够极大地调动起观众的激情。从电影内部的技巧来看，影片对于人物的塑造、情节的设计都具有教科书般的意义。本文主要从影片的人物塑造和情节设置两个角度对影片进行分析，以期深入剖析这部经典战争片在塑造典型人物形象和惊险吸睛情节时所采用的创作手法。

一、群像式人物

影片以正反两大阵营划分人物，结构十分鲜明，即以瓦尔特为代表的游击队和普通人民作为正面人物；以假瓦尔特为代表的德军和间谍作为反面人物。在人物塑造方面，影片没有沿袭某些革命题材影片把革命者神化、公式化，把敌人愚化、嘴脸化的旧模式。我们可以看到影片中的革命者没有慷慨激昂的陈词说教，没有摩拳擦掌、瞠目扼腕，他们只有默默的行动、整个影片正面人物的台词不多，而反面人物也并非颐指气使、凶相毕露。[①]

（一）游击队员

游击队员属于主要正面人物，影片对于他们的塑造既生动立体，又具有丰富的层次。瓦尔特是沉着老练的代表。他智勇双全，既能带领队员有效破坏敌人的计划，又能在寻找内奸上设下"碟中谍"的圈套，使得整个行动形成完美的闭环。摄影师吉斯则是单纯善良、正义勇敢的代表。他疾恶如仇，一腔热情投身于革命事业，但是作为年轻气盛的青年人，他又表现出单纯可爱的一面，结尾处与瓦尔特的相见即令人感到会心一笑。值得一提的是钟

---

① 辛元."看，这座城市，它，就是瓦尔特！"：前南斯拉夫影片《瓦尔特保卫萨拉热窝》[J].家庭影院技术，1999(7)：72-73.

表匠老师傅，与别的游击队员不同的是，导演为他的人物角色铺垫得较为丰富。作为一名钟表匠，他的职业使他足够谨慎认真；作为一名父亲，他对女儿的爱也从简单的叮嘱中体现。当他得知清真寺前的约定是为了捕获瓦尔特而设计的圈套时，他毅然赴约，心情平静。在跟徒弟简单交代之后，出门仍然跟邻居正常地打着招呼，就像是一场再正常不过的赴约。这些都体现出他作为一名老游击队员的超高素质。

在对这些人物的刻画中，首先是立场鲜明，动机可信。为了南斯拉夫的解放事业，这些游击队员丝毫没有动摇，他们的信念无比坚定，他们的行动也无比愤然。这些英雄在生活的日常里姿态尽显，无须枪林弹雨，也能有血有肉。其次是主次、轻重层次分明。对于他们的描写，不是单纯的赞美，而是从人物背景、作战难度等角度进行性格描摹，从细节中展现人物性格，使其更为真实可信。人物设计的层次感也使得整个作战计划和最终的胜利更为真实可信，细节服从于全局。

（二）无名人士

在影片中，我们常看到街头卖报纸的抑或是药店的工作人员，都能成为情报传递员；假瓦尔特和一名游击队员与德军周旋时，一名铁路工人巧妙地掩护了他们，丝毫没有任何突兀；一群学生涌进博物馆是为了制造混乱掩护游击队员脱身；而街头巷尾的老人不约而同地敲着器皿也是为了掩护游击队员；做手术的医生们在黑暗中顶着危机用尸体调包受伤的游击队员，等等。这些人物在成为这些行动中的一环时，动作如此熟稔，宛如经过训练。但他们只是没有留下姓名的普通人，当然也可以认为是战士。如结尾的点题那般："看，这座城市，它，就是瓦尔特！"正是这些普通民众无声的行动，和伟大的力量汇聚在一起，才能够使得萨拉热窝得以经住德军的围困。这些无名人士正因为没有姓名，更是代表着千万萨拉热窝人民，他们的存在使得正面阵营的力量更为集中和扎实，使得情节设计上更有可读性。

（三）反派人物

影片中的德军上校冯·迪特里希虽然阴险狡猾，但又不失些许儒雅的气质；假瓦尔特作为反派作战的中心人物，在艰难的间谍任务中仍然能够做到应对自如；还有叛徒肖特，通过她的胆战心惊和故作镇定尽显小人之样。这些反面人物也都极其生动，不是一味地贬低，而是从真正的人性角度出发，看待处于同一僵局中的敌我双方。不以美化或丑化为首要目的，致力于讲故事，讲好故事，人物自然就刻画得生动。

二、曲折式情节

《瓦尔特保卫萨拉热窝》作为一部成功的战争类型片，加入了谍战的元素，也因此故事情节曲折反转，真实有力，使观众目不转睛。

首先，故事的推进即是揭秘的过程。导演以限制性叙事的手法使得德军口中的"劳费尔计划"成为全片的"麦格芬"，即早期希区柯克惯用的悬疑手法。"劳费尔计划"究竟是什么？观众和正面人物在一开始并不知道，它只是作为德军执行任务的目标悬置在故事的中心。因此，当我们抱着好奇心一步步地看着他们周旋、战斗，并最终真相大白时，观众作为上帝视角在揭秘的时刻获得了悬疑破解的极大满足感。

其次，真假瓦尔特的见招拆招。虽然在谍战片中，这种情节设计屡见不鲜。但是此片的精彩之处在于真瓦尔特从一开始并未现身。所以当我们在只听说"瓦尔特"的头衔和看见假瓦尔特的一系列行动时，有些云里雾里，甚至游击队员一再损失，令人捏一把汗。但是当真瓦尔特开始出现时，战斗的转机就出现了。从布局人员到消灭内奸，再到破解"劳费尔计划"一气呵成。以调查内奸时摄影师吉斯的视角为例，这时观众的视角已经超越了片中角色，成为全知视角，因此就能在瓦尔特节节胜利的情况下持续感受到"爽"点。从而带着真情实感融入角色，感受情节的变化。

再次，经典场面的制造。其一，很多观者印象深刻的场面大概是德军在枪毙夜间出动的一众人员时，倒逼他们的亲人出现。一开始大家按照叮嘱无人向前，但当作为父亲的钟表匠实在无法忍受，出列走向女儿的尸体时，所有的围观群众都勇敢地向前走去，镜头从开始的人物特写切向场面的俯视全景，像是在表达每一个人的心声和他们勇敢抗争的仪式。其二，瓦尔特和吉斯等三名成员成功截获石油时，在火车上打斗的戏也是经典。这里有早期西部片的手法借鉴，在前进的火车上进行枪战，使本就处于高潮的情节格外精彩。利用火车的特征以及隧道等巧妙地完成了最后的作战计划。当两节火车相撞，石油猛烈燃烧时，我们既为游击队员倒吸一口气，也被萨拉热窝人民的精神震撼。而结尾处瓦尔特三人站在山口处，看向远方，此时的他们内心无比感慨，也与眼前的景色、开阔视野相呼应。远处的人民就是他们奔赴战斗的坚强后盾。

作为一部经典的战争片，《瓦尔特保卫萨拉热窝》将南斯拉夫人民团结一致抗敌的战争精神表现得淋漓尽致。尽管影片中个别场景设计有些夸张，如中枪无血，正面人物轻而易举地以少敌多等，但是这并不能掩盖影片人物塑造和情节设计上的精彩，在英雄主义影片逐渐成为电影市场重要部分的当下，对《瓦尔特保卫萨拉热窝》中的平民英雄主义的创作手法进行剖析具有重要意义。

（作者张婷婷系中国传媒大学戏剧与影视学硕士研究生）

纪录片《寻找瓦尔特》创作人员

出品人：夏勇敏

监制：姜涛　孙宇峰

总制片人：田宇

总策划：田宇　王智

导演：王智

执行制片人：赵洪超　赵芃

摄影：王智

国际制片：罗琦

剪辑指导：王智

剪辑：栾惠

制片：付意恒

中文统筹：赵芃

海外摄制组：Marija Augustinović　Nebojša Petrović

英文翻译：柴晚锁

塞尔维亚文翻译：赵芃　Una Mišković

责任编辑：王婷婷　纪旭　牛俊霞

助理剪辑：刘扬紫玉

制作　字幕：魏新月

调色：杜宏鹏

塞尔维亚文校对：Radosav Berbatović

声音监制：潘冰

声音编辑：谢薇婧　刘佳彤

行政统筹：秦世存　韩媛媛　吕鑫

技术监制：金迪　张兆兴　李智玮

波黑和巴塔葬礼素材提供：张颖

北京素材提供：江柏川　赵宏宇

鸣谢

成都大学影视与动画学院

山东艺术学院

山东省淄博市总工会

淄博市工人文化宫

波黑《瓦尔特保卫萨拉热窝》电影博物馆

特别鸣谢

塞尔维亚广播电视台

摄制出品

中央广播电视总台

欧洲拉美地区语言节目中心

后　记

由于工作需要，这些年一直致力于纪录片的国际传播工作。《寻找瓦尔特》就是其中的一个项目。这个项目涵盖了三个部分：一部纪录片，一本图书，一个由20多个短视频组成的新媒体产品。

说到"瓦尔特"，上了一点年纪的中国观众都不会感到陌生，甚至很多人会把《啊，朋友再见》那首歌和这部电影混在一起。20世纪70年代，中国从南斯拉夫先后引进了两部影片，一部是《瓦尔特保卫萨拉热窝》，一部是《桥》。《啊，朋友再见》其实是电影《桥》的主题曲。由于两部影片是同一班人马拍摄，故事也差不多，主角都是由韦利米尔·巴塔·日沃伊诺维奇出演，再加上时间比较久远，所以观众很容易混淆。

这几年，我们做了好几部关于中国和塞尔维亚的纪录片，但"瓦尔特"这个题材一直没敢触碰，总想找到更合适的机会再说。2019年底，我和中央广播电视总台欧拉中心塞尔维亚语部的主任田宇再一次聊到"瓦尔特"，并有了一些初步的设想，基本思路一拍即合，决定从"寻找"入手来做这部片子，我们就开始着手拿出一个初步的设想和方案。

对中国观众来说，"瓦尔特"太有名了，几乎无人不知、无人不晓，甚至成了塞尔维亚的"象征"，在中塞两国人民中打上了鲜明的时代烙印。作为纪录片人和国际传播者，特别作为对欧洲传播的媒体人，这就是一个想"躲"都"躲"不过去的题材。必须要做，而且要做好。

当初，我们设想了很多方案。2020年最终敲定了《寻找瓦尔特》这个题目。我们设想把"寻找"作为一条线，串联起整个故事。准备拿出一多半时间和场景在波黑和塞尔维亚拍摄，让观众跟着我们的镜头去探寻"瓦尔特"的足迹，寻找"足迹中的故事"。

疫情始终没有结束的迹象，出国拍摄的计划只能停留在纸面上，出去的可能性几乎为零。到了2021年5月、6月，感觉不能再等了，必须修改方案，马上开机。所以，整部片子的策划也重新做了修改，由国外拍摄为主改为以国内拍摄为主，而且还必须根据疫情的变化情况，适时做出相应的调整。就这样，拍拍停停、停停拍拍，拍得很是艰难，当初的很多设想无法实现，只能强忍放弃。

说到塞尔维亚这个国家，我确实与其还有那么一点缘分。2016年6月，在习近平主席访问塞尔维亚期间，国家新闻出版广电总局在塞尔维亚举办"2016塞尔维亚中国电影周"，我导演的作品《小城记忆》与高达35亿元票房的影片《美人鱼》，口碑爆棚的《滚蛋吧！肿瘤君》，当年代表中国电影角逐奥斯卡的《大唐玄奘》，广受好评的《西游记之孙悟空三打白骨精》以及香港导演林超贤执导的《破风》一起入选。时任总局电影局毛羽副局长在开幕式上说："这六部参展影片代表了当今中国最新的艺术和技术成就。"这段话，对我们的努力和创作无疑是最好的肯定，也是最高的褒奖。这个电影周应该算是我和塞尔维亚最初的缘分。后来，我又多次前往塞尔维亚，先后拍摄了《七十号》《萨瓦河上》《心弦》等。

记得，2016年6月习近平主席访问塞尔维亚前夕，在塞尔维亚媒体发表的署名文章中这样写道："我们不会忘记，《瓦尔特保卫萨拉热窝》、《桥》等著名影片曾经激发无数中国人的爱国热情，《啊，朋友再见》这首歌曲至今仍然在中国传唱。"他指出，这两部电影"激荡人们的爱国情怀，伴随着我们这一代的青年时期"。

众所周知，电影《瓦尔特保卫萨拉热窝》在20世纪七八十年代引发了中塞两国人民持续而巨大的情感共振，这种共振延续至今，影响了一代又一

后 记

代人。"瓦尔特"作为两国共通的文化符号和精神象征，已经远远超越了具象的个体。纪录片《寻找瓦尔特》就是寻找一种记忆，一种精神，一种友谊，一种怀念，一种情怀。它作为中塞人文交流的一部分，已经成为中塞两国人民之间的"心灵之桥"，一个鲜明的文化符号，将两国普通民众的情感紧密地联系在一起。

对中国影视观众而言，除了《瓦尔特保卫萨拉热窝》和《桥》，还有《67天》《苏丽思卡战役》《二十六个画面的占领》《临时工》等，包括这几年的新影片《漫漫寻子路》《往事密密缝》等都给我们留下了深刻的印象。影视作品已经成为两国人民之间的一座"彩虹桥"，成为"民心相通"情感的纽带。

过去我们常说，纪录片是国家的相册。现在更多的人说，纪录片是国家的"金名片"，它是跨文化传播的最佳介质之一。2017年由我导演的纪录片《七十号》在贝尔格莱德开机后，中国驻塞尔维亚时任大使李满长表示，中国国际广播电台（简称"国际台"）与塞尔维亚国家广播电视台自2016年习近平主席访问塞尔维亚后，合作日益深化，中塞合拍纪录片将为两国媒体合作开创新的模式，意义重大。塞尔维亚国家广播电视台台长德拉甘先生也对国际台派出的摄制团队给予肯定。他认为国际台的摄制团队工作高效、专业。他希望更多的塞尔维亚人、塞尔维亚的华人能够通过塞尔维亚国家广播电视台收看这部影片。

2017年8月，在塞尔维亚首都贝尔格莱德《七十号》的首映式上，时任中国驻塞尔维亚大使馆政务参赞（现任使馆临时代办）田一澍观看影片后说，媒体外交是一种软实力的构建，媒体合作也是外宣配合外交的有效途径。他说："中国国际广播电台与塞尔维亚国家广播电视台联合拍摄的纪录片《七十号》，创新了两国媒体合作的模式与内容，对双方人民互相理解与沟通起到了桥梁作用，切实落实了习近平主席访塞时见证双方签约的后续内容。希望中国国际广播电台继续发挥主观能动性、主动设置议题，切实提升我国媒体在海外的影响力、公信力。"自此之后，我们也拉开了与塞尔维亚媒体深度合作的序幕，《寻找瓦尔特》也是双方合作的延续。

作为2016年习近平主席出访塞尔维亚后续成果落实的媒体合作产品，在过去近四年的时间里，中央广播电视总台欧洲拉美地区语言节目中心与塞尔维亚国家广播电视台先后合作摄制了四部长纪录片，均受好评，也收获了众多奖项。纪录片《寻找瓦尔特》即在此背景下应运而生，该片以寻找瓦尔特相关的人和物为主要内容，以口述的形式讲述了该片在两国，特别是在中国引起的巨大轰动，以及由此引发的、延续至今的中国人心中的"瓦尔特"情结。

有媒体报道称，塞尔维亚的一家机构做过一次调查，问题是"你最喜欢的外国人来自哪个国家？"，超过一多半的人回答是"中国"。由此可见，中塞友谊根深蒂固，充分体现了中塞两国的"铁杆情谊"。我们几次去塞尔维亚拍摄，也都深切地感受到了塞尔维亚人民的热情和友好。

新冠肺炎疫情暴发以来，中塞两国联手抗击疫情，相互支持、相互帮助，涌现出很多感人的故事，续写着新时代中塞两国的"铁杆友谊"。此时重新追寻"瓦尔特"精神，无论在中国还是塞尔维亚，都具有较强的现实意义和深远的历史意义。

作为"寻找瓦尔特"项目的三大产品之一，《走进影像世界——寻找"瓦尔特"精神之旅》这本图书以"瓦尔特"诞生的原型影片《瓦尔特保卫萨拉热窝》为基点，从纪录片创作所涵盖的国际化表达与跨文化传播、文化认知与美学价值、叙事建构与受众研究等方面进行多领域的专业分析与探讨，力求剖析其内在缘由、历史渊源和文化内涵，赓续精神，传承友谊。

《寻找瓦尔特》的摄制工作虽然已经结束了，但关于中塞两国的故事依然在继续，而且肯定会越来越精彩……

（中央广播电视总台欧洲拉美地区语言节目中心导演　王智）

导演简介

王智 中央广播电视总台导演、策划人、摄影指导；国家广电总局社科研究基金项目《形势与对策》课题组成员，《国际传播战略研究》课题组成员；《纪录与方法》编委，《直接电影的反思与批判》编委，《纪实之后——纪录片创作新趋向》编委；中国电视艺术家协会评论工作委员会委员、专家评委，中国电影家协会《中国电影巡礼》专家委员会艺术顾问，在中国·扬州"运河清风"微电影大赛等多个全国性影视评比活动中担任评委会主任、评委；曾任中国国际广播电台电视中心总制片人、导演、摄影指导，《CRI记者》杂志副主编，中国国际广播音像出版社总编辑、书记、影视中心主任；成都大学影视与动画学院客座教授，上海亚洲电视艺术中心艺术顾问；《小城记忆》被国家广电总局电影局选入"2016塞尔维亚中国电影周"，作品《七十号》《萨瓦河上》《寻梦中国》《夜幕冰城》《花样·年华》等在中国金鸡百花电影节、阿斯拉电影节、巴黎放映——中国纪录片欧洲电影节、中国（广州）国际纪录片节、中广联"纪录中国"创优评析活动、贝尔道克斯电影节、中国纪录片学院奖等影视评比活动中获得诸多重要奖项。